U0756129

论证就好比一个生物。它既有总体的解剖学结构，又有精致的、难以察觉的生理学结构。

——斯蒂芬·图尔敏

本成果受2011年度教育部哲学社会科学研究青年课题项目
"规范、逻辑与法律论证"项目批准号：11YJC820050）资助

METHODOLOGY OF LAW

法学方法论丛书

舒国滢 主编

规范、逻辑与法律论证

NORMS, LOGIC AND LEGAL ARGUMENTATION

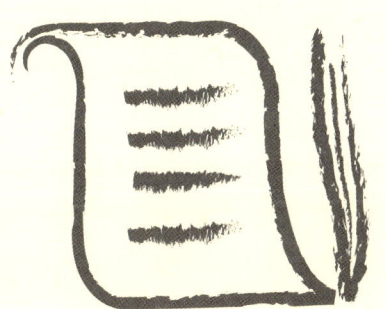

雷磊 著

中国政法大学出版社

2016·北京

声　明　1. 版权所有，侵权必究。

2. 如有缺页、倒装问题，由出版社负责退换。

图书在版编目（ＣＩＰ）数据

规范、逻辑与法律论证/雷磊著.—北京：中国政法大学出版社，2016.8
ISBN 978-7-5620-6983-6

Ⅰ.①规…　Ⅱ.①雷…　Ⅲ.①法律逻辑学—研究　Ⅳ.①D90-051

中国版本图书馆CIP数据核字(2016)第210178号

出 版 者	中国政法大学出版社
地　　址	北京市海淀区西土城路25号
邮寄地址	北京100088信箱8034分箱　邮编100088
网　　址	http://www.cuplpress.com（网络实名：中国政法大学出版社）
电　　话	010-58908289(编辑部)　58908334(邮购部)
承　　印	固安华明印业有限公司
开　　本	880mm×1230mm　1/32
印　　张	13
字　　数	315千字
版　　次	2016年8月第1版
印　　次	2016年8月第1次印刷
定　　价	48.00元

丛书总序

无论我们怎样"重新发现了人的心灵",我们也无疑早已进入了"分析的时代"。这个时代的学者被迫在各种话语、多重立场和意见杂陈的喧嚣中找到冷静、客观、理性辩论的基点,为"心的概念"、可以接受的表达、正确的理解和沟通、可靠的知识建立起一个商谈的平台。

这样一种精神气质亦渐渐蔓延至法学研究者的日常作业之中,我们在哈特、德沃金、拉兹、麦考密克和阿列克西的作品中已经感受到法学分析和论辩本身所透现的"精致的风格",而这种风格恰恰是法学这样一门学问自始不可或缺的。

现代的法律已经逐渐脱离原始法的直观、感性的想象,变得愈来愈抽象和晦暗不明,与工商时代的多种语境、关系和变数扭结在一起,形成了一个被多重意义、多种系统环境包裹着的系统。生活在当下的每一个人,哪怕是创造法律身形的立法者和专事研究的法学者亦难以窥览其复杂交织的全貌。不可否认,最优秀的法学者也会在这个利维坦面前显得局促和惶惑。我们似乎普遍具有前所未有的无力感。

其实,这也是一种挑战,一种像埃德加·莫兰(Edgar Morin)所称的"复杂性的挑战"。复杂而混沌的法律问题要求我们的法学者学会"与不确定性一起工作",在无序的、非常规的社会事件、法律案件以及语义模糊的法律条文所构成的"意义漂移的世界"中寻找到一种确定无疑的知识圭臬、商谈的规则和求解的答案。无论如何,在这个过程中我们一刻也离不开法学方法。尽管我们并非倡导"方法至上"(约翰·杜威语),但我们也唯有依靠方法才能使自己的信念逐渐通过证成转化为知识。

我们收录于本套丛书的作品并非是一眼即寻求到"法的目的地"的理论体系,它们大多只是尝试从某种方法、视域或立场出发探寻某个特殊法律问题的理论努力,它们所提供的或许只是一个可能的出发点、一种认识的可能性或者在众多理解中的一种理解。但我们希望有一份真诚的心情对待学术,并在法学方法论领域始终保守这一谨慎的态度。

舒国滢

2006 年 9 月 25 日于北京

目 录

引　言　从霍姆斯之谕到凯尔森难题

　　"法律的生命从来也不在于逻辑，而在于经验。"一个多世纪之前，已故美国联邦最高法院大法官奥利弗·温德尔·霍姆斯（Oliver Wendell Holmes）灵光一现，在其代表作《普通法》一书中写下了这句名言。[1]恐怕连霍姆斯本人也想象不到，一个多世纪之后，这句话会漂洋过海，对大洋彼岸的中国法学界产生了何等广泛的影响。它在学者的著作、教师的课堂和学生的习作中被反复引用，几乎被捧上法律帝国的王座，犹如向臣民们下达的一道不容辩驳的谕令。

　　事实上，上述"霍姆斯之谕"（Holmes' edict）首先出现之处并非《普通法》，而是作者于一年前发表的对哈佛大学法学院院长克里斯多夫·哥伦布·兰代尔（Christopher Columbus Langdell）所撰《合同法案例选》（第2版）的书评。[2]众所周知，兰代尔

---

[1]　Oliver Wendell Holmes, *The Common Law* (1881), Reprinted in *The Collected Works of Justice Holmes: Complete Public Writings and Selected Judicial Opinions of Oliver Wendell Holmes*, ed. by S. M. Novick, Chicago 1995, p. 115.

[2]　Oliver Wendell Holmes, Book Notice of William Anson, Principles of the English Law of Contracts, and Christopher Columbus Langdell, Selection of Cases on the Law of Contracts, 2nd ed. , *American Law Review* 14 (1880), p. 234.

是影响近代美国大学法学教育至深的人物。兰代尔将法律构想为
"一门科学，由数量特定的原则或原理组成"。[1]"那门科学所能
利用的材料都包括在印刷的书本之中。如果法律不是一门科学，
大学就不会屈尊纡贵地去教授它。"[2]当然，这并不代表兰代尔
不重视案例在法学教育中的作用。恰恰相反，作为案例教学法
（苏格拉底教学法）的首创者，兰代尔认为法律的科学研究首先
要研究的就是其初始来源，即案例。只是科学研究不能停留于描
述散乱的案例本身，而要从一系列案例中提炼出数量相对较少的
基本原则或原理，并加以归类和证立，剩下的工作就只是将这些
原则或学说适用于新的案件而已。正因为如此，兰代尔被认为是
形式主义（"机械法学"）的主要代表，而形式主义又主要与逻辑
方法关联在一起。在上述书评中，霍姆斯就批评兰代尔"将兴趣
完全集中于事物间的形式关联性，即逻辑"，而忽视了"这样一
些力量，它们外在于法律但却使得法律成其所是，不掌握它们就
无法对法律进行哲学上的把握"。[3]在他看来，更为重要的毋宁
说是"被意识到的时代需求、占主导地位的道德或政治理论，甚
至法官和他的同行所持有的偏见"。[4]由此，霍姆斯也被戴上了
"现实主义鼻祖"的桂冠，被认为其高举起了反逻辑方法（主义）
的大旗。

---

[1] Christopher C. Langdell, *A Selection of Cases on the Law of Contracts*, *with a Summary of the Topics Covered by the Cases*, Boston 1871, p. viii.

[2] Christopher C. Langdell, Harvard Celebration Speech, *Law Quarterly Review* 3 (1887), p. 124.

[3] Oliver Wendell Holmes, Book Notice of William Anson, Principles of the English Law of Contracts, and Christopher Columbus Langdell, Selection of Cases on the Law of Contracts, 2nd ed, *American Law Review* 14 (1880), p. 234.

[4] Oliver Wendell Holmes, The Common Law (1881), Reprinted in *The Collected Works of Justice Holmes: Complete Public Writings and Selected Judicial Opinions of Oliver Wendell Holmes*, ed. by S. M. Novick, Chicago 1995, p. 115.

当然，反形式主义与反逻辑（主义）并不意味着反对科学和法律科学本身。当代学者凯利（Patrick Kelley）通过研究表明，事实上兰代尔与霍姆斯都是科学主义（支持人类认知和知识进步的科学主义模式）的拥趸，都认为法官应当通过运用先例所建立的规则来裁决案件。两者的区别只在于对法律科学的理解不同：兰代尔受到了粗糙的通行科学观念的影响，因为他力图去辨清法律原理的真正含义；而霍姆斯受到了精致实证主义的影响，这使得他试图将法律规则和原理还原为"前提－后果"式的科学定理，只用社会后果来证立它们。[1] 霍姆斯并不反对法律科学的观念，而是认为兰代尔的那种纯逻辑方法论并不科学（讥讽它为"逻辑神学"），而只有实证社会科学才是法律科学的理想形式。由此，兰代尔阵营－霍姆斯阵营之间的对立就被刻画为逻辑主义（方法）与反逻辑主义（方法）这条楚河汉界。

合先叙明，在兰代尔和霍姆斯那个年代，他们在谈论"逻辑"时指的仅仅是三段论（演绎）。[2] 所以，霍姆斯并不反对归纳、类比这些在今天的许多著作中被归为逻辑方法之列的推理方式，他更没有注意到（兰代尔同样没有注意到）以哥特罗布·弗雷格（Gottlob Frege）和查尔斯·皮尔士（Charles Sanders Peirce）为开端、当时正在兴起的"现代逻辑"。虽然通过指明霍姆斯对于"逻辑"的理解过于狭隘，可以部分地弱化"霍姆斯之谕"的针对性，但却并没有完全消解它的说服力。因为毕竟演绎（三段论、涵摄）是逻辑一词的最小公约数，也是建构公理体系的基础，无疑构成了逻辑的核心。故而美国哲学家苏珊·哈克（Susan

---

〔1〕 Patrick Kelley, Holmes, Langdell and Formalism, *Ratio Juris* 15（2002），pp. 26, 29, 35.

〔2〕 Susan Haack, On Logic in the Law: "Something, but not All", *Ratio Juris* 20（2007），pp. 2, 9.

Haack）认为，尽管在霍姆斯之后新的逻辑工具层出不穷，却没有取消掉霍姆斯主张中的基本真理，即法律体系并非是"公理及其推论"的体系。所以，逻辑在法律中"能起到某种作用，但却不是全部"（something, but not all）。[1] 对此，阿根廷法哲学家欧根尼奥·布柳金（Eugenio Bulygin）针锋相对地指出，在法律中逻辑"不是一切，但能起到更多作用"（not everything, but more than something），并从数个法哲学问题来加以例证。[2]

那么，逻辑与法律/法学的关系究竟为何？本书当然无法对这一问题给予全面应答，它仅仅将关注点聚焦于"法律论证"（legal argumentation）[3] 这一领域，并试图从三个层面上推进对逻辑、（法律）规范与法律论证之关系的思考：①规范（包括法律规范）是不是逻辑规训的对象？如果对这一问题的回答是肯定的，那么我们就将接着来考察②法律规范具有什么样的逻辑结构？以及③法律规范将如何以其逻辑特性来影响和塑造法律论证的结构？基于这些结构的基本模式是理性的或有价值的吗？当然，法律体系并非由单一的规范类型组成，不同类型之法律规范有其不一样的逻辑结构，从而对于运用这些规范之法律论证的结构也会产生影响。不言而喻的是，从不同的角度出发，法律规范可以作不同的分类。本书并不意图涉及法律规范所有可能的划分，而只是基于目前学界最为流行的一种区分，即法律规则（legal rules）与法律

---

〔1〕 Susan Haack, On Logic in the Law: "Something, but not All", *Ratio Juris* 20 (2007), p. 1, 26.

〔2〕 Eugenio Bulygin, What Can One Expect from Logic in the Law? (Not Everything, but More than Something: A Reply to Susan Haack), *Ratio Juris* 21 (2008), pp. 150 – 156.

〔3〕 或者说"法律推理"（legal reasoning）。在西方语境中，法律论证与法律推理一般不作区分使用，只不过在欧陆传统中更多使用前者，而在英美传统中更偏向于使用后者而已。本书同样不作区分。

原则（legal principles）来进行逻辑考察。这不是一种任意选择的结果，后文的论述将表明，这一区分对于回答上述②和③这两个问题具有重要意义。它们所造成的论证基本形式的差异既是今日国际学界理论焦点所在，也对于相关法律实践起着重要的说明与正当化作用。

　　在上述三个层面的问题中，对问题①的回答无疑构成了回答后续问题的前提。事实上，规范领域的逻辑哲学研究包含两个根本问题，即逻辑（或逻辑思维）究竟是否适用于规范领域，以及规范领域是否需要一种独特的逻辑，即规范逻辑（normative logic）或道义逻辑（deontic logic）、甚至是法律逻辑（legal logic）。其中前一个问题构成了后一个问题的前提，尽管两者不无关联。[1] 在许多文献中，这两个问题常常被混在一起谈。有论者会否认第一个问题本身，因为在他们看来，根本就不存在一种统一的"逻辑"或"逻辑思维"，有的只是分散的命题逻辑、谓词逻辑、模态逻辑、规范逻辑等。如此，就可以在抛开第一个问题的同时直接对第二个问题作出肯定回答。但笔者认为，如果认为上述这些逻辑类型还是"逻辑"的类型的话，那么就必须要肯认存在一种统一的逻辑基础。即便迄今为止对于逻辑的理解（或许来源于对某种特定逻辑类型的理解）造成了这种困境，那也只是因为以前的理解过于狭隘而已，并不能就此否认逻辑基础的同一性。"逻辑

---

　　〔1〕　事实上，"规范领域是否需要一种独特的逻辑"的问题构成了独立于问题①且位于问题①与②、③之间的另一个层面。但基于两点原因，本书并没有对这一层面的问题进行探讨：其一，基于目前的知识储备与能力，笔者无法对这一问题作出回答并给出充分的论证，留待日后作进一步的研究。其二，这本身并不是一个能够完全从逻辑的角度加以界定的概念。正如存在不同的逻辑系统，它们本身并没有优劣之分，所以不同的法律逻辑学者对于法律逻辑也存在不同的理解，并没有什么"原本的"法律逻辑，对此的选择是个合目的性和适当性的问题。而对于本书而言，只需要运用普通逻辑就足以回答问题②和③了。

基础的同一性假定"构成了回答问题①的基本前提。逻辑是否适用于法律这一规范性的领域？要回答这一问题，我们就必须将视线转向规范理论。而在规范理论领域，迄今为止在法学界影响最大的无疑是奥地利法学家汉斯·凯尔森（Hans Kelsen）的学说。众所周知，凯尔森的规范理论在晚年就有一个明显的"逻辑转向"，一般认为这一转变来源于他和法律逻辑学家乌尔里希·克卢格（Ulrich Klug）之间的通信。[1] 在其晚期著作中，凯尔森又将"逻辑是否适用于（法律）规范领域"这一问题切割为两个难题：一是规范之间的冲突是不是逻辑矛盾；二是从一般规范到个别规范的推导过程是不是逻辑推断（logical inference）的过程。[2] 自此之后，如何破解这两个"凯尔森难题"（Kelsen's Conundrum）成为法学者、伦理学者、逻辑学者们共同关心的主题，也引发了大量的争议。本书就将首先来对这两个问题给出自己的思考与论证（第一、二章），接着在将法律规范区分为法律规则和法律原则（第三章）的基础上，分析两者的逻辑结构（第四、五章），进而阐明它们对于法律论证之结构的影响，以及这些法律论证之基本模式的理性与价值（第六至八章）。出于论述的方便，我们将首先来论述凯尔森所表述的第二个难题，即"从一般规范到个别规范的推导过程是不是逻辑推断的过程"，或者说能否"从一般规范推断出个别规范"，这一难题也被称为"约根森困境"（Jørgensen's Dilemma）。

---

〔1〕 两人间的通信后来被编成一本书出版：Hans Kelsen und Ulrich Klug, *Rechtsnormen und logische Analyse: Ein Briefwechsel 1959 bis 1965*, Wien 1981.

〔2〕 Vgl. Hans Kelsen, *Allgemeine Theorie der Normen*, hrsg. v. Kurt Ringhofer und Robert Walter, Wien 1979, S. 99, 179.

第一章　从一般规范推断出个别规范？

一、约根森困境的缘起与内涵

从一般规范到个别规范的推导过程是不是逻辑推断的过程？事实上，这一难题最初的表述者并不是凯尔森，而是丹麦逻辑学家约根·约根森（Jøgen Jøgensen）。在一篇于 1937 年发表的著名论文《命令句与逻辑》中，约根森指出了一个人们往往习以为常但却未加慎思的"谜"（puzzle）："依照通常被接受的关于逻辑推断的定义，只有具有真假的语句才能在一个推断中作为前提或结论；然而，似乎很明显的是，一个具有命令模态的结论可以从两个或其中之一具有命令模态的前提中推出来。"[1] 换言之，一方面，由于命令句没有真假——例如，我们无法去追问"安静！"或"履行你的义务！"这类命令句是真还是假，这种提问本身是没有意义的，也是无法回答的——所以命令句不仅不能作为以陈述语句为前提之推断过程的结论，也无法成为推断过程的前提，因而似乎压根就无法作为任何逻辑论证的组成部分。[2] 这一想法可被称为"不可推断命题"（Non‑Inference Thesis），[3] 对这一命题的

---

〔1〕　Jörgen Jörgensen, Imperatives and Logic, *Erkenntnis* 7（1937/1938）, p. 290.

〔2〕　Jörgen Jörgensen, Imperatives and Logic, *Erkenntnis* 7（1937/1938）, p. 289.

〔3〕　雷磊："逻辑推断抑或意志行为？——对凯尔森晚期规范理论中一个命题的批判"，载《政大法学评论》第 130 期（2012 年 12 月），第 160 页。

证立可以被重构为如下这个三段论：

> （1）逻辑推断只适用于具有真值的语句之间；
>
> （2）命令句并非具有真值的语句；
> _____
>
> （3）所以，命令句之间不存在逻辑推断关系。

但一方面，从一般规范可以"推断"出个别规范似乎又很符合我们的直觉，也吻合我们对于很多实践领域中规范性活动（如道德判断与司法裁判）的感受。以从一个命令句前提（以及一个陈述语句前提）中推出一个命令句结论的情形为例，可以举出以下两例：[1]

遵守你的诺言；	请每位公民依法纳税；
这是你的一个诺言；	你是一位公民；
因此，遵守你的这个诺言。	因此，请你依法纳税。

我们通常会认为，这是两个"有效的"逻辑推断。因此，关于命令句无真假的慎思与关于命令句可以参与逻辑推断的直觉之间发生了抵牾，人们不得不面对坚持其中一端似乎就得放弃另一端的两难困境。这一困境后来就被丹麦法哲学家阿尔夫·罗斯（Alf Ross）在一篇同名论文中命名为"约根森困境"（Jøgensen's Dilemma）。[2]

经过半个多世纪的发展，约根森困境的定位本身与其"雏形"相比已经发生了一定变化。变化主要体现在两方面：一是学者们逐渐以"规范语句"（规范）来代替"命令句"（命令）。两者并不完全一致。在语言的层面上，命令句体现为祈使句（im-

_____

[1] 前一个来自于道德领域，为约根森自己所举 [Jörgen Jörgensen, Imperatives and Logic, *Erkenntnis* 7（1937/1938），p. 290]；另一个来自于法律领域，为笔者所举。

[2] Alf Ross, Imperatives and Logic, *Theoria* 7（1941），p. 32.

perative），如"关门!"，而规范语句是包含道义模态（可以、不得、应当）的语句；进而，命令句一般只提出要求，而规范语句既可以提出要求，也可以施加禁止和允许。在实体的层面上，命令（command）只是针对特定行为的意志决定，而规范（norm）则是联结人际关系的制度化存在，与具备相对稳定性之社会结构相关。[1] 在某种意义上，所有的规范都是命令，但并非所有的命令都是规范。命令是规范的必要而不充分条件，因为只有制度化了的命令才属于规范。如今，学者们在论及约根森困境时大多是在规范语句（规范）而非命令句（命令）的意义上来使用的，这意味着这一困境并不限于约根森本人所使用之"命令句"一词的字面含义，而适用于整个规范领域。二是学者们大多并不将这一困境的对象限于"**语句**"（规范语句），而是常常将它与"规范"交替使用。在具体的学者那里，有的更多使用"规范语句"，有的更多使用"规范"，有的则不加区分地同时使用两者。但对于采取语义学进路的学者而言，两者是有差别的："规范语句"是对规范的语言表述，而"规范"是规范语句的意义。[2] 然而，规范语句并不是规范的唯一表述形式。同一个规范既可以用不同的规范语句来表述，也可以用命令句来表述，甚至可以用陈述语句（直陈式）来表述。[3] 例如我国《民法通则》第15条前半句"公民以他的户籍所在地的居住地为住所"，就显然并不是在陈述事实，而是在表述规范。所以严格说来，约根森困境背后的真正问题在于，被用于规范目的的语句（无论它们拥有命令模态抑或陈述模态）是否能表达出可以构成有效推论（逻辑推断）之前提或

〔1〕 Vgl. Ota Weinberger, *Rechtslogik*, 2. Aufl. , Berlin 1989, S. 260.

〔2〕 Vgl. Ota Weinberger, *Normentheorie als Grundlage der Jurisprudenz und Ethik：Eine Auseinandersetzung mit Hans Kelsens Theorie der Normen*, Berlin 1981, S. 93.

〔3〕 Vgl. Robert Alexy, *Theorie der Grundrechte*, Frankfurt a. M. 1986, S. 43 – 46.

结论的命题。[1] 此外，有时候表述规范的语句也可以不出现任何模态词，而是替之以等值即含义不变的专业术语。典型者如法律领域中"有……的权利"、"有……的义务"这类表述。例如，上文第二个例子中，就可以将"请每位公民依法纳税"替换为"每位公民都有依法纳税的义务"。当然，以上所说并不否认任何规范都必须借由一定的表述才能为人所理解，也不否认表述规范的陈述语句能够被转化成更为典型的规范语句。只是要清楚，现实中并非任何表述规范的语句都体现为规范语句，它们同样面临约根森困境的问题。所以，这里直接以"规范"来称呼约根森困境处理的对象。如果有时不加区分地交替使用"规范"与"规范语句"，那么后者指的不仅是狭义上的规范语句，也包括经由转化的规范语句。简言之，约根森困境涉及的是规范领域中逻辑推断的可能性。如果我们将"逻辑推断"关系等同于逻辑上的蕴含关系（implication）的话，那么也可以说，这一困境涉及的是规范之间是否存在蕴含关系的问题。

　　一直以来，约根森困境吸引着哲学界、逻辑学界、伦理学界和法学界那些最富于智慧和抽象化能力的大脑，也伴随着大量的争议。综合观之，学者们对于这一困境不外乎持两种态度：一种是坦承困境的存在，即主张上述不可推断命题是正确的，否认直觉的可靠性。由于直觉是人类的一种直观体验，不会因为理论的反证而消失，所以这种立场与其说是解决了困境，不如说是搁置了困境。这可被称为"规范逻辑怀疑论"的立场。另一种是用理论来证明直觉的可靠性，即证明不可推断命题并不正确。由于证立这一命题的三段论（见前文）本身是有效的，所以要证明它的结论错误，就只能证明它所使用的前提不能成立。可行的做法有

---

　　[1]　Giorgo Volpe, A Minimalist Solution to Jørgensen's Dilemma, *Ratio Juris* 12 (1999), p. 72.

两个：[1]一是接受前提①但挑战前提②，即承认逻辑推断只适用于具有真值的语句或命题之间，但主张规范同样具有真值，所以结论为：规范之间同样存在逻辑推断关系；二是接受前提②但挑战前提①，即承认规范不具有真值，但主张逻辑推断不仅适用于具有真值的语句或命题之间，也可适用于具有其他"值"（value）的语句或命题之间，由于规范（规范语句）具有这些其他"值"，所以结论为：规范之间同样存在逻辑推断关系。前者可以称为"真值主义"立场，后者可相应称为"非真值主义"立场。这两种立场都体现了走出约根森困境的努力。下文将分别来具体阐述上述三种立场以及其中包含的诸多典型解决方案，并基于一个概念区分框架即规范的三种观念，来证立一种可能的解决方案。

二、规范逻辑怀疑论

规范逻辑怀疑论（Normenlogischer Skeptizismus）主张在规范领域不存在逻辑关系，从规范中也无法获得任何逻辑推断。[2]凯尔森本人在晚年即持这一立场，这是与他对于"规范"的界定相关的。在他看来，每一个规范都基于一个意志行为（Willensakt）之上，因为规范通过某个规范创设者的意志行为得以"产生"。规范就是意志行为的意义：

> "只要'规范'一词称呼的是一个规定，一个命令，那么'规范'就意味着：某事应当存在或应当发生。它的语言表述是一个命令句或应然句。其意义为规定命令做某事的行

---

[1] 当然，基于刚才论及的理由，在这个三段论中将用"规范"来替换"命令句"。此外需要说明的是，任何分类都有主观性。这两种做法中的一些具体做法有的其实非常接近，只是使用的概念不同而已。后文的分类很大程度上只是出于文章结构安排的考虑，并不代表只能作此分类。

[2] Vgl. Ota Weinberger, Der normenlogischer Skeptizismus, *Rechtstheorie* 17 (1986), S. 13.

为是意志行为。那些要求或规定做某事的行为首先是特定的人类行为。谁命令或规定了做某事，谁想的就是，某事应当发生。应然，或规范，是意志与意志行为的意义，也是这样一种行为的意义（只要规范属于规定和命令），它指向他人，其意义是他人应当以特定方式行为。"[1]

没有意志行为就没有规范，规范的效力始终与意志行为相关。相反，命题（或陈述）是思想行为（Denkakt）的结果。具体而言，命题与规范的区别可以被概括为：[2]其一，命题描述某事，它是真的或假的；规范规定某事，它既非真的也非假的。或者可以说，命题具有表示或宣示性的意义，而规范则具有命令性的意义。其二，命题的功能在于使得言谈者以外的其他人知晓某事，而规范的功能在于使得另一个人意欲某事，尤其是这样来决定其意愿，即使得由其意愿引发的外在行为与规范相符。其三，命题的语言表达式是实然语句（*is* – sentence），它陈述出了某事是什么、曾是什么或会是什么，即主张某事在现在、过去或未来的存在状态。规范的语言表达式是应然语句（*sollen* – sentence）。[3]其

---

[1] Hans Kelsen, *Allgemeine Theorie der Normen*, hrsg. v. Kurt Ringhofer und Robert Walter, Wien 1979, S. 2.

[2] Vgl. Hans Kelsen, *Allgemeine Theorie der Normen*, hrsg. v. Kurt Ringhofer und Robert Walter, Wien 1979, S. 163 – 164, 170, 178, 180; Hans Kelsen, Recht und Logik, in: Hans Klecatsky, René Marcié und Herbert Schambeck (Hrsg.), *Die Wiener Rechtstheoretische Schule*, Wien［u. a.］1968, S. 1472.

[3] 一个陈述同样可以陈述说某事应当如何，假如它是有关某个规范的陈述的话。这类陈述既可采用实然语句的形式，也可采用应然语句的形式。一本关于奥地利刑法的教科书可以包含这样一条实然语句："依照奥地利的法律，规范'窃贼应当被处以监禁'是有效的。"但同样的思想也可以用应然语句来表述："依照奥地利的法律，窃贼应当被处以监禁。"在此我们看到了应当（*sollen*）一词的模糊性。依据其原本的性质，即使是有关规范的陈述也是实然陈述，即关于某个规范（应然）的特定存在的（实然）陈述。对此参见后文关于规范与规范陈述的区分。

四，也是最为关键的，命题以真值作为其属性，而规范以效力为存在方式。规范有效就意味着它的存在。无效的规范是不存在的规范，亦即不是规范。但假的命题却还是一个命题，它作为命题而存在，即便它是假的。总之，虽然命题与规范都是某个行为的意义，但命题的真值不以创造它的行为为条件，而规范的效力则以创制它的行为为条件。以命题为其意义的行为是思想行为，而以规范为其意义的行为是意志行为。前者是一种认识行为，它具有"理论价值"；后者是一种意愿行为，它具有"实践价值"。当然，现实中也存在一些并不具备创设者或者说权威的规范。但在凯尔森看来，即便权威性的意志行为是被虚构出来的（其意义是纯粹被设想出来的规范），"没有创设规范的权威就没有规范"这一原则依然可以得到维系。区别只在于，纯粹被设想出来的规范是某个虚构之意志行为的意义，而实在规范是某个现实的意志行为的意义。不管如何，没有意志（即便是虚构的）就没有应然。[1]更为重要的是，规范领域的逻辑问题涉及的主要是逻辑原则能否适用于实在的道德规范与法律规范的问题。[2]放回约根森困境的语境中，这指的是两个规范之间是否存在效力包含关系，即从一般规范的效力中能否逻辑地推断出个别规范的效力。因此，纯粹被设想出来的规范与研究的主题并不相关。

正是基于命题与规范的上述区别，所以在凯尔森看来，作为某个思想行为的意义，一个命题可以在逻辑上蕴含于另一个命题之中，因为某个思想行为事实上是否发生是无关紧要的。一个个

---

[1] Vgl. Hans Kelsen, Zum Begriff der Norm, in: Hans Klecatsky, René Marcić und Herbert Schambeck (Hrsg.), *Die Wiener Rechtstheoretische Schule*, Wien [u. a.] 1968, S. 1461.

[2] Hans Kelsen, *Allgemeine Theorie der Normen*, hrsg. v. Kurt Ringhofer und Robert Walter, Wien 1979, S. 169.

别的命题可从一个一般性的命题中逻辑地推断出来，这中间并不需要有任何特定的思想行为作为中介。例如，"苏格拉底会死"的真值已经包含在"所有人都会死"的真值之中，无论有没有人在现实中想到前者都无关紧要。相反，一个规范的效力必然预设某个现实的意志行为，这意味着一个规范产生于某个创制性的行动（或在此行动之后才会出现），而非"自然地"从另一个规范中得出（或同时出现）。产生出一般性规范的意志行为与产生出个别规范的意志行为是两个独立的行为，后者并不蕴含于前者之中，故而由它们产生的规范也彼此独立，它们之间并无蕴含关系。这是因为意志行为在本质上是一种心理行为，而一个心理行为并不会在逻辑必然性的意义上产生另一个心理行为。[1]心理行为无疑是理性的对立物。正因为如此，凯尔森的规范观念也可被称为"规范非理性主义"（Normenirrationalismus）。[2]他用了一个生动的、与前文所举的第一个例子相近的例子来阐明其立场：[3]

> 如果某人对他人作出了承诺，他就应当信守承诺（一般规范）。
>
> 迈尔承诺付给舒尔茨 1000 美元的承诺（事实前提）。
>
> 迈尔应当信守他对于舒尔茨的承诺，即支付给后者 1000 美元（个别规范）。

在上述例子中，如果认为一般规范与事实前提构成了个别规范的前提，那么就成立一种"规范三段论"（normativer Syllogis-

---

〔1〕 Vgl. Ota Weinberger, Der normenlogischer Skeptizismus, *Rechtstheorie* 17 (1986), S. 15.

〔2〕 See Ota Weinberger, Logic and The Pure Theory of Law, in: *Essays on Kelsen*, ed. by Richard Tur and William Twining, Oxford 1986, p. 194.

〔3〕 Vgl. Hans Kelsen, *Allgemeine Theorie der Normen*, hrsg. v. Kurt Ringhofer und Robert Walter, Wien 1979, S. 185.

mus）。但凯尔森对此并不认可。[1]在他看来，权威可以创制出这样一条一般性规范，即所有人都要信守诺言，但它却无法命令迈尔信守其付给舒尔茨 1000 美元的承诺，因为它事先无法知晓，在未来的某个时候，某个叫做迈尔的家伙会承诺付给某个叫做舒尔茨的家伙 1000 美元。因为某人不可能想要他所不知的事。[2]这就涉及行使意志行为的一个重要前提，即行为主体对行为内容的知晓。之所以对于确保每个规范的效力而言独立的意志行为是必要的，是因为道德和法律的立法者无法预见到未来的具体情形，不排除有这样的可能，即假如他预见到了具体情形，他就会为他自己创设的一般规范设置例外。[3]创设个别规范的意志行为并不能被包含在创设一般规范的意志行为之中。例如，道德立法者完全可以创设"所有人都要信守诺言"这个一般规范，嗣后又出于某种原因认为迈尔可以不支付给舒尔茨 1000 美元，这两个都是有效的规范。在法律的情形中，这意味着作为司法判决（个别规范）无法合乎逻辑地从制定法（一般规范）中推出。法律规范的"框架性"与授权性确保了司法过程中法官拥有自由裁量权，这使得法官同样成为规范（个别规范）的创设者。司法裁判的过程并非自动化的逻辑演算的过程，每个法官都拥有裁量空间来决定特定的个案是否要涵摄于一部制定法之下。[4]即使法官的确"依据"

---

〔1〕　Vgl. Hans Kelsen, Recht und Logik, in: Hans Klecatsky, René Marciè und Herbert Schambeck（Hrsg.）, *Die Wiener Rechtstheoretische Schule*, Wien〔u. a.〕1968, S. 1487.

〔2〕　Vgl. Hans Kelsen, *Allgemeine Theorie der Normen*, hrsg. v. Kurt Ringhofer und Robert Walter, Wien 1979, S. 236.

〔3〕　Vgl. Hans Kelsen, *Allgemeine Theorie der Normen*, hrsg. v. Kurt Ringhofer und Robert Walter, Wien 1979, S. 36.

〔4〕　Vgl. Hans Kelsen, *Allgemeine Theorie der Normen*, hrsg. v. Kurt Ringhofer und Robert Walter, Wien 1979, S. 192.

制定法（一般规范）作出了裁判，那么赋予裁判（个别规范）以效力的并不是从一般规范出发的逻辑推断，而是法官的合乎授权的意志行为。由于法官与立法者是两个不同的主体，所以前者的意志并不能蕴含于后者的意志之中。法官的意志行为决定了在一般规范的框架之内，究竟选择何者来作为个别规范。概言之，法律过程是一个从一般规范出发不断被个别化与具体化的过程。[1]在这个过程中，是不同规范主体（法官和其他适用法律的人）的意志行为决定了这些个别规范的存在或效力。所以，在一般规范与个别规范之间不存在直接的逻辑蕴含关系，而只存在一种经由意志行为作为中介的间接关系。总的来说，凯尔森的反对性立场是基于对"规范是什么"之理解的本体论论据之上的，其论证可以被简单概括为：

（1'）规范的效力取决于意志行为。

（2'）个别规范虽然在内容上对应于一般规范，但缺乏意志行为就没有效力。

（3'）所以，逻辑不适用于规范。

有不少学者的立场与凯尔森的这一论证接近。例如，纯粹法学布尔诺学派的成员恩格里斯（Englis）主张，规范是一种意志或义务的表述。规范之所以无法作为逻辑描述的组成部分，不仅是因为规范不具有真值，而且也因为与命题不同，规范无法被否定，只能通过另一个意志行为被废止和变更。[2]齐姆宾斯基（Ziembiński）认为，规范是来源于规范创设者的表述，它并不描述事实，而是表达出了创设者关于规范受众当如何行为的想法，

---

〔1〕 Vgl. Adolf Merkl, *Die Lehre von der Rechtskraft*, Leipzig/ Wien1923, S. 221.

〔2〕 Vgl. Karl Englis, Die Norm ist kein Urteil, *ARSP* 50 (1964), S. 306–314.

所以它并非逻辑意义上具有真假的命题，因而规范之间不存在逻辑推断关系。[1] 库切拉（Kutschera）也指出，命令（规范）作为行为无法从另一个命令（规范）中推导出来。推断关系只能用来说明命题而不能用来说明行为，而不存在推断关系之处就没有逻辑运用的空间。[2] 一言以蔽之，正如冯·赖特（von Wright）所道破的，规范逻辑怀疑论主张"规范本身无法包含诸如推断这类逻辑关系，因而在固有的意义上也不存在什么规范的逻辑（logic of norms）"。[3]

三、真值主义立场

与规范怀疑主义否认逻辑适用于规范领域不同，解决约根森困境的第一种思路在于将真值同样归于规范（规范语句），即将它像命题一般来操作，从而在不改变"逻辑推断只适用于具有真值的语句之间"这一大前提的同时，主张一般规范与个别规范之间也存在逻辑推断关系。但是，不同学者对于"'规范具有真值'究竟意味着什么"的理解并不相同。大体来说，我们可以将这些观点归为三个进路：一部分学者认为规范的真值与命题的真值并无不同（规范逻辑现实主义），另一部分学者则通过各种其他方式来赋予规范真值以不同于命题真值的含义（规范逻辑准现实主义）。近年来亦有学者提出了第三种进路，即最低限度的真值

---

〔1〕　See Zygmunt Ziembiński, *Practical Logic*, Dordrecht〔u. a.〕1976, p. 127.

〔2〕　Vgl. Franz von Kutschra, *Einführung in die Logik der Normen*, *Werte und Entscheidungen*, Freiburg und München 1973, S. 13 – 14.

〔3〕　G. H. von Wright, Is There a Logic of Norms?, *Ratio Juris* 4（1991），p. 265. 应当指出，赖特关于逻辑适用于规范领域之可能性的态度可分为三个阶段：早期以《道义逻辑》（1951 年）一文为代表，这一阶段他直接将规范句视为具有真值能力的命题；中期以《行动与规范》（1963 年）一书为代表，这一阶段他否认规范之间存在逻辑关系；晚期以《是与应当》（1985 年）一文为代表，这一阶段他将道义逻辑与道义完美世界及理性立法者原则联系在一起。具体见后文各处。

观念。

（一）规范逻辑现实主义

规范逻辑现实主义（normenlogischer Realismus）[1]的代表人物是卡利诺夫斯基（Kalinowski）、罗迪希（Rödig）和克卢格。卡利诺夫斯基与罗迪希直截了当地用"真的"和"假的"来称呼道德规范与法律规范。[2]克卢格也认为，无论是一般规范还是个别规范都是由各自的规范创设者——立法者或法官——所表述出的命题，也即是表达出了这一内容的命题：某事被要求、禁止和允许，这是真的还是假的。提出规范的真值问题是有意义的，将规范转化为符合逻辑演算的表述，在原则上不存在任何困难。[3]规范逻辑现实主义者并不赞同凯尔森区分命题之属性与规范之效力的做法，而是认为规范中同样包括体现属性的部分。由于这一阵营的学者多用一阶谓词逻辑来把握规范的结构，所以在他们看来，谓词就是体现属性的部分。例如，如果要将"x 应被处以 10 年以下有期徒刑"这个规范形式化，那么就要将属性"应被处以 10 年以下有期徒刑"（作为表语来理解）解释为谓词 St，并将这个规范写作 St（x）："x 是这样一个人，对他来说，他应被处以 10 年以下有期徒刑。"[4]道义逻辑的创始人赖特最初也曾将规范视为

---

[1] 这一称呼参见 Thomas Zoglauer, *Normenkonflikt: Zur Logik und Rationalität ethischen Argumentierens*, Stuttgart – Bad Cannstatt 1998, S. 74.

[2] Vgl. Georges Kalinowski, über die Bedeutung der Deontik für Ethik und Rechtsphilosophie, in: Amadeo Conte, Risto Hilpinen und G. H. von Wright (Hrsg.), *Deontische Logik und Semantik*, Wiesbaden 1977, S. 109; Jürgen Rödig, Kritik des normlogischen Schließens, *Theory and Decision* 2 (1971), S. 87.

[3] Vgl. Ulrich Klug, *Juristische Logik*, 4. Aufl., Berlin und Heidelberg 1982, S. 201 – 202.

[4] a. a. O., S. 52f. 相同的处理亦可参见 Jürgen Rödig, Logik und Rechtswissenschaft, in: Dieter Grimm (Hrsg.), *Rechtswissenschaft und Nachbarwissenschaften*, Band 2, München 1976, S. 65.

具有真值能力的命题，并发展出了所谓的道义表述真值表。

规范逻辑现实主义的理论基础在于塔斯基（Tarski）关于"真"的概念。根据塔斯基的观点，当且仅当一个命题所主张的内容存在时，它才是真的。例如，当且仅当"雪事实上是白的"时，"雪是白的"这一命题才是真的。[1]这就是经典的"真之符合论"。为了与符合论相一致，作为命题的规范如果要为真，就必须要有与其相符的规范所主张的内容存在。所以，在规范逻辑现实主义者那里，预设了一种"规范性事实"，它们多少独立于我们的规范性信念，并使得规范被判断为真的或假的。用上面的例子说，当且仅当 x 应被处以 10 年以下有期徒刑（存在这个规范性事实）时，规范"x 应被处以 10 年以下有期徒刑"才是真的。同样，当且仅当 p 是被要求之事时，Op 才是真的；当且仅当 p 是被允许之事时，Pp 才是真的。它与命题唯一的区别在于，如果说命题的真是一种绝对的真的话，那么规范的真就只是一种相对于特定规范体系的真。[2]因为在一个规范体系中为真的规范在另一个规范体系中可能就是假的。要证明一个个别规范在某个规范体系中是真的，它就应从"在公理上被预设为真的一般规范"中推导出来，这个过程以实在法的充分公理化为前提。[3]

这一进路最大的劣势在于它将逻辑建立在了一种具有高度争议性的本体论假设之上。究竟什么是"规范性事实"？这是一个很难回答的问题，因为规范性事实与自然事实有明显的不同，我

〔1〕 Vgl. Alfred Tarski, Der Wahrheitsbegriff in den formalisierten Sprachen, *Studia Philosophica* 1（1936），S. 261ff.

〔2〕 Jürgen Rödig, Logik und Rechtswissenschaft, in: Dieter Grimm（Hrsg.），*Rechtswissenschaft und Nachbarwissenschaften*, Band 2, München 1976, S. 61ff.

〔3〕 Vgl. Ulrich Klug, *Juristische Logik*, 4. Aufl., Berlin und Heidelberg 1982, S. 202.

们无法通过观察和确证来证明它的存在。正因为如此，现代逻辑学中存在一股很强的思潮，即从可能世界语义学（possible - worlds semantics）出发来尝试协调规范与真值。据此，对于规范进行真假的谓述是可能的，但这并不指涉现实世界，而是指涉某些可能的世界，即规范权威意图实现的世界。所以，主张 Op 在现实世界中是真的，就意味着在所有作为现实世界之规范性替代物（normative alternatives）的可能世界中，这个规范所施加的义务都得到满足。但这种做法与其说消除，还不如说是强化了本体论假设，因为它作出了在现实世界之外还存在理想世界的本体论承诺（ontological commitment）。[1] 后文将说明，这种承诺是不必要的。

（二）准规范逻辑现实主义

准规范逻辑现实主义（quasi - normenlogischer Realismus）与规范逻辑现实主义一样走的是符合论的路子，只是它认为规范需要与之相符的对象并不是什么"规范性事实"，而是别的东西。这里又存在三种不同的观点，即"镜像论"、"意志论"与"满足论"。

镜像论认为，规范的真值等于对现实的反映。一些学者主张，规范或多或少是对社会现实的充分反映。[2] 它就像一面镜子，如果充分反映了社会现实，它就是真的，反之就是假的。在他们看来，规范作为社会现实的表述不可避免地有认知的性质，即对社会法则的描述。这类似于自然科学对于自然法则的把握。所不同

---

〔1〕 此外还带来了"可能"与"存在"之间关系的争论。关于上述本体论承诺以及"可能论"与"现实论"之间的争论参见 Pablo E. Navarro and Jorge L. Rodríguez, *Deontic Logic and Legal Systems*, New York 2014, pp. 61 – 63.

〔2〕 Vgl. A. Zinowiew, O logike normativnych predogenij, *Voprosy filosofii* 11 (1958). 转引自 Pavel Holländer, *Rechtsnorm, Logik und Wahrheitswerte*, Baden – Baden 1993, S. 55.

之处在于，科学家在研究自然法则时，认知的对象独立于他的自然事件，而当他研究社会法则和规范时，认识与描述的是他本身参与其中的社会现实。[1] 这种观点与马克思主义关于经济基础（社会关系）与上层建筑（道德、法）之关系的界定相仿：经济基础决定上层建筑，上层建筑反映经济基础。如果作为上层建筑的道德和法律规范充分反映经济基础，它们就是先进的，反之就是落后的。只不过这里用"真"和"假"代替了"先进"和"落后"罢了。镜像论是一种自然主义认识论，与规范逻辑现实主义的不同之处在于，它所要符合的并不是特殊的规范性事实，而是客观的社会现实。但这样一来就带来一个重大缺陷：不同于可用语言对任何具体或抽象的实体进行同构或同态之表征的命题，规范并不是对相应实体（例如社会领域的一种状态）的同构或同态的表征，因为相对于后者它加入了新的要素，即规范模态（命令、禁止、允许）。[2] 现实中并不存在什么应当或不应当的东西，应当或不应当是规范本身添加的要素，就此而言，规范并不是对社会现实的"精确"反映。

意志论认为，规范的真值等于它的内容与规范创设者的意志相符。这种观点的出发点是语义学依赖于语用学。[3] 例如，假如存在"公民有纳税的义务"这一规范，那么为了确定它的真假，人们就必须要知道，创设这个规范的目的是否在于激发规范受众这样的确信，即他要依法纳税；或者达到这样的效果，即他要实

〔1〕　Vgl. J. Popelová, *Filosofické problémy normy*, Bratislava 1981, S. 64, 66. 转引自 Pavel Holländer, *Rechtsnorm*, *Logik und Wahrheitswerte*, Baden – Baden 1993, S. 55.

〔2〕　Vgl. J. Popelová, *Filosofické problémy normy*, Bratislava 1981, S. 64, 66. 转引自 Pavel Holländer, *Rechtsnorm*, *Logik und Wahrheitswerte*, Baden – Baden 1993, S. 151.

〔3〕　Edward Borchardt, The semantics of imperatives, *Logique et analyse* 22 (1979), p. 196.

施申报和缴纳税款的行为。这种观点有时也可被表述为：规范性命题的真值在于它与作为决定之规范的相符。奥帕拉克（Opałek）就区分了规范创设行为、规范与规范性命题。在他看来，规范创设行为是任何人的一种心理－物理行为，它属于具有决断行为色彩的施为性行为，规范是被创设之物，而规范性命题是逻辑意义上的语句，当且仅当相应的施为性规范创设行为成功即规范产生时，它才是真的。[1] 可见，他区分了作为意志决定的规范与作为语言表达的规范，当前者被创设出来时后者就是真的。逻辑适用于后者，但它要受到前者的限制，因为道义主张的真假依赖于相应规范创设行为的存在。[2] 这种进路的问题在于：一方面，如果我们在纯粹心理学的层面上来理解规范创设者的意志，那么由于心理的因素无法为客观标准所把握，所以规范所要符合的对象是不可把握的；另一方面，如果在意志之"表达"的层面上来加以理解，那么意志说实际上就并没有表述出语言形式（规范）与相对应之实体（规范创设者的意志）之间的关系，而是表述出了同一个实体的形式与内容之间的关系，因为脱离表达的意志是不存在的。[3] 此外，也有学者认为，规范的存在不仅依赖于权威创设规范的行为，而且要求规范的受众具备特定能力。只有当受众"接收"了规范即在权威与受众之间建立起规范关系之后，规范才存在。[4] 据此，即使意志说大体能成立，它也是不完整的。

---

〔1〕 Vgl. Kazimierz Opałek, Der Dualismus der Auffassung der Norm in der Rechtswissenschaft, *Rechtstheorie* 20 (1989), S. 443.

〔2〕 Vgl. Kazimierz Opałek and Jan Wolenski, Is, Ought, and Logic, *ARSP* 73 (1987), p. 384.

〔3〕 Vgl. Pavel Holländer, *Rechtsnorm, Logik und Wahrheitswerte*, Baden – Baden 1993, S. 149.

〔4〕 See G. H. von Wright, *Norm and Action. A Logical Inquiry*, London 1963, p. 148.

满足论认为，规范的真值等于它的满足。满足指的是规范所规定的内容得以实现，也就是规范得到了实际的遵守，规范所规定的义务实际被履行。弗洛勃列夫斯基（Wróblewski）仿照塔斯基的定义为规范意义的确定表述了一个规则：对于规范"属于拥有属性 C 的集合 P 的人在情形 S 中应当采取行为方式 B"来说，适用这样一个意义规则，即"当且仅当属于集合 P 的人在情形 S 中以被称为 B 的方式来行为时，这一规范才被满足了"。[1] 在他看来，说规范被满足与说命题是真的是类似的。塔斯基曾区分对象语言与元语言，在他看来，谓词"真"要被归为元语言的表述，它等值于（或不等值于）对象语言中的表述。类似地，弗洛勃列夫斯基将规范视为一种元语言表述，假如在对象语言中用特定表述描述出规范通过特定主体在特定情形中被满足，那么规范就是真的。但他恰恰颠倒了对这两种语言之间关系的认识。元语言是关于对象语言的语言。满足论认为规范是元语言，而关于它满足的命题属于对象语言。但实际上，规范并不是指涉其满足之命题的元语言表述，相反，关于规范之满足的命题却是关于规范的元语言表述。所以，与"真"相关的并不是规范，而是关于其满足的命题。[2] 进而，如果将"满足"视为规范具有实效，而将"真"等于规范的存在或效力的话，那么也可以说，这里存在对实效与效力这两个概念之间关系的误解。因为满足论认为规范的实效是其存在或效力的充分条件，但现实中存在很多没有实效（未被满足）的规范。此外，与镜像论与意志论有清晰的所指（社会现实或是创设者的意志）不同，满足论认为规范的所指是

〔1〕　See Jerzy Wróblewski, The Problem of the Meaning of the Legal Norm, *Österreichische Zeitschrift für Öffentliches Recht* 45（1964），p. 262.

〔2〕　Vgl. Pavel Holländer, *Rechtsnorm, Logik und Wahrheitswerte*, Baden – Baden 1993, S. 147 – 148.

"**规范的满足**",这里就存在自我指涉和循环界定的危险。

(三)最低限度的真值观念

与前两种进路不同,最低限度的真值观念完全摆脱了真之符合论的路子。沃尔普(Volpe)试图借助霍维奇(Horwich)的最低限度真值观念来为约根森困境提供一个最低限度的解决办法。他提出了一种关于"真"的紧缩观念,认为对于真的说明并不包括对其"基本性质"的描述,因而分配给真值"理论"的说明性任务可以比通常所认为的要轻得多。据此,真值谓词远非指涉任何事物和/或语词的深层属性,它只执行这样的逻辑功能,即使得人们能对他们并不完全熟悉或不想公开陈述其内容的命题采取特定的态度(如接受或拒绝)。[1] 例如,当我们想要支持玛丽在上次会议上的发言,但却无法回忆起她所说的精确内容时,或者想要对她所说的大量主张(我们无法完全复述出来)作个一次性概括时,我们就可以说"玛丽在上次会议上说的是真的"(这要比"我赞同玛丽在上次会议上所说的"的表达更强)。当使用谓词真和假时,并不意味着将任何深层的(自然的或实质的)属性归于其对象,如果非要认为任何执行谓词之逻辑功能的术语都表达一种属性的话,那么真值谓词也可以说是将一种"逻辑"属性归于了它所谓述的对象。[2] 从这个角度讲,最低限度的真值观念可以与任何关于真之性质的深层理论相容但却并不蕴含着它们。这种"中立性"体现在,对于最低限度理论的承诺完全留给人们自由

---

[1] 在随后的一篇回应性文章中,沃尔普对这个概念作了一点改进,他指出,说某个语句是真的并不等于说"主张"(assert)它 [Giorgio Volpe, Minimalism and Normative Reasoning: A Reply to Sean Coyle, *Ratio Juris* 15 (2002), p. 320]。依照笔者的理解,沃尔普的意思是:主张某个命题就必须要承诺存在某种使得它为真的事实,而最低限度的理论并不作这种承诺。

[2] See Giorgio Volpe, Minimalism and Normative Reasoning: A Reply to Sean Coyle, *Ratio Juris* 15 (2002), pp. 62 – 63.

的空间去决定是接受还是拒绝真之符合论，也不承诺说使得规范性命题为真的"事实"就类似于使得关于自然事物之结构属性的命题为真的事实。因为，不同类型之命题的真之肇因论（theories of truth‐makers）只是关于不同类型之事实的理论，它们不是关于不同类型之真值的理论。[1]可见，最低限度理论并不试图提供与"真"有关的全部理论。像存不存在特殊的规范性事实或其他类似的实体这类问题，就不属于它处理的对象。

进而，沃尔普认为，在许多情形中，规范语句都可以变成带有"这是真的（it is true that）……"和"这是假的（it is false that）……"这两类算符（functors）的论述。例如，"没有人可以夺取他人的生命"可以被说成"没有人可以夺取他人的生命，这是真的"及"谋杀者都应当被处以死刑，这是假的"。而任何可以成为带有"这是真的（假的）"这类函子的语句都可以在适当的语境中表达出可以被称为（在最低限度真值观念的意义上）是真的（或假的）命题。它不仅适用于描述语句，也适用于规范语句，也可以用来说明后者能在规范推论中作为前提或结论所起到的作用。例如，根据逻辑有效性的标准定义，即"当且仅当在一个推论中不可能前提为真而结论为假时，这个推论才是有效的"，当且仅当不可能"雪碧不得在晚上 11 点以后出售"为**真**而"雪碧不得在晚上 11 点以后出售给矿工"为**假**时，"如果雪碧不得在晚上 11 点以后出售，那么它们就不得在晚上 11 点以后出售给矿工"这个推论才是有效的。根据最低限度的真值观念，这等于说，当且仅当不可能"雪碧不得在晚上 11 点以后出售，但却可以在晚上 11 点以后出售给矿工"时，上述推论才是有效的。在逻辑有效

---

[1] Giorgio Volpe, Minimalism and Normative Reasoning: A Reply to Sean Coyle, *Ratio Juris* 15 (2002), pp. 66, 68, 76.

性的观念中出现"真"这一谓词的原因，只是因为，它能使我们概括表述出"有效的论述是那种不可能前提为真而结论为假的论证"这一点，而无需再去列出属于这类论述之所有例子的有效条件，因为后者几乎是不可能完成的任务。[1]

这种做法其实已经从语义学的层面转向了句法学的层面。这么做的劣势至少有两点：其一，虽然沃尔普认为"这是真的（假的）……"这类语句是完全有意义的和合适的，但他也在前面加上了"对于有能力说普通英语的人"这个限定语。[2] 事实上，在英语之外的其他语言，如汉语中，就很少会说"没有人可以夺取他人的生命，这是真的"或"谋杀者都应当被处以死刑，这是假的"这类话，它们不符合汉语的语法。其二，沃尔普坦承，对于诸如"不得杀人！"和"你不应当杀人"这类语句，不能加上"这是真的（假的）……"这类算符，因而最低限度的真值观念关于规范领域可适用逻辑推断的认定不适用于命令句，在此意义上并没有为原本意义上的约根森困境提供解决办法。但他却退了一步，指出这类语句是不太可能出现在规范推论中的那类语句。[3] 这样的论断让人费解。尽管约根森困境的确不限于命令句，而适用于整个规范领域，但这并不等于说它反而不用于去处理内涵更窄的命令句的问题。命令句常常出现在规范推理中，本章中所举的及无数其他例子都证明了这一点。所以，上述句法学解决办法具有高度的语言–文化依赖性和模态依赖性，其可行性是有

---

〔1〕 Giorgio Volpe, Minimalism and Normative Reasoning: A Reply to Sean Coyle, *Ratio Juris* 15 (2002), pp. 72, 74.

〔2〕 Giorgio Volpe, Minimalism and Normative Reasoning: A Reply to Sean Coyle, *Ratio Juris* 15 (2002), p. 72.

〔3〕 Giorgio Volpe, Minimalism and Normative Reasoning: A Reply to Sean Coyle, *Ratio Juris* 15 (2002), pp. 73, 78.

限的。

当然，另一方面，这种解决办法也有其优势，最大的优势在于它避免了本体论承诺。因为将规范性命题（规范语句）描述为真的或假的（以及将规范推论描述为有效的或无效的）不需要承诺这样的观念：存在一种使得规范性命题（规范语句）为真或为假的规范性事实。它至多只是包含了一种"认识论"的承诺，因为它承认规范性商谈跟描述性商谈一样可能拥有真值。当然，这并不意味着两类商谈没有任何差别，它们的区别在于规范性命题与描述性命题所表达的意义，即规范性意义与描述性意义的不同。[1]但这也说明，逻辑和认知的对象并不仅限于描述性意义。

四、非真值主义立场

解决约根森困境的第二种思路是，承认规范（规范语句）并不具有真值，但却通过指明真值并非逻辑推断的必要前提，从而证明逻辑同样适用于规范领域。但是，对于具体如何进行这种"证明"，同样存在着不同的理解。综观既有的文献，大体上亦可以分为三种进路：第一种进路走的是一种间接适用的路子，它试图证明：尽管规范（规范语句）本身并无真值，但由于可以在某些方面显现出规范（规范语句）和命题（描述语句）的"同构性"（Isomorphie），所以可以间接证明逻辑推断适用于前者。这种进路其实是对真值主义方法的间接适用。第二种进路是将"逻辑值"进行扩展，即超越于"真值王国"之外，从而证明逻辑推断不仅适用于具有真值的命题，也适用于具有其他"值"的规范。最后一种进路与前两者相比更为激进，它不仅否认逻辑必然要与"真"挂钩，而且认为逻辑推断根本就与命题或规范的"值"无

---

〔1〕　Giorgio Volpe, Minimalism and Normative Reasoning: A Reply to Sean Coyle, *Ratio Juris* 15 (2002), pp. 75, 77.

关，诉诸后者是缘木求鱼。

（一）间接适用论

间接适用论可以分为"分割论"与"转化论"两种。分割论的基本思路在于，将规范（规范语句）分割为规范与命题所共享的部分以及规范所独享的部分，通过说明逻辑属于前者来证明逻辑推断在整体上适用于规范。黑尔（Hare）通过句法学分析区分出了规范的规范性部分与描述性部分。前者被称为"指陈"（neustic），而后者被称为"叙述"（phrastic）。叙述是规范与命题共享的部分，而指陈是规范独有的部分。[1] 以此方式，他提出了所谓逻辑的"指陈独立性"，即逻辑可以适用于所有主张的叙述部分，而不需顾及它们是否还具有相关联的指陈部分。在规范中出现的逻辑表达式，如联结式、否定式、蕴含式等等都属于叙述部分，它们构成了命题与规范的共同基础。[2] 因而，规范推论作为逻辑推断是可能的，它发生于命题和规范所共享的叙述部分，同时适用于两者。只要作为结论之规范的叙述以前提的叙述为出发点，且前提中至少有一个具有命令性的指称，那么结论就具有命令性的指称。[3] 有论者进一步完善了这个规则，指出在规范推论的构成性要素于推论中所出现的每一个地方，都必须有相同的

---

〔1〕 在这一点上，罗素的论述更加完整：在他看来，一个论题（短语）既可以与断言要素〔"就是如此"（so it is）〕相联系，也可以与指令要素〔"应当如此"（so it ought to be）〕相联系，前者构成了命题，而后者构成了规范（指令）。前者可以用 i（T）来表示，后者可以用 d（T）来表示。可见两者的区别不在于语句的内容，而在于附加其上的要素。例如"彼得正在关门"与"彼得，关门！"拥有共同的论题，即"门现在被彼得关上"，但它们附加其上的要素不同。"彼得正在关门"等同于"（门现在被彼得关上）就是如此"，而"彼得，关门！"等同于"（门现在被彼得关上）应当如此"。参见 Alf Ross, *Directives and Norms*, London 1968, p. 34.

〔2〕 See R. M. Hare, *The Language of Morals*, 2nd ed., New York 1991, p. 42.

〔3〕 R. M. Hare, *The Language of Morals*, 2nd ed., New York 1991, p. 28

模态。[1] 换言之，如果推论中包含一个语句，那么就"叙述"和
"指陈"而言，就必须以相同的形式出现。这意味着，在推论中人
们不能一会儿只以"叙述"的形式，一会儿又以"叙述"加上
"指陈"的形式来运用同一个语句。尽管如此，这一方法的缺陷
也很明显：即使能够证明两个规范的"叙述"之间存在逻辑推断
关系，也无法证明这两个规范本身（指陈加叙述）就一定存在逻
辑推断关系。"叙述"本身属于命题，分割论能证明的也只是两
个命题之间存在逻辑推断关系而已，尽管它们与规范内容存在对
应关系。

与此不同，转化论的基本想法以杜比斯拉夫（Dubislav）的主
张为基础，即"对于每个命令句（规范）而言都存在一个相应的
陈述语句（命题），只有这些陈述语句（命题）才被包含在推断
的过程中"。[2] 转化论并不试图去分割规范本身的不同部分，而
试图在规范之外构造出所谓相对应的命题，通过这类命题将逻辑
间接地适用于规范。约根森本人采取的正是这一办法。事实上，
他一开始也探讨过与分割论相同的办法，即将命令句分为"命令
要素"（imperative factor）与"陈述要素"（indicative factor），通
过后者将逻辑法则适用于前者。但他认为这种做法将命令要素留
在了普通逻辑之断言符号的括号外，而逻辑运算只能在括号内进
行（即是说，逻辑只涉及了"叙述"部分而没有涉及"指陈"部
分）。所以更加合适的办法是将命令语句转化为这样的陈述语句，
后者说的是，被要求的行为要被实施，或者被希望的事态要被实
现。根据这一方法，"关上这扇门！"这一命令可以被转化为陈述

---

〔1〕 See D. S. Jr. Clarke, Mood constancy in mind inferences, *Analysis* 30 (1970),
p. 101.

〔2〕 Walter Dubislav, Zur Unbegründbarkeit der Forderungssätze, *Theoria* 3 (1937),
S. 330f.

语句"这扇门要被关上。"所以存在这样一个普遍的句法规则：具有"如此这般行事"（do so and so）这一形式的命令句，可以被转化为具有"如此这般的行为要被实施"或者"如此这般的事态要被实现"这一形式的陈述语句。借此，命令要素被转化为短语"要被"（is to be etc.），后者能发挥像陈述语句中的谓词那样的功能。但问题在于，真值语句中的谓词所描述的是事物的属性，可以被证实，但"要被"无法被证实，因为它并没有描述出行为或事态的属性。对此，约根森认为，它描述的是行为或事态的一种准属性，前提是有人意愿或要求这一行为被实施或状态被实现。所以，每个具有"如此这般的行为要被实施"这一形式的语句表达的其实都是"有一个人，他要求如此这般的行为被实施"。由此命令要素就消失了，因为上述语句只是在陈述某人发布了一个命令这一事实而已。描述某个命令被发布与发布这个命令是不同的，但约根森认为它们之间的区别只是心理上的而非逻辑上的。[1]所以，与规范相对应之陈述语句的逻辑特征所反映的就是规范本身的逻辑特征。[2]

转化论的缺陷同样很明显。首先，将诸如"应当"这样的词语转化为短语"要被"是否就能使得命令（规范）要素消失？尽管在英语中"要被"一词中的确包括单词"是"（is），但这只是个语言表达问题，我们很难说出现了"要被"的语句就是陈述语句。在其他语言（如汉语）中，就不存在"要被"与"是"的表述有所重合的情况。这是否就意味着，这种转化并不是普遍的（＝合乎逻辑的）？其次，为了使得"要被"可以被证实，约根森

---

〔1〕 See Jörgen Jörgensen, Imperatives and Logic, *Erkenntnis* 7（1937/1938）, pp. 291 –293.

〔2〕 对这种想法的概括具体参见 G. H. von Wright, *Norm and Action. A Logical Inquiry*, London 1963, pp. 133 – 134.

引入了主体发布命令的事实,但这样一来,分析的对象就是关于这个事实的陈述语句而不再是规范了。最后,与分割论一样,它探讨的依然是与规范可能相关的命题而非规范本身的逻辑问题,即使能证明前者,也无法证明后者,从前者到后者存在着太多的晦涩不明与跳跃。因为我们同样可以非常容易就武断地构造出其他转换方法。[1]难道能够通过任意这些其他方法来回溯地证明被转化前的规范之间存在逻辑推断关系么?

(二)扩展逻辑值

扩展逻辑值的基本思路在于,在逻辑理论中引入一套更为一般性的基础概念,尤其是关于推断(演绎)的概念,使得它不仅适用于命题,也适用于规范。[2]

第一种做法是将规范的逻辑值扩展为"效力"(validity)。[3]魏因伯格(Weinberger)就认为,对于规范逻辑研究而言,规范的效力是类似于命题之真值的属性。命题之真值与规范之效力之间的根本区别在于,效力受到体系的限制,而非像真值那样是一种绝对的观念。[4]进而,他以一种扩展逻辑推断的方式来解决约根森困境:"当且仅当前提 P1、P2、Pn 为真(有效)而语句 F 为假(无效)在逻辑上不可能时,才能说 F 是从 P1、P2、Pn 中推断出来的。"[5]罗斯同样将"效力"视为规范的属性。不过在早期他秉持一种主观效力的观念,即将效力界定为一种规范创设者

---

〔1〕 See Alf Ross, *Directives and Norms*, London 1968, p. 35.

〔2〕 Ota Weinberger, The Logic of Norms Founded on Descriptive Language, *Ratio Juris* 4 (1991), p. 286.

〔3〕 作为逻辑值的"效力"既不等同于凯尔森意义上的"存在",也不等同于实质效力的概念(拘束力),它是一种语义学意义上的效力,具有逻辑规定的性质,是规范语句中主词的属性。

〔4〕 Vgl. Ota Weinberger, *Rechtslogik*, 2. Aufl. , Berlin 1989, S. 220.

〔5〕 Ota Weinberger, *Rechtslogik*, 2. Aufl. , Berlin 1989, S. 217.

或规范受众的心理状态："当特定心理状态在某人心中浮现时，命令句就被认为是有效的；而当没有浮现这种状态时，它就被认为是无效的。"[1] 借此，罗斯试图建立一种从规范的主观效力出发的规范推论模式，通过与有效规范相对应的关于其满足的命题，来得出与作为结论的满足命题相对应的有效规范。这样做的缺陷很明显，因为拥有关于某个一般规范之心理状态的人，未必也拥有关于相应之个别规范的心理状态。有无心理状态完全属于经验性事实，与逻辑推断无关。所以后来在魏因伯格的批评下，[2] 罗斯转向了客观效力观念。他区分了两种对于命题之"接受"（accept）的观念，认为逻辑并不依赖于命题能够被接受为真（罗斯称为"接受₁"，即经验上的接受）的关系，而是基于这样的条件，语言表述借此能够被"接受₂"为命题即作为具有陈述性意义的载体，或者说可能具有真假的实体。道义逻辑被理解为定义消除同义反复和矛盾之命令语言的前提，存在这两种情形的命令语言被认为是不可"接受₂"的。在此意义上，被"接受₂"的命令被称为"有效的"，反之，不被"接受₂"的命令被称为"无效的"。真（接受₁）与效力（接受₂）并不是同等位阶的概念，效力的概念位阶要高于只适用于命题的真，它同时适用于命题与规范。[3]

扩展逻辑值的第二种做法是将规范的逻辑值扩展为"满足"（satisfaction）。依照霍夫斯塔特（Hofstadter）和麦金瑟（McKinsey）的想法，与命题的逻辑值"真"、"假"相对应，规范的逻辑值是"满足"和"不满足"。如果描述被要求之行为的命题是

〔1〕 Alf Ross, Imperatives and Logic, *Theoria* 7（1941），p. 38. 这种心理学效力观其实已经与意志论接近了。

〔2〕 Vgl. Ota Weinberger, über die Negation von Sollsätzen, *Theoria* 23（1957），S. 102ff., 111.

〔3〕 See Alf Ross, *Directives and Norms*, London 1968, pp. 179 – 180.

真的，规范就被认为是满足了的，即如果 p 是真的，那么 O（p）
就被满足了。因而很明显，在应然表述的满意值和相应命题表述
的真值之间存在着完全的对应关系。[1] 后有论者将这种想法发展
为：只要一个规范（指令）包含一个由这两类前提组成的非空子
集，它就是有效的：①如果其成员被满足则其结论必然被满足；
②如果结论被违反则至少其成员之一必然被违反。[2] 但问题在于，
"满足"究竟意味着什么？它意味着前文"满足论"所主张的那
种对规范本身的遵守，还是意味着规范的内容有被满足的可能？
后一种思路其实称为"可满足"（satisfactoriness）更好。如果是
前者，那么对于"满足论"的批评也适用于它；如果是后者，那
么可满足的标准是什么，而一个一般规范的可满足属性与另一个个
别规范之可满足属性之间的关联也仍有待考察（是否是逻辑关系）。

除了"效力"与"满足"这两种最为常见的逻辑值外，还有
其他的扩值方法。例如施赖贝尔（Schreiber）就认为，在法律领
域的演算无需绕道一般性的、以真和假这对概念为基础的逻辑。
人们可以建立起仅基于逻辑理由的语句，它们独立于既定法秩序
而成为"正当的"。所以，"正当的"（rechtens）与"不正当的"
（unrechtens）是法律规范的逻辑值，矛盾律、排中律和逻辑推断
适用于具有"正当性"这一逻辑值的规范之间。[3]

（三）脱离逻辑值的逻辑观

这种逻辑观往往以反对将真值与逻辑挂钩作为出发点，但比
之扩展逻辑值的做法往前更进一步。其认为，约根森困境的实质
是在追问，有没有更为普遍的逻辑后承概念来统摄陈述语句（命

---

〔1〕 See Hofstadter and McKinsey, On the Logic of Imperatives, *Philosophy of Science* 6（1939），p. 447.

〔2〕 See E. Sosa, The Logic of Imperatives, *Theoria*（1966），p. 224.

〔3〕 Vgl. Rupert Schreiber, *Logik des Rechts*, Berlin〔u. a.〕1962, S. 65ff.

题）之间、规范语句（规范）之间以及这两者之间，甚至其他类型语句之间的推论。[1]根据阿尔科隆（Alchourrón）和马尔蒂诺（Martino）的观点，逻辑的核心并不在于真或假，而是在于"推论"（consequence）这一原初性概念。他们否认有必要来对逻辑联结符进行语义概括。这一观念的核心命题在于，无需通过逻辑联结符所联结之描述性命题的真值函数法来定义逻辑联结符，就可以建立精确的运算符公理体系。逻辑的特征在于它能运用关于"推论"的纳粹抽象概念，这超越于描述性或规范性的语义之外。因此，对"推论"的概念进行理性重构，重构出逻辑推断之句法和语义方法的共同特征才是关键。[2]在逻辑推断中被传递的规范的逻辑值是什么并不重要，重要的是"推论"以及通过推论能够传递这种逻辑值。

与此类似，索特曼（Soetmann）曾采取过一种虚化逻辑值的做法。他认为，逻辑值可以用 1 和 0 来表示，这两个值要作此语义解释，即体系的同义反复承载逻辑值"1"，而与之矛盾之事承载逻辑值"0"。这意味着有必要来充分认可，逻辑法则其实具有部分规定性，而我们必须要遵守预先安排的术语约定。[3]这种做法实际上相当于抛弃了设定具体逻辑值的做法，斩断了它与逻辑推断之间的关系，因为逻辑值具有部分规定性就意味着我们可以将任何具体的值（真/假、有效/无效、满足/不满足等）填入"1"和"0"，只要它们是相对立的两个值即可（这是唯一不可随意约定的部分）。逻辑推断的功能在于传递任意这些值，但它却不

---

〔1〕 参见周志荣："约根森难题与真值语义学"，载《湖南科技大学学报（社会科学版）》2013 年第 4 期，第 23 页。

〔2〕 See Carlos E. Alchourrón and Antonio M. Martino, *Logic without Truth*, *Ratio Juris* 3（1990），pp. 48, 56ff.

〔3〕 See Arend Soetmann, *Logic in Law*, Dordrecht［u. a.］1989, p. 55.

受逻辑值之具体内涵的限制。

五、规范的三种观念

对约根森困境的处理既涉及对规范的理解，也涉及对逻辑性质的认知。对于规范理解的不同造成了规范怀疑主义与其他两种立场的分野，而对逻辑性质认知的不同则使得真值主义立场与非真值主义立场及其具体进路提出了不同解决办法。我们将在下一部分再来处理对逻辑性质的认知问题，本部分将聚焦于"应当如何理解规范"这一主题，它的出发点在于区分规范的三种观念，即语义学规范、实体论规范与规范陈述。

（一）语义学规范与实体论规范

在许多情形中，当我们在使用"规范"一词时，指的往往并不是同一个对象。阿尔科隆和布柳金区分了规范的原质性观念（hyletische Konzeption）与表述性观念（expressive Konzeption）。在原质性观念中，规范被视为命题，即特定语句（规范语句）的意义。这种观念中的规范不具有语言依赖性，虽然它只能用语言来表达，但它的存在与任何语言行为无关。相反，表述性观念将规范视为某个主体对语言进行规定性运用（意志行为）的结果。同一个命题可以被不同的主体在不同的场合用来干不同的事，如主张、命令、猜测、质疑。它们的区别不在于命题的内容，而只在于语言使用的语用学层面。[1]正因为如此，也有学者分别称它们为规范的语义学观念（semantic conception）与语用学观念（pragmatic conception）。[2]本书将这两种观念下的规范称为"语义学规

---

〔1〕　Vgl. Carlos E. Alchourrón und Eugenio Bulygin, Expressive Konzeption der Normen, in: *Argentinische Rechtstheorie und Rechtsphilosophie heute*, hrsg. v. Eugenio Bulygin und Ernesto Garzón Valdés, Berlin 1987, S. 16 – 17.

〔2〕　See Pablo E. Navarro and Jorge L. Rodríguez, *Deontic Logic and Legal Systems*, New York 2014, p. 67.

范"与"实体论规范"。[1] 作为制度性事实，规范存在于特定的时间之中，但它存在于什么时间段之中完全是件偶然的事，在此意义上它是现实的实体（real entity）。相反，作为语句意义，规范不能被附加时间的要素。在此意义上它是某种理想或理念的对象，就如某种客观意义上的特定思想。[2] 这种意义上的规范其实是规范性语言活动的载体。区分某个语句的意义与它在特定情境中所能满足的实用功能是很重要的。如果某个法律创制机关发布了一个规范语句，对于语句的这种使用会满足立法的实用功能。但这个语句本身承载着一条信息，即它有待被接收者（规范的受众或任何其他人）所领会。这个语句的意义对于信息的发布者与接收者而言应当是相同的。信息的结果对于交流的双方而言也应当是相同的。[3] 信息的发布者（即立法者）与信息的接收者（即知法

---

〔1〕 使用这两个称呼的主要原因在于：其一，语义学与语用学的对称主要是为了凸显出，对于语言的不同运用（描述性运用与规定性运用）会导致不同的规范观念。"描述"需要以描述的对象，即一个本体论世界的存在为前提。但正如下文所言，本书并不认为存在一个作为语义学规范之描述对象的现实世界。本书所谓的"语义学规范"只是为了强调，规范也可以在命题的意义上来运用，即"规范性命题"（normative proposition）。这种用法参见 Giorgo Volpe, A Minimalist Solution to Jøgensen's Dilemma, *Ratio Juris* 12 (1999), p. 62. 其二，之所以不用"语用学规范"的称呼，是因为虽然有不少学者强调语言使用行为对于规范产生的意义，但也有的学者像凯尔森强调的是意志行为（心理行为）对于规范产生的意义。"实体论规范"的称呼更具有包容性，它指明了这一理解下的规范被视为一种制度性事实，而不论产生这一事实（实体）相关的行为性质为何。

〔2〕 See Ota Weinberger, *Normentheorie als Grundlage der Jurisprudenz und Ethik: Eine Auseinandersetzung mit Hans Kelsens Theorie der Normen*, Berlin 1981, S. 67. 有许多作者都使用了"语义实体"这一称呼，但本书将"实体"仅限于现实世界中存在的事物。

〔3〕 Ota Weinberger, Logic and The Pure Theory of Law, in: *Essays on Kelsen*, ed. by Richard Tur and William Twining, Oxford 1986, p. 193. 同样参见 Ota Weinberger, Intersubjektive Kommunikation, Normenlogik und Normendynamik, *Rechtstheorie* 8 (1977), pp. 19 - 40.

者)共享的是语句的意义,或者说是同一个语义规范。这说明,语句在交流渠道两端的交流过程中具有相同的语义值。这就确保了语义学规范相对于实体论规范的独立性。因为并非对某个规范语句的所有语言运用都是一种创设规范的意志行为,规范也可以被用于语言 – 逻辑分析,或作为不同交流过程的对象。[1]

语义学规范与(与意志行为相关的)实体论规范的区分触及到了一个由弗雷格与胡塞尔(Husserl)所提出的经典二分,即逻辑与心理的区分。正如胡塞尔所指出的,逻辑并不关注行动本身,不关注思考或陈述的行为,而关注被思考或陈述之事。[2]故而很明显,逻辑只可能与作为语句意义的规范相关,而与作为实体的规范无关。因为追问规定性语句是否受制于逻辑是一回事,而追问某个实体的存在是否包含了另一个实体的存在是另一回事。逻辑是否适用于规定性语句的问题属于逻辑问题,而一个实体的存在是否包含着任何其他实体的存在则不属于逻辑问题,而属于本体论的问题。相似地,一般规范是否能"产生出"个别规范是个涉及规范本体论的问题,而不是逻辑问题。[3]例如,"所有人都应当信守承诺"这一规范是否能产生出"迈尔应当信守承诺"这个规范并非逻辑问题,而是规范的本体论问题。对它的回答取决于某人是相信对于出现的每一种情境都存在着一个独立的规范,还是只存在一个一般性规范——"所有人都应当信守承诺"。换言之,规范存在与否取决于特定的经验事实(例如颁布行为),

---

〔1〕 Vgl. Ota Weinberger, Der normenlogischer Skeptizismus, *Rechtstheorie* 17 (1986), S. 29.

〔2〕 Edmund Husserl, *Logical Inverstigations*, trans. by J. N. Findlay, London and New York 1970, pp. 284ff.

〔3〕 See Michael Hartney, Introduction: The Final Form of The Pure Theory of Law, in: Hans Kelsen, *General Theory of Norms*, trans. by Michael Hartney, Oxford 1991, p. xliv.

因为事实之间不存在逻辑关系，所以对于规范而言并不存在运用逻辑的余地。[1] 相反，规范的逻辑推断过程并不是创设规范的过程，而是通过（规范性的与陈述性的）前提潜在地同时确定个别规范的过程。在此意义上，被推导出的个别规范并非新的规范，而可以说是"被发现的"规范。[2] 这个过程涉及的就是语义学规范。对此我们可以做个类比：命题 p 可能包含着命题 q，但存在着一本包含命题 p 的书这个事实并不包含着另一个事实，即存在着另一本包含命题 q 的书。前者取决于逻辑，而后者并不取决于逻辑，而取决于（书的）本体论。

规范逻辑怀疑论最大的错误，就在于混淆了这两种规范的观念。凯尔森显然用逻辑问题来指涉实在的或有效的规范，即作为实体的规范。即使当他在讨论"思想规范"的概念时已经几乎看到了两种规范概念的区分，但他的回答却是，即使逻辑原则适用于思想规范，这却不会令规范理论感兴趣，因为规范理论的问题是，逻辑原则是否适用于实在规范，即一个规范的存在（效力）是否包含着另一个规范的存在（效力）。遗憾的是，当他探讨后一个问题时，他并没有意识到，支持逻辑适用于规范领域的人其实探讨的是前一个问题。他一头扎进了本体论领域之中，但这原本就与逻辑无关，因而他是在与风车作战。更公正的说法是：当凯尔森看到逻辑并不适用于作为实体的规范时，他是对的，但这是一个常识；而当他拒绝将逻辑在整体上适用于规范的概念时，他却并没有发现规范还可以在语义学的意义上来使用，因而误入了歧

---

〔1〕 Vgl. Carlos E. Alchourrón und Eugenio Bulygin, Expressive Konzeption der Normen, in: *Argentinische Rechtstheorie und Rechtsphilosophie heute*, hrsg. v. Eugenio Bulygin und Ernesto Garzón Valdés, Berlin 1987, S. 22.

〔2〕 Vgl. Ota Weinberger, Der normenlogischer Skeptizismus, *Rechtstheorie* 17 (1986), S. 40.

途。因为他自始至终坚持一种对规范的"现实主义对象观",[1]或者说以效力(存在)理论为基础的规范观念。相反,语义学规范观念假定:一个规范的效力(存在)不包含在这个规范的概念之中。这使得我们有可能区分出规范效力(存在)的不同方式,同时脱离开效力(存在)来理解规范。[2]脱离开效力的规范是语句或命题意义上的规范,而它正是逻辑可能的适用对象。[3]

(二) 规范与规范陈述

除了区分上述两种观念的规范,还要将它们与规范陈述(normative statement)区分开来。简单地说,规范陈述是关于某个(实体论)规范存在之命题的语言表述(描述性语句)。[4]命题或陈述有真假,假如被指涉的规范存在,它们就是真的,如果不存在就是假的。例如,"你可以将车停在我的房前"这个语句可以被理解为一个规范陈述,如果它是真的,那是因为**存在**一个允许你将车停在我的房前的规范;如果它是假的,那是因为不存在这

---

[1] Carsten Heidemann, *Die Norm als Tatsache: zur Normentheorie Hans Kelsens*, Baden – Baden 1997, S. 199.

[2] Vgl. Jan – R. Sieckmann, Semantischer Normbegriff und Normbegründung, *ARSP* 80 (1994), S. 228; Robert Alexy, *Theorie der Grundrechte*, Frankfurt a. M. 1994, S. 47f. 需要注意的是,"效力"一词的含义十分丰富。如果以"规范的存在"和"规范的属性"作为最粗略的区分标准,那么语义学规范观念所脱离的"效力"指的只是"存在"意义上的效力,而不包括在"属性"意义上来理解的效力(见上一部分有关扩展逻辑值为"效力"的论述)。

[3] 法律领域的一个例子可以说明这一点:法律在颁布之前并未生效(在法律的意义上"不存在"),但法律草案中的规范当然应当符合逻辑。规范是否适用逻辑与它们是否具有法律效力并不相关。

[4] 许多学者使用"规范命题"(norm – proposition)一词来指关于规范存在的命题。但为了避免这一称呼与作为语义学规范的规范性命题(normative proposition)相混淆,本书采纳"规范陈述"这一称呼。当然,严格说来,规范陈述并不属于规范本身的观念,而是关于规范的语句;规范陈述之间的关系是关于规范之语句之间的逻辑关系,而非规范之间的逻辑关系。

样一个规范。所以，规范陈述其实是对相对应之规范是否存在作出判断的命题。因此，规范陈述的真值基础是一条规范（实体论规范）的存在。[1] 在现实中，一个语句究竟表达了规范还是规范陈述，并不那么清晰。还以"你可以将车停在我的房前"这个语句为例，如果它被用以给出一个信息，即存在一个关于泊车的规则，这个语句就表达了一个规范陈述，它可以是真的或假的。但这个语句也可以被用来发布一条规范，例如虽然并不存在一条既存的规范，但是"我"作为我房前空地的主人允许"你"将你的车停在那里。从这个角度看，它的意义也可能是一条规范（语义学规范）。

一方面，实体论规范与规范陈述有着明显的差别。它们之间的差别其实就是规范与命题的差别。规范陈述同样是命题，尽管它与描述物理对象的命题并不相同，因为它描述的对象是存在的规范。事实上，几乎所有的规范逻辑怀疑论者都不否认规范陈述可以运用逻辑，尽管他们都反对将逻辑运用于规范本身。由此，他们大都区分使用"规范逻辑"与"道义逻辑"这两个称呼，认为并不存在什么规范逻辑，但却存在道义逻辑，因为道义逻辑处理的不是规范之间的逻辑关系，而是关于规范之存在（或真或假）的命题（即规范陈述）之间的逻辑关系。凯尔森理论的继承者瓦尔特（Walter）即在后者的意义上来处理约根森困境。在他看来，之所以会产生这种困境，是因为许多人没有意识到，不仅存在事实（"是"）的世界，也存在规范（"应当"）的世界。在"是"的世界中，我们发现的是"事物本身"；而在"应当"的世界中，我们发现的是"规范本身"。我们可以用"是语句"（is -

---

[1] See G. H. von Wright, *Norm and Action: A Logic Enquiry*, London 1963, pp. 105 – 106.

sentence）来描述事物的世界，也可以用"应当语句"（ought-sentence）来描述规范的世界。从这个角度而言，约根森所谓的命令句其实是具有真值能力之命令性质的语句，因为它们不是命令本身，而是描述命令存在的语句（规范陈述）。[1] 至于规范陈述本身，它们既不属于物理的世界也不属于规范的世界，而属于对规范世界进行描述的智识世界；[2] 它们陈述的真取决于与规范世界中的规范的符合，就像命题的真取决于与现实世界中的事实的符合一样。由此，瓦尔特希望通过绕道规范陈述来解决约根森困境。

但这样做显然是有问题的，因为：其一，约根森困境与规范陈述的重心并不相同。规范陈述的重心在于所指（signified）而非能指（signifier），而约根森困境的重心在于能指而非所指。[3] 也就是说，规范陈述的要点在于存在一个外在的规范世界，而约根森困境关注的是具有命令或规范模态的语句本身，并不涉及是否正确地描述了一个外在的规范世界。其二，用规范陈述来替代规范三段论中的大前提和结论会造成两者谓词相异。瓦尔特也意识到，以规范陈述（某个一般规范**存在**）作为大前提的规范推断并不会推出另一个规范陈述或个别规范**存在**，它只是澄清了属于一般规范（只有它是存在的）的东西。换言之，通过逻辑推断只是说明了那个一般规范的内容。结论不是一个新的规范，而是对已存在之一般规范的表达。[4] 但这样一来就改变了逻辑推断的功能：

〔1〕 See Robert Walter, Jörgensen's Dilemma and How to Face It, *Ratio Juris* 9 (1996), p. 170.

〔2〕 See Robert Walter, A Response to Stewart, *Ratio Juris* 10 (1997), p. 403.

〔3〕 See Iain Stewart, Facing Walter's Dilemma, *Ratio Juris* 10 (1997), p. 398.

〔4〕 See Robert Walter, Some Thoughts on Peczenik's Replies to "Jörgensen's Dilemma and How to Face It", *Ratio Juris* 10 (1997), p. 393.

因为按照一般的理解，结论与前提的谓词必然是要一致的。但是在瓦尔特的模式中，大前提的谓词是某个一般规范的"存在"，而结论却只是指明某个别规范是这个一般规范的语义内涵，而不带有相同的谓词"存在"，这十分怪异。其三，即使规范陈述可以适用逻辑，也无法推知规范本身能适用逻辑。完全没有理性的事物也可以理性的方式来描述。同理，完全可能对不连贯的规范体系进行连贯的描述，反之，对规范体系的描述不连贯也不等于体系本身不连贯。[1] 更重要的是，前面述及，规范陈述的真假取决于相关规范是否存在，而相关规范（无论是一般规范还是个别规范）是否存在属于事实问题，需要各自单独作出判断（如是否存在立法行为、是否存在裁判行为）。这就意味着，规范陈述的真假取决于相互独立的具体事实，这就产生了悖论：如果规范陈述之间可以进行逻辑推断，就意味着一般规范的真值可以传递给个别规范；但如果只存在产生一般规范的事实（立法行为）却不存在产生个别规范的事实（裁判行为），就意味着关于一般规范的陈述为真而关于个别规范的陈述为假，从真的前提推出了假的结论，又无疑违背了逻辑推断。

另一方面，语义学规范与规范陈述也不相同。[2] 其一，语义学规范并不涉及规范是否"存在"问题，而规范陈述是对规范"存在"或"存在之规范"的描述。其二，语义学规范属于对象语言的层面，因为它是作为人之认知对象的语言意义，而规范陈

〔1〕 See Robert Walter, A Response to Stewart, *Ratio Juris* 10 (1997), p. 404; Pablo E. Navarro and Jorge L. Rodríguez, *Deontic Logic and Legal Systems*, New York 2014, p. 59.

〔2〕 在前述诸多进路中，只有最低限度的真值观念并不区分关于规范的描述语句（规范陈述）与规范语句（语义学规范）。See Giorgo Volpe, A Minimalist Solution to Jørgensen's Dilemma, *Ratio Juris* 12 (1999), p. 61.

述属于元语言的层面，因为它是人对于认知对象存在的描述。其三，语义学规范并不描述任何现实的世界（无论是自然事实还是社会事实），它展现的至多是道义理想世界（见下文）；而规范陈述描述的是"规范的世界"（社会事实），这个世界被认为是现实的，尽管不同于"事实的世界"（自然事实）。其四，使用或主张语义学规范的功能在于传递信息（告知功能），它的典型目标在于对接收者产生特定效果，即促使接收者接受被主张的规范性命题。而使用或主张规范陈述只是告知一个事实，并不具有任何其他功能。

（三）语义学规范与逻辑推断

为了更清晰地说明规范的三种观念之间的区别，可以对安斯康姆（Anscombe）的一个著名例子[1]略加修改来进行说明。该例子的内容为：妻子塞给丈夫一张购物清单，让他去超市购物，同时她聘请了一位侦探跟踪她的丈夫，让他将丈夫在超市的一举一动都记录下来。丈夫到了超市后，努力按照妻子的清单将物品一一放入购物车中。在他的身后，那位侦探将他的所作所为都一一记录在另一张清单中。因此现在就有了两张清单，即妻子的清单（W 清单）与侦探的清单（D 清单）。假设现在 W 清单与丈夫所拿的物品之间出现了分差：清单上写着"买橙子"，但丈夫却拿了橘子。在这种情形中，当然不能说是 W 清单出了错，因为它是一个指示或者说命令，其主要功能在于指引丈夫的行为。当它与丈夫的行为发生分差时，错误不在于清单而在于丈夫的行为。按照安斯康姆的说法，我们说这张清单具有"世界对于语言的适应指向"（direction of fit world – to – language）：在这里，世界应当与语言相适应，而不是相反。出现偏差时，责任不在于指示本身

---

[1] See G. E. M. Anscombe, *Intention*, Oxford 1957, p. 56.

而在于世界（人们的行动）。现在假设购物车中的物品与 D 清单发生了偏差，例如丈夫依照 W 清单拿了一袋橙子，但侦探在 D 清单上却记录下"橘子"。此时错误发生在侦探的记录之中，因为他原本是应当精确描述丈夫所干之事的。由于丈夫的行事是依照 W 清单来进行的，所以这里的偏差其实也就是 D 清单与 W 清单之间的偏差。发生这种偏差时，要修正的是 D 清单而非丈夫的行为（及其背后的 W 清单）。与 W 清单相反，D 清单具有"语言对于世界的适应指向"（direction of fit language – to – world）。在我们的例子中，W 清单（或者更准确地说，妻子通过清单下达的购物指令）相当于实体论规范，D 清单相当于规范陈述，而 W 清单上所载的内容则是语义学规范。对这些内容大可进行逻辑推断：假如妻子的清单上写着"买橙子"，那么丈夫可以推知他可以"买下一袋特定的橙子 y"（y 指称个别变量），尽管他事实上未必这么做了。相反，不能从妻子"买橙子"的指令中推出丈夫"应买下一袋特定的橙子 y"这一指令，因为妻子并没有下达过买下哪袋橙子的指令。而侦探尽管记录下了"丈夫买下了一袋橙子 y"，但这并不是从"妻子下过买橙子的指令"这一事实推断出来的，而是因为丈夫买下了一袋橙子 y 这一事实。

我们可以用更加形式化的方式来表示这三种观念。假定 p 代表"行为内容"，符号"!"表示"规定"或"命令"，"⊢"代表"主张"或"断言"，O 代表"应当"，那么就可以用"! p"来表示"实体论规范"，用"Op"来表示"语义学规范"，而用"⊢! p"来表示"规范陈述"。[1] 在法律的语境中，规范的三种

──────────

〔1〕 此一形式化参考了 Carlos E. Alchourrón und Eugenio Bulygin, Expressive Konzeption der Normen, in: *Argentinische Rechtstheorie und Rechtsphilosophie heute*, hrsg. v. Eugenio Bulygin und Ernesto Garzón Valdés, Berlin 1987, S. 17, 但略有不同。

观念其实也体现了对于规范的不同研究视角。实体论规范是从法律创设的视角出发的，因为它关注的是规范如何产生（存在）或者说产生（存在）的条件。这里的"创设"应当从广义上来理解，即既包括立法行为，也包括裁判行为和其他适用行为。立法行为创设的是一般规范，而通过裁判行为和其他适用行为创设的则可能是个别规范。规范陈述采取的是法学（法律科学）的视角，这是一种观察而非参与的姿态，它的任务是描述规范存在的客观事实。至于语义学规范，很难说受制于某种特定的视角。只要进行法律商谈和交流，就必然要适用这种意义上的规范，因为正是它承担着作为语言基本功能的信息性功能。

无论如何，约根森困境涉及的是逻辑推断是否适用于规范本身之间的关系，而非是否适用于关于规范之语句（规范陈述）之间的关系；进而，它涉及的是作为语言意义之规范之间的关系（语义学规范），而非作为实体存在之规范之间的关系（实体论规范）。只有语义学规范，才是被追问是否存在逻辑推断之可能性的合适对象。

六、可能的解决方案

真值主义立场与非真值主义立场都主要是在语义学的意义上来理解规范的（尽管很多学者，尤其是规范逻辑准现实主义者，并没有明确区分语义学规范与规范陈述），它们之间的区别仅在于，是否应赋予语义学规范（本部分简称"规范"）以逻辑值"真"。我们将说明，无论是真值抑或其他具体"值"取向的进路都误解了逻辑的性质，也误解了逻辑推断及其功能。

（一）对逻辑性质的认知

1. 脱离逻辑值的逻辑观

真值主义立场将逻辑和逻辑推断与规范的真值绑定在一起的做法并不可取。理由主要在于：

（1）将规范（规范语句）与命题（陈述语句）在语义学的层面上区分开来是有必要的。假如逻辑必然与语义学相关，那么就需要将适用于命题的真值语义学与适用于规范的语义学区分开来，因为规范与命题毕竟是不同的。它们之间的差异主要在于两个方面：一个方面是语句与其内容之间关系的根本不同，另一个方面是规范的体系相关性与命题对事物的客观描述（无相对性）之间的差别。[1] 规范"不应当撒谎"的效力（暂且这么称呼）并不具有像命题"地球围绕太阳转"的真值那样的客观证明手段。命题的真值可以通过观察来证实，而规范的效力却无法通过确认和证实的方式来确定。对于命题而言，观察到它与自然事实相符就是真的，反之就是假的。而与规范"不应当撒谎"相对应或"相符"的自然事实是什么？是社会中的大部分人都诚实行事（镜像论）？是这条规范颁布后大部分人或所有人都不再撒谎（满足论）？还是说它符合了立法者的立法目的，即营造一个诚信社会的意图（意志论）？重要的是，无论是规范逻辑准现实主义的哪种学说都有一个致命的缺陷：说一个"应当"与自然事实（"是"）相符究竟意味着什么？有可能发生这种对应吗？也许正是因为如此，所以规范逻辑现实主义预设了一个有别于自然事实的"规范性事实"，而规范逻辑怀疑论也提出了一个"规范的世界"，但这反过来又导致了"本体论承诺"这个过重的负担。正因为如此，所以塔斯基的真之概念不能转用于规范或规范语句。只要"用在科学和哲学中惯常意义上的语言来理解真值的概念，即某个命题与它所描述之现实的对应，那么将规范称为真的或假的就是毫无

---

〔1〕 Vgl. Ota Weinberger, Bemerkungen zur J. Rödig's „Kritik des normlogischen Schließens", *Theory and Decision* 3（1973），S. 314.

意义的"。[1]

（2）逻辑推断与前提的真假并无关联。我们通常说，命题推论中逻辑推断的功能在于传递真值，即"**假如**前提为真，**那么**结论必然为真"。但反过来说，如果前提为假，那么结论的真假就是未知的。这意味着，逻辑推断的有效性与它所使用之前提的真假并无关联，它无法确保它所使用的前提究竟是真的还是假的，后者取决于别的标准。假的前提也可能产生真的结论，例如从"没有任何法律人是小偷"推出"律师 a 是小偷"。推断也常常被用于前提是假设的情形，例如"思想实验"的情形。此时，我们是在可能世界中或在反于事实的命题基础上进行推断的。因不与现实世界发生关联，所以这些前提或命题原本就无真假可言。所以，对于逻辑推断的有效性而言，必要的不是命题所关涉之世界的真实结构，而是相关语言表述的结构及其相互关系。[2]

（3）"形式性假定"使得逻辑丧失了与谓词"真"挂钩的必要性。假如我们坚持使用"真"这一概念，但不在规范逻辑现实主义与准现实主义的那种与外部事实相符的意义上，而是像最低限度的真值观念那样，将"真"理解为语句或命题的纯粹逻辑属性（仅表达了言说者的一种未经证明的态度），那么就可以说我们采纳了一种"形式性假定"（formality assumption）。但一旦坚持这种形式性假定，就没有理由非得将命题的谓词称作"真"。我们可以称它为"奶酪"，或者我们愿意使用的任何词。重要的不是谓词的名称，而是它所扮演的角色（出于"真"这一概念在哲学语境中的复杂性与争议，不使用它甚至更为合乎目的）。谓词扮演的角

---

〔1〕 Ota Weinberger, Bemerkungen zur J. Rödig's „Kritik des normlogischen Schließens", *Theory and Decision* 3 (1973)，S. 312.

〔2〕 See Ota Weinberger, Against the Ontologization of Logic, *Ratio Juris* 12 (1999)，p. 97.

色被认为是逻辑性的：它允许我们建构出一个将命题写进高阶命题的涵项。[1] 逻辑推断正是借由谓词的这种角色来发挥其功能。据此，逻辑的领域不限于与真值关系及传递真值的推论，也包含了其他具有形式一般性的结构性关系以及运算（尤其是推论）。[2]

前述最后两点其实已经促使我们得出结论，认为逻辑与逻辑推断不仅与"真"这种特定的逻辑值无关，也与任何具体的逻辑值均无关。并不是非得赋予规范以逻辑值"效力（接受）"、"满足（可满足）"、"正当"，才能证明一般规范与个别规范之间具有逻辑推断关系。逻辑只涉及规范推论的内部结构，并不涉及其前提和结论的具体属性。对于逻辑而言，具有根本性的只是前提与结论具有相同的逻辑属性而已（至于这一属性是什么就不关逻辑的事了），因为逻辑提出的是纯粹形式性的因而可能是抽象演绎的概念，它基于确定逻辑运算之形式语言的规则之上。[3] 就此而言，最低限度的真值观念与脱离逻辑值的逻辑观实际上已经非常接近，差的只是没有捅破那层窗户纸，彻底抛开"真"这个概念而已。

当然，考虑到语言习惯，尤其是在法律语境中，我们通常会使用"效力"来指称规范的逻辑属性。但由于"效力"一词含义复杂，也给我们带来了很大麻烦。对于法律规范领域逻辑推断之可能性的认知很多时候就是由"效力"的观念不同造成的。假如我们依循语言习惯，继续用"效力"来指称规范的逻辑属性，并以此与逻辑推断相联系的话，那么必须要对它作双重限定：一方面，作为逻辑属性的"效力"指的只是语义效力，而非语用效力。

---

〔1〕　See Sean Coyle, The Possibility of Deontic Logic, *Ratio Juris* 15 (2002), p. 307.

〔2〕　Vgl. Ota Weinberger, Der normenlogischer Skeptizismus, *Rechtstheorie* 17 (1986), S. 78.

〔3〕　Vgl. Ota Weinberger, "Is" and "Ought" Reconsidered, *ARSP* 70 (1984), p. 459.

语义效力相当于"应当"一词，它只是表明法律规范中构成要件与法律后果两部分之间的关系为"归属关系"（imputation），[1] 以有别于命题要素之间的因果关系而已。至于这一"应当"是否在现实中存在（is of ought），它是否属于某个法律体系的成员，是否会对规范的受众发挥拘束力都在所不问，因为后者属于语用效力的范畴。所以，存在说、体系成员资格说、拘束力说等都与语义效力以及逻辑推断无关。另一方面，作为逻辑属性的语义效力是一种"内涉"（internal reference）的效力，而非"外涉"（external reference）的效力。外涉指的是将语义效力与外部事实，比如实体论规范（规范性事实）或心理事实等，挂起钩来。这其实还是一种符合论的路子，与作为逻辑属性的"真"没有太大差别。而内涉的效力将规范的语义效力理解为规范的语义蕴含能力，即从一般规范之效力（应当）推断出在语义上涵摄于其下的个别规范之效力（应当）的可能性，这里的核心是推论的有效性，即语义蕴含关系。它意味着：假如要保持思维的连贯性，那么一旦前提被接受，结论就必须要被接受。[2] 所以，作为规范之逻辑属性的"效力"是一种内涉的语义效力，这种观念与逻辑推断的观念之间相互蕴含。

2. 道义理想世界

逻辑是理性认知的必要条件。只要坚持理性主义的认识论，就必须承认逻辑对于认知对象的可适用性。只不过在规范领域，认知的对象是规范而不是自然事实。承认规范之间的关系可以是逻辑关系，必然要预设理性主义认识论。赖特就将道义逻辑解释

〔1〕　Vgl. Hans Kelsen, *Reine Rechtslehre* (Studienausgabe der 1. Aufl.), Hg. von. Mathias Jestaedt, Tübingen 2008, S. 18, 34.

〔2〕　See Arend Soetmann, *Logic in Law*, Dordrecht〔u. a.〕1989, pp. 62 - 63. 索特曼对于语义效力的详细界定参见 pp. 63 - 65.

为"理性法律创设者"的逻辑,[1] 认为它是对理性规范形成活动所必须满足之条件的研究。[2] 换言之,据此理解,规范之间的逻辑关系被定义为理性的法律创设活动之间的关系,道义逻辑既非规范本身的逻辑,也非作描述性解释的道义语句(规范陈述)的逻辑,而是所有法律创设活动——为了能够被视作是理性的——都必须遵循的规则集合。[3] 但是,道义逻辑并不等同于所有理性规则的集合,因为逻辑理性只是理性的一部分,尽管是必不可少的一部分。也就是说,理性有赖于逻辑而不是相反。判断法律创设活动是否理性,必须要看它是否遵从了语言的结构,或者说语言的逻辑。[4]

道义逻辑在对规范进行操作时并不针对行为或行为描述,并不指涉现实世界中规范之间的逻辑关系,而是指涉蕴含于规范中所"描述"的理想状态:Op 意味着事实 p 应当存在,或者说,命令 O 要求实现 p 这一理想状态。假如所有这类命令都被实现,就会出现一个道义上完美或理想的世界,即道义理想世界(deontisch ideale Welt)。所以,如果认为逻辑必然要描述些什么的话,那么道义逻辑描述的就是这个被想象出来的世界中的理想状态。这个世界是人类理解的产物,它是对理想规范世界的描述,它的完美性体现在这个世界中所有的(语义学)规范都得到满足。所以,道义理想世界是语义学规范的存在之所,也是逻辑适用的场合。

---

[1] See G. H. von Wright, *Practical Reason*, Oxford 1983, pp. 132, 140 - 141.

[2] G. H. von Wright, Is There a Logic of Norms?, *Ratio Juris* 4 (1991), p. 266.

[3] See G. H. von Wright, Is and Ought, in: Eugen Bulygin, Jean - Louis Gardies and I. Niiniluoto (eds.), *Man, Law and Modern Forms of Life*, Dordrecht 1985, p. 273.

[4] Vgl. Ota Weinberger, Der normenlogischer Skeptizismus, *Rechtstheorie* 17 (1986), S. 68.

道义理想世界与实体论规范所处的世界之间的区别在于：其一，道义理想世界是想象的世界，而实体论规范所处的世界是现实的世界。这里，我们不需要像瓦尔特那样去探讨是否在（自然）事实的世界之外还存在一个（实体论）规范的世界，或者说自然事实与实体论规范究竟组成了一个世界还是两个不同的世界。无论自然事实还是作为社会事实的实体论规范都属于现实的世界，而道义理想世界属于超越现实的理想世界。在现实世界中，实体论规范并不遵循逻辑法则。例如，某个法律体系中当然可能存在内容上相矛盾或者不连贯的法律规范，而理想世界中却没有这种情形。其二，规范陈述是对处于现实世界中的实体论规范的描述，而语义学规范严格说来却并不是对道义理想世界中理想状态的"描述"。在严格意义上，描述的前提是描述者与对象的分离。在现实世界中，规范陈述与描述对象即实体论规范是分离的，前者属于观察者的元语言，后者属于被观察的对象。当我说"存在一个规范 x"时，其前提是现实地存在一个实体论规范 x，例如因为它是立法机关通过正当程序颁布的。规范 x 独立于也先于"存在一个规范 x"这个规范陈述而存在。但语义学规范的情形有所不同。尽管我们一般说语义学规范"描述"了道义理想世界中的理想状态（道义状态），但这种道义状态并不是独立于和先于相应的语义学规范而存在的，因为它原本就蕴含于语义学规范之中。在这个意义上，反而是语义学规范建构出了这个理想的道义状态。语义相对于被自己建构出来的对象，很难说是对后者严格意义上的描述。其三，现实世界属于本体论世界，而道义理想世界属于认识论世界。无论实体论规范与自然事实是否处于同一个世界，它们都属于本体论世界。而道义理想世界并没有作出一种"本体论承诺"，它并不是一个本体论世界，充其量只是一个认识论世界。说它是一个"世界"只是一种比喻的用法，因为这个世界没有时间的维度，更没有空间的维度，或许更恰当的说法是它是一种"思维域"。如果我们仅限于在本体论的意义上来使用"存在"一词，那么就不能说"存在"道义理想世界，而只能说"假定"或"预设"了它。同样，确切地说，我们不能说语义学规范"存在"于道义理想世界之中，因为语义学规范并不是像实体论规范那样的"实体"（尽管很多学者喜欢用"语义实体"这个称呼），它是我们的思维构造物，它与道义理想世界是一体两面的。但是，假如我们坚持理性思维假定及这种假定对于实践（行为）的意义，那么就不能否认，道义理想世界同样"存在"于思维之中。这是一种认识论承诺（epistemic commitment），也是一种思维必要性承诺（commitment of necessity in thought）。换言之，道义理想世界既不承认也不否认规范本体论世界的存在，而是认为这种本体论承诺并不必要，因为它原本就与逻辑无关。

尽管现实世界中的实践活动不可避免地浸透着人类的意志，但如果我们并不将理性限于认知领域，而将它扩展至行动领域，即认为理性认知同样构成了理性行为的一个必要条件的话，那么人们在实践领域就同样要遵循逻辑法则。"理性的意志"必然折射出道义理想世界，而规范创设活动也将依照此来评价：它在多大程度上尊重了道义理想世界。规范性思维原本就在于将来自于现实世界的规范语义置入（描述出在道义理想世界中被实现之状态的）逻辑体系之中。[1] 现实世界中的规范被置入到道义理想世界中时，可能会被评价为不合逻辑，而这种评价结果又会回溯性地从道义理想世界中传递给现实世界。这种意义上，道义理想世

---

〔1〕 Vgl. Pavel Holländer, *Rechtsnorm, Logik und Wahrheitswerte*, Baden – Baden 1993, S. 98, 99. 也可参见 Pavel Holländer, Das Jörgensensche Dilemma, die Unterscheidung zwischen Gut und Böse bzw. die Suche nach dem Inhalt einer Deontische Idealen Welt, *Rechtstheorie* 43（2012）, S. 376.

界对于现实世界的优先性是一种理性的优先性，它虽不具有存废
实体论规范的现实效果，但揭示出了这样一种必要性：**假如**要坚
持理性，**那么**就要创设（或修改、废止）某个实体论规范。它要
求理性行动者去追求一种"道义更佳状态"（deontic betterness），
因为理想状态 p 所发生的反于事实的情境要好过 p 未发生的情
境。[1]而正因为对于道义理想世界或者说道义更佳状态的理解不
同，所以不同学者建构出的与语义学规范相关的逻辑系统亦不相
同，这又造成了法律论证之逻辑构造的差异。

（二）逻辑推断及其功能

在上述理解的基础上，我们可以认为，从一般规范到个别规
范的逻辑推断之所以可能，是因为在符合理性假定的道义理想世
界中，一般规范在语义上蕴含着个别规范，这使得作为前提之一
般规范的逻辑值（语义效力）可以传递给作为结论之个别规范。
对此我们可以进一步加以说明，说明的起点是对规范三段论进行
如下形式化重构：[2]

· (1)(x)($Tx \rightarrow ORx$)

· (2)Ta

　(3)ORa　　　　　(1),(2)

这里，"x"代表关于人、行动或其他规范主体的个变量。
"T"是这样一谓词，它把一个规范的前提表述为某个个体的属
性。"O"（应当）是道义逻辑算子，"OR"是表示法律后果的谓
词。最后，"a"是某个人、行动或其他主体的称呼或特定描述。

---

〔1〕 Lennart Åqvist, Deontic Logic Based on a Logic of "Better", *Acta Philosophica Fennica* 16 (1963), p. 285.

〔2〕 Vgl. Robert Alexy, Die logische Analyse juristischer Entscheidungen, in ders. *Recht*, *Vernunft*, *Diskurs*, Frankfurt a. M. 1995, p. 20.

第（1）行与第（2）行左侧的圆点表示这一推理的前提，而第（3）行右侧的数字表示这行是从前提中推断出来的。所以，（1）表述了一个一般规范，（2）是对事实的表述，（3）则是一个个别规范。

我们的分析集中于作为大前提之一般规范的结构，以及它与作为小前提的特定事实描述和作为结论的个别规范间的关系。我们要证明它们间的关系不外乎是逻辑关系。让我们首先来考虑**归结句**（*apodosis*）"*ORx*"的性质。对此可以参照黑尔的道德语言理论来理解。依照黑尔的观点，道德规范具有**普遍规定性**（*universal prescriptivism*）的能力，这意味着它一方面具有引导或规定人类行动的意向，另一方面指涉诉诸普遍语义效力的标准。这是因为道德语言具有两个意义层面，即一种**规定性的**（或评价性的）意义和一种**描述性**的意义。规范的目的在于引导人类行动，在此意义上它是规定性的。如果我说"某行为是好的"，我就是在推荐你这样做（＝实体论规范）。但道德规范同样具有描述性意义。言谈者隐含地指涉被推荐之事的特定属性，后者构成了他称其为"善（好）"的理由（＝语义学规范）。[1] 例如，如果我说"你做这个手术是好的"，可能是因为这个手术具有恢复健康和消除病痛的属性。这种对使其成善之属性（good－making properties）的指涉，是"善"的"附随"特性（supervenient character）。由于这一附随特性，"善"具有了一种普遍的意向性：将任何其他具有相同或相似属性的事物说成"非善"（"不好"）将是不连贯的。因此言谈者隐含地表述出了一种普遍标准，这种标准使得某类情

---

〔1〕 See R. M. Hare, *Freedom and Reason*, Oxford 1972, pp. 11ff.

形具有善的属性。[1] 这些观点同样适用于具有逻辑值"应当"（语义效力）的规范语句，尽管两者在其他方面有着重大差别。这类规范或规范语句同样具有两层意义：其规定性意义直接用以对特定主体发布命令，如果它是法律语句，它就是由某个法律权威（如立法者）发布的，在此意义上它是特定的而非普遍的；但它还具有一种描述性意义，这由"附随"于应当的标准间接地确立。这一标准在性质上是描述性的，并具有普遍性。我们不能将某个具有满足这一普遍标准之属性的某个事物标识为"应当"，而将相同或相似的事物——这意味着它有满足相同普遍标准的属性——标识为"不应当"。正是这一描述性意义具有承载逻辑的可能。

但规范语句中的普遍标准是什么？在作为条件句的规范语句（大部分法律语句属于此类语句）中，是条件部分，即**前提句**（*protasis*）"*Tx*"扮演了这一普遍标准的角色。这一标准说的恰恰是，属于同一类型的所有情形（以符号"*x*"表示）——其对属性或概念的事实描述（以符号"*T*"表示）所刻画的——都应当得到相同对待，即附加法律后果"*OR*"。这是出于语义学**可普遍化原则**（*Principle of Universaliability*）的要求。按照这一原则，"任何一个言谈者，当他将为此 *F* 应用于对象 *a* 时，也必须能够将 *F* 应用于所有相关点上与 *a* 相同的其他任一对象上。"[2] 所以，如果我们将"*OR*"分配给属于类型"x"的对象"*a*"，那么我们就同样应将分配给属于同一类型"*x*"的其他对象，诸如"*b*"、

---

〔1〕 其概述也可参见 Cees W. Maris, Miking the Meter: On Alanoly, Universaliz-ability and World Views, in: *Legal Konwledge and Analogy*, ed. by Patrick Nerhot, Dordrecht 1991, pp. 90 – 91.

〔2〕 Robert Alexy, *Theorie der juristischen Argumentation*, 2. Aufl., Fankfurt a. M. 1991, pp. 234 – 235.

"c"、"d"等等。如果"迈尔作出了一个承诺"且"迈尔应当信守其承诺",那么其他任何"作出了一个承诺"的人,如"约翰"、"杰克"、"露西"等,都"应当信守其承诺"。就此而言,小前提的功能在于**语义涵摄**(*semantic subsumption*)于大前提中条件部分之下,即证立"a"是可以语义涵摄于"x"之下的。[1] 这种涵摄是逻辑性的,它属于类演算(klassenkalkül)的领域。此外,用以判断"a"是否是"x"的一种情形的标准是"T"本身。当相关属性"a"处于用以界定"x"的"T"的语义框架内时,"a"就被认为是"x"的一种情形。例如,当迈尔说"我将给你,舒尔茨,1000 美元",且这被认为是"一个承诺"时,这就是"某人作出承诺"的一个情形。

现在我们已经确认,"OR"具有一种可能承载真值的描述性意义,而用以确立这一普遍描述性意义的标准是一般规范语句的条件,即"T"。此外,对特定情形 a 的描述,即"Ta"被证明是"x",即一般规范语句所针对的类型的一种情形,因此被涵摄于大前提之下。这里要证明的是,大前提的**条件**与**后果**间的关系是一种逻辑关系,所以当"Ta"出现(即 a 被证明是 x 的一种情形)时,可以逻辑地推出"Ora"。从语法的角度看,后果是规范主体的一种属性。[2] 所以对于规范"如果某人撒谎,他就值得批评"而言,"值得批评"就是撒谎之人的一种属性。因此在第(1)行中规范的语义意义上,"ORx"是"x"的一种属性,而"Ora"

---

[1] 按照恩吉施(Engisch)的观点,将一个案件事实归属于一个规范的条件部分所描述的案件类型之下的过程,也就是个别案件所包含的个别概念涵摄于规范的前提句使用的一般性概念之下的过程。See Karl Engisch, *Logische Studien zur Gesetzesanwendung*, 2. Aufl., Heidelberg 1960, pp. 23–26.

[2] Vgl. Hans Kelsen, *Allgemeine Theorie der Normen*, hrsg. v. Kurt Ringhofer und Robert Walter, Wien 1979, S. 232.

是第（3）行中"a"的一种属性。这种属性关系就是逻辑的。如果 x 拥有现实的属性"T"，那么它就拥有逻辑值"应当"，或者说属性"OR"；相应地，如果作为 x 的一种情形，a 拥有现实的属性"T"，在逻辑上就可以推出，a 同样拥有属性"OR"。如果在上述公式中添上被省略了的中间性前提（1'），这一逻辑过程可以被看得更清晰[1]：

· (1)$(x)(Tx \rightarrow ORx)$

· (1')$Ta \rightarrow ORa$

· (2)Ta

  (3)ORa (1'),(2)

通过用个变量取代全称量词，我们得到了（1'）。根据全消规则（Allbeseitigungsregel）或替代规则（Substitutionsregel），这是允许的。它被遍有遍无定理（*de omni et nullo*），即 $\wedge xFx \supset Fx_1$（对于所有 x 而言："x 是 F"必然包含"x_1 是 F"）所界定。[2] 这一规则说得不外乎是：适用于整体的，也适用于个别。接着，根据分离规则（Abtrennungsregel）和肯定前件律（*modus ponendo ponens*），（3）可逻辑地从（1'）和（2）中推导出来。到此为止，我们清楚地看到，个别规范是如何逻辑地从一般规范中推断出来的。

上述证明的过程同时也揭示出了两点：其一，从一般规范到个别规范的逻辑推断过程具有语义－句法的性质。有不少论者认为，在规范推论的逻辑研究中可以区分出语义学问题与句法学问

---

〔1〕 Robert Alexy, Die logische Analyse juristischer Entscheidungen, in ders. *Recht, Vernunft, Diskurs*, Frankfort a. M. 1995, S. 23.

〔2〕 See Ota Weinberger, Logic and The Pure Theory of Law, in: *Essays on Kelsen*, ed. by Richard Tur and William Twining, Oxford 1986, p. 196.

题，我们并不需要首先来解决语义学问题，然后再来过渡到句法学问题。虽然规范语句之谓词中存在陈述语句所没有的规范性要素（"应当"），但规范语句与陈述语句的句法形式并无差别：都是由前提句与归结句两部分构成，其中后者被认为是前者的属性。逻辑推断仅仅涉及后者，它只是将前提句中的属性部分传递给后者罢了。像塔梅洛（Tammelo）就主张，逻辑全部的基础都在于抽象层面的元逻辑演算（即容许作合适语义解释的句法逻辑系统），其中对具体适用领域的解释问题是保持开放的。[1] 与此不同，也有论者坚持认为语义与句法不可分离，认为道义逻辑的基本问题在于赋予道义逻辑算子的意义是否以及在多大程度上通过它们在形式系统中的角色忠诚地反映出了所意味之事。[2] 这两种观点都过于片面。逻辑推断的确与一般规范及个别规范中"O"的具体含义无关，无论我们赋予"O"以何种逻辑值（语义），都不影响它从一般规范传递到个别规范的可能，这是由规范的句法结构决定的。在此意义上谈论句法与语义的分离是对的。但逻辑推断同样离不开规范的语义，这里所谓的语义指的不是道义逻辑算子的意义，而是一般规范的构成要件对于个别规范之构成要件的蕴含关系。假如我们不知道一般规范之构成要件的语义范围，也就不知道小前提是否落入此范围之内，也就不知道以小前提为构成要件的个别规范是否适用大前提的法律后果"*OR*"。在这一意义上，逻辑推断又必然涉及规范的语义。准确地说，逻辑推断是以语义为基础的句法学运算过程。

其二，规范领域的逻辑推断并不违反休谟定律。一般认为，

---

〔1〕 See Ilmar Tammelo, *Outlines of modern legal logic*, Wiesbaden 1969, pp. 87ff.

〔2〕 Sean Coyle, The Meaning of the Logical Constants in Deontic Logic, *Ratio Juris* 12（1999）, p. 45.

约根森困境的一个重要支点在于"休谟定律"，即事实命题（陈述语句）与规范性命题（规范语句）的分离。[1] 约根森本人就指出，"依照逻辑推断的定义，具有命令模态的语句无法从具有陈述模态的语句中推断出来。"[2] 而在其中一个前提为事实（陈述语句）的规范三段论（有论者称之为"混合推论"）中，由于前提中包含陈述语句，而结论为规范语句，这似乎就意味着可以从陈述语句推断出规范语句，或者说前者与后者之间存在着蕴含关系。而由于事实与规范之间不可跨越之鸿沟的存在，这种推断和蕴含关系是不可能的。但是通过我们对逻辑推断过程的证明可以看出，这其实是个伪论据。在逻辑推断过程中，小前提即事实命题相对于大前提即一般规范而言只是起到适用对象个别化的作用（从 x 中将 a 个别化出来）。这个语义涵摄的过程发生在一般规范的构成要件（同样是描述性的事实命题）与小前提（事实命题）之间，至于包含"O"的法律后果部分并没有触及，而是原封不动地传递给了结论即个别规范。这里并没有发生从陈述语句推断出规范语句，而只是从规范语句（一般规范）推断出规范语句（个别规范）。所以，规范三段论（乃至约根森困境本身）根本就与休谟定律无关，更谈不上对后者的违反。

逻辑推断的功能典型地体现在司法裁判的过程中。弗罗布列夫斯基（Wróblewski）曾将法律推理的过程划分为六个阶段，即效力判断、解释判断、证据判断、将案件事实涵摄于可适用的法律规范之下、法律后果选择与最终判决。[3] 很容易看出，在这六

---

〔1〕 See David Hume, *A Treatise of Human Nature*, ed. by L. A. Selby‐Bigge, Oxford 1888, pp. 221f.

〔2〕 Jörgen Jörgensen, Imperatives and Logic, *Erkenntnis* 7（1937/1938），p. 289.

〔3〕 See Jezy Wróblewski, *The Judicial Application of Law*, ed. and transl. by Zenon Bánkowski/ Neil MacCormick, Dordrecht 1992, pp. 30ff.

个阶段中，最开始的阶段"效力判断"涉及对其后要作为大前提
之一般规范是否存在（或具有拘束力）的判断，其判断对象为实
体论规范；最后一个阶段"最终判决"涉及司法权的行使（意志
行为），其对象亦为实体论规范（个别规范）。除此之外，中间阶
段基本为语义学活动，它的对象是可以被法律活动参与者所主张
并能在他们之间进行交流的规范性命题，即语义学规范。简单地
说，司法裁判的过程当是这样一个过程：首先，存在某个具有法
律效力的实体论规范；其次，从与之在内容上相应的语义学规范
出发进行逻辑推断，然后得出结论，即个别的语义学规范；最后，
通过裁判和宣判行为（意志行为）赋予结论以法律效力（产生具
有法律效力的个别实体论规范）。这个过程是从本体论到语义学再
到本体论的过程。需要特别指出的是，通过逻辑推断得出的结论
还不是最终判决，因为判决必须由拥有权能的权威主体来作出才
是有效的。在现实中，判决完全可能拥有与通过逻辑演绎得出之
个别语义规范不同的内容，因为法官有可能会犯错，或者他有意
不去遵守法律。[1] 所以，从一般规范中推出个别规范是否是逻辑
过程，这是一个问题；而法官是否选择这一个别规范作为有效的
判决，这完全是另一个问题。[2] 判决有可能出错，或者完全是任
意的，此时意志行为与理性认知就发生了分歧。所以，逻辑推断
发生作用的前提是假定裁判行为要受到理性认知的拘束。这种拘

---

〔1〕 See Robert Walter, Some Thoughts on Peczenik's Replies to "Jörgensen's Dilem-
ma and How to Face It", *Ratio Juris* 10（1997），p. 393.

〔2〕 凯尔森举了个例子：一般性规范"所有窃贼都应当处以监禁"可能是有
效（存在）的，陈述"舒尔茨是个窃贼，因为他窃取了迈尔的马"可能是真的，但
个别规范"舒尔茨应当被处以监禁"却可能是无效（不存在）的，假如这个司法判
决出于某些原因并没有现实作出的话。Cf. Hans Kelsen, Geltung und Wirksamkeit des
Rechts, in his *Geltung und Wirksamkeit des Rechts: Veröffentlichung aus dem Nachlass*,
hg. v. Robert Walte, Wien 2003, p. 19, FN 13.

束力并不是事实拘束力，而是一种规范性拘束力；它无法确保法官一定会按照逻辑来进行判决，但它能对法官的判决作出评价——它是理性的还是非理性的；进而，如果违背思维法则（逻辑法则）同样被认为是对法律的不正确适用的话，[1] 那么它同时也能对法官的判决作出"合法"与"不合法"的评价。这说明，通常情形下，如果一个判决要成为"理性的"和"合法的"判决，它就必须是在相关一般规范的语义框架内作出。现实中的判决可能落在这个框架之外，反而证明了逻辑的重要性与实践必要性。

七、结语

约根森困境揭示出了对于"规范"与"逻辑"的诸多理解可能。基于规范的语义学观念，笔者坚持一种脱离逻辑值的逻辑观。按照这一观念，逻辑不仅与"真"这种特定的逻辑值无关，也与任何具体的逻辑值无关。在理性主义认识论的假定之下，语义学规范及其逻辑关系的理论背景是思维域中道义理想世界的"存在"。在此基础上，我们通过具体步骤证明了从一般规范到个别规范的逻辑推断之所以可能是因为一般规范在语义上蕴含着个别规范，这使得作为前提之一般规范的逻辑值可以传递给作为结论之个别规范。逻辑推断对于司法裁判具有理性拘束与评价的作用。尽管如此，要指出的是，本章所提供的不是解决约根森困境的唯一进路，我们也不排除存在其他可能的办法。[2] 只是基于对于"规范"与"逻辑"的理解，笔者认为这种进路和办法是迄今为止最可行，也是最具有说服力的。

规范领域中存在逻辑推断的可能性，而逻辑推断也对规范性

---

〔1〕 克卢格称之为"违背思维法则的双重性"，参见 Ulrich Klug, *Juristische Logik*, 4. Aufl. , Berlin und Heidelberg 1982, S. 157.

〔2〕 阿列克西就提到过数种解决办法，参见 Robert Alexy, *Theorie der juristischen Argumentation*, 2 Aufl. , Frankfurt a. M. 1991, S. 235.

实践发挥着重要作用。作此理解的前提在于，必须放弃将逻辑在概念上限于"认知"领域的前见（根据这种前见，逻辑仅仅被理解为认知的工具，而并不同时被理解为实践思维［即与行动相关之思维］的工具），而趋向于一种更加一般性的逻辑观念。而这种理解进一步的潜在条件在于：一方面，从理性假定出发，认识与行动并非两个完全独立的领域，认知构成了行动的基础（理论理性构成了实践理性的基础）；另一方面，理性认知不仅包括自然认知，也包括规范认知。前文的阐述其实已经包含了这两点，但对它们继续深入的探讨就不属于这里的任务了。

第二章 规范之间的冲突是逻辑矛盾吗？

一、出发点：凯尔森观点的演变

规范之间的冲突是不是逻辑矛盾？换一个角度，这里涉及的问题就是，逻辑法则能否适用于规范冲突的问题。凯尔森本人对这一问题的回答经历过数次转变。我们大体可以将之分解为三个阶段：以 1934 年出版的《纯粹法学》（第 1 版）为标志的第一阶段、以 1960 年出版的《纯粹法学》（第 2 版）为标志的第二阶段，以及以 1979 年出版《规范的一般理论》（由维也纳凯尔森研究所的两位教授主编）为代表的第三阶段。[1]

（一）第一阶段：直接适用

在传统上，逻辑的适用对象一般被限定于命题（proposition, Aussage）。命题之间的冲突被视为逻辑矛盾，适用诸如"矛盾律"

---

〔1〕 这一分段法参考了陈锐："规范逻辑是否可能——对凯尔森纯粹法哲学基础的反思"，载《法制与社会发展》2014 年第 2 期，第 134～135 页。但笔者并不同意该文将凯尔森的后两个阶段，尤其是第三个阶段所关注的核心议题定位为"是否存在一种独特的逻辑（规范逻辑或法律逻辑）"或"规范逻辑（或法律逻辑）是否可能"的观点（参见同上引，第 132 页）。"逻辑是否适用于法律规范领域"与"是否存在独特的规范逻辑"是两个尽管有联系但并不相同的问题，前者构成了后者的基础。因为只有对前者作出了肯定的回答，才有可能去回答后一个问题。在笔者看来，凯尔森关注的焦点自始至终都是前一个问题，尽管他在《规范的一般理论》的最后一章的确涉及了后一个问题。

（Satz von Widerspruch）这类逻辑法则。在最开始的时候，凯尔森认可命题与规范之间具有充分的相似性。他认为，正如矛盾律适用于命题，这一法则同样可以直接适用于规范领域的认知，因为"人们不得同时主张某个内容为 a 的规范的效力以及某个内容为非 a 的规范的效力"。[1]

规范冲突的典型情形存在于同一法律体系之不同位阶的规范之间，例如宪法规范与违背宪法的制定法规范。[2]如果两个规范都被视为有效，就将危及法律体系的统一性。通常而言，违背宪法的制定法规范会通过某种特定的法律行为（如宪法法院的判决）被废止。但凯尔森认为，违背宪法的制定法规范直至被特定的机构（如宪法法院）通过某个宪法规定的程序销毁之前，都是有效的。所以，只要这一法律行为不发生，违背宪法的制定法规范就将依然是持续有效的规范，而宪法也并不必然被视为由此废止或改变了。[3]这里似乎能推出，只要两个规范之一没有被废止，在法律体系中就存在逻辑矛盾，因为废止其中一个规范（往往是制定法规范）就是为了解决这种冲突的。但凯尔森的观点恰恰相反：只有当规范冲突"被主管机构所确认"并通过废止两个规范中的一个予以消除时，它才出现。也就是说，根本不存在什么固有的规范冲突，它之所以存在，恰是因为我们在认识论上认为它

---

〔1〕 Hans Kelsen, *Reine Rechtslehre*, 1. Aufl. , Leipzig/Wien 1934（Nachdruck：Aalen 1994），S. 136.

〔2〕 事实上，除了这种冲突，还可以在凯尔森的著作中发现另一种冲突，即属于同一法律体系且位于同一位阶的两个规范之间的冲突——"解释冲突"。Hans Kelsen, *Reine Rechtslehre*, 1. Aufl. , Leipzig/Wien 1934（Nachdruck：Aalen 1994），S. 93ff. 这种情形尽管与不同位阶之规范冲突的情形有差异，但对于本章的主题而言并无额外的重要性，故而略省不论。

〔3〕 Hans Kelsen, *Reine Rechtslehre*, 1. Aufl. , Leipzig/Wien 1934（Nachdruck：Aalen 1994），S. 84 – 85.

不应当存在。换言之，规范本身作为认知的对象，是不存在什么冲不冲突的问题的。正因为我们出于认知论上法律体系之统一性的需要，才去"发现"（或更准确地说，"塑造出"）了这种冲突，目的恰恰是为了消除冲突，达成法律体系的统一性。正是"规范认知无法容忍同一体系的两个规范之间存在任何冲突"。[1]

（二）第二阶段：间接适用

在代表着"纯粹法学"成熟的第二阶段，凯尔森依然主张，两个相互冲突的规范中只有一个可以被视作是有效的。[2] 但他采取了另外一种证明方式。凯尔森十分清晰地认识到，严格说来，规范之间无法形成逻辑矛盾，因为矛盾律之可适用性的前提在于可以运用谓词"真"和"假"来指称其对象，但规范既不是真的也不是假的，而是有效的或者无效的。所以，矛盾律无法直接适用于规范冲突，而只能通过类比或者说间接适用于规范冲突。要理解这一适用方式，就必须对凯尔森的法律命题学说有所了解。法律命题（Rechtssatz）是一个与法律规范（Rechtsnorm）相应但在语义上有区别的概念。[3] 法律规范是由立法者制定的，而法律命题是由法律科学来表述的。举例来说，立法者制定的这样一条规范（它规定：没有对因其未履行婚约而造成之损害进行补偿的，要强制执行其财产）与法律科学所表述的描述这一规范的命题（假如某人没有对因其未履行婚约而造成之损害进行补偿，那么就

---

〔1〕 Hans Kelsen, *Reine Rechtslehre*, 1. Aufl., Leipzig/Wien 1934 (Nachdruck: Aalen 1994), S. 89.

〔2〕 Hans Kelsen, *Reine Rechtslehre*, 2. Aufl., Leipzig/Wien 1960, S. 210.

〔3〕 从语义上区分法律命题与法律规范的前提在于反对法律现实主义的观点，即将假定的法律规范回溯到命题（例如关于法律官员之行为的预测性命题）。关于这一点，参见 Hans Kelsen, Eine "Realistische" und die Reine Rechtslehre, *Österreiche Zeitschrift für öffentliches Recht* 10 (1959), S. 1–25.

应当强制执行其财产）具有逻辑上不同的性质。[1] 因此在术语上要区分开来。这种逻辑或者说语义上性质的不同就反映在，法律规范要么是有效的要么是无效的，而法律命题要么是真的要么是假的。法律规范与法律命题可以通过它们的运用方式被区分开来。规范的运用方式是规定（Vorschreibung），而与规范相应之命题的运用方式是描述（Beschreibung）。[2]

尽管如此，在凯尔森看来，法律规范的冲突与法律命题的矛盾之间依然存在对应关系：如果分别描述两个法律规范的两个法律命题相互矛盾，那么这两个法律规范就是相互冲突的，因而不得被同时主张为有效。[3] 这种对应关系的背后其实隐含着一种"规范－命题的等值关系"：当且仅当某个法律规范有效时，与之相应的法律命题才是真的。[4] 由此，逻辑法则就可以借助于法律命题间接地适用于法律规范。因为基于"规范－命题的等值关系"，任何法律命题都在逻辑上和与其相应的法律规范相联结。矛盾律适用于两个法律命题的合取式，而从这一矛盾中可推知，两个命题中必有其一是假的。但假命题与其相应的规范在逻辑上相联结，也就是说，命题为假，则与之相联结的规范也是无效的，反之亦然。由此，从这一矛盾可推出，两个规范中的一个是无效的。可见，"一般逻辑原则，特别是矛盾律可以适用于描述法律规范的法律命题，从而也间接地适用于法律规范。"[5]

（三）第三阶段：无法适用

但就在《纯粹法学》（第 2 版）出版后数年，凯尔森却改变

---

［1］ Hans Kelsen, *Reine Rechtslehre*, 2. Aufl. , Leipzig/Wien 1960, S. 76.

［2］ Hans Kelsen, *Reine Rechtslehre*, 2. Aufl. , Leipzig/Wien 1960, S. 83.

［3］ Hans Kelsen, *Reine Rechtslehre*, 2. Aufl. , Leipzig/Wien 1960, S. 77.

［4］ Vgl. Stanley Paulson, Zum Problem der Normenkonflikte, *ARSP* 66 （1980）, S. 494.

［5］ Hans Kelsen, *Reine Rechtslehre*, 2. Aufl. , Leipzig/Wien 1960, S. 210.

了自己的观点，明确拒绝了将规范的效力类比于命题的真值并通过将逻辑法则适用于后者来间接适用于前者的主张。新观点认为，在命题的真值与规范的效力之间不存在任何对应或类似关系。因为，假如命题的真值与规范的效力之间存在类似或对应关系，那么适用于两个彼此矛盾之命题的矛盾律就必须能够类推适用于两个彼此冲突的规范。正如两个彼此矛盾的命题中只有一个是真的，另一个必然是假的，两个彼此冲突的规范中也只有一个是有效的，而另一个必然是无效的。但情形并非如此。因为假如两个规范——一个规定要求做特定行为，而另一个规定不得做这一行为——中只有一个是有效的，那么就不存在两个规范，而只存在一个规范了，因此也就不存在什么冲突的问题了。因为规范的效力是它的特殊的即理想的存在，是它的实在；而无效的规范是不存在的，也就不是规范了。[1] 同一部制定法中两个规范——一个规定要求做特定行为，而另一个规定不得做这一行为——发生冲突是可能的。但重要的是，在这一情形中相冲突的两个规范都是有效的，所以，如果其中一个被遵守，那么另一个就必然被违反；而只有当后者同样有效时，它才能够被违反。[2]

因此，规范冲突被认为是与逻辑矛盾完全不同之事。这源自命题之真值与规范之效力的根本不同：命题以真值作为其属性，而规范以效力为存在方式。规范有效就意味着它的存在，无效的规范是不存在的，也即不是规范。但命题的真假却不影响它是命题这一事实本身，假命题也是（存在的）命题，即便它是假的。

---

[1]　Vgl. Hans Kelsen, Die Grundlage des Naturrechts, *Österreiche Zeitschrift für öffentliches Recht* 13（1963）, S. 2.

[2]　Hans Kelsen, Recht und Logik, in: Hans Klecatsky, René Marciè und Herbert Schambeck（Hrsg.）, *Die Wiener Rechtstheoretische Schule*, Bd. II, Wien［u. a.］1968, S. 1476.

所以，逻辑矛盾只可能存在于法律命题之间——如一个命题表述
"规范 A 有效"，而另一个命题表述"规范 A 无效"[1]——却不
可能存在于两个法律规范之间。正因为如此，凯尔森甚至认为，
规范冲突从根本上说是无法被"解决"的，而只能通过意志行为
来"决断"：即使是在决断之后，相冲突的两个规范依然是有效
的。[2] 可见，凯尔森关于规范理论的最终立场是，逻辑法则（矛
盾律）既不能直接适用于也不能间接适用于规范。[3] 说得更彻底
些，在他看来，逻辑压根就与规范领域无关。这种将逻辑与规范
彻底割裂的观点就是前文在论述约根森困境时所称的"规范逻辑
怀疑论"。[4] 进而，正因为规范本身并不包含什么逻辑关系，所
以也不存在什么固有意义上的规范的逻辑。[5]

在逻辑法则与法律规范冲突的关系问题上，从早期的直接适
用到中期的间接适用再到晚期的无法适用，凯尔森将规范（效力/
意志）与命题（真值/逻辑）一步步彻底地分离开来。有论者认
为这是纯粹法学内在理路发展的必然后果：因为纯粹法学的整个
发展过程都显现出一种对法律科学进行"纯化"的努力，即将它
"从所有异质的要素"中解放出来，从而使得所有的法律现象最
终都能回溯到合乎授权的意志行为之上。就此而言，在一种认为

---

〔1〕 Vgl. Hans Kelsen, *Allgemeine Theorie der Normen*, hrsg. v. Kurt Ringhofer und Robert Walter, Wien 1979, S. 171.

〔2〕 Hans Kelsen, *Allgemeine Theorie der Normen*, hrsg. v. Kurt Ringhofer und Robert Walter, Wien 1979, S. 179.

〔3〕 Hans Kelsen, Recht und Logik, in: Hans Klecatsky, René Marcić und Herbert Schambeck (Hrsg.), *Die Wiener Rechtstheoretische Schule*, Bd. II, Wien [u. a.] 1968, S. 1478.

〔4〕 Ota Weinberger, Der normenlogische Skeptizismus, *Rechtstheorie* 17 (1986), S. 13.

〔5〕 See G. H. von Wright, Is There a Logic of Norms?, *Ratio Juris*, Vol. 4, No. 2 (1991), p. 265.

"纯粹的"理论中，即使是将矛盾律间接适用于规范本身也会被视为是"不纯粹的"，因为这样就意味着法律体系不仅仅是合乎授权的意志行为体系而已了。[1] 在这种理论追求的驱动下，凯尔森走向了对法律规范冲突之逻辑性质的否定说。

二、否定说的否定：效力论据批判

（一）效力论据

如果我们仔细考察不同时期凯尔森关于法律规范与逻辑之关系的学说，会发现有一个概念始终贯穿始终，那就是"效力"（Geltung）。依照凯尔森的理解，逻辑矛盾就是一种效力的冲突，"法律规范的冲突是不是逻辑矛盾"的问题就等同于"法律规范的冲突是不是效力冲突"的问题。只不过在第一和第二阶段他作出了肯定的回答，而在第三阶段得出了否定的答案而已。在法理学的传统中，法律规范的"效力"一般在两种意义上使用，即法律体系的成员资格（法律资格）和法律拘束力。[2] 纯粹法学的"效力"概念大体可以在前一种意义上来理解：凯尔森将规范的效力视为规范的存在方式，有效即存在，无效即不存在，但是规范存或不存在的一个必要条件在于其是否符合上位规范的"授权"，乃至能不断向上回溯至"基础规范"（Grundnorm）这一超验逻辑预设。这就预设了一个法律体系或者说法律的统一性的要求。所以，凯尔森所谓的"存在"是一种体系中的存在，某个法

---

[1] Vgl. Robert Walter, Der letzte Stand von Kelsens Normentheorie. Einige überlegungen zu Kelsens "Allgemeine Theorie der Normen", in: Werner Krawitz, Kazimierz Opałek, Alexander Peczenik, Alfred Schramm (Hrsg.), *Argumentation und Hermeneutik in der Jurisprudenz* (*Rechstheorie*, *Beiheft* 1), Berlin 1979, S. 296.

[2] 最近亦有学者试图证明法律资格说与法律拘束力说有着内在关联，认为它们表述出的是法律效力之内在规定性的不同部分。参见马驰："分析法学传统中的法律效力概念——法律约束力抑或法律资格?"，载《法制与社会发展》2015 年第 5 期，第 122~131 页。

律规范存在也就意味着它至少在一个法律体系中具备成员资格。上述两种意义何者正确以及两者的关系为何，并不是这里关注的要点。后文将径直以凯尔森对于"效力"的理解为基础来展开铺陈，并基于此进行批评。

纯粹法学的效力概念与另一个概念，即"意志"（Will），有着紧密关联。在凯尔森看来，每一个规范都基于一个意志行为（Willensakt）之上，因为规范通过某个规范创设者的意志行为得以"产生"。规范就是意志行为的（客观）意义，没有意志行为就没有规范。[1] 故而意志行为也构成了规范存在的必要条件。当然，要使得规范存在，它还必须是"合乎授权"的。因而"意志行为"和"合乎授权"（最终追溯到基础规范）分别构成了规范存在的必要条件，合起来则构成了后者的充分条件。[2] 只是在凯尔森的理论演变中，前期更加重视"合乎授权"这一条件，越往后则越加强调"意志行为"的重要性。[3] 对法律规范冲突之逻辑性质的否定说就主要建立在以意志行为为基调的效力论据的基础上。

凯尔森明确区分了思想行为与意志行为。命题与规范都是某个行为的意义，以命题为其意义的行为是思想行为，而以规范为

---

[1] Vgl. Hans Kelsen, *Allgemeine Theorie der Normen*, hrsg. v. Kurt Ringhofer und Robert Walter, Wien 1979, S. 2.

[2] 这也正是凯尔森被视为法律实证主义者的原因。阿列克西将法的效力分作三种意义，即社会学的效力概念、伦理学的效力概念与法学的效力概念（［德］罗伯特·阿列克西：《法概念与法效力》，王鹏翔译，五南图书出版股份有限公司2013年版，第127～131页）。如果说"合乎授权"属于法学的效力概念，那么"意志行为"就属于社会学的效力概念。实证主义者只支持这两种意义，而非实证主义者还会同时支持"道德正确性"这种伦理学的效力概念。

[3] 这并不是说，凯尔森的前期理论忽略了意志行为。前文已然提及，即使在第一时期，凯尔森也认为，只有被主管机构所确认和废止，规范冲突才出现。因而主管机构的意志行为已然被视为规范能否继续存在的条件。

其意义的行为是意志行为。前者是一种认识行为，它具有"理论价值"，后者是一种意志行为，它具有"实践价值"。一个法律命题要成为真的，就必须有某个内容相同的法律规范存在（有效），就如其他任何种类的命题一般；而某个法律规范要存在（有效），它就要通过立法或习惯的方式被创制出来。所以，法律命题的真值不以创造它的思想行为为条件，而法律规范的效力则以创制它的意志行为为条件。作为某个思想行为的意义，一个法律命题可以在逻辑上蕴含于另一个法律命题之中，两个法律命题之间也可能发生逻辑矛盾，因为与此相关的思想行为事实上是否发生是无关紧要的。相反，一个法律规范的效力必然预设某个现实的意志行为，这意味着规范产生于某个创制性行动，或者说法律规范在这种创制性行动之后才会出现，而非通过思维就可以"自然地"产生。产生出规定要求做特定行为之规范的意志行为，与产生出规定不得做这一行为之规范的意志行为是是两个独立的行为。这两个独立产生的规范彼此独立，它们之间不具有逻辑关系。因此，处理法律命题的法律科学才是运用逻辑的恰当领域，而法律规范本身却不是。[1] 这些观点使得晚期的凯尔森越来越接近规范的意志论传统。[2]

如果赞成以上所说，那么逻辑法则对于法律规范冲突的直接适用论与间接适用论的确均无法成立。直接适用论自不必说，因为命题的属性（真值）与规范的存在（效力）是完全不同的两回事。间接适用论亦无法成立。因为即使赞成法律规范与法律命题

---

[1] Vgl. Hans Kelsen, *Allgemeine Theorie der Normen*, hrsg. v. Kurt Ringhofer und Robert Walter, Wien 1979, S. 155, 190.

[2] 这使得我们不禁想起一个相近的理论版本，即奥斯丁（John Austin）的命令理论。See John Austin, *The Province of Jurisprudence Determined*, Wilfrid E. Rumble ed., Cambridge [u. a.] 1995, pp. 21ff.

之间存在特定的逻辑关系（"规范－命题的等值关系"），在其推导的链条中依然存在一个致命的难题。[1] 举一个凯尔森自己举过的例子：有两条法律规范（也相应地有两个法律命题），一条（个）规定说**"假如施密特不实施行为 h，那么特定法律机关就应当对他施加特定的制裁"**，另一条（个）规定说**"假如施密特实施行为 h，那么特定法律机关就应当对他施加特定的制裁"**。看上去这两条规范似乎存在效力上的冲突，但实际并非如此。因为可能立法机关就是同时或分别颁布了这两条规范，为的是授权特定法律机关对特定法律主体施加特定的制裁，而无论法律主体采取何种行为。换句话说，不管施密特实施了行为 h（作为）还是没有实施行为 h（不作为），都可以对他施加制裁。这种情形尽管罕见和异常，却并非是不可能的。如果这两条规范是由两个立法机关分别颁布的，就更可以理解了。两个立法机关的行为可能都得到了上位法的授权，因而它们颁布的规范都是有效的。假如如此，那么分别与这两条法律规范相对应的两个法律命题就不能被认为是相冲突的了。因为根据"规范－命题的等值关系"，有效的规范对应于真命题，无效的规范对应于假命题，两个有效的法律规范对应的是两个真的法律命题，自然不该有逻辑矛盾。总之，法律规范的冲突并不是效力冲突，这也就意味着这种冲突并不具有逻辑的性质。真的如此么？

（二）可能的出路 I：弱化"效力"的概念？

鲍尔森（Stanley Paulson）和措格劳尔（Zoglauer）建议通过弱化"效力"的概念以解决这一困境。鲍尔森认为应当将相冲突但尚未被废止之法律规范视为具有"推定的效力"（vermutung-

---

〔1〕 Vgl. Stanley Paulson, Zum Problem der Normenkonflikte, *ARSP* 66（1980），S. 495 – 496.

seise Gültigkeit）。他以有缺陷的法律规范为例来探讨规范冲突问题。缺陷产生的渊源之一在于法律适用的过程。依照凯尔森的观点，无论是一般法律规范还是个别法律规范都属于法律。但在适用一般规范时法律适用者总可能出错。这意味着，当他创制一条个别规范时，有可能不符合有待适用之一般规范的任何一个条件，此时他就出错了，而他所创制的规范就是有缺陷的。对于这类错误，法律体系通过法律诉讼制度来加以应对：一方面，通过诉讼，法律体系使得有缺陷的规范可能因"违法"而被消除；另一方面，有疑问的法律规范直至特定时刻点都可以具有法律效力，如果它没有被废止的话，无论是因为没有进入诉讼还是因为诉讼无果。所以有缺陷但却尚未被废止的法律规范被认为是具有法律效力的，但这种法律效力只是一种"推定的效力"。谈及某个"有效的法律规范"的人，并不是主张这一规范的所有条件**事实上**都被满足了，而是说：只要不能证明这些条件中有一个没有被满足，那么就**推定**这些条件都被满足了。具体地说，法律机关颁布一条规范的表述要被视为创设了一条有效的法律规范，假如（a）与这条规范相关之法律程序的形式条件被满足，且（b）只要无法以制定法规定的方式证明，可检验的条件中有一个未被满足。所以，法律规范的冲突问题只是我们在一般意义上对有缺陷之法律规范进行处理的极端情形而已。在这一情形中，相冲突的两个规范都是推定有效的。因为（a）所包含的形式条件被满足了，且无法证明（b）中提及的条件未被满足。[1] 措格劳尔的立场与此接近。在他看来，要像凯尔森那样将相互冲突的两条规范都视为是有效的，就要将它们视为都具有"初步的效力"（Prima-facie-Gel-

---

[1] Stanley Paulson, Zum Problem der Normenkonflikte, *ARSP* 66 (1980), S. 501-502.

tung)。在发生冲突时，必然要有一条规范退让，但它并不因此就丧失效力。他以德国基本法上的权利条款为例来加以说明：在德国基本法中，思想自由与大量其他规范（如名誉保护）都存在冲突。假如以有利于其中一个规范的方式来决定冲突——例如将言论（思想自由表达）理解为侮辱，那么相关个体的思想自由在这一情形中就会被限缩。但这并不意味着思想自由条款就失效了。思想自由表达权依然作为一项基本权利而存在，但它只是一项初步性的权利，只要它不与其他法律规定发生冲突。[1]

　　弱化"效力"概念的做法是成问题的。首先，它与凯尔森对于"效力"含义的理解并不相同。前已述及，凯尔森是在"存在"（或者说"法律体系的成员资格"）的意义上来理解"效力"的。只要某个法律规范合乎上位法的授权且为意志行为所创设，它就在相关法律体系中"存在"。要消除它的存在，只能通过另一个合乎授权的意志行为，如司法裁判。被废止前的法律规范是存在的即有效的，被废止后的法律规范是不存在的即无效的。于此，有效（存在）抑或无效（不存在）是一件十分清楚的事。但无论是"推定的效力"还是"初步的效力"都传递出效力或者说存在的不确定性：假定存在？表面存在？虚假存在？这些模棱两可的表述究竟能够说明什么？在笔者看来，与其说"推定的效力"或"初步的效力"是对凯尔森之存在论效力概念的弱化，不如说它们其实更接近于"法律拘束说"的含义：推定或初步的效力指的是某个法律规范被推定或表面上具备拘束力，即应当被遵守和适用。但由于规范冲突情形的存在，经过通盘考量之后，它在某些情形中却可能不被遵守和适用，即会丧失拘束力。

---

〔1〕　Vgl. Thomas Zoglauer, *Normenkonflikte – zur Logik und Rationalität ethischen Argumentierens*, Stuttgart 1998, S. 135.

其次，它与对"效力"性质的一般理解亦不相符。一方面，上面的论述已然表明，法律规范的"推定或初步的效力"其实就意味着这种效力会受到该规范嗣后实际上是否被适用的影响。但这一点并不成立。这里可以区分出法律规范冲突的两种情形：一种情形是法律规则冲突的情形，此时一般而言法律适用者将根据预设的第三方规则（如"上位法优于下位法"、"新法优于旧法"）来解决冲突。此时相当于根据这种第三方规则（运用意志行为）废止了相冲突之一方法律规则，即否定了它的效力。但按照凯尔森的理解，此时被废止的规则尽管终止了效力，但并不影响该规则此前确定地具有效力这一事实。另一种情形是法律原则冲突的情形，此时法律适用者将根据个案中的分量权衡来决定优先适用哪个原则。重要的是，原则间的优先关系不是绝对的，而是有条件的或相对的，权衡建立的毋宁说是一种"条件式的优先关系"。[1] 这意味着，在特定个案中被优先的原则并没有失效，而只是分量不如那个优先的原则而已。所以，法律原则的冲突并不涉及效力的层面，而只涉及适用的层面。措格劳尔所举的基本权利条款的例子恰恰是法律原则的例子。[2] 这意味着，即使就法律原则的情形而言，推定或初步的效力这种说法也不成立。因为相互冲突的两个法律原则都是确定的有效的（效力的标准不依赖于嗣后的适用），冲突只会影响各自的适用范围。另一方面，"推定或初步的效力"预示着"效力"是一个可以或强或弱的程度性概念。就像鲍尔森本人所认为的，对于相冲突之一方规范的效力推定可能会

---

〔1〕 参见［德］罗伯特·阿列克西："法律原则的结构"，载［德］罗伯特·阿列克西：《法：作为理性的制度化》，雷磊编译，中国法制出版社2012年版，第136页。

〔2〕 将基本权利视为法律原则的观点参见 Robert Alexy, *Theorie der Grundrechte*, Frankfurt a. M. 1994, S. 71ff.

强于另一方规范。[1]但按照一般理解，"效力"是一个全有或全无的分类性概念（要么有效，要么无效），并不存在程度之别。在通常观念中，与上位法相冲突之下位法，或者与新法相冲突之旧法就是"无效的"，而非仅仅是其推定的效力弱于上位法或新法而已。在这一点上，即便凯尔森关于"效力"概念的理解异于通说，也并没有违反"效力"作为分类性概念的性质，相比而言，"推定或初步的效力"说就走得过远了。

最后，也是最重要的，弱化"效力"概念的做法并无助于困境的解决。"推定的效力"在逻辑上必然对应于"确定的效力"。一方面，按照推定的思路，我们永远无法确知法律规范何时具备确定的效力。因为只要没有证明规范未满足有效的条件，它就永远只具备"推定的效力"；而一旦证明这一点，它就是"（确定的）无效的"了。另一方面，即使我们认为，从证明相冲突之一方规范"（确定的）无效"，可以根据逻辑关系反推出（证明）另一方规范此时具备了"（确定的）效力"（从原先推定的效力变成此刻确定的效力），我们依然没有将逻辑与效力脱钩。因为此时逻辑依然与（确定的）效力在概念上绑定在一起——一方规范的确定效力正是通过逻辑关系推导出来的，尽管这里的思路反而似乎证明了（具有确定效力之）法律规范的冲突正是逻辑矛盾。所以，弱化"效力"概念的做法只能说明，相冲突的两条法律规范都具有"推定或初步的效力"，因而它们间的冲突并不是"推定或初步的效力"之间的冲突，从而与逻辑无关。但它却无法说明，法律规范的冲突不是"确定的效力"之间的冲突，这种冲突并非逻辑矛盾。这与其说是解决了问题，不如说是掩盖或转移了问题。

---

［1］　Vgl. Stanley Paulson, Zum Problem der Normenkonflikte, *ARSP* 66 （1980），S. 502.

所以，我们需要一种更彻底的解决方案。

（三）可能的出路 II：脱离"效力"的概念

一种更彻底的解决方案在于将"效力"的概念（无论是在法律体系成员资格［存在论］的意义上还是在法律拘束的意义上）脱离于法律规范的概念之外，并尝试去证明"脱离效力的规范"与逻辑之间的可能关联。

有一个根本性的问题从纯粹法理论诞生之日起就一直困扰着凯尔森的规范概念，即对作为某种语句意义（sentence – meaning）与作为偶在实体（contingent entity）之规范概念区别的抹杀。[1]前文已经分别称之为"语义学观念"的规范与"实体论观念"的规范。[2]这是两种需要被清晰区分开来的规范观念。[3]这一区分

---

〔1〕　Michael Hartney, Introduction: The Final Form of The Pure Theory of Law, in: Hans Kelsen, *General Theory of Norms*, trans. by Michael Hartney, Oxford 1991, p. xlii.

〔2〕　也有的学者使用了"语义学的观念"与"语用学的观念"（Pablo E. Navarro and Jorge L. Rodríguez, *Deontic Logic and Legal Systems*, New York 2014, p. 67），原质性观念（hyletische Konzeption）与表述性观念（expressive Konzeption）（Carlos E. Alchourrón und Eugenio Bulygin, Expressive Konzeption der Normen, in: *Argentinische Rechtstheorie und Rechtsphilosophie heute*, hrsg. v. Eugenio Bulygin und Ernesto Garzón Valdés, Berlin S. 16 – 17）这样的表述。需要注意的是，关于规范的这两种概念指的是对同一个规范的两种不同概念或两个不同视角，而不是说存在着两个具有相同内容和表述的规范，或者说存在着规范的两个实体。因为我并不认为在现实世界之外尚存在一个独立的实体意义上的语义世界（或语义实体）。阿尔夫·罗斯曾用这样一种规范的定义指明了这两种概念间的联系："规范是一种以这样的方式对应于特定的社会事实的指令，即它所表述的行为模式：①大体上被社会成员所遵守；②并被他们感受到具有约束力（有效）。"Alf Ross, *Directives and Norms*, London 1968, p. 93.这样一个定义是两个方面的合一：一方面，规范被理解为指令这种语言构造物，即某种意义内容；另一方面，这种语言构造物需与特定社会事实相对应。

〔3〕　在上一章中，笔者区分了规范的三种观念，除了正文中的两种观念外还包括"规范陈述"（参见第 35 页）。但笔者也同时指出，严格说来，规范陈述并不属于规范本身的观念，而是关于规范的语句（参见第 39 页，脚注 4）。该处所说的"规范陈述"就相当于凯尔森学说里的"规范命题"（法律命题是其特殊情形），见后文。

是如此重要，因为尽管我们在前文中对于它们的区分已作过论述，这里还是要进一步强调：作为实体（制度性事实），规范存在于特定的时间之中。在此意义上它是现实的实体，是与心理领域相关之意志的客体。相反，作为语义（语句意义），规范不能被附加时间的要素。在此意义上它是某种理想或理念，就如某种客观意义上的特定思想。[1]与命题相比，作为语句意义的规范的唯一特点在于它所表达的理念是一种特殊的理念，即行动理念（action - idea），因为它指向的是某种行为模式。逻辑只可能与语义学观念的规范相关，逻辑是否适用于规定性语句的问题是个逻辑问题，而一个实体的存在与任何其他实体的存在之关系则不是个逻辑问题，而属于本体论的问题。所以，例如规范**"施密特应当在今天三点实施行为 h"**与规范**"施密特应当在今天三点不去实施行为 h"**之间的冲突就不是逻辑矛盾的问题，而属于规范本体论的关系问题。我们可以用这样一个比喻来说明逻辑和本体论间的区别：一本书中写着命题 p，而另一本书中写着命题¬p。命题 p 与命题¬p可能在逻辑上是矛盾的，但存在着一本写着命题 p 的书这个事实在逻辑上与另一个事实，即也存在着另一本写着命题¬p的书并不矛盾。这并不取决于逻辑，而取决于（书的）本体论，取决于这两本书事实上是否被制作出来。凯尔森混淆了这两种规范的观

----

[1] Vgl. Ota Weinberger, *Normentheorie als Grundlage der Jurisprudenz und Ethik: Eine Auseinandersetzung mit Hans Kelsens Theorie der Normen*, Berlin, p. 67. 凯尔森自己使用了"理念实体"（ideale Entität）这一称呼，但他是在规范的应然存在的意义上使用的（Hans Kelsen, *Allgemeine Theorie der Normen*, hrsg. v. Kurt Ringhofer und Robert Walter, Wien 1979, S. 155, *passim*）。但对于笔者而言，"某事是理念的"恰恰意味着它处于没有时间的领域。当然，或有论者会举出例子——"某些思想在一段时间内流行而随后可能趋于寂灭"——来证明思想同样有时间的维度。但这是两个问题，所谓的流行与寂灭指的是思想的发生、传播与消亡的过程，这种过程是借助于思想的主体，即存在于现实世界中的人来展现的。因而，真正有时间维度的是思想的主体及其过程，而非思想本身。

念，并错误地用逻辑问题来指涉实在的或有效的规范，即实体论观念的规范。

语义是逻辑的可能客体。规范的语义学观念假定，一个规范的效力（存在）可以不包含在这个规范的概念之中。[1]这使得我们有可能在区分规范效力（存在）的不同方式的同时，不影响对其意义内容的理解，也就是使得我们有可能脱离开效力来理解规范。[2]正是这一观念揭示出了意志行为与思想行为的区别及其可能关联。区分某个语句的意义与它在特定情境中所能满足的实用功能（或者说它的用法）是重要的。如果某个法律创制机关发布了一个规范语句，对于语句的这种使用会满足立法的实用功能。但这个语句本身承载着一条信息，它有待被接收者（规范的受众或任何其他人）所领会。[3]与此相反，实体论观念的规范承担着语用学的功能，因为它将作为语句意义的规范运用于实际情形，从而使其具有现实的用途，发挥规范的指令性作用。语义学规范是无时间的范畴，而实体论规范则与特定的情景相联系。前者对于思想行为（法律认知）与意志行为（法律创制）而言是相同的，而后者只对于意志行为（法律创制）而言才有意义。换言之，一个法律创制行为产生了一个规范，但它同时具有两个面向，一个是语义学的，另一个是语用学的（实体论的），但只有规范的语义学面向才是法律认知行为和逻辑的对象。凯尔

---

〔1〕　Jan–R. Sieckmann, Semantischer Normbegriff und Normbegründung, *ARSP* 80 (1994), S. 228.

〔2〕　罗伯特·阿列克西曾区分过独立于效力的法概念（*geltungsfreie Rechtsbegriffe*）和非独立于效力的法概念（*nicht geltungsfreie Rechtsbegriffe*）（〔德〕罗伯特·阿列克西：《法概念与法效力》，王鹏翔译，五南图书出版股份有限公司2013年版，第40页）。相应地，我们可以认为规范的语义学观念是一种独立于效力的规范概念，而实体论观念是一种非独立于效力的规范概念。

〔3〕　参见前文，第36页。

森将规范定义为意志行为之"意义",这太过模糊了,因为它既可以被解释为"意志行为本身的意义",也可以被理解为"意志行为之产物的意义",即行为的意义(*Bedeutung*)或语言的意义(*Sinn*)。前者与特定的场景和目的联系在一起,而后者则可以脱离这种联系。作为语言的意义,语义学规范是认知的对象,而表达它的语言形式为规范表述(norm – formulation)。而作为行为的意义,实体论规范通过意志行为的行使获得了其效力或存在,对这一状态的描述则以规范陈述(normative statement)表达出来。规范陈述与规范表述可能在表达上没什么不同,但前者相比于后者却隐含地附加了一种关于规范之效力或存在的断言(assertion)。

总之,实体论规范与语义学规范是规范的两种不同观念。按照前文的界定,我们可以用"! p"来表示"实体论规范",用"Op"来表示"语义学规范"。[1] 逻辑的确不适用于"! p",逻辑法则也不适用于"! p"与"! ¬p"之间的关系,但逻辑原本就与对规范的这种观念无关。相反,从语义学观念出发,我们却并不能排除"Op"和与之规定相反的语义学规范之间的冲突被视为逻辑矛盾的可能,以及适用逻辑法则的可能。一言以蔽之,逻辑法则是一种内在的认识论法则(思维法则),而不是一种外在的行为规定。它直接针对的是思想行为,而不是意志行为。以意志行为为基础的效力论据犯了打击错误,所以是失败的。但迄今为止我们只是对否定法律规范的冲突属于逻辑矛盾的观点进行了否定,却并没有对这一问题予以正面的证立。因为指出脱离"效力"概念的规范才是逻辑适用的对象,只是指明了逻辑法则适用于法律规范冲突的可能性,却没有证明这么做的必要性

---

〔1〕 参见前文,第4页。

和可行性。

三、肯定说的证立：理论准备

为什么要将法律规范[1]的冲突重构为逻辑矛盾？换言之，为什么要将逻辑法则适用于法律规范之间的冲突？对这一问题的回答一方面要证明，将逻辑法则适用于规范冲突在认知上和实践上都是必要的（必要性），另一方面也要说明，不同类型的法律规范冲突的确可以被呈现或还原为特定形式的逻辑矛盾（可行性）。因此，对肯定说，即将法律规范的冲突视为逻辑矛盾的完整证立就包括两个部分，其中前一个问题为后一问题提供了理论准备。

逻辑矛盾是一种必须予以消除的思维错误。将法律规范冲突视为逻辑矛盾，即意味着要将法律规范冲突视为一种思维上必须予以消除的错误。那么，为什么逻辑矛盾必须要被消除？这就涉及理性主义认识论与实践理性的假定。

（一）逻辑法则的认知必要性

前文已述及，逻辑是理性认知的必要条件，只要坚持理性主义认识论，就必须承认逻辑对于认知对象的可适用性。无论认知的对象是自然事实还是规范，这一点都不会有差别。道义逻辑在对规范进行操作时并不直接指向创设规范的意志行为本身，即并不指涉现实世界中实体论规范之间的关系，而是指涉蕴含于规范中所"描述"的理想状态即道义理想世界。[2]道义理想世界的存

---

[1]　在后文中，如无特别指明，"（法律）规范"一词均在"语义学规范"的意义上使用，即脱离凯尔森意义上之"效力"的规范概念。当然，在日常语言习惯中，我们有时也会在"语义效力"（semantic validity）的意义上使用"效力"一词，谓之某规范语句是有效的，但此"效力"大体等同于"成立"，而没有本体论上"存在"的意味。

[2]　具体参见前文，第50~51页。

在预设了逻辑的必要性。所以，在实然的本体论世界（现实的法律体系）中当然可能存在内容上相矛盾或者不连贯的法律规范，但在应然的认识论理想世界（道义理想世界）中却没有逻辑矛盾的语义学规范的情形。否则这就不是一个道义上完美的世界了，而理性主义认识论也将破产。这是一种认识论承诺，或者说理性认知的必要性承诺。

（二）逻辑法则的实践必要性

逻辑不仅是认知的必要条件，也是行动的必要条件，架接起两者的是实践理性的假定。实践理性的假定要求人们行动的非任意性，也即是将自己的行为建立在理性准则的基础上（提供理由）。尽管现实世界中人们的实践活动不可避免地浸透着人类的意志，但这种意志行为并不意味着行为人在采取行动时想怎么样就怎么样。当凯尔森将"客观意义的规范"同时视为意志行为与"合乎授权"的产物时，其实已经隐含地证明了这一点。因为合乎授权也就意味着这一规范能够从上位规范中合乎逻辑地推导出来（尽管前者可能并非后者通过逻辑推导出的唯一可能）。从这个意义上说，理性认知同样构成了理性行为的一个必要条件，人们在实践领域同样要遵循逻辑法则。"理性的意志行为"必然折射出道义理想世界的影子，而规范创设活动也将依照此来评价：它在多大程度上尊重了逻辑法则。规范性思维原本就在于将来自于现实世界的规范语义置入（描述出在道义理想世界中被实现之状态的）逻辑体系之中。[1] 现实世界中的规范被置入道义理想世

---

〔1〕 Vgl. Pavel Holländer, *Rechtsnorm, Logik und Wahrheitswerte*, Baden – Baden1993, S. 98, 99; Pavel Holländer, Das Jörgensensche Dilemma, die Unterscheidung zwischen Gut und Böse bzw. die Suche nach dem Inhalt einer Deontische Idealen Welt, *Rechtstheorie* 43（2012）, S. 376.

界中时，可能会被评价为不合逻辑，而这种评价结果又会回溯性地从道义理想世界中传递给现实世界。这种意义上，道义理想世界对于现实世界的优先性是一种理性的优先性，它虽不具有存废实体论规范的现实效果，但揭示出了这样一种必要性：假如要坚持理性，那么就要创设（或修改、废止）某个实体论规范。它要求理性行动者去追求一种"道义更佳状态"，因为理想状态 p 所发生的（反现实的）情境要好过 p 未发生的（现实）情境。[1] 所以，逻辑法则不仅具有认知的必要性，也因为实践理性的要求而具有实践的必要性。

四、肯定说的证立：规范冲突的逻辑结构

认知与实践必要性只能证明"逻辑法则适用于法律规范冲突是必要的"。逻辑是一种形式化工具，如果要证明"法律规范之间的冲突是逻辑冲突"，尚需更为直观地证明，所有类型的法律规范冲突都可以呈现或还原为逻辑矛盾的形式。如果无法做到这一点，那么"法律规范之间的冲突是逻辑矛盾"这一主张就至少是挂一漏万或以偏概全的。而这首先就涉及对规范冲突之类型以及作为其基础的规范冲突之含义的界定。

（一）规范冲突的含义与类型

规范冲突的含义直接决定了它的外延和类型。凯尔森曾对"规范冲突"提供过两个虽相关但并不一致的定义。他早期的主张是，一般而言，"如果一个规范规定应当实施某个行为，而另一个规范规定应当实施某个不相容的行为"，那么就出现了规范冲

---

[1] Lennart Åqvist, Deontic Logic Based on a Logic of "Better", *Acta Philosophica Fennica* 16 (1963), p. 285.

突。[1] 到了晚期，他则指出，"如果一个规范规定应为之内容与另一个规范规定应为之内容不相容，因而遵守或适用其中一个规范必然或可能会违反另一个规范，那么两个规范之间就出现了冲突。"[2] 前一个定义的重心在于法律规范本身之行为模式的不相容，而后一个定义的重心在于人们同时遵守两个规范的行为（不）可能性。我们可以将前一个定义称为狭义定义，将后一个定义称为广义定义。这是因为，遵守之不可能性要比行为模式的不相容更为宽广，有时两个规范的行为模式看上去并无不相容之处，但在经验世界中却必然或几乎不可能同时得到遵守。相对于行为模式不相容这种"明显的规范冲突"，[3] 遵守之不可能性这种意义上的冲突有时显得不是那么明显，而需要结合经验推导出来。本章在此采取广义定义。一方面是因为法律本就是调控人类行为的，从这样一种期待出发，只有将规范冲突与规范受众的实践可能性而非特定的思考可能性相联才是连贯的。[4] 另一方面是因为，如果将规范冲突仅限于行为模式的冲突并以此来呈现其逻辑矛盾形式，未免有削足适履之嫌，会大大影响肯定说的稳固性。所以，我们对于规范冲突的界定采用的是一种"同时遵守测试"（Befolgungstest）：规范的受众在遵守了两个规范中的一个后，还

---

〔1〕　Hans Kelsen, *Reine Rechtslehre*, 2. Aufl. , Leipzig/Wien 1960, S. 209.

〔2〕　Hans Kelsen, *Allgemeine Theorie der Normen*, hrsg. v. Kurt Ringhofer und Robert Walter, Wien 1979, S. 99.

〔3〕　这种称呼例如参见 Eugenio Bulygin und Carlos E. Alchourrón, Unverständigkeit, Widersprüchlichkeit und Unbestimmtheit der Normenordnungen, in: Amedeo G. Conte, Risto Hilpinen, G. H. von Wright (Hrsg.), *Deontische Logik und Semantik*, Wiesbaden 1977, S. 23.

〔4〕　Vgl. Eward Wiederin, Was ist und Welche Konsequenzen hat Ein Normenkonflikt?, *Rechtstheorie* 21 (1990), S. 316.

能否同时去遵守另一个规范，即实施后者规定的行为。[1]

从这样一种定义出发，我们可以将规范冲突进行如下划分：[2]

第一，道义模态之间的冲突。按照道义模态的不同，我们可以将法律规范分为命令规范、禁止规范与允许规范，分别以逻辑形式 Op，Fp 和 Pp 来表示。显然，命令规范之间（Op ∧ O ¬p）、禁止规范之间（Fp ∧ F ¬p）、命令规范与禁止规范之间（Op ∧ Fp）是存在冲突的。由于命令模态与禁止模态可以相互转化，即 Op = df. F ¬p，Fp = df. O ¬p，所以上述三种冲突在逻辑形式上相当于一种冲突，即命令规范与禁止规范之间的冲突（Op ∧ Fp）。那么，命令规范与允许规范（Op ∧ P ¬p）、禁止规范与允许规范（Fp ∧ Pp）以及允许规范之间（Pp ∧ P ¬p）是否存在冲突呢？

首先，同样由于命令模态与禁止模态的相互转化关系，我们仅来考察命令规范与允许规范之间的关系即可。哈特（Hart）曾

---

[1]　Vgl. Hamner Hill, A Functional Taxonomy of Normative Conflict, *Law and Philosophy* 6 (1987), S. 228. 从另一个角度说，"同时遵守测试"也可以被视为一种"违反测试"（Verletzungstest）：遵守两个规范中的一个（即实施它所规定的行为）是否总是意味着违反另一个规范（Eward Wiederin, Was ist und Welche Konsequenzen hat Ein Normenkonflikt?, *Rechtstheorie* 21 (1990), S. 318）。严格说来，"不遵守"与"违反"并不完全一样，在下文所说的"允许规范"的情形中，不实施允许规范规定的行为是对这类规范的不遵守，但很难说是违反了这类规范，因为"允许"并不意味着必须这么做。但由于允许规范与命令规范之间的冲突是单边冲突（见下文），所以这种不实施行为不被视为冲突，而只有不实施命令规范规定的行为才可能属于冲突。而在后一情形中，不遵守大体就等同于违反了。所以这里并不严格区分"同时遵守测试"与"违反测试"。

[2]　应当指出，以下的分类法并不是穷尽式的，而只是选取了与本章主题相关的分类。因为其他分类并不影响规范冲突的逻辑形式及其还原问题，故而不论。一个比较完整的分类参见雷磊："法律规范冲突的含义、类型与思考方式"，载陈金钊、谢晖主编：《法律方法》（第7卷），山东人民出版社2008年版，第252～254页。

认为，两个规范是否能够同时得到遵守的问题对于允许规范而言是没有意义的，因为人们是无法**遵守**允许规范的。[1]但另一方面，命令规范与允许规范之间的冲突似乎又是可能的，且这一点被广泛接受。[2]这里似乎陷入了困境。目前为止，解决这一困境的出路有两种：一种是否认允许规范的道义独立地位，将"允许"视为"命令"和"禁止"的缺位（强版本），或者视为"命令"和"禁止"的例外（弱版本）。法律命令说就是这种观点的潜在支持者。但是，允许规范是一个有着独立地位的规范范畴：[3]一方面，它并不只是意味着"命令"和"禁止"的缺位。因为"命令"和"禁止"的缺位可能仅仅意味着相关状态或事实在规范上是不相关的（处于法外空间），而"允许"则是一种规范地位，与"命令"和"禁止"一样表达出了规范创设者的一种规范性态度。另一方面，它也无法被视为"命令"和"禁止"的例外。将允许还原为命令的前提在于存在一种固定的优先关系，即作为例外的允许总是优先于作为常态的命令，但这一点却是有待证明的。如果说命令与允许规范是在由同一个立法权威创设的场合，这一点还尚显合理；那么在由不同立法者对同一个行为进行命令和允许的场合，就完全没法证明了。[4]无论如何，允许和命令何者是何者

---

〔1〕 See H. L. A. Hart, Kelsen's Doctrine of the Unity of Law, in: Howard Evans Kiefer and Milton Karl Munitz (eds.), *Ethics and Social Justice*, Albany 1968, pp. 184f.

〔2〕 例如参见 Hilpinen, Normative Conflicts and Legal Reasoning, in: Eugenio Bulygin, Jean Louis Gardies and Ikka Niniluoto (eds.), *Man, Law, and Modern Forms of Life*, Dordrecht〔u. a.〕1985, p. 194.

〔3〕 支持这一点的作者很多。例如参见 Kazimierz Opałek, Jezy Wolenski, On Weak and Strong Permissions, *Rechtstheorie* 4 (1973), S. 169–182; Ota Weinberger, Der Erlaubnisbegriff und der Aufbau der Normenlogik, *Logique et Analyse* 61–62 (1973), S. 113–142.

〔4〕 要注意，即使在前一场合中，至多也只是从心理的角度而非从逻辑的角度来说是合理的。而在后一场合中，从逻辑和心理的角度来说都是无法证明的。

的例外，至少无法从逻辑上得到证明。另一种解决困境的出路在于径直否认允许规范与命令规范有发生冲突的可能，因为当两个规范并置时它们各自所规定的行为并非不可能被同时实施。命令规范可以被满足，同时只要不运用允许规范就不会与它发生冲突。这里要区分两组规范冲突的类型。第一组类型是双边冲突与单边冲突。双边冲突指的是适用两条冲突中的任何一条时，就会与另一条发生冲突；而单边冲突则指，适用两条规范中特定的一条，也仅有这一条才会与另一条发生冲突，反之则不然。第二组类型是必然的冲突与可能的冲突。必然的冲突是无法避免的冲突，而可能的冲突是可以通过以另一种方式来遵守一个规范以达到避免违反另一个规范之效果的冲突。[1] 从这两组分类出发，第二种出路就是错的。尽管实施了命令规范（Op）所规定的行为（p）并不会违背允许规范（P¬p），但反过来说，实施了允许规范（P¬p）所规定之行为（¬p）却在许多情形中违反了命令规范（Op）。例如，a 依照规范"x 应当纳税"纳税并不违反规范"x 可以不纳税"，但 a 依照规范"x 可以不纳税"不纳税却违反了规范"x 应当纳税"（假如 a 属于特定类型主体 x 的一个个体）。所以，命令规范与允许规范之间的冲突是单边的和可能的冲突，而不像命令规范与禁止规范那般属于双边的和必然的冲突，但无论如何，它们同样是规范冲突。[2]

其次，两个允许规范之间显然并不可能存在冲突。这一点也

---

[1] Vgl. Hans Kelsen, *Allgemeine Theorie der Normen*, hrsg. v. Kurt Ringhofer und Robert Walter, Wien 1979, S. 99.

[2] 从这个角度说，凯尔森关于规范冲突的界定，即"一个规范规定**应为**之内容与另一个规范规定**应为**之内容不相容……"的表述过窄，应当扩充为"一个规范规定**应为**或**可为**之内容与另一个规范规定**应为**之内容不相容……"。

符合通说。[1] 例如，一个规范允许人们自由表达思想（Pp），而另一个规范允许人们不表达自己的思想（P¬p），这并无任何冲突之处。a 依照前一个规范表达自己的思想时，并不违反后一个规范，因为后者并不强迫他不表达或禁止他表达；a 依照后一个规范不表达自己的思想时，也不违反前一个规范，因为前者也不强迫他必须表达或要求他表达。

最后，还有必要提及涉及授权规范（Ermächtigungsnormen）的情形。授权规范是一类在功能上与行为规范不同的规范。如果说行为规范是直接针对人们行为之规范的话，那么授权规范直接针对的并不是人们的行为，而是一类创设规范的行为。也可以说，行为规范指向的是行为，而授权规范指向的是行为规范。因为在法律中，授权（也可称为"权能"）就是"一种法律所确立的，通过和依据表示（enunciations）来创设法律规范（或法律效果）的能力"。[2] 基于这一差别，有学者主张授权规范最主要的特点在于其授予主体以法律权力（权能）。如果说从静态的角度来观察法，划分命令、禁止和允许就足矣，那么从动态的角度来看，授权则是必不可少的。在其看来，授权规范只能被适用，不能被违反。一个规范授权主管机构根据某犯罪行为对 a 判处无期徒刑，另一个规范授权这一主管机关对 a 判处无罪，主管机关完全可以同时作出有罪与无罪的两份判决。这里发生冲突的是两份判决（作为指涉 a 的行为规范），而不是授权规范本身。所以授权规范之间是不可能发生冲突的。[3] 这一观点其实与凯尔森一样混淆了规范的两种观念：无论是所谓"动态的角度"还是"作出"判

---

[1] 例如参见 Ota Weinberger, *Rechtslogik*, 2. Aufl. , Berlin 1989, S. 236.

[2] Alf Ross, *Directives and Norms*, London 1968, p. 130.

[3] Vgl. Eward Wiederin, Was ist und Welche Konsequenzen hat Ein Normenkonflikt?, *Rechtstheorie* 21（1990）, S. 325–327.

决，其实都是从实体论观念出发对授权规范的观察。在现实中，主管机关当然可以依照有着彼此不相容之内容的授权规范作出相对立的判决，但这并不能反过来证明说两个授权规范在语义上不存在冲突。事实上，从道义模态上说，授权规范是可以被还原为命令或允许规范的，因为它们是以颁布某个命令或允许规范为内容的命令或允许规范。[1]更准确地说，"在逻辑上，权能规范可以这种方式被还原为行为规范：权能规范施加了依照行为规范来行为的义务，后者是依照权能规范所规定的程序被创设的。"[2]以更形式化的语言来表达的话，授权规范的基本结构就可以用这样一个具有双重义务的规范来表述：A→OOp（这里，A 表示对程序之合乎秩序的实施）。[3]它与固有行为规范之逻辑结构（Op）的不同之处只是在于其行为的内容：固有行为规范指示的是事实性命题 p，而授权规范指示的是规范性命题 Op。规范性命题之间同样有冲突的可能，所以从语义学的角度看，两个授权规范之间是可能发生冲突的（OOp∧O¬Op），就如两个固有的行为规范那般。

综上，根据道义模态的不同，法律规范之间的冲突可以分为命令规范与禁止规范的冲突（应为与勿为的矛盾），以及命令/禁止规范与允许规范（应为/勿为与可为的矛盾）两种。前者是双边、必然的冲突，后者是单边、可能的冲突。

---

〔1〕 See Georg Henrik von Wright, *Norm and Action*, London 1963, pp. 192ff.

〔2〕 Alf Ross, *Directives and Norms*, London 1968, p. 118. 需注意的是，上一个脚注所引的赖特和这里所引的罗斯的观点微有不同：赖特认为授权规范可以被还原为命令规范或允许规范，而罗斯似乎认为它只能被还原为命令规范（"义务"）。这里涉及对授权之性质的进一步探讨，就不深入了。只是，如果某些情形中授权规范的确可以被还原为允许规范，那么它们之间就不可能存在冲突问题，而在其他情形中则依然可能存在冲突。这一点当可自明。

〔3〕 Vgl. Robert Alexy, Alf Ross' Begriff der Kompetenz, in: Hans Hattenhauer, Rudolf Meyer – Pritzel, Werner Schubert (Hrsg.), *Gedächtnisschrift für Jörn Eckert*, Baden – Baden 2008, S. 61.

　　第二，法律规则间的冲突、法律原则间的冲突、法律规则与法律原则的冲突。规则与原则是在性质和结构上完全不同的两类规范。从语义学的角度看，规则是一种确定性命令，而原则是一种最佳化命令（Optimierungsgebote）。作为"确定性命令"，规则是以一种"全有或全无"的方式被适用的，它的典型适用方式是涵摄。作为最佳化命令，原则要求某事（通常是某种要追求的价值或目的）在相对于法律上与事实上可能的范围内尽最大可能被实现，并能以不同的程度被实现。因为原则具有"分量"的向度，它能够在不同的情形中以不同的程度被实现。在具体情形中究竟适用哪个原则，必须比较不同原则在此一情形中的分量，即通过权衡来决定。[1] 规则直接指明了人们应当、不得或可以如何行为，而原则更接近于一种"目标规范"。目标规范更多地传达了某种目的论或价值论上的要求，而不规定具体的行为方式。所以有论者将规则冲突称为"道义悖论"（deontic antinomies），而将原则冲突称为"价值－目的论悖论"（axio－teleological antinomies）。对于前者可以通过解读命题结构来作抽象考察（如"不得吸烟"与"允许吸烟"），后者只出现在必须作出决定的具体情形中（如"吸烟"这一情境中的"保护健康"与"行为自由"）。[2] 如果将

---

〔1〕　Vgl. Robert Alexy, Zum Begriff des Rechtsprinzips, in: ders. , *Recht*, *Vernunft*, *Diskurs*, Frankfurt a. M. 1995, S. 203; ders. , *Theorie der Grundrechte*, Frankfurt a. M. 1985, S. 75 – 77.

〔2〕　See Sandrine Chassagnard－Pinet, Conflict of Norms and Conflict of Values in Law, in: Matthias Armgardt, Patrice Canivez and Sandrine Chassagnard－Pinet（eds. ）, *Past and Present Interactions in Legal Reasoning and Logic*, Dordrecht ［u. a. ］ 2015, p. 241. 但严格说来，原则亦提供了一种道义地位，因为它并不是纯粹的价值目标，而是同样含有"要求去实现这种价值目标"这一道义要求（有学者称之为"任务规范"，参见 Ulrich Penski, RechtsGrundsätze und Rechtsregeln, *Juristische Zietung* 1989, S. 107）。所以，将"道义悖论"的表述仅保留给规则冲突是不对的。但这里我们不纠结于术语的使用。

行为方式视为实现特定目标之手段的话，那么可以说，法律规则间的冲突是手段冲突，法律原则间的冲突是目标冲突，而法律规则与法律原则的冲突则是手段与目标的冲突。[1] 传统上，所谓法律规范的价值冲突指的就是后两者情形。

第三，矛盾性冲突与不可兼得冲突。道义模态或行为方式之间的冲突是矛盾性冲突，因为其源自不同道义模态或行为方式之间明显而直接的对抗。但有的规范之间并不具备这种明显而直接的对抗性，但是它们却是在经验上不可兼得的（empirisch inkompatibel）[2]，也就是说出于一般的经验法则，我们无法在现实世界中同时实现它们的内容。[3] 试举两例。

【例1】规范 A 规定"a 有义务在四小时内从北京开车到上海"，规范 B 规定"a 有义务遵守开车时速不得超过 130 公里的规定"（假设是来自高速公路管理法规的规定）。这里并不存在道义模态或行为方式的冲突，因为看上去两个规范提出的是两个不同但并不直接对抗的要求。但根据一般的经验法则，我们知道北京到上海的直线距离在 1000 公里以上，以最高 130 公里的时速计算，至少也需要 7 个小时以上。所以 a 是不可能同时遵守规范 A 与规范 B 的。

【例2】规范 A'规定"a 有义务在某一天上午 10 点

---

〔1〕 恩吉施单独将最后一种冲突称为"目的论冲突"（Vgl. Karl Engisch, *Einführung in das juristischen Denken*, 10. Aufl., Stuttgart 2005, S. 63 – 64, 165 – 169），与"原则冲突"并称，但这并不妥当。

〔2〕 Eward Wiederin, Was ist und Welche Konsequenzen hat Ein Normenkonflikt?, *Rechtstheorie* 21（1990），S. 314.

〔3〕 也有学者反对将这种规范内容"事实上的不相容"称为"规范冲突"［Ota Weinberger, "Is" and "Ought" Reconsidered, *ARSP* 70（1984），S. 460f.］。但基于前面述及的"同时遵守测试"，我们将这种情形同样纳入法律规范冲突的范围。

身处北京"，规范 B' 规定 "a 有义务在同一天上午 10∶30 身处上海"。这两个规范所规定的内容同样是经验上不可兼得的，因为假如 a 在那天上午 10 点身处北京，那么基于一般性的经验法则，他是不可能在半小时内跑到上海的（即使是乘坐飞机这种最快捷的交通工具）。反之，如果 a 那天上午 10∶30 在上海，也不可能在半小时前身处北京，理由类似。所以，a 同样不可能同时遵守 A' 与 B'。

但要注意的是，例 2 和例 1 的不同之处在于，或许在未来的某一天，我们会发明更迅捷的交通工具（如光速飞行器），这样就有可能在半小时内从北京到上海，而此时规范 A' 与 B' 也就可以同时被遵守了。所以，有的经验冲突只局限于目前的经验，却会在未来发生改变。经验的可变性说明不得兼得冲突只是一种可能的冲突。

（二）规范冲突的逻辑矛盾形式

命令规范与禁止规范的冲突（应为与勿为的矛盾）以及命令规范与允许规范（应为与可为的矛盾）都可以直接用逻辑矛盾形式来呈现，它们构成了规范冲突的基本逻辑表达式。在命题逻辑中，逻辑矛盾的形式为：$p \wedge \neg p$。当逻辑体系 N 中不存在这样的语句 p，即从 N 中既可以推导出 p 又可以推导出 $\neg p$ 时，这个体系就被称为逻辑上无矛盾的。[1] 所有的公理体系都必须是逻辑上无矛盾的，因为否则的话就可以从 $p \wedge \neg p$ 中推导出任意语句了［爆炸原理（ex falso sequitur quodlibet）］。

命令规范与禁止规范的冲突呈现出的是这样一类道义矛盾：

---

[1] Vgl. Franz von Kuschera, *Einführung in die Logik der Normen*, *Werte und Entscheidungen*, Freiburg/München 1973, S. 29. 在引用时将原文中的 "A" 改作了 "p"。

在一个规范体系中既要求 p 又要求¬p，即 Op∧O ¬p。由于 O ¬p = df. Fp（禁止 p），所以这类道义矛盾也可以被写作：Op∧Fp，也就是说，p 既是被要求的也是被禁止的。魏因伯格曾举过这类矛盾的一个例子：在法律生活中会出现这样的情形，基于某个有效的法律规则，某人 A 有法律义务去实施行为 B，但同时也有法律义务去实施行为¬B（这一义务是通过一份与他人缔结的有效合同产生的）。很显然，两个彼此矛盾的规范语句"A 应当做 B"和"A 应当做非 B"都是成立的。这样，规范体系就包含了一种矛盾。[1] 一个既包含 Op 又包含 O ¬p（Fp）的规范体系是不连贯的，因为行动者只能遵守这两个规范中的一个。若他实施 p，就将违反规范 Fp；反之，若他不做 p，则会有悖于 Op（＝F ¬p）。因此，如果在一个规范体系中 Op 和 O ¬p在同一个视角下同时成立，那么对于规范受众而言就会出现一种没有出路的困境。无论他如何行动，都不会符合规范。[2] 一对道义上矛盾的规范在任何情境中都无法为行动提供任何指引。[3] 正因为如此，所以在建构任何规范体系时，都不得从中推导出任何此类道义矛盾。这类道义矛盾的存在使得"爆炸原理"这一逻辑原则也适用于规范。正如在命题逻辑中可以从逻辑矛盾中推导出任意的命题，在规范逻辑中也可以从这类道义矛盾中推导出任意规范。[4] 当然，要再次强调的是，道义上无矛盾只是一个逻辑原则，因为道义上矛盾的

---

〔1〕　Vgl. Ota Weinberger, *Rechtslogik*, 2. Aufl. , Berlin 1989, S. 216.

〔2〕　Vgl. Jan Berkemann, Zum Problem der Widerspruchsfreiheit in der deontischen Logik, in: Hans Lenk（Hrsg. ）, *Normenlogik*, Pullach 1974, S. 188.

〔3〕　See Ruth Bacron Marcus, Moral Dilemmas and Consistency, in: Christopher Gowans（ed. ）, *Moral Dilemmas*, New York/Oxford 1987, p. 195.

〔4〕　See Walter Sinnott Amstrong, *Moral Dilemmas*, Oxford/ New York 1988, S. 164.

规范体系在语义上是不确定的，也是无法理解的。[1]但这一假定并不排除这样的可能，即在现实中可能存在包含这类矛盾的规范体系，就像现实中也存在不连贯的描述性语句体系那样。[2]逻辑对于现实只具有理性的规定力，而无法排除有悖于理性之情形的现实存在。逻辑是规定性的，而不是（对现实）说明性的。

另一种道义矛盾的形式为 Op∧¬Op。由于¬Op = df. Pp，所以Op∧¬Op等同于Op∧P¬p，即意味着同时命令p与明确允许非p。这就是命令规范与允许规范冲突的逻辑矛盾形式。如果说命令规范与禁止规范之冲突 Op∧O¬p的逻辑矛盾存在于道义逻辑算子O的内部（行为层面的矛盾）的话，那么命令规范与允许规范之冲突 Op∧¬Op 的逻辑矛盾则是存在于道义逻辑算子O之外部（道义模态或规范层面的冲突）。相应地，我们可以将前者称为"道义内部矛盾"，而将后者称为"道义外部矛盾"。[3]除了 Op∧P¬p外，道义外部矛盾的另一个表达式是 O¬p与¬O¬p。由于O¬p等值于Fp，¬O¬p等值于Pp，所以它又可以被表达为Fp∧Pp。例如，当某个规范体系中既有规范"抢劫应受惩罚"，又有规范"抢劫可以不受惩罚"（这意味着，并非必然要求对抢劫进行惩罚）时，就出现了一种道义外部矛盾。魏因伯格提供了另一个日

---

〔1〕 Vgl. Ota Weinberger, Normenlogik und logische Bereiche, in: Amedeo G. Conte, Risto Hilpinen, G. H. von Wright (Hrsg.), *Deontische Logik und Semantik*, Wiesbaden 1977, S. 184.

〔2〕 Vgl. Ota Weinberger, Die Normenlogische Basis der Rechtsdynamik, in: U. Klug, Th. Ramm, F. Rittner, B. Schmiedel (Hrsg.), *Gesetzgebungstheorie, juristische Logik, Zivil – und Prozeßlogik – Gedächtnisschrift für Jürgen Rödig*, Berlin [u. a.] 1978, S. 180.

〔3〕 措格劳尔分别称之为"道义矛盾"与"规范矛盾"（Thomas Zoglauer, *Normenkonflikte – zur Logik und Rationalität ethischen Argumentierens*, Stuttgart 1998, S. 99, 101）。笔者认为不妥，因为：一是规范冲突在逻辑视角下都呈现为道义矛盾；二是这一对称也体现不出两种矛盾的特征。

常生活中的例子：天主教的规范禁止离异者再婚（Fa），而国家法律规范则允许其再婚（Pa）。[1] 与道义内部矛盾不同，在道义外部矛盾的情形中，规范受众是有可能实施合乎规范的行为的：当他实施行为 p 时，他遵守了命令 Op，但同时也没有与¬Op（或者说 P¬p）发生冲突，因为 P¬p 并不禁止他去做 p。[2] 例如，在上例中，如果离异双方不再婚，他们就既没有违反 Fa，也没有违反 Pa。但反过来，如果行为人实施了行为¬p，那么他虽然符合 P¬p 的规定，却将违反规范 Op。所以，与道义内部冲突不同，道义外部冲突是单边的和可能的冲突。后者意味着这种冲突是潜在的而非绝对不可避免的。所以这里就产生了一个实践上的区别：道义内部矛盾是立法者必须避免的情形，一旦他同时颁布 Op 与 O¬p，规范的受众就会无所适从，因为两个命令的逻辑地位是相等的；而如果出现道义外部矛盾的情形，即立法者同时颁布 Op 与¬Op（P¬p），由于可以通过遵守 Op 来化解这一冲突，所以一般而言这可以被视为立法者只颁布了一个规范 Op。但这只是实践上的差异，并不影响道义外部矛盾同样是逻辑矛盾这一点。并且对于理性的立法者而言，也应尽量避免颁布存在道义外部冲突的规范。[3] 同样要强调的是，道义外部无矛盾也仅仅是一项逻辑原则，它并不排除现实中立法者有可能颁布两个存在道义外部矛盾的规范，这或许仅仅是为了将规范的受众搞晕，或者意图在于无论何

---

〔1〕　Vgl. Ota Weinberger, *Moral und Vernunft*, Wien ［u. a.］1992, S. 147.

〔2〕　Vgl. Jan Berkemann, Zum Problem der Widerspruchsfreiheit in der deontischen Logik, Pullach 1974, S. 189.

〔3〕　贝尔克曼（Berkemann）认为，不存在道义外部矛盾"虽非逻辑上的必然，但却是一种理性的、普遍可行的法律体系之理念的必然结果"（Jan Berkemann, Zum Problem der Widerspruchsfreiheit in der deontischen Logik, Pullach 1974, S. 183）。

种情形下都对受众施加惩罚。[1] 但这并不是理性之举，逻辑的任务在于设定理性的标准，而非描述现实的可能。

总的来说，道义内部矛盾与道义外部矛盾是规范冲突的两种基本逻辑矛盾形式。一个道义理想世界中的规范体系，要同时避免这两类矛盾的发生。由此我们可以总结出如下两个逻辑准则：[2]

准则1：一个规范体系 N，如果其中不存在任何这样的语句 p，即从 N 中既可以推导出 Op，又可以推导出 O¬p，那么它就是在道义内部上无矛盾的。

准则2：一个规范体系 N，如果其中不存在任何这样的语句 p，即从 N 中既可以推导出 Op，又可以推导出¬Op，那么它就是在道义外部上无矛盾的。

或许用道义矩阵图来呈现这两种逻辑矛盾形式及其关系更为直观：

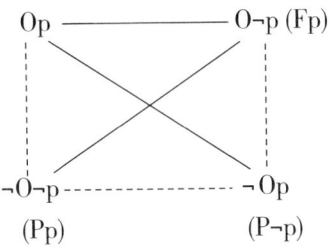

在上述矩阵图中，Op 与 O¬p（Fp）之间的关系被称为"反对关系"，Op 与¬Op（P¬p）之间、O¬p（Fp）与¬O¬p（Pp）之间的关系被称为"对立关系"，这就是逻辑矛盾关系的两种类

〔1〕　Vgl. Ota Weinberger, Der normenlogische Skeptizismus, *Rechtstheorie* 17 (1986), S. 31.

〔2〕　以下两个准则的表述参酌了 Franz von Kuschera, *Einführung in die Logik der Normen*, *Werte und Entscheidungen*, Freiburg/München 1973, S. 29.

型。所以相应地，我们将道义内部矛盾称为"反对性矛盾"，将道义外部矛盾称为"对立性矛盾"，它们在图中均以实线来表示。图中的虚线表示它们之间并非矛盾关系，其中 Op 与¬O¬p（Pp）之间、O¬p（Fp）与¬Op（P¬p）之间都存在蕴含关系。从此图同样可知两类逻辑矛盾之间的关系：如果出现一种反对性矛盾，则可以从中推导出一种对立性矛盾。因为根据蕴含关系，从 O¬p 中可推出¬Op，即成立蕴含式：$Op \wedge O\neg p \rightarrow Op \wedge \neg Op$。在换质换位之后就可推知：如果某个规范体系在道义外部上是无矛盾的，那么它在道义内部上也是无矛盾的。一个规范体系不可能一方面没有对立性矛盾，另一方面又具有反对性矛盾。

（三）规范冲突的逻辑还原问题

反对性矛盾与对立性矛盾是本部分（一）中所说的道义模态之间冲突的两种形式，它们都属于逻辑矛盾（冲突）。与此不同，在规范冲突的其他分类中，法律原则之间以及法律规则与法律原则之间的冲突是价值冲突，而不可兼得冲突属于经验冲突。[1] 如果要证明规范冲突可以被视为逻辑矛盾，那么不仅要像上一部分那样将道义模态之间的冲突以逻辑矛盾的形式呈现出来，还要证明，无论是价值冲突还是经验冲突都可以被还原为反对性矛盾或对立性矛盾这样的逻辑矛盾。"还原"当然并不是指完全代替，而是指经"转化"后同样能以逻辑矛盾的形式来呈现。进而，恰恰因为由于这种经转化后的呈，方能证明相关规范（在价值或经验上）是有冲突的。

1. 价值冲突的还原

由于法律规则直接指明了规范受众的行为方式，所以法律规

---

〔1〕 逻辑冲突、价值冲突与经验冲突的划分参见 Alexander Peczenik, *On Law and Reason*, Dordrecht〔u. a.〕1989, pp. 418 - 419.

则之间的冲突就主要是行为模式（道义模态）之间的冲突，可以直接被呈现为逻辑矛盾形式。但法律原则并没有直接指明人们的行为方式，所以，要证明法律原则与法律规则之间以及法律原则之间的冲突可以被还原为逻辑矛盾，就必须证明：法律原则所揭明的价值或目标与某种特定的行为方式之间具有稳定的联系。这种稳定的联系要满足两方面的条件：一是在特定行为方式与原则所要实现的价值或目的之间存在"手段－目的"的关系，也就是说，特定行为方式是实现原则的手段；二是这种手段对于目的而言是必要的，离开这个手段就没法实现那个目的，因为如果手段不是必要的，就意味着它是可替代的，可替代的手段与目的之间就不具有必然的关联。这是一种"实践必要性"的要求。由此，必须以这样一个"实践三段论"（praktischer Syllogismus）来对法律原则进行还原（右边括号内是其形式化的表达）：

- 应当实现目标 Z。　　　　　　　　　（·OZ）
- 实现 Z 的唯一可能是做 p。　　　　　（·¬p→¬Z）
  所以，应当做 p。　　　　　　　　　（Op）

　　这里必须要注意两点：其一，上述公式并不是逻辑上有效的推导公式，而只是根据手段与目的之间的关系，从应当实现目标推导出应当实施手段的一种实质论证，中间需要以被普遍接受的价值和经验判断为实践基础。这也是为什么称之为"实践三段论"的原因。其二，手段与目的的关系往往是限于特定的情境（C）之中的，因为同一个目的在不同的情形中可以要求不同的手段。例如，"保护环境"这个原则只是指出了一个目标（"好的环境"）和任务（"保护好环境"），而实现这个目标与任务的做法可以是千差万别的。在"街道上是否允许随地吐痰"的情形中，保护环境原则可以通过"禁止随地吐痰"的做法来实现。而在"公

园内是否允许机动车驶入"的情形中，保护环境原则可以通过
"禁止机动车驶入公园内"的做法来实现。只有在特定的情境中，
才能实现从"应当是什么"到"应当做什么"的转变。[1] 例如，
"街道上是否允许随地吐痰"的情形中，就可进行如下实践三段
论的推导：

· （应当）保护环境。
· 不禁止随地吐痰就无法保护环境。
　　所以，禁止随地吐痰。

　　上述结论其实相当于确立了一条规则，即"街道上禁止随地
吐痰"（C → Fp）。而现在如果针对这一情形存在另一条规则"街
道上必须随地吐痰"（C → Op）或者"街道上可以随地吐痰"
（C → Pp），同时对行为人施加要求，就将出现冲突 C（Op ∧ Fp）
或者 C（Fp ∧ Pp）。在知道矛盾发生的条件即语境 C 的前提下，为
了与上文保持一致，我们可以将之省却，直接写作 Op ∧ Fp 或者
Fp ∧ Pp。而这正是反对性矛盾或者对立性矛盾的逻辑形式。在此
意义上，我们可以说法律规则与法律原则发生了冲突（其实是法
律原则所导向的行为方式与法律规则规定的行为方式之间发生了
抵触），而这一冲突可以被还原为规则间逻辑矛盾的形式。法律原
则之间的冲突同样如此，只不过需要通过实践三段论分别将两个
原则都转化为规则，进而还原为两个规则间的逻辑矛盾罢了。[2]
从另一个角度甚至可以说，不进行这种转化和还原，我们就无法

---

〔1〕　具体参见雷磊："法律原则如何适用？"，载舒国滢主编：《法学方法论论
丛》（第 1 卷），中国法制出版社 2012 年版，第 256 ~ 257 页。
〔2〕　严格说来，从目的到手段的推导可能不止"三段"，也可能是"多段"
的，例证以及形式化构造参见雷磊："法律原则如何适用？"，载舒国滢主编：《法学
方法论论丛》（第 1 卷），中国法制出版社 2012 年版，第 256 ~ 258 页。兹不赘述。

以可证立的方式清晰说明法律原则与法律规则以及两个法律原则之间究竟是否存在冲突。

2. 经验冲突的还原

经验上不可兼得的规范冲突同样可以转化的方式被呈现为逻辑矛盾。在上面提到的例1中，我们可以将规范A"a有义务在四小时内从北京开车到上海"形式化为Op，这里p代表"a在四小时内从北京开车到上海"。对于规范B"a有义务遵守开车时速不得超过130公里的规定"，则须经由下述转化：

· 北京到上海的直线距离在1000公里以上。

· a开车时速不得超过130公里。

所以，a开车从北京到上海的时间应当多于7小时。

结论意味着，a有义务以多于7小时的时间从北京开车到上海。"a以多于7小时的时间从北京开车到上海"就意味着"a并非在4小时内从北京开车到上海"，这是对p的否定，因而可以被形式化为¬p，从而结论可以被形式化为O¬p。由此，规范A与规范B之间的冲突就被还原为了Op∧O¬p这种反对性矛盾的形式。[1]当然，我们也可以首先将规范B形式化为Op，然后以"**北京到上海的直线距离在1000公里以上**"和"**a必须在4小时内从北京开车到上海**"为前提推导出"**a有义务以250公里以上的时速开车**"，并将这一结论形式化为O¬p，从而得出同样的效果。再来看例2：规范A'规定"a有义务在某一天上午10点身处北

---

[1] 或者我们也可以将"a以多于7小时的时间从北京开车到上海"等值于"这是不可能的：a在4小时内从北京开车到上海"，即¬◇p。根据下文所说的"应当"蕴含"可能"的一般法则，这意味着¬Op。所以规范A与规范B之间的冲突也可以被还原为Op∧¬Op这种反对性矛盾的形式。这说明，很多时候还原为哪种逻辑矛盾的形式是可选的。

京",规范 B'规定"a 有义务在同一天上午 10:30 身处上海"。这里要更复杂一些,可以考虑两种转化方式。第一种方式是通过规范 A'和 B'推导出**"a 有义务在这一天在半小时内从北京到上海"**,并将之形式化为 Op,这里 p 表示**"a 在这一天在半小时内从北京到上海"**。然而,根据一般性的经验法则,目前即使是乘坐飞机这种最快捷的交通工具,a 也不可能在半小时内从北京到上海,我们可以用¬◇p 来表示(这里的"◇"代表模态逻辑中的"可能")。进而,依照"应当"蕴含"可能"的一般法则,[1] 不可能完成之事也就不应当去做,即¬◇p→¬Op。因而这里出现了 Op∧¬Op 这样一种对立性矛盾的形式。或有论者认为,这种还原过于脱离初始情境,因为此时相矛盾的双方 Op 与¬Op 皆非原先的规范 A'和 B'了。那么我们还可以考虑第二种转化方式,即保持规范 A'不变,并将之形式化为 Op,这里 p 表示**"a 在某一天上午 10 点身处北京"**。针对规范 B',要经过一系列转化:根据经验性事实,我们知道北京到上海的直线距离在 1000 公里以上,假定 a 在这一天选择乘坐飞机这种最快捷的交通工具,而目前客机的最高时速在每小时 1000 公里左右(另一个经验性事实,在此不考虑乘机外的时间花费),所以推知 a 从北京到上海至少需要 1 小时。以此为前提可以构造出如下三段论:

· a 从北京到上海至少需要 1 小时。

· a 在某一天上午 10:30 身处上海(规范 B'的内容)。

所以,a 只可能在同一天 9:30 以前身处北京。

---

〔1〕 这一法则来自于康德:"应当表达出的是一种可能的行为……行为如要取向于应当,则必须在自然条件下是可能的"(Immanuel Kant, *Kritik der reinen Vernunft* 2, Hrsg. v. Wilhelm Weischedel, Frankfut a. M. 1974, S. 499)。也可参见 Georg Henrik von Wright, *Norm and Action*, London 1963, pp. 111ff.

a 只可能在同一天 9：30 以前身处北京，也就意味着 a 不可能在同一天上午 10 点身处北京，而后一点也就意味着 a 没有义务在同一天上午 10 点身处北京，即¬Op。由此，同样出现了 Op∧¬Op 这种对立性矛盾的形式。总之，不管经过何种步骤的转化，经验冲突依然可以被转化为逻辑矛盾的形式，只不过在转化过程中可能需要借助于大量的经验性事实和经验法则（如算数法则）。与价值冲突一样，在某种意义上，经验冲突如不转化和还原为逻辑矛盾，就无法以清晰和可检验的方式去说明这种冲突是否真的存在。

很多时候，之所以价值冲突和经验冲突被视为有别于逻辑冲突的规范冲突类型，是由于我们往往从直觉（价值直觉或经验直觉）上对这两类冲突加以认定，而不习惯于进行转化，因为我们会认为这种转化没有必要或是在绕远道。但作为理性法律适用的一环，法律规范冲突的认定同样需要依据理性方式来进行，而逻辑还原正是理性的体现。同时，对于比较复杂的价值冲突和经验冲突而言，冲突的存在可能并非一目了然，而必须借由转化来进行认定。当然，另一方面也须承认，转化的过程并非都是严格的逻辑推理过程，其中需要运用大量的经验事实、法则与价值判断，因而需要进行实质论证。但无论如何，这种转化是可能的，甚至对于从理论上证明价值冲突和经验冲突"的确"是冲突而言也是必要的。故而至此我们可以主张，一切法律规范冲突最终都可以被呈现或还原为逻辑矛盾的形式。

五、余论

凯尔森否认法律规范冲突具有逻辑性质，因为他认为法律规范冲突并不涉及它们的效力，而只有能导致一个规范有效而另一个规范无效的冲突才是逻辑矛盾。但是笔者试图证明的是，逻辑原本就与效力问题（或者说规范的本体论问题）无关，它只适用于语义学规范的领域。在语义学的维度下，规范之间是可能发生逻辑矛盾的，所有类型的规范冲突均可以被呈现或还原为反对性矛盾或对立性矛盾这两种逻辑矛盾的形式。无逻辑矛盾首先是认识论上的要求，但基于实践理性的假定，它对于规范创设者的行为同样会产生约束。最后还要引申或说明两点：

第一，许多学者或明或暗地将相冲突之规范处于同一规范体系视为规范冲突的假定前提，例如属于同一法律体系。[1] 这样的假定在实践上有其意义，但在逻辑上并不必要。因为规范之于某一体系的成员资格身份恰恰属于"效力"的范畴，而与逻辑无关。在"去身份化"的语义学规范世界里，不仅同一法律体系的规范之间可能发生逻辑矛盾，而且不同性质之体系的规范之间也可能发生逻辑矛盾。前文所举的魏因伯格关于宗教规范与法律规范关于离异者再婚的不同规定就是后者的一个例子。所以，"一个体系"并不构成认定逻辑认知和逻辑矛盾的前提。当然，换个角度也可以说，在逻辑的意义上，整个道义理想世界中的所有规范都构成了一个体系，而无论这些规范在现实世界中是否属于同一种性质或同一个国家的规范。

第二，法律规范冲突的逻辑属性与解决这种冲突之方式的非逻辑性是两个问题。冲突的认定与冲突的解决是两回事。尽管我们可以用逻辑矛盾的形式来对两个法律规范是否发生冲突进行判断，但却无法用逻辑手段来解决这种冲突。因为从逻辑的观点出发，相冲突之规范双方是等值的。而只有附加上其他属性（位阶、时间、调整对象上的特殊与普遍关系）之后，我们才能判断其中哪一方规范优于另一方规范得以适用。所以，"上位法优于下位

---

[1] 包括凯尔森，参见 Hans Kelsen, *Reine Rechtslehre*, 1. Aufl., Leipzig/Wien 1934（Nachdruck：Aalen 1994），S. 93ff.

法"、"新法优于旧法"、"特别法优于普通法"这类规则都属于实
在法原则，而非逻辑原则。[1] 在凯尔森的传统中，也可以说这属
于意志行为的范畴，可称之为"毁损"（Derogation）。上述规则其
实就是"毁损规范"，即用以解决冲突且独立于相冲突之规范的
第三方规范。[2] 与规范冲突的认定不同，毁损的确只能在同一个
规范体系中才能进行。[3] 所以，宗教规范与法律规范间的冲突就
无法依据上述毁损规范来解决，因为它们分属于不同的（实体论
意义上的）规范领域。至于规范之间的冲突如何解决，已经超出
本章的论述范围，其部分内容将在第八章中被论及。

---

〔1〕 Vgl. Hans Kelsen, *Allgemeine Theorie der Normen*, hrsg. v. Kurt Ringhofer und
Robert Walter, Wien 1979, S. 102.

〔2〕 Vgl. Hans Kelsen, Recht und Logik, in: Hans Klecatsky, René Marcić und
Herbert Schambeck（Hrsg.）, *Die Wiener Rechtstheoretische Schule*, Bd. II, Wien ［u. a.］
1968, S. 1477.

〔3〕 Vgl. Hans Kelsen, Derogation, in: Hans Klecatsky, René Marcić und Herbert
Schambeck（Hrsg.）, *Die Wiener Rechtstheoretische Schule*, Bd. II, Wien ［u. a.］ 1968,
S. 1441.

第三章　法律规则与法律原则

一、引言

　　法律规范是逻辑适用的恰当领域，那么法律规范拥有何种能影响法律论证之结构的逻辑结构？应当看到，法律体系并非由单一结构的法律规范组成，这也意味着法律规范的逻辑结构和法律论证的基本模式都是复数的。当然，从不同的角度出发，可以对法律规范作不同的分类，如行为规范与裁判规范、构成性规范与调整性规范、实体法规范与程序法规范、义务规范与允许规范等。但并非法律规范的所有类型的划分标准都涉及逻辑结构的差别，也并非所有这些不同类型都会对法律论证的基本模式产生影响。在目前关于法律规范理论的讨论中，影响最大、争议也最为激烈的是法律规则与法律原则之间的区分。本章要证明的是，这两类法律规范之间的差别是逻辑结构的差别。正因为法律规则（Rechtsregeln）与法律原则（Rechtsprinzipien）是两类有着逻辑差异的规范类型，因而以规则为出发点的法律论证和以原则为出发点的法律论证具备着不同的结构，进而它们分别构成了法律论证的两种不同的基本类型。因此，规则与原则的区分构成了法律论证之基本模式理论的基础。

　　这一区分的基石是法律规范的原则理论（Prinzipientheorie）。原则理论是一种涉及规范之结构的分析性－规范性理论。作为规范的分析性理论，它致力于阐明构成特定法律体系之规范的概念性和体系性层面。作为涉及规范之结构的理论，它致力于澄清构成规范之概念的要素，并探究它们的内在属性为何、何种类型的法律商谈能归于这一概念之上。[1] 作为规范性理论，它试图要为规范证立适用的标准。原则理论的基本立场是，规范的概念不仅包含法律规则，也必然同时包含法律原则。

二、规则与原则的区分

（一）强分离命题

规则与原则相分离的主张可以追溯到奥地利学者沃尔特·威尔伯格（Walter Wiburg）在 20 世纪 40 年代提出的灵活体系理论。[2] 随后，德国学者约瑟夫·埃塞尔（Josef Esser）对规则与原则的区分有过详细讨论，[3] 而美国学者罗纳德·德沃金（Ronald Dworkin）则使得它引起了学界广泛的关注。[4] 德国当代学者罗伯特·阿列克西（Robert Alexy）为代表的原则理论学派（基尔学派）则对规则－原则模式作了最深入和系统的论述。[5] 强分离命题

---

[1] Vgl. Robert Alexy, *Theorie der Grundrechte*, Frankfurt am Main 1986, S. 22ff.

[2] Vgl. Walter Wiburg, *Entwicklung eines beweglichen Systems im Bürgerlichen Recht*, Graz 1951, S. 17.

[3] Vgl. Josef Esser, *Grundsatz und Norm in der richterlichen Fortbildung des Privatrechts*, 3. Aufl. , Tübingen 1974, S. 50ff. 埃塞尔使用的术语略有不同，他所谓的"规范"指的是这里所说的"规则"。为了论述方便，本书提及埃塞尔的理论时统一使用"规则"的称呼。

[4] 其发端见于 Ronald Dworkin, The Model of Rules, *University of Chicago Law Review* 35（1967）, pp. 14 - 46.

[5] 必须指明，事实上阿列克西所设想的法律体系的完整图像并非规则－原则的二元模式，而是规则－原则－程序的三元模式。因为在他看来，原则与规则并不能规定自身的适用，如要适用就要添上一种受到理性确保的程序（Vgl. Robert Alexy, Rechtssystem und praktische Vernunft, in: ders. , *Recht*, *Vernunft*, *Diskurs*, Frankfurt am Main 1995, S. 228）。但问题在于，法律适用依然是一种由规范来导控的活动，程序性规范依然是规范，在此意义上规则－原则的模式已然可以容纳程序。

(strenge Trennungsthese) 的基本立场可以被概括为：依照规范的逻辑结构可以区分出规范的两个变种，它们并不能仅从量（程度性）的区分而是要从质的区分角度来定义，即规则与原则。因为规则与原则拥有不同的逻辑结构。[1]依照阿列克西的说法，强分离命题说的是："规则与原则的区分不是程度上的区分，而是规则与原则是逻辑结构完全不同的规范标准。如果某个标准可能是规则或者原则，那么它就总是要么是一个规则，要么是一个原则。"[2]由此可知，规则与原则是两类具有不同效力结构或适用结构的规范。这一区分更清晰地体现在规范的适用过程上。就像西克曼（Sieckmann）所说的，"原则是权衡判断的理由，而规则是权衡的结果，两者具有不同的逻辑属性。"[3]所有的原则理论者都认可这一分离命题之基本立场的必要性。但有争议的是，应当如何来区分规则和原则的逻辑结构及其适用过程。恰恰在这一点上，强分离命题的主要代表们意见并不一致，他们运用了不同的区分标准。

（二）德沃金的观点

德沃金之强分离命题包含在他对法律实证主义之规范概念的批评之中。德沃金将实证主义的基本立场概括为三个命题。第一个命题涉及法律体系的界限："共同体的法律是特定规则的集合，

〔1〕 Marius Raabe, *Grundrechte und Erkenntnis*, Baden – Baden 1998, S. 176.

〔2〕 Robert Alexy, Zum Begriff des Rechtsprinzips, in: Werner Krawitz, Kazimierz Opałek, Aleksander Peczenik, Alfred Schramm (Hrsg.), *Argumentation und Hermeneutik in der Jurisprudenz* (*Rechtstheorie, Beiheft 1*), Berlin 1979, S. 64f.

〔3〕 Jan – Reinard Sieckmann, Probleme der Prinipientheorie der Grundrechte, in: Laura Clérico und Jan – Reinard Sieckmann (Hrsg), *Grundrechte, Prinzipien und Argumentation*, Baden – Baden 2009, S. 41.

它可以通过这样的测验来识别和区分：这种测验与规则的内容无关，但与它们的系谱或者说它们被采纳或发展的方式有关。这些系谱测试可以被用于将有效的法律规则与假的法律规则……以及共同体所遵守但并不通过公共权力来强制实施的其他社会规则（道德规则）区分开来。"[1] 这就是哈特的承认规则。第二个命题说的是："这些有效法律规则的集合穷尽了'法律'的内涵，所以如果某人的案件没有被这类规则明确涵盖……那么这一案件……就必须由某个官员，例如法官，通过'运用他的自由裁量权'来决定，这意味着运用某种法律外的标准来指引他创造出某个新的法律规则，或对旧的法律规则加以补充。"[2] 这里所谓的"自由裁量权"就是法律适用者所拥有的判断余地（Spielraum）。在德沃金看来，实证主义学说这一主张的结果是，法律适用者将其决定建立在法律外的标准之上，而这有专断之虞。第三个命题涉及法律义务的概念："说某人拥有一项'法律义务'就是说他的案件落入了一条有效法律规则之下，这条规则要求他必须做或不做某事……缺少了这样一条规则就不存在法律义务；因此，如果法官通过运用其自由裁量权来决定某个问题，那么他就不是在践行有关那个问题的法律义务。"[3] 通过对疑难案件之法律适用过程的分析，德沃金对这些命题进行了猛烈的批评，并发展出了自己的规范概念。他认为，在疑难案件中，法律规则的作用是有限的，此时承担着裁判依据功能的尚有其他一些法律规范，如

---

[1] Ronald Dworkin, *Taking Rights Seriously*, Cambridge Mass. S. 17.

[2] Ronald Dworkin, *Taking Rights Seriously*, Cambridge Mass. S. 17.

[3] Ronald Dworkin, *Taking Rights Seriously*, Cambridge Mass. S. 17.

原则（principles）、政策（policies）以及其他标准（standards）。他通过对两个著名的疑难案件（Riggs vs. Palmer，Henningsen vs. Bloomfield Motors, Inc.）的考察，发现了与法律规则全然不同的法律原则。他认为，两者存在着逻辑上的区别，这是一种"质"的而非程度或量的区别。[1]这种区分主要体现在：

　　首先，规则是以一种"全有或全无"（all－or－nothing）的方式被适用的。如果一条规则所规定的事实是既定的，那么这条规则或者是有效的，或者是无效的。如果规则有效，就必须接受该规则所提供的解决办法；而如果规则是无效的，该规则就对裁判不起任何作用。也就是说，规则是一种要么被适用，要么不被适用的规范。一旦规则被适用到某个案件之上，那么它的法律后果就确定地发生，而没有斟酌的余地。当然，这并不是说规则不可能有例外。例外一旦出现，就排除了规则的适用，从而无法推导出规则的法律效果。但是，规则的例外本身在性质上也是一个确定的"规则"，同样也具有全有或全无的适用特性。因此规则带有例外并不会影响到规则适用的确定性。所以，规则对于裁判结果具有决定性。在司法裁判中，只要运用规则，就确定地导出其结论。当然，也可能存在规则之间的冲突的异态情形，此时导致的是事实的不连贯性，因而二者中仅有一个是有决定意义的。作为决定性理由，规则如果可以被适用到某个案件上，也就是规则的构成要件被案件事实所满足，仅凭这一点就可以确定地得出法律后果应该出现的结论。同样，当规则存在例外条款，例外条款

---

　　[1]　[美]罗纳德·德沃金：《认真对待权利》，信春鹰、吴玉章译，中国大百科全书出版社1998年版，第43页。

同样具有决定性。一旦例外在案件中出现，规则的法律后果就确定地被撤回，或者应出现相反的法律后果。相反，原则在适用时并不具有全有或全无的性质，而仅仅是为某种解决办法提供了理由，它并不一定决定案件的判决结果。它的全部含义在于：在相关的情况下，官员们在考虑决定一种方向或另一种方向时，必须考虑这一原则。[1] 这意味着，即使某个有效之原则的适用条件被满足，也并不必然会出现它的法律后果，因为在原则那里有可能出现能够改变这一法律后果的其他理由。[2]

其次，规则具有效力（Geltung）的向度，而原则具有分量（Weight）向度。这突出体现在规则冲突和原则碰撞方面。规则之间的冲突是一种逻辑矛盾，因此两条规则相抵触时，必然其中之一有效而另一条无效。规则无效就意味着它要从法律体系中被排除出去。相反，当各个原则相互交叉影响同一案件时，解决纠纷必须考虑每一原则分量的强弱。原则之间的冲突并不产生逻辑悖论，两条原则相矛盾并不会导致其中一条无效，只是由于它在个案中的分量不及其他原则而对案件结果不起决定性作用。这里，成问题的并不是这两条原则之一的效力，而只是它们的分量。原则的分量取决于事实上和法律上的情境，因为同样两个原则之间的类似冲突在另一种情形中可能会采取不一样的解决办法。相反，规则虽然在功能方面也存在着程度上的差别，但在适用时其本身并不具有分量的特性。[3] 所以，规则冲突发生在效力的层面上，

---

〔1〕 ［美］罗纳德·德沃金：《认真对待权利》，信春鹰、吴玉章译，中国大百科全书出版社 1998 年版，第 43 ~ 45 页。

〔2〕 Virgilio Afonso Da Silva, *Grundrechte und gesetzgeberische Spielräume*, Baden – Baden 2003, S. 41.

〔3〕 ［美］罗纳德·德沃金：《认真对待权利》，信春鹰、吴玉章译，中国大百科全书出版社 1998 年版，第 46 页。

而原则间的紧张关系则是在分量层面上出现的。[1]

最后，在理论上，规则可以将其全部例外都列举出来，而原则不能，或者说原则根本不存在所谓的"常态－例外"的展现方式。因为原则的内容如此宽泛，以至于即使将例外列举出来也不能使得对原则内容的表述更为准确。这个区别实际上表明了两者在确定性上的差别：由于能穷尽例外，规则具有绝对的确定性；由于不能穷尽例外，相对而言原则具有不确定性。这也进一步解释了两者在应用方式上的差别：由于具有绝对的确定性，规则要么适用于个案，要么相反；而原则的确定性是一个程度问题，所以原则与个案间的关系可能是多样的。

（三）阿列克西的观点

阿列克西进一步发展了德沃金的原则理论，因为在前者看来，

---

〔1〕 阿列克西基于这一认识指出，规则与原则的区分在规则冲突与原则碰撞的场合体现得尤其明显。他认为规则冲突与原则碰撞的共同点在于：当两个规范各自适用时会导致彼此不兼容的结果，即导向两个彼此矛盾的具体应然之法律判断。它们的区别只在于解决冲突的方式上：规则冲突只以两种方式来解决，要么为相冲突的两条规则中的一条引入例外，要么至少宣布其中一条无效（宣布的依据如"上位法优于下位法"、"新法优于旧法"、"特别法优于普通法"）；而原则碰撞只能通过权衡以形成与个案相关的优先关系来解决（Vgl. Robert Alexy, *Theorie der Grundrechte*, Frankfurt an Main 1985, S. 77ff.）。但笔者并不认为这是解决冲突之"方式"的不同。无论是引入例外、宣布无效还是形成个案中的优先关系，都只是冲突解决的"结果"或"表现"。权衡固然是解决原则碰撞的方式，但引入例外、宣布无效所依凭的方法又是什么呢？阿列克西所举的"上位法优于下位法"、"新法优于旧法"、"特别法优于普通法"当然是预先规定以解决规则冲突的第三方准则，但如果相冲突之规则之间并不具备上位法与下位法、新法与旧法、特别法与普通法的关系时，又该如何？笔者认为，此时依然需要对规则背后之原则进行权衡来决定哪个原则优先适用。所以，规则冲突与原则碰撞的解决方式既可能相同，也可能不同。正因为如此，笔者并不在后文中将这一点列为规则与原则的区别。当然，规则冲突发生在效力的层面上，而原则碰撞发生在适用的层面上（被其他原则优先适用的原则并不会因此失效），这一点并无问题。

后者并没有充分表达出原则的性质。[1] 阿列克西对德沃金的核心批评在于后者关于规则之"全有或全无"的适用方式的认定。全有或全无的方式以规则之已知和可能的例外从根本上可穷尽为基础，因为在德沃金看来一个规则的充分表述包含着它所有的例外。因而对于德沃金来说，被举出的例外越多，规则的表述就越精确。[2] 阿列克西恰恰对这一点提出了批评。在他看来，引入新例外的可能与规则显现出全有或全无的特性这一点是相矛盾的。例外规定得越多，规则以全有或全无之方式适用的情形就越少。德沃金没有看到的是，即使是规则也具有初显性特征（具体见下文）。基于这一初显性特征，规则的构成要件可以例外条款来补充。原则同样可以例外条件的形式进入规则之中。这里的一个例子是，某条法规禁止机动车驶入公园内，但同时又允许出于拯救某人生命之目的让汽车驶入公园内。因而阿列克西认为，全有或全无的适用方式只适用于不容许有新例外的规则，但这是难以想象的。[3] 因此他拒绝将这一方法作为区分规则与原则的标准。阿列克西的原则理论由三个基本要素组成，即最佳化命令、碰撞法则与权衡。最佳化命令显现出原则的独特结构，作为原则的本质性特征，它也构成了碰撞法则和权衡过程之理性的基础。在此我们只涉及最佳化命令，至于碰撞法则与权衡则留待第七章再论述。

　　首先，规则是确定性命令（definitive Gebote），而原则是最佳化命令（Optimierungsgebot）。规则是确定性命令，意味着它只能

　　〔1〕　Robert Alexy, Zum Begriff des Rechtsprinzips, in: Werner Krawitz, Kazimierz Opałek, Aleksander Peczenik, Alfred Schramm (Hrsg.), *Argumentation und Hermeneutik in der Jurisprudenz (Rechtstheorie, Beiheft 1)*, Berlin 1979, S. 63ff.

　　〔2〕　Ronald Dworkin, *Taking Rights Seriously*, Cambridge Mass. S. 25.

　　〔3〕　Vgl. Robert Alexy, Zum Begriff des Rechtsprinzips, in: Werner Krawitz, Kazimierz Opałek, Aleksander Peczenik, Alfred Schramm (Hrsg.), *Argumentation und Hermeneutik in der Jurisprudenz (Rechtstheorie, Beiheft 1)*, Berlin 1979, S. 69.

要么被满足，要么不被满足。如果一个规则有效，那么它就要求人们严格去做它所要求之事，不多也不少。因而规则在事实上和法律上可能的范围内包含着确定的内容。[1]规则为义务性与非义务性、禁止与允许设置了界线。相反，原则的实现程度与其效力存在直接关系。原则建立了一种理想，这一理想可以或多或少以不同的程度被实现。最优化实现这一理想就意味着最优化实现原则。[2]这意味着，作为最佳化命令，原则要求某事（通常是某种要追求的价值或目的）在相对于法律上与事实上可能的范围内尽最大可能被实现。[3]从这一点我们可以推知原则的两个特征：首先，原则能以不同的程度被实现；其次，它们被实现的程度不仅取决于事实上的可能，也取决于法律上的可能。也就是说，原则作为最佳化命令能够在不同的情形中以不同的程度被实现，其所要求的实现程度既系诸事实上的可能性，也取决于法律上的可能性。后者意味着：如果某个原则完全不受任何限制，从而百分之百地实现，这当然是最理想的状态。但原则在法律体系中从来就不是孤立地被适用的，在决定考虑实现某个原则时，不可避免地要考虑到其他相对立之原则的存在和影响。相冲突的原则之间彼此相互牵制，如果要百分之百地实现其中一个，就必然要牺牲对另一个的保护，而如果要保护后者，就不可避免地要对前者作出限制。换个角度来说，两者都不可能获得完全的实现，因此其中一个原则的实现程度越高，另一个原则的实现程度就会随之降低。

---

〔1〕 Robert Alexy, *Theorie der Grundrechte*, Frankfurtt am Main 1986, S. 76.

〔2〕 See Alexander Peczenik, Legal Rules and Moral Principles, *Rechtheorie* 11 (1991), p. 151.

〔3〕 Robert Alexy, *Theorie der Grundrechte*, Frankfurt am Main 1986, S. 75; ders., Zum Begriff des Rechtsprinzips, in: Werner Krawitz, Kazimierz Opałek, Aleksander Peczenik, Alfred Schramm (Hrsg.), *Argumentation und Hermeneutik in der Jurisprudenz (Rechtstheorie, Beiheft 1)*, Berlin 1979, S. 80.

这说明，两个原则都无法获得百分之百的实现。此时只能作一些取舍，来决定哪一个原则在当前案件中应该优先获得实现，或者说应该获得比较高的实现程度，这种取舍就是权衡。对于"最佳化命令"，许多学者提出了反对意见。如西克曼认为，将原则定义为最佳化命令是不合适的，因为最佳化命令具有规则的确定性。作为施加了某事在事实与法律上可能的范围内尽最大可能被实现之义务的最佳化命令，本身具有确定性，要么实现这一义务，要么不实现。如果两个办法中的一个以更高的程度满足了这一义务，那么就只能选择这个办法。如果有多个办法能满足最佳化命令，那么它们中的任何一个都是最佳的。而原则本身并非最佳化命令，它只是最佳化命令的对象或最佳化目标。[1] 如果将最佳化命令作为区分规则与原则的标准，就不可能将这两个范畴形成对立，因为两者都确定地要求某事必须被实现。如此一来，规则和原则就会具有相同的结构，即规则结构。作为对此的回应，阿列克西进一步区分了"有待最佳化的命令"（zu optimierenden Gebote）与"（要求）最佳化的命令"（Gebote zu optimieren）。他指出，在对象层面上（Objektebene）存在的是有待最佳化的命令，它是权衡的对象，可以不同的程度被实现。作为有待最佳化的对象，它被置于客观的层面。相反，在元层面（Metaebene）上存在的则是（要求）最佳化的命令，它被置于主观的层面，它表明应该怎样按照在对象层面上所发现的东西去行为。其本身呈现"规则"的面向，只能以达到最佳化或达不到最佳化二者之"全有或全无"的二值选向，并无分量的向度。虽然原则更为准确的说法是有待

---

[1] Vgl. Jan. – Reinard Sieckmann, *Regelmodelle und Prinzipienmodelle des Rechtssystems*, Baden – Baden 1990, S. 65f, 84f；类似的批评还可参见 Aulis Aarnio, Taking Rules Seriously, *ARSP*, Beiheft 42 (1989), S. 187；Humberto Bergmann ávila, *Theorie der Rechtsprinzipien*, Berlin 2005, S. 54.

最佳化的命令，但是最佳化命令的说法以完全直观的方式表达出了原则的本质，而且后者和作为一项规则的最佳化命令之间存在着必然联系。所以，只要明白两个层面的区分而不至于混淆就可以了。[1]

其次，规则是现实应然（reales Sollen），而原则是理想应然（ideales Sollen）。现实应然意味着要求考虑到各种现实的可能性之后，直接依照它的要求去做，无论是否存在相对立的要求，因此它是一种确定的应然。而理想应然是一种抽象的、尚未涉及经验与规范世界之有限可能的应然；它只有考虑到经验可能条件以及所有其他相关的原则，才能转化为现实应然。[2] 因而理想应然也可以被称为"仅此应然"（Pro－tanto－Sollen）[3] 或初显应然（prima facie Sollen）。在最佳化命令与理想应然之间存在着一种相互蕴含关系。理想应然蕴含着最佳化命令，反之亦然。[4] 因为很明显，某个原则的确定有效性要在考虑到事实上和法律上的情形后以最大程度被实现。这意味着，原则的终极效力来自于从初显性效力到通过权衡来确定的确定之效力的过渡。而原则的初显效力就被理解为理想应然。按照这一观点，原则包含着理想应然。理想应然是这样一种应然，它并不以此为前提，即在事实上和法律上可能的范围内去充分实现应然之事，但它要求尽最大可能地

---

〔1〕 See Robert Alexy, On the Structure of Legal Principles, *Ratio Juris* 13 （2000）, p. 300.

〔2〕 Robert Alexy, Ideales Sollen, in: Laura Clérico / Jan－Reinard Sieckmann （Hrsg.）, *Grundrechte*, *Prinzipien und Argumantation*, Baden－Baden 2009, S. 23.

〔3〕 Vgl. Susan L. Hurley, *natural reasons*, New York 〔u. a. 〕 1989, p. 130, 261.

〔4〕 Robert Alexy, Zur Struktur der Rechtsprinzipien, in: Bernd Schilcher, Peter Koller und Bernd－Christian Funk （Hrsg.）, *Regeln*, *Prinzipien und Elemente im System des Rechts*, Wien 2000, S. 39.

去实现后者。[1] 作为理想应然，原则位于理想的、尚未相对于事实上和法律上的情形予以相对化的处境之中。

换个说法，原则是目标规范，而不是行为规范。[2] 目标规范要想转变为行为规范，既要考虑到实现目标之经验手段的问题，也要考虑到与之可能冲突的其他目标问题。所以，一方面，在现实的经验世界中，为了能实现理想应然，就必须选择恰当的手段。这需要符合适切性原则（Geeignetheit）和必要性原则（Erforderlichkeit）。它们来自于原则要求在事实上可能的范围内尽最大可能被实现的义务，表达了帕累托最优的理念。另一方面，在现实的规范世界中，为了能最终决定该如何行动（形成行为规范），还必须要尽量考虑到与原则（目标）相对立的所有其他原则（目标），在顾及其他原则的情形下尽可能地实现本原则。这就涉及狭义上的比例原则（Verhältnismäßigkeit im engeren Sinne），它来源于原则要求在法律上可能的范围内尽最大可能被实现的义务。适切性原则、必要性原则和狭义上的比例原则合起来构成了（广义上的）比例原则。所以，原则理论与比例原则相互蕴含，[3] 后者指明了最佳化是如何以理性的方式来进行的。

最后，规则与原则具有不同的初显性特征（prima facie Charakter）。所谓初显性特征，简单说就是起初具有可行性，但可因其他理由，后来再推翻其可行性。初显性特征是相对于确定性特征而言的。若一条规则的构成要件被某案件所满足，法效果确定地

---

[1] Vgl. Robert Alexy, Zum Begriff des Rechtsprinzips, in: Werner Krawitz, Kazimierz Opałek, Aleksander Peczenik, Alfred Schramm (Hrsg.), *Argumentation und Hermeneutik in der Jurisprudenz* (*Rechtstheorie*, *Beiheft 1*), Berlin 1979, S. 81.

[2] 两者的区分参见 Christiane Weinberger / Ota Weinberger, *Logik*, *Semantik*, *Hermeneutik*, München 1979, S. 112, 119f.

[3] Robert Alexy, *Theorie der Grundrechte*, Frankfurt an Main 1985, S. 100f.

适用到这一案件中且后来无法被其他理由推翻，则此时这条规则就具有确定性特征。[1] 所以有时阿列克西称这种规则为确定性命令。但是，有时某些规则却可因原则而被创设例外，这些规则同样具有初显性特征。[2] 阿列克西进一步指出，虽然规则和原则都可能具有初显性特征，但它们的初显性特征强度不同，这可以通过比较不同的冲突解决方式体现出来。在纯粹原则之间冲突的场合，只要权衡数个原则间的相对分量并决定哪一个具有优先性就可以了；而在规则与原则相冲突的场合，原则若想在个案中被优先适用，不仅要确立此原则相对于规则背后赋予其正当性之彼原则的优先性，而且必须证明：为何此原则的重要性是如此之高，以至于可以偏离权威机关透过规则所作出的决定。[3] 这就导向了一种结构论上的差别：原则的证立只需凭借自身分量（内容上的正确性）即可，它具有单一结构；而规则的证立不仅来自于它内容上的正确性，也来自于它来源上的权威性（如来自于民主立法者），因而它具有复合结构。换言之，一个具有初显性的规则在其背后同时得到两类原则的支持：一类是实质原则（materielle Prinzip），一类是形式原则（formelle Prinzipien）。它们合起来构成了规则的证立理由，也就是为什么它"应被适用"的理由。实质原则与规则的内容相关，因规则内容的不同而不同，是规则目的的体现。相反，形式原则指向的是法的安定性，它没有实体内容，所表达的是诸如"立法者的意志应当得以遵守"、"如无重大理由不

---

〔1〕　Vgl. Robert Alexy, *Theorie der Grundrechte*, Frankfurt an Main 1985, S. 88.

〔2〕　穆尼兹在此基础上从逻辑角度区分了确凿性规范〔(conclusive norms)，通常是规则〕和非确凿性/初显性规范〔(non - conlusive or prima facie norms)，原则和部分规则〕。See Joaquîn R. - Toubes Muñiz, Legal Principles and Legal Theory, *Ratio Juris* 10 (1997), p. 272.

〔3〕　Vgl. Robert Alexy, *Theorie der Grundrechte*, Frankfurt an Main 1985, S. 89.

得偏离历来的实务见解"这类形式上的要求。[1] 因此，形式原则并不因规则内容的变化而变化，它只是要求规则的对象初显性地实现。

总之，规则是指向行为要求的确定性命令，而原则是指向行为目标的最佳化命令。作为已经考虑到事实上和法律上之情形的现实应然，规则具有较高的初显性。而作为尚未在事实上和法律上可能的范围内予以相对化的理想应然，原则具有较低的初显性。这造就了两者逻辑结构上的差别。当然，规则和原则的逻辑结构为何以及如何被形式化，将在接下去的两章再来讨论。在此之前，我们还需要对上述区分的反对意见予以反驳。

三、反对意见及其反驳

（一）弱分离命题

强分离命题的第一个对手是弱分离命题（schwache Trennungsthese）。这一命题认为规则与原则规范结构上的差别在于规范的一般性程度的差别。虽然这一命题将规则与原则都视为规范，但它只承认一种程度性的而非质的差别。[2] 据此，原则是拥有相对较高的一般性程度的规范，而规则是拥有相对较低的一般性程度的规范。[3] 这一命题的主要代表有拉兹（Raz）、潘恩斯基（Penski）以及阿蒂恩扎（Atienza）和马内罗（Manero）。

1. 拉兹的一般性程度差异命题

拉兹的弱分离命题以对德沃金关于规则和原则的区分标准之

---

〔1〕 Vgl. Robert Alexy, *Theorie der Grundrechte*, Frankfurt an Main 1985, S. 120, 267.

〔2〕 除了下文提及的几位学者，此一进路的其他代表参见 Grorge C. Christie, The model of principles, *Duke Law Journal* 1968, pp. 649 – 669；Graham Hughes, Rules, Policy and Decision Making, *The Yale Law Journal* 77（1968），S. 411 – 439.

〔3〕 See Joseph Raz, *Practical Reason and Norms*, Oxford 1975, p. 49.

批评为基础。首先，拉兹认为，规则之间同样可能产生冲突。为了证立这一命题，他诉诸"个别化原则"（Principle of Individuation）的概念。[1] 作为法律体系的个别化部分，规则之间相互作用，因为它们能够相互修正和限定。无疑，在实践中这样一些规则之间总是会发生冲突，它们也可以被另外的规则所修正和限制。德沃金关于规则包含其所有例外的观念实际上是虚构了这样一种情形：每一个规则都有自己特定的适用领域，规则之间不可能发生真正的冲突。因此，当人们说规则发生"冲突"时，其中必有一条是无效的。[2] 但是这种规则观是不可取的，它不仅会使得规则的结构变得极其复杂而适用困难，而且会造成规则内容的大量重复。由于法律体系内部存在着体系性联接，因此法律体系的各个部分是相互关联的，这使得法律规则并不必然需要将所有的例外都列举出来。[3] 其次，拉兹认为，规则同样可能具有相对分量。既然法律规则会相互冲突，法律体系就包含着某些解决这类冲突的手段，这些手段通常在于决定任意两条冲突的法律中哪一条优先。虽然规则和原则都具有相对分量，但在许多冲突的场合中它们作用的方式有所不同。规则间的冲突可以单独通过它们的相对重要性来解决，原则间的冲突则要通过同时估计它们间的相对重要性和各种行为对它们目标所造成的结果来解决。但这种区别并

---

[1]　See Joseph Raz, Legal Principles and The Limits of Law, *Yale Law Journal* 81 (1972), p. 831.

[2]　对于这种"有效法律规则不会冲突"的观点的详细批判，请参见 Stephen Munzer, Validity and Legal Conflicts, *Yale Law Journal* 82 (1973), pp. 1140 – 1174.

[3]　但这一点主要是从"实践"角度对德沃金的批判；而德沃金"规则可以穷尽例外"的观点却有一个明确的限制性条件，即"在理论上"。就此而言，拉兹的这个观点与其批判的目标是不相称的（打击错误）。

不是一种逻辑区别,也不能将此作为原则的定义性特征。[1] 因此,规则和原则的逻辑区分仅仅是观念上的,对于司法实践中冲突的解决并没有影响。如果说两者有所不同,也只是一种法政策的结果。最后,规则和原则的真正区分在于规范内容的确定性程度不同。规则规定相对明确的行为,而原则规定相对抽象的行为。例如,伤害、谋杀、强奸都是比较明确的行为,而增进人类幸福、尊重人性、诚实信用等则需要结合具体的情形才能确定其含义。可见,规则与原则的差别是一种"程度"的差别,因为并不存在一条牢固和便捷的界限将明确和不明确的行为(也即规则和原则)区分开来。此外,原则可以用来证立规则,相反则不行。这是在实践推理中规则和原则所承担之角色的差别。

拉兹的一般性程度差异命题聚焦于规范内容的一般性程度。由此可推知,他的反对意见所指向的并不是规则与原则的结构性差别,而是应做之事的确定性程度。事实上,拉兹认为某个应为之行为具有不同的确定性程度,这并没有错。因此无论是规则还是原则,其规范内容都可以不同的程度来确定,但这并不意味着规则与原则之间不存在严格的区分。"应为之行为的一般性程度"并非在弱的意义上将规则与原则相区分的标准。相反,它反而更接近于两种规范类型相一致的主张。因而一般性程度的差别并不是真正的差别。

2. 潘恩斯基的确定性程度差异命题

潘恩斯基理论的出发点是目标(任务)与行为的划分,这一划分恰好对应规则与原则这两种不同的规范类型。首先,规范类型区分的要点在于,一个规范是要求实现某个目标或满足某项任

---

〔1〕 See Joseph Raz, Legal Principles and The Limits of Law, *Yale Law Journal* 81 (1972), pp. 833 – 834.

务，还是规定了确定的行为。前者被称为目标（任务）规范，后者被称为行为规范。[1]法律原则与法律规则恰好分别对应这两类规范。目标即某种被追求的状态。目标（任务）规范并没有直接规定有待实现的目标，而是提出了一项服务于实现这一目标的活动；同时它也没有确定这一活动的内容，而只是提出了这项任务。[2]但是，某规范同样可以将行为方式规定为实现某目标之活动的内容。[3]就此而言，有无目标本身并不是规范类别的区分标准。换言之，目标（任务）规范（或原则）与行为规范（或规则）都有自己的目标，它们的不同只能从实现目标的方式方面去寻找。其次，行为内容确定性方式的差异。目标（任务）规范与行为规范的真正差别在于：对于前者而言，具体要求实施何种行为是不确定的，被确定了的只是它必须适合于去实现某种目标；相反，后者则规定了特定类型的行为方式，而没有明确表述出其所追求的目标（虽然它同样适合于实现这种目标因而是与目标相连的）。因此，两种规范类型的差别在于被要求之行为的确定方式与被确定的范围。据此原则可以被界定为这样一种规范，它一般性地要求实现某个目标，而没有准确地规定应当以何种行为来实

---

〔1〕 潘恩斯基在此援引了魏因伯格的观点，参见 Christiane Weinberger und Ota Weinberger, *Logik*, *Semantik*, *Hermeneutik*, München 1979, S. 112, 119f.

〔2〕 目标与任务的区别在于：目标（的设定）本身没有任何规范性意义，而只是一种追求或意志的表达；而任务则与规范性意义联结在一起，即将追求某个目标的活动设定为规范上必要的（Vgl. Ulrich Penski, RechtsGrundsätze und Rechtsregeln, *Juristische Zeitung* 1989, S. 107）。

〔3〕 Ulrich Penski, RechtsGrundsätze und Rechtsregeln, *Juristische Zeitung* 1989, S. 106 – 107.

现它。[1]相应地，规则则可以被界定为这样一种规范，它命令或禁止某种确定的行为方式。原则与规则因此又可分别被称为"确定目标的行为规范"和"确定类型的行为规范"。此外，原则的一般性特征不仅体现在行为方式的不确定方面，而且体现在其规范受众的一般性或不确定性方面。规范受众越不确定，法律规范就越加一般性和不确定。因此，假如一个规范为确定的规范受众规定了不确定的行为方式，或者为不确定的规范受众规定了确定的行为方式，它都不是原则。原则的认定必须同时满足行为规整的不确定性与规范受众的一般性两方面的要求。[2]显然，原则与规则确定性方式的差异只是程度性的。[3]

潘恩斯基批评了阿列克西将最佳化命令作为区分规则与原则之特征的做法。他认为，要求某事在事实上和法律上可能的范围内尽最大可能被实现的命令是完全不确定的，只是表达出了一种一般性的价值关联。[4]他将原则间可能存在的关系区分为四种：上下位阶关系、相互排斥关系、部分重叠关系、互不关涉关系。在上下位阶关系中，下位原则服务于上位原则，前者只需在对于后者而言必要的范围内被实现即可。在相互排斥关系中存在着直接的对立冲突，只能通过放弃其中某个原则来化解冲突。而被保

---

〔1〕 这大体相当于佩策尼克（Peczenik）所说的"被工具性地表述的法律原则"（instrumentelly formulated legal principles），尽管佩策尼克所使用的这个概念的外延要比这里大一些。Alexsander Peczenik, Principles of Law, *Rechtstheorie* 2（1971），S. 26.

〔2〕 Vgl. Ulrich Penski, RechtsGrundsätze und Rechtsregeln, *Juristische Zeitung* 1989, S. 107 – 108.

〔3〕 当潘恩斯基认为，存在着以"一般性的方式指涉事实"的"非常一般和抽象的法律规则（Ulrich Penski, RechtsGrundsätze und Rechtsregeln, *Juristische Zeitung* 1989, S. 108）时，规则与原则差别的程度性质更加显露无遗。

〔4〕 Ulrich Penski, RechtsGrundsätze und Rechtsregeln, *Juristische Zeitung* 1989, S. 109.

留原则的规范意义则充分被实现。部分重叠导致条件式的冲突关系，此时只有在相冲突之原则之外，求助于一个上位原则来进行判断。权衡（适当性、必要性）必须以这个上位原则为依据。对于某个原则而言，只要在它不与别的原则之要求相对立的范围内，就当被满足与证立。就此而言，原则涉及的不是最大可能的实现，而只是在不与别的原则之要求相对立这一范围内的（唯一）实现。[1] 因此，规则与原则的区分不在于前者要求充分被实现而后者要求最大可能地被实现，它们的命令性质毋宁说是一致的，区别只在于被要求之行为的确定性或不确定性。[2]

　　潘恩斯基还试图通过回溯到另一种形式的规范差异来绕过规则与原则的严格区分，即一般规范与个别规范的区分。但这一区分并没有为他的弱分离命题提供充分的标准。因为原则是可权衡的，这就要求它必须具有分量的向度，而以规范内容的一般性程度为基础的标准与原则的这种性质并不吻合。同样，较低的一般性程度也没有恰当表达出规则的效力向度。因为一个规范的效力并不是规范受众量或规范内容的确定性程度问题，而只能依据权威制定性和社会实效（即法的权威性）来回答。此外，我们并不清楚，潘恩斯基所描述的原则间的权衡如何来确定相冲突之原则的分量。他并没有告诉我们，这是否要依据规范受众的一般性程度或相冲突之目标的重要性程度来获得。最后，将原则视为"目标（任务）规范"的观点不外乎是"在最大可能的范围内被实现"这种一般性要求的实例而已。但"目标（任务）规范"的概念并没有具体和确定地阐明应追求之事究竟是什么。此外，"目标

---

　　[1]　Ulrich Penski, RechtsGrundsätze und Rechtsregeln, *Juristische Zeitung* 1989, S. 109 – 110.

　　[2]　Ulrich Penski, RechtsGrundsätze und Rechtsregeln, *Juristische Zeitung* 1989, S. 110.

（任务）规范"的内容（如某种法益）也必须在一种很高的程度上被实现，而这本就会转而导向原则作为最佳化命令的概念。因而潘恩斯基的命题并没有提出真正的反对意见，它最终只是对原则理论之要素的另一种表述。[1]

3. 阿蒂恩扎与马内罗的确定方式差异命题

阿蒂恩扎与马内罗区分了规范的三种类型，即规则、狭义上的原则和政策（计划规范）。规则的特征在于它的适用条件与规定行为都是以闭合的方式来塑造的；狭义上的原则的适用条件是以开放的方式来塑造的，但其行为模式却是以闭合的方式来塑造的；计划规范的适用条件和行为模式都是以开放的方式来塑造的。[2]

首先，狭义上的原则和计划规范都属于广义上的原则，它们的区分标准在于原则被满足的程度。狭义上的原则是这样一种规范，它规定了某个法律秩序、法律秩序的一部分以及某种制度等的最高价值；而计划规范/方针指的是这样一种规范，它规定了追求某种特定目的的义务。[3] 两种原则的结构是不同的。狭义上的原则的适用方式与规则相同。他们所举的一个例子是《西班牙宪法》第14条，该条规定所有西班牙人在法律面前平等即不能获得歧视性待遇，除非"出现某些有不同要求的规范或事实情形"。在这个保留条款中，不确定性只存在于适用条件之中（有保留条

---

〔1〕 对于这一判断也可参见 Karl E. Hain, *Die Grundsätze des Grundgesetzes*, Baden – Baden 1999, S. 119.

〔2〕 See Manuel Atienza and Juan Rutz Manero, Permission, Principles and Rights. A Paper on Statements Expressing Constitutional Liberties, *Ratio Juris* 9 (1996), pp. 237 – 238.

〔3〕 Vgl. Manuel Atienza und Juan Ruiy Manero, über Prinzipien und Regeln, in: Werner Krawitz/ Georg Henrik von Wright (Hg.), *Öffentliche oder private Moral? Festschrift für Ernesto Garzón Valdés*, Berlin 1992, S. 112 – 113.

款），而不在于被禁止的行为，即歧视性待遇之中。因此，最佳化命令这一表述只适用于确定狭义上的原则的适用条件这一阶段：由于其适用条件的开放性，我们需要通过权衡某原则和其他相对立的原则或规则来确定前者在具体案件中是否具有优先性；而一旦前者确定被适用，这一原则就要求完全被满足——或者被满足，或者不被满足，就如规则一般。[1] 就此而言，在狭义上的原则的结构中具有开放性的只是适用条件，而非行为模式。与此不同，计划规范/方针在适用条件和行为模式方面都是开放的，它能以不同的程度被满足。因此，狭义上的原则具有规则的性质，而只有计划规范才是真正意义上的最佳化命令。

阿蒂恩扎和马内罗的上述区分建立在对原则观念的错误认识之上。他们没有注意到原则的初显性。原则具有初显性，就意味着它能以不同的程度尽最大可能被满足。原则（或更准确地说：表述原则的规范语句）可以被增添保留条款并不意味着这一原则就具有了规则的性质，而是因为它被转变为了规则："每个原则都可以通过像'且不会因为某个具有更大分量的对立原则而作出不同的要求'这样的一般性保留条款转变为全有或全无的规范。"[2] 这是因为，此时这一原则已经与另一相对立之原则相互权衡，其结果为后一原则的分量更大，因而要为前者（表述前者的规范语句）创设例外（规定一保留条款）。所以阿蒂恩扎和马内罗所举的例子说明的是一个具备一般性构成要件的规则，而不是最佳化

---

〔1〕 Manuel Atienza und Juan Ruiy Manero, über Prinzipien und Regeln, in: Werner Krawitz und Georg Henrik von Wright (Hg.), *Öffentliche oder private Moral? Festschrift für Ernesto Garzón Valdés*, Berlin 1992, S. 116 – 117；亦可参见 Manuel Atienza and Juan Ruiy Manero, *A Theory of Legal Sentences*, Dortrecht 1998, pp. 9 – 10.

〔2〕 Robert Alexy, Zur Struktur der Rechtsprinzipien, in: Bernd Schilcher, Peter Koller, Bernd und Christian Funk (Hrsg.), *Regeln, Prinzipien und Elemente im System des Rechts*, Wien 2000, S. 44.

命令意义上的原则。[1]

其次，在阿蒂恩扎和马内罗看来，规则和原则的区分在于两者适用条件的确定性程度不同。原则的适用条件是不确定的（开放的），而规则的适用条件是确定的（闭合的）。"区别在于，原则以开放的形式去呈现案件，而规则以闭合的形式去呈现它。由此意味着，规则中构成案件的属性是有限和闭合的集合，而原则中无法表述出闭合的属性清单。"[2] 他们认为，原则无法从一开始就确定它的适用条件，它具有一种"极端不确定性"，而正是这一点使得规则与原则区分开来。[3] 这一观点接近于已经提及的一般性程度差异标准。原则的规范内容（包括适用条件）不会在规范语句的层面上被具体化，而只能是考虑到特定案件的最佳化，即在适用的层面上被具体化。原则的初显性意味着获得一种理想状态的可能。只要原则从一种最佳化命令转变为一种现实应然，它的规范内容就被实现了：一个已被最佳化了的原则被作为规则适用于待决案件之中。但这一反对意见与原则理论关于碰撞法则的表述（即通过原则间的权衡而产生的优先关系就是适用于个案的规则）[4] 是完全吻合的。所以，这一反对意见根本谈不上是批评，而是对原则理论之命题的证实。这一反对意见同样没有看到，作为原则间权衡的结果，总是可以将新的保留条款增添到规则之

---

〔1〕 这一判断也可参见 Alexander Peczenik, Legal Principles According to Manuel Atienza and Juan Rutz Manero, in: Aulis Aarnio (Hrsg.), *Interests*, *Morality and the Law*, Tampere 1996, p. 87.

〔2〕 Manuel Atienza and Juan Ruiy Manero, *A Theory of Legal Sentences*, Dortrecht 1998, p. 8.

〔3〕 Manuel Atienza and Juan Ruiy Manero, *A Theory of Legal Sentences*, Dortrecht 1998, p. 9.

〔4〕 参见后文，第 269 页。

中。[1] 因而我们不能主张，规则拥有闭合的适用条件。这里就涉及下文马上要谈到的规范的可废止性问题了。

（二）一致性命题

一致性命题（übereinstimmungsthese）说的是，规则和原则既无法依据程度，也无法依据逻辑结构被区分开来，两者的构造是相同或相似的。在原则中可能出现的所有逻辑特征都可以在规则中被找到。这一命题的主要代表是阿尔尼奥（Aarnio）。[2]

阿尔尼奥认为，规则与原则之间具有家族相似性，而没有逻辑区别。他将规则与原则进一步区分为四种，即原本意义上的规则（rules proper）、类似规则的原则（rule－like principles）、类似原则的规则（principle－like rules）以及原本意义上的原则（principles proper），[3] 然后从四个方面对它们之间的关系进行了论证。首先，在语言理论即规范语句的层面上，规范的表述既可能是初显性的，也可能是通盘考量了的（all things considered）。初显的规范表述经由解释可以成为考虑全面的表述。尽管规则、类似规则的原则、类似原则的规则与原则在初显层面上的模糊性程度不同，但成为考虑全面的表述之后，它们的地位都是一样的，即都被赋予了确定的含义。"或多或少"地满足某个原则只是意味着原则可以几种不同的方式被满足（不同解释的结果），而这些方式事前不能被初显地断定。其次，在规范结构层面上，规则与原则具有相似的规范性（道义性）本质，因为它们都包含着道义助

---

〔1〕 Vgl. Robert Alexy, *Theorie der Grundrechte*, Frankfurt am Main 1986, S. 89.

〔2〕 另外也可参见 András Jakab, Prinzipien, in: *Rechtstheorie* 37（2006），S. 55 – 58. 波舍也部分地持这一观点，参见 Ralf Poscher, Einsichten, Irrtümer und Selbstmiss-verständnis der Prinzipientheorie, in: Jan－Reinard Sieckmann（Hg.），*Die Prinzipientheorie der Grundrechte. Studien zur Grundrechtstheorie Robert Alexys*, Baden－Baden 2007, S. 67f.

〔3〕 Vgl. Aulis Aarnio, Taking Rules Seriously, *ARSP Beiheft* 42（1989），p. 184.

词（都可以用二值逻辑表示）。至于规范的适用范围如何在语义上被确定却是与结构不相关的，因为所有的规范都需要解释。再次，在效力上，可以区分为三种效力概念，即形式效力、实效（接受）与价值效力（可接受性）。[1] 后两者构成了与前者相对的实质效力。就形式效力而言，无论对于规则，还是类似规则的原则、类似原则的规则与原则而言，只要它们为立法所规定，就初显地具有形式效力。实质效力则可以通过规范冲突的场合来检验，在这些场合中，规则和原则都既可以具有初显的效力（在初显层面上），也都可以经由解释之后具有严格的效力（在全面考虑的层面上）。最后，在法律论证的地位上，所有种类的规范都是法律裁决的初显理由，只是存在精确性程度的差别。有一点不同的是，规则强调对成文法的适用，而原则表述了用以选择"正确"规则的证立基础，因而为规则的适用提供了标准。[2] 总之，在考虑全面的分析层次上，规则与原则都是或此或彼式的规范。站在最终结果（裁判依据）的角度上，不可能区分出这两类规范。[3]

在上述四个方面中，语言理论层面和规范结构层面的论据具有决定性。一方面，在语言理论层面上，阿尔尼奥并不赞同存在任何标准能够将规则和原则依据规范语句的结构区分开来。无论是规则冲突还是原则碰撞，都要借助于语义规定即通盘考量的意义来解决。阿尔尼奥关于规范语句之不确定性的观点无疑是对的。在任何自然语言中都可以发现模糊、歧义和评价开放的现象。所以作为规范表述，规范语句也要遭受自然语言的语义不确定之害。

---

〔1〕 对此亦可参见 Jezy Wróblewski, Verification and Justification in Legal Science, in: *Rechtstheorie*, Beiheft 1 (1979), p. 195ff.

〔2〕 Vgl. Aulis Aarnio, Taking Rules Seriously, *ARSP Beiheft* 42 (1989), pp. 187 – 191.

〔3〕 Vgl. Aulis Aarnio, Taking Rules Seriously, *ARSP Beiheft* 42 (1989), p. 192.

在将规范语句区分为规则与原则时自然也要面对这一问题。但这并不是拒绝强分离命题的理由。规范语句不外乎是命题内涵的语言表达，即应然，但规则和原则包含着彼此不同的命题内涵。如果说规则表达的是一种现实应然或确定的应然的话，那么原则表达的就是一种理想应然或初显的应然。阿尔尼奥提出的反对意见并不成立，因为它只是指涉了一种语言层面，而并未顾及规则和原则的道义结构。另一方面，阿尔尼奥在规范结构层面上的反对意见具有部分合理性。他正确地指出，因为原则总是要求最佳化，所以它与作为确定应然或现实应然之规则的定义相等同。但正如前文所言，这涉及的是元层面，而原则处于对象层面，它们不是（要求）最佳化的命令，而是有待最佳化的命令。[1]它们包含着尚未关涉事实上和规范上的处境中的应然。相反，规则作为确定的应然涉及的是已然在事实上和规范上的处境中相对化了的规定。因此，原则和规则在其道义内涵方面可以被区分开来。它们的规范性（道义性）本质并不相似，而这也不等同于它们语义上的适用范围。

（三）规范的可废止性

规范的可废止性理论似乎构成了对规则与原则之严格分离的另一种挑战。这一理论主张，规范可以借由引入反对性论据被废止。由于人们几乎不可能预见到未来的所有例外情形，故而不可能对某个规范的效力作完全确保。这一观点并不新鲜，早在半个多世纪之前，哈特就提出可废止性是规范的一个属性。[2]可废止推理的基础是非单调逻辑。与单调逻辑相反，非单调逻辑主张，

---

〔1〕　参见前文第114页。

〔2〕　See H. L. A. Hart, The Ascription of Responsibility and Rights, in: A. Flew (ed.), *Essays on Logic and Language*, Oxford 1951, p. 150.

当在前提集合中增加新前提时，在三段论推理图式中从大前提到结论的推断就不再可能。例如萨特（Sartor）就认为，经典逻辑无法澄清规范的根本结构："经典逻辑推导出的是由可行之前提的子集所蕴含的结果，当这一子集中所有前提为真时这些结论就必然为真，因而也无法被其他信息所推翻。因此，它无法来处理可废止性问题：它无法表达出基于可废止性的规范结构，也无法进行这一结构所要求的推断。"[1] 如果规范拥有这样的属性，即当增添新例外时就能够被修正，那么所有的规范——无论是规则还是原则——都具有可废止的属性。由此，在规范结构的层面上区分规则与原则就将是不可能的："以可废止性的视角来看，规则和原则的区分并不是一种具有不同逻辑结构之规范类型之间的区分，而至多是一种经验性和程度性的区分，它涉及规范的哪些方面优先，而这是每一个规范都拥有的。"[2]

但事实上恰恰相反，因为我们可以说，规则和原则的区分可以借助于可废止性来得到证立。规则的可废止性暗示着一种具有例外的可能性。因为例外的总数是无法被预见到的，所以规则是可废止的构造物。之所以无法预见到未来的例外，一方面在于人类预见未来之事实情境之能力的有限性，另一方面是因为原则权衡的结构可能会为规则创设例外。[3] 相反，原则并不具有这种意义上的可废止性。原则要借助于未来的事实和法律处境来得以实施或不实施，而这些处境要通过最佳化命令来确定。[4] 因此，原

〔1〕 Giovanni Sartor, Defeasibility in Legal Reasoning, *Rechtstheorie* 24（1993），p. 301.

〔2〕 Giovanni Sartor, Defeasibility in Legal Reasoning, *Rechtstheorie* 24（1993），p. 306.

〔3〕 Vgl. Peng – Hsiang Wang, *Defeasibility in der juristischen Begründung*, Baden – Baden 2004, S. 78.

〔4〕 Carsten Bäcker, Rules, Principles and Defeasibility, *ARSP* 119（2010），S. 83.

则并非可废止的规范。这给了我们另一个为规则与原则之差别进行辩护的标准。有疑问的是，当原则与规则发生冲突时会怎么样。一般而言，原则权衡的结果是为一条规则引入例外，它借由支持规则的原则和与之相对的原则间的权衡来确定。[1] 因为规则是权威性理由，它的背后有要求对权威理由初显性予以尊重的形式原则的支持。从可废止性反映了规则的初显性这一点可推知，规则拥有与原则不同的结构。原则并非可废止的规范，而毋宁说是可权衡的规范。因而可废止性提供了区分规则和原则的另一个论据，而非反对这一区分的论据。

四、结语

规则和原则之间具有质的或者说逻辑结构方面的差别。弱分离命题和一致性命题既误解了不同规范的性质，也与它们的适用不符。弱分离命题缺乏一种合适的运用形式，这也是为什么强分离命题的运用图式是必要的原因。一致性命题的问题在于规则和原则作为命令之道义论的结构。它们一方面在要求上是一致的，另一方面在达成其目标的方式上却是不同的。即使是这一命题也部分地采纳了强分离命题，也即是阿列克西最佳化命令的一部分，因为它主张应当进行一种通盘考量式的检验。这不外乎对法律上和事实上之可能性的分析。所以，只有强分离命题才是合适的。强分离命题所支持的规则和原则的区分并不是一种只以法律体系的理性作为自身目标的目的论论据，它涉及的毋宁说是规范之结构（规则或者原则）与规范适用之结构（涵摄或者权衡）之间的相互蕴含关系。而这正是本书接下去所要探讨的对象。

---

〔1〕　参见后文第八章，第334～335页。

第四章 法律规则的逻辑结构

一、论题之限定

在西方学界，对"法律规则的逻辑结构为何"这一问题几乎不存在分歧。相反，在中国学界的最近三十年时间里在这一主题上则已经历了数次"范式"的转换（假如我们可以这么说的话），并引发了较大争论。这场争论如今似乎已划上了句号：作为证据的是国内大多数法理学教科书和司法考试辅导教材都已将新三要素说确立为"标准答案"。但显然，基于体制的权威观点并不能不证自明地主张其内容上的正确性，表层的冰封也无法阻止理论思考的继续推进。本章旨在梳理既有学说发展脉络的基础上分析与批评上述权威见解，进而提出并证立一种不同的观点，作为讨论后续问题（法律论证的涵摄模式）的基础。当然，在此之前对论题本身进行限定是合乎目的的。

（一）法律规则 vs. 法律条文

本章所探讨之对象是"法律规则"（legal rules，Rechtsregeln）的逻辑结构，而不是法条的法律条文［法条（Rechtssatz）］。法律规则是法律条文的意义，而法律条文是表达法律规则的语句，两者是内容与形式的关系。[1] 这里须注意两点：其一，并非所有的法律条文都用以直接表述法律规范（规则和原则）。除了直接表述法律规范的规范性条文外，尚有不直接表述法律规范的非规范性条文。后者主要包括三类：①定义性条文，如《刑法》第91条（刑法上"公共财产"的范围）；②辅助性条文，如关于法律生效时间的规定；③宣言性条文，如《宪法》序言部分的条文。后两类条文不表述法律规则，定义性条文则用以界定规范性条文（规则）中某个概念和术语的内涵或外延。这些条文都与法律规则的逻辑结构问题无关。其二，即使是表述法律规则的规范性法律条文，亦可以被区分为带有道义助动词（必须、不得、可以等）的规范语句，以及不带此类助动词的陈述语句。前者如"**禁止**用任何方法对公民进行侮辱、诽谤和诬告陷害"（《宪法》第38条第2款），后者如"公民以他的户籍所在地的居住地为住所"（《民法通则》第15条）。但无论是规范语句还是陈述语句，表达的意义都是法律规则。两类语句所表达之法律规则的逻辑结构并无差别。后者才是我们研究的对象。

---

〔1〕　有的学者对于"法律规则（规范）"与"法条"不作区分，在通常所谓"法律规则的逻辑结构"之处用"法条的逻辑结构"来指称（参见〔德〕卡尔·拉伦茨：《法学方法论》，陈爱娥译，商务印书馆2003年版，第132页及该页脚注1）。或许有论者认为，"法条的逻辑结构"所指更加清晰，因为人们首先接触到的并不是法律规则，而是法条。法条以序号和句号为划分标志，即通常以条次的编号为其起始，并以下一条之起始标识本条之终结，而法律规则作为法条的意义，是重构后的产物。不同视角下的"意义重构"会产生不同的结果。但问题在于，法条有不同的类型，不仅规范性条文与非规范性条文不同，而且规范性条文也可以将规则的构成要件和法律后果，甚至两者各自的个别要素分作不同的条文来规定。这就难以证明"法条"的逻辑结构为何。相反，法律规则虽经意义重构，但却可以在认识论中确保其结构的一致性。关键在于重构需要遵循一定的标准（参见下文有关"规则的个别化"的内容，第147～151页）和目标（趋向于法律推理）。

（二）逻辑结构 vs. 意义结构

所谓"结构"，是指作为一个系统或整体而存在的事物诸组成要素及其相互关系。[1] 因而法律规则的结构指的是法律规则的组成要素（components, elements）及其关系。任何结构理论都要解决两方面的问题：一是"要素的划分"问题，二是"要素间的关系（联结方式）"问题。这两个问题是彼此关联的，要素的划分构成是谈论其关系的前提，而要素间的联结方式往往又决定了如何划分要素。后者意味着不同的要素联结方式会导致不同的要素划分后果。对于法律规则而言同样如此。同一个法律规则可以被划分为不同的要素组合，而之所以如此又往往是由不同的要素联结方式造成的。法律规则最主要的要素联结方式有两种，即逻辑上的关系和意义上（实质上）的关系，它们分别对应着法律规则的"逻辑结构"和"意义结构"。然而，学者们通常在"法律规则之结构"这一标题之下忽视了两种差别。例如冯·赖特的六要素说[2] 与约瑟夫·拉兹的四要素说[3] 就是在意义结构视角下对规则要素的划分，却经常被中国学者等同于逻辑结构学说。反之，在某些中国学者的学说那里，逻辑结构的要素又间或与意义

---

〔1〕 ［瑞士］皮亚杰：《结构主义》，倪连生、王琳译，商务印书馆 1984 年版，"译者前言"第 2 页。

〔2〕 即特性（character）、内容（content）、适用条件（condition of application）、权威（authority）、主体（subject）和场合（occasion），见 George Henrik von Wright, *Norm and Action*, London 1963, p. 70.

〔3〕 即道义助词（deontic operator）、规范主体（norm subjects）、规范行为（norm act）和适用条件（conditions of application），见 Joseph Raz, *Practical Reason and Norm*, 3rd ed. , New Jersey 1999, p. 50.

结构的要素相混同。[1] 本章所要探讨的是法律规则的逻辑结构而非意义结构问题。至于所谓"逻辑结构"的特性何在，将在第四部分予以交代。

二、既有学说的发展脉络

在进行新的理论建构之间，既有学说史的梳理是必不可少的。这不仅构成了我们批评的起点，也是我们提出新主张的历史基础。通过回顾中国学界对法律规则（范）之逻辑结构这一问题的认识过程，我们可以弄清新三要素说提出的前提和基础，而后者同样也预示着新三要素说的历史局限性。这一过程大体上可以被分为三个代表性阶段，即"三要素说"、"二要素说"与"新三要素说"。[2]

（一）三要素说

三要素说提出于 20 世纪 80 年代初。其认为，法律规则由三个部分组成，即假定（hypothesis）、处理（disposition）和制裁（sanction）。假定是规则中指明的适用该规则的条件和情况的部分。处理就是行为规则本身，也就是法律规则中指明的允许做什

---

〔1〕　例如有学者区分了法律主体、法律行为、法律后果（魏宏："论法律规范的结构——从社会学的视角考察"，载《郑州大学学报（哲学社会科学版）》1996 年第 5 期，第 63 页）；适用条件、行为主体、行为模式（李永根："论法律规范的结构——从规范论的视角分析"，载《厦门理工学院学报》2009 年第 2 期，第 72 页）；法律规范的承受者、应用域、规定域、制裁域（王常龙："法律规范结构探析"，载《河北法学》1990 年第 4 期，第 43 页）。新三要素说也存在同样的问题，只是不那么明显。

〔2〕　也有部分学者较早就提出了所谓"四要素说"，例如假定、处理、假定行为和法律后果（江必新："传统法律规范理论刍议"，载《法学研究》1986 年第 3 期，第 25 页）；假定前提、行为通例、行为反例、不利后果（张恒山："试论法律规范的构成"，载《当代法学》1988 年第 3 期，第 43 页）。但一则这种观点从未在我国相关学说史上占据过主流地位，二则它们通常是对三要素说的某种（不恰当的）修正或增补，所以本部分对其不予专门考察。

么、禁止做什么或要求做什么的那一部分。这是法律规则最基本的部分。制裁是法律规则中规定的违反该规则时，将要承担法律后果的那一部分。[1]

据学者考证，三要素说来自前苏联法学教材。[2] 例如，帝俄时期彼得堡大学法学教授科尔库诺夫（Nikolaï Mikhaïlovich Korkunov, 1852~1904）在代表作《法的一般理论》中就提出，法律规则是条件式规则，它包含对规则适用之条件的界定以及规则本身的阐述两部分。前一部分被称为假定或假设（supposition），后一部分被称为处理或命令（order）。一条规则可被形式化为"如果……那么……"的形式。[3] 而作为命令的法律规则并不总是被遵守，所以需要有特殊的保障确保其被实施，即对人们遵守法律规则的约束。这种约束的手段就是制裁。[4] 这种观点为前苏联教材所普遍接受。

显然，三要素说的背后隐含着一种国家本位和阶级论的法概念主张。法律被认为是一种阶级统治与社会治理的工具，而作为微观层次的法律规则同样要显现出国家强制力这一"本质特征"。其根本思路为，法律规则所要表达的是这样一种国家意志：当出现某种情况或某些条件被满足时，国家作为权威者应当怎么处理，而当这种处理行为受到妨碍或侵害时又要对相关人施加各种恫吓和处罚。

---

〔1〕 参见孙国华主编：《法学基础理论》，中国人民大学出版社 1987 年版，第 257~259 页；孙国华主编：《法理学》，法律出版社 1995 年版，第 274 页；孙国华、朱景文主编：《法理学》，中国人民大学出版社 1999 年版，第 279 页。

〔2〕 参见沈宗灵：《法理学》，北京大学出版社 1999 年版，第 33 页。

〔3〕 Cf. H. M. Korkunov, *General Theory of Law*, 2th ed., trans. by W. G. Hastings, New York 1922, p. 176.

〔4〕 H. M. Korkunov, *General Theory of Law*, 2th ed., trans. by W. G. Hastings, New York 1922, p. 187.

（二）二要素说

二要素说提出于 20 世纪 80 年代末 90 年代初，它建立在对三要素说进行批判的基础上。以国家本位为根基的三要素说明显存在着两个混淆：一是国家与法律的混淆。三要素说所竭力主张的是国家与法律的一元论，或者说权力式的法律观。法律不具有脱离于国家的自洽性，因而它必须时刻体现出国家的色彩。但某种程度上这两个概念确实可以相对分离，国家与法律的关系远比这种单向度的工具论复杂得多，在法治条件下尤其如此。二是法律与法律规则的混淆。三要素说将法概念论（本质论）上的主张直接应用于法律规则的逻辑结构混淆了不同的论域。[1] 即使法在概念上必然呈现国家强制力的色彩，也不意味着处于微观层面的法律规则在其逻辑要素上就必须直接体现这一点。规范理论尽管与概念论存在重合之处，但亦有其相对独立的研究领域，而规则的逻辑结构理论恰好位于后一领域。

国家强制力最集中的体现是"制裁"，因此对三要素说最为激烈的批评也集中于这一要素上。[2] 许多论者认为，把"制裁"列为法律规范的必要组成部分这种理解过于偏狭，"它省略了大量具有奖励、表彰之类的法律后果，而是突出法律的制裁功能，不

---

　〔1〕　三要素说论者自身不仅认识到了这种对应关系，而且明确将法概念论上的主张作为设定逻辑要素的理论依据——"法律规范（则）必然是有国家强制力作保证的，所以从逻辑上必然有制裁部分"（孙国华主编：《法理学教程》，中国人民大学出版社 1994 年版，第 357 页）。

　〔2〕　这是二要素说最为惯常的做法。尚需注意的是，三要素说的代表孙国华先生将"处理"理解为"行为规则本身"也是不正确的，且不论行为规则能否穷尽规则的所有类型（见后文第 151～155 页），将规则的一个要素等同于规则整体显然是不当的，一旦如此则它与假定、制裁之间的关系就不是要素间的逻辑结构关系而是整体与部分的关系了。

利于全面执法，也不利法治的正确施行。"[1] 也有论者指出，国家强制力属于"实施"，是法律规则的运行问题，不是逻辑存在问题。[2] 因此，即使将国家强制力作为法律乃至法律规则的本质特征，它也是外在于法律规则的逻辑结构本身的东西，我们无需也不可能在逻辑要素的层面上为它找到一个精确的对应物。同时，国家强制力未必一定显现为法律规则中的"制裁"部分，尽管它必然与制裁相连——它也可以表现为当一个法律规则授予的权利被侵害时对相关人予以追究责任和实施制裁。但是这个法律规则本身可以不包含任何制裁部分，恰恰相反，它包含着对规则所设定的权利行为的肯定。因此，二要素说对三要素说最大的修正在于，将失之偏狭的"制裁"扩展为"法律后果"，使之既包含否定性法律后果，也包括肯定性法律后果。相应地，"处理"这一表述同样过于显现了国家本位和强制力的色彩，它潜在地过于强调"要求"和"禁止"却遮蔽了"允许"，因此二要素说尽管接受了"处理"的内涵却改变了其称呼，即将其变为"行为模式"，使其更加去强制化。

同时，二要素说还取消了三要素说中的"假定"部分。其理由主要有二：其一，"在实际法律条文中，常常没有假定部分，或者已在法律总则中作了规定，或者将假定包括在处理部分之中……（因此）假定看来是多余的"[3]；其二，"假定"作为行为模式的适用条件或方式限度与行为模式不可分，"人为地将它们

---

〔1〕 沈宗灵主编：《法理学研究》，上海人民出版社 1990 年版，第 207～209页。

〔2〕 参见周占生："关于法律规范结构——对一种传统陈述方式的检视"，载《浙江社会科学》2004 年第 3 期，第 105 页。

〔3〕 沈宗灵主编：《法理学》，北京大学出版社 1999 年版，第 34 页；也可参见沈宗灵主编：《法理学研究》，上海人民出版社 1990 年版，第 207～214 页。

分割开，有关权利义务的规定就成为不可思议的东西。"[1] 或者说，假定本身就是行为模式的组成部分而不是独立的逻辑要素。

由此，在二要素说看来，法律规则在逻辑上由行为模式（behavioural model）和法律后果（legal effect）两部分构成。行为模式是从大量实际行为中概括出来作为行为的理论抽象、基本框架或标准，它可以分为三类：①可以这样行为（对应授权性法律规则）；②应该这样行为（对应命令性法律规则）；③不应该这样行为（对应禁止性法律规则）。前者赋予权利，后二者施加义务，"应该"行为模式设定积极的行为义务（令行），"不应该"行为模式设定消极的行为义务（禁止）。法律后果是指法律对于具有法律意义的行为赋予某种后果，也可以被分为两类：①肯定性法律后果，即法律承认这种行为合法、有效并加以保护以至奖励；②否定性法律后果，即法律不予承认、加以撤销以至制裁。[2][3]

---

〔1〕 张文显主编：《法的一般理论》，辽宁大学出版社 1988 年版，第 181 页。对这种区分更为详尽的一个晚近批评，参见张洪涛："法律规范逻辑结构的法社会学思考——以我国刑法和民法规范为主"，载《东南学术》2007 年第 1 期，第 115 页。

〔2〕 参见沈宗灵主编：《法理学》，北京大学出版社 1999 年版，第 32~33 页。

〔3〕 严格说来，在二要素说的阵营内观点亦有分歧。就笔者阅读所及的范围而言大体可分为两个分支：一是此处已然谈及的"行为模式 + 法律后果"说（A 说），二是"假定 + 处理（行为模式）"说（B 说）。后一分支的代表观点例如参见王涌："民法中权利设定的几个基本问题"载《金陵法律评论》2001 年第 1 期，第 139 页；邹爱华："法律规范的逻辑结构新论"，载《湖北大学学报（哲学社会科学版）》2004 年第 6 期，第 718 页；张志铭："法律规范三论"，载《中国法学》1990 年第 6 期，第 43 页。B 说的支持者们或者认为法律后果只是行为模式的一部分，或者认为法律后果本身就是一个完整的法律规则，因而不将法律后果作为法律规则的要素。但是由于相较于 A 说，B 说并不占据主流地位，因而一般而言，论及二要素说指的就是 A 说。此外，也有论者提出"行为模式 + 法律评价"说（见张洪涛："法律规范逻辑结构的法社会学思考——以我国刑法和民法规范为主"，载《东南学术》2007 年第 1 期，第 113 页以下），但其所说的"法律评价"相当于"法律后果"，存在的只是个用语分歧而已，因此也属于 A 说。后文对于新二要素的证立将会说明，A 说与 B 说其实各自抓住了法律规则的一种类型，因而都不具有足够的一般性。

二要素说的兴起无疑是与当时"权利本位说"在中国学界的大行其道息息相关，以"权利－义务"作为研究法律现象的基本视角使得在法律规则的逻辑结构上采取了围绕这两个概念来划分要素的做法。正因为授权行为模式的存在，因此行为模式不限于处理；也因为权利是法律规则的重要内容，制裁（否定性的法律后果）不能穷尽所有的法律后果类型——权利的内涵决定了对于不行使法律规则所赋予之权利的行为是不得施加否定性法律后果的。

（三）新三要素说

新三要素说发轫于 20 世纪 90 年代，到目前为止已在学界占据通说的地位。与从三要素说到二要素说的转变不同，新三要素说与二要素说在法概念论上并无不同，而只是一种具体主张上的微调。具体而言，它大体承袭了二要素说的观点，即肯定了"行为模式"与"法律后果"作为法律规则构成要素的地位，但却重新主张应将"假定（条件）"作为独立的构成要素。

在新三要素说看来，取消"假定（条件）"部分是站不住脚的。其一，法律条文中常常没有假定部分并不能说明假定作为法律规则的要素就是多余的。假定在法律条文中可以被省略，但省略并不代表不存在，表述中的缺位与逻辑上的必不可少并不矛盾。例如《婚姻法》第 18 条规定，夫妻有相互继承遗产的权利。这个条文没有表述出规则适用的条件即假定部分：夫妻一方死亡并留有合法的个人财产。但从逻辑角度而言，这个条件是规则的必要组成部分，缺失了它规则就无法适用（尽管有时这个条件的存在是如此明显以至于在明意识中适用者忽略了它的存在）。就此而言，二要素说混淆了法律条文与法律规则，因而误识了逻辑结构理论的真正对象。其二，新三要素说同样承认假定与行为模式不可分，但却认为这恰恰说明了应将假定作为独立要素来对待。"在逻辑上，任何具有一定法律后果的行为模式都是在一定的条件下的行为模式，也就是说在一定条件下的行为模式才具有这样的法律后果，离开了特定条件，某一行为模式就不一定有这样的法律后果"，[1] 因而行为模式离不开一个作为规则要素的假定。

　　总而言之，法律规则在逻辑上由三个部分构成：假定、行为模式及法律后果。假定（条件）是法律规则中有关适用该规则的条件和情况部分，包括两个类别：①法律规则的适用条件，即法律规则在什么时间、什么地域以及对什么人生效；②行为主体的行为条件，包括行为主体的资格构成和行为的情境条件。行为模式是法律规则中规定人们如何具体行为或活动之方式或范型的部分，可分为三类：①可为模式（可以这样行为）；②应为模式（应当或必须这样行为）；③勿为模式（禁止或不准这样行为）。可为模式又称权利行为模式，应为模式与勿为模式合称义务行为模式。法律后果是法律规则中规定人们在假定条件下做出符合或不符合行为模式要求的行为时应承担相应的结果的部分，可分为两种：①肯定性的法律后果（合法后果），即规定人们按照行为模式的要求行为而在法律上予以肯定的后果，表现为对人们行为的保护、许可与奖励；②否定性的法律后果（违法后果），规定人们不按照行为模式的要求行为而在法律上予以否定的后果，表现为对人们行为的制裁、不予保护、撤销、停止或要求恢复、补偿

---

〔1〕　舒国滢主编：《法理学导论》，北京大学出版社 2012 年版，第 102 页。

等。[1][2]

尽管新三要素说主张自己是对前面两种学说的综合或扬弃，但通过上述分析可以发现，就背后的法概念论立场而言，它与二要素说的主张具有高度一致性，而与三要素说有较大距离。尽管如此，它毕竟是以前两种学说为基础的，因此，虽然下文主要以新三要素说这种今日之通说为批评的对象，但这些批评意见中有相当一部分同样适用于三要素说和二要素说。

三、新三要素说批判

我们对新三要素说的批判将从两个方面进行：一是新三要素说在构造法律规则之逻辑结构时存在自身理论逻辑的不连贯问题；二是由于它没能区分出不同的规则类型或者说将所有的规则下意识地简化为同一种类型，从而提出的主张不具有足够的一般性或者说容纳度。至于各个要素本身的内涵是否存在的问题，则留待下一部分再论及。

（一）逻辑不连贯问题

1. 各要素间的不齿合

作为逻辑角度的划分，法律规则的各个要素间应处于一种严

---

〔1〕 舒国滢主编：《法理学导论》，北京大学出版社 2012 年版，第 102～104 页；另可参见舒国滢主编：《法理学》，中国人民大学出版社 2005 年版，第 72～73 页。

〔2〕 应该指明，即使在三要素说内部也存在着分歧。就笔者阅读所及的范围而言大体可分为三种：一是"条件（假设条件）、（行为）模式、后果"（A 说），二是"条件、处理、后果"（B 说），三是"条件、规则、后果"（C 说）。A 说参见李龙主编：《法理学》，武汉大学出版社 1996 年版，第 72 页以及张文显：《法哲学范畴研究》，中国政法大学出版社 2001 年版，第 49 页；B 说参见郑学玉："对法律规范结构的浅见"，载《安徽大学学报》1990 年第 3 期，第 68 页。A 说与 B 说与本书所采纳的学说间仅具有表述上的差别。只有 C 说（参见陈信勇："法律规范的结构分析"，载《杭州大学学报（哲学社会科学版）》1993 年第 1 期，第 28 页）较为独特，但其缺陷是明显的，因为法律规则的逻辑要素指的当然是规则的部分，既然是部分，如何在要素中又出现"规则"这个整体，这显然具有逻辑矛盾。

密的逻辑关系之中，或者说，它们之间应当是齿合的（verzahnt）：前一个要素构成了适用后一个要素的逻辑前提。而新三要素说在建构自身的理论时也正是这样做的：假定是行为模式发生的条件，行为模式是假定条件下的行为范式，而法律后果则是行为人符合或不符合这种行为范式所引发的积极或消极的法律评价，即"如果……那么……则（否则）……"的模式。但是这种看上去十分严谨的递进式链条在对具体规则进行分析时却会发生"断裂"。其中最为典型的情形是对刑法规则的分析。

新三要素说认为，刑法规则涉及行为模式中的"勿为模式"（禁止），但是这种行为模式在刑法规范中并未直接写出来，而必须由假定的内容反映出来。[1]相反，它对假定却作出了准确的规定。以《刑法》第400条第1款为例。该款规定："司法工作人员私放在押的犯罪嫌疑人、被告人或者罪犯的，处5年以下有期徒刑或者拘役。"按照新三要素说的观点，这个条文所规定之规则的"假定"部分为"司法工作人员私放在押的犯罪嫌疑人、被告人或者罪犯"，"行为模式"部分是"禁止司法工作人员私放在押的犯罪嫌疑人、被告人或者罪犯"，"法律后果"部分是"处5年以下有期徒刑或者拘役"。显然，如果按照新三要素说"假定→行为模式→法律后果"的逻辑链条，这个规则其实应被表述为"**如果**司法工作人员私放在押的犯罪嫌疑人、被告人或者罪犯，**那么**司法工作人员不得私放在押的犯罪嫌疑人、被告人或者罪犯，**否则**处5年以下有期徒刑或者拘役。"这无疑十分怪异。所以新三要素说论者不得不说，在刑法规则中行为模式部分是被隐含在假定之中的。但这无疑是不符合要素划分的基本要求的，那就是各个

---

〔1〕　参见郑学玉："对法律规范结构的浅见"，载《安徽大学学报》1990年第3期，第69页。

要素之间应处于同一层次之上，如此才能展现它们之间的关系（结构）。一旦各个要素不处于同一层次，而彼此间有包含关系，那么就难以说被包含的要素与包含性要素是地位同等的要素，或者说前者的独立性和必要性就值得质疑了。所以，"假定→行为模式→法律后果"就不是一个适合来理解所有法律规则的学说，因为至少在刑法规则的情况下行为模式与假定不可区分而不具有递进关系。

　　这种"假定"与"行为模式"间不齿合的原因或许在于，它们所针对的对象或受众是不同的。上述例子中，"行为模式"（司法工作人员不得私放在押的犯罪嫌疑人、被告人或者罪犯）指向的是"司法工作人员"，而"假定"（如果司法工作人员私放在押的犯罪嫌疑人、被告人或者罪犯）指向的却是裁判者（刑事法官），因为刑法规则主要解决的问题是告诉裁判者当出现特定犯罪情形时应该如何施加刑罚。无疑，一个法律规则只能针对同一类对象或受众。新三要素说试图依据自身抽象的理论设计将针对两类不同对象的要素整合进一个法律规则之中，这在逻辑上是站不住脚的。事实上这里涉及的是两类不同的规则。我们将在本部分谈到"类型简化"问题时进行进一步的阐述。

　　2. 规则的结构与规则间结构的混淆

　　通过比较可以发现，新三要素说与三要素说对于要素间划分的基本格局和逻辑链条保持了一致，即"如果……那么……则（否则）……"的模式。所不同者，只在于新三要素说将"那么"和"则（否则）"后面所接要素的内涵进行了扩展，也就是将"处理"变为"行为模式"以囊括"权利行为模式"，将"制裁"变为"法律后果"以囊括"肯定性法律后果"。我们的第二个批评源于上述模式所针对之对象的错位，而在这一点上两种学说并无差别。因此，这种混淆尽管首先发生于三要素说的主张之中，但同样困扰着新三要素说。[1]

　　三要素说论者主张，法律规则分为调整性规则和保护性规则，前者由假定和处理构成，后者则由假定和制裁构成，二者结合起来发挥作用，就表现为逻辑性规则。逻辑性规则包括假定、处理、制裁三要素，体现了法律规则专有的特点。[2]也有论者指出，法律规则由假设行为（假定）、行为模式、法律后果三部分构成，但假设行为（假定）只是在适用法律后果的条件或情况的意义上才能独立成为一个要素（假定＋法律后果），而当它是适用行为模式的条件或情况时与行为模式不可区分（行为模式）。[3]这同样意味着所谓三要素是两种不同情形的综合而已。可以看到，（新）三要素论者心目中所谓"法律规则的逻辑结构"指的并非"一个规则的逻辑结构"，而是"两类规则之间的结构关系"，即当调整性规则被违反时，就需由保护性规则来发挥作用。法律想要完整地发挥规制行动的效果，这种正反结合是必不可少的。而法律规则的逻辑学说所想要体现的，正是这种"必不可少的完整性"。

　　在这里，我们发现了一种研究对象的错位。（新）三要素说所提出之逻辑结构理论所指向的，是一种他们所设想出的过于理想化的规则。一方面，这种理想化的规则由现实中具有不同属性

---

　　〔1〕　由于新三要素说相比于三要素说最大的变动在于将"制裁（否定性法律后果）"变为"法律后果"，我们可以说这种混淆至少困扰着带有否定性法律后果的新三要素理论。当然，如果我们以"行为规则与裁判规则"（见后文）来代替"调整性规则与保护性规则"的话，那么可以说将行为规则与裁判规则间的结构混同于一个规则内的结构是新三要素说的致命缺陷。但造成混淆的思路是一致的。

　　〔2〕　参见孙国华主编：《法学基础理论》，中国人民大学出版社1987年版，第349页；孙国华主编：《法理学》，法律出版社1995年版，第277页。需注意的是，该段引文的作者在这里用了"逻辑性规则"这个很有趣的术语，似乎在暗示着他的研究对象并非事实上存在的规则，而是从逻辑的角度被构想出的理想规则。

　　〔3〕　参见王子正："关于法律规范的结构和分类"，载《当代法学》1988年第3期，第41页。

的两类规则综合而成；另一方面，这两类规则也不是平行的，它们之间是原生与继发的关系。针对后一个方面，有的学者精辟地指出，当（新）三要素说宣称存在完整的法律规则逻辑结构时，它是在"本体论"的意义上[1]描述此一问题的，而当它将问题的解决归结为调整性规则和保护性规则的历时性因果关系时，它就将论域偷偷地向着"运行论"的方向转化了。两种规则之结合是其所发挥之作用的结合，其属于"运行论"的领域，而不属于"本体论"的领域。所以，无论它在"运行论"的论域获得怎样好的论证，都不可能对证明其规则结构理论提供任何实在的帮助。[2]因此他主张，必须将保护性规则提升到与调整性规则同样的本体性地位，即保护性规则并非仅仅为了调整性规则而存在，它自身同样也是对司法者与执法者行为的调整，可称为"管理性规则"，并随之提出"二元双层结构理论"。[3]可以发现，这种新理论虽然避免了运行论的嫌疑，但处理的依然是不同规则间的关系，而非规则内部的关系，因而依然没有解决前一方面的问题。

法律规则的逻辑结构指的是"一个规则"内部各要素间的关系，它是一种内部结构（internal structure），而不能将其混同为法律规则之间的逻辑结构，后者是一种外部结构（external structure）或者说体系结构（systematic structure）。如果把从反面规定违法责任的保护性规则，与原生的调整性规则联系起来讨

---

[1] 先予叙明的是，笔者并不赞成将逻辑结构问题置于规则本体论领域的观点，因为逻辑是人类认知规则的工具，规则逻辑结构是人类运用这种工具进行认知的结果，它属于认识论领域。亦可参见本章"结语"部分（下文第175页）。

[2] 参见魏治勋："法律规范结构理论的批判与重构"，载《法律科学》2008年第5期，第39～40页。

[3] 魏治勋："法律规范结构理论的批判与重构"，载《法律科学》2008年第5期，第44页。

论其"逻辑结构",那就进入了另外一个研究领域,即法律规则之间的逻辑关系或逻辑结构领域。这实际上是法律文本的逻辑结构,甚至是跨文本的整个法律体系的逻辑结构。前述把"制裁"或"法律后果"作为法律规则的结构要素的诸说,共同的失当性在于混淆了"法律规则的逻辑结构"与"法律规则间的逻辑结构"的区别。[1]

(二)类型简化问题

1. 规则的个别化

针对逻辑不连贯的批评,新三要素说论者可能会主张"如果……那么……则(否则)……"的模式所针对的确实是理想的规则,而非一个法律条文所表述出的内容。因为我们所能直接面对的永远只是法条这种语言形式(它以句号为界分的自然标记),而作为语言形式的法条与作为内容的规则通常不是一一对应的。一个法条所表述的永远只是一个完整法律规则的组成部分而已,而只有经由上述逻辑模式建构的理想规则才是真正完整的法律规则。因此所有法律规则都是经过理想化建构的产物。这种理解本身当然没错,但新三要素说导致的结果是,所有真正完整的规则都被认为必须具有上述结构。或者说,一部法律最终可被转化为数量特定且具有"如果……那么……则(否则)……"结构的法律规则。这也就意味着法律体系在内部具有同构性。也就是说,组成一个法律体系之法律规则在类型上是单一的,凡不具有这种结构的规范,要么是法律原则,要么是法律规则的组成部分而已。这里就涉及规则的个别化问题(individuation of rules)[2]——如何

---

〔1〕 亦可参见刘杨:"法律规范的逻辑结构新论",载《法制与社会发展》2007 年第 1 期,第 157 页。

〔2〕 这里可比照拉兹关于"法律的个别化"问题的阐述:Cf. Joseph Raz, *The Concept of a Legal System*, 2nd ed., Oxford 1980, pp. 70ff.

才能算作是一条法律规则？换言之，我们可以依据什么标准来确定一个规定究竟是法律规则抑或只是它的组成部分？

约瑟夫·拉兹曾为此提供了四个要求：[1]

（1）被个别化标准[2]所个别化的法律规则应当是比较简单的。这是最为重要的一个要求。将法律体系区分为不同法律（包括规则）的全部目的在于创造简单的小单元，以利于探讨和指涉法律体系的各个部分，以及促进对法律的分析。因此，人们应当较容易去发现法律的内容，而不必通过审查一个体系绝大部分法律材料才能发现一个规则的内容。（要求 A）

（2）被个别化标准所个别化的法律规则应当是相对自足（自我澄清）的。法律规则应当简单，但不能过于简单，了解一个规则的内容应有助于对整个法律体系内容的了解。（要求 B）

（3）这是可欲的：被法律体系所引导的每个行为处境（act - situation），即特定人在特定情境下实施特定行为，都应当是一个法律规则，[3]除非它是另一个（更为一般性的）行为处境的个例或属于后者。此时后者以同样的方式受到法律体系的引导，并且构成一个规则。如果某个行为处境是规范模态（应当、必须、可以）或规范谓词（"有权"、"是义务"）的对象，那么它就构成一个规则。（要求 C）

---

〔1〕 Joseph Raz, *The Concept of a Legal System*, 2nd ed., Oxford 1980, pp. 143 - 147. 要注意的是，拉兹是更为一般性地针对"一条法律"（a law）来谈论个别化要求的，也就是包括但不限于"法律规则"。为了适合本章的主题，我们在引述时作了相应用语的改变。

〔2〕 拉兹的原文所用的是"个别化原则"这个称呼，但是为了防止这个原则与我们所谈论的法律原则相混淆（或者用德语表述更为清晰：个别化原则的原则是 Grundsatz，而与法律规则相对称之法律原则用的则是 Prinzip），我们用"个别化标准"来指代它，而保持含义不变。

〔3〕 拉兹的原文用的是"一条法律的核心"（the core of a law），它不必然是一个规范（规则）。但显然它可以用来针对一条规则。

（4）被个别化标准所个别化的法律规则应当尽可能地说清法律体系各个部分间的重要联系。应当允许某些法律规定的独立存在，以避免重复规定某些对于许多规则来说共同的适用条件，并使得许多规则因而变得更为简单。（要求 D）

这四个要求都不是排他性的，有时它们之间也存在着张力（如要求 B 和 D）。只有对它们进行综合考虑，最大限度地同时满足这四个要求，才是一种适当的个别化理论。从这一角度看，新三要素说的理想规则没有做到这一点。首先，它没有满足要求 A。我们经常会发现这样的情形，许多情况下，理想规则的"如果……那么……"部分和"则（否则）……"部分，甚至一个完整"如果……"（假定）的各个部分都被分别规定在一个规范性法律文件甚至是整个法律体系的不同部分，人们只有当审查过这个体系的大量材料之后才能确定一个规则的完整意义。因此，它所个别化了的法律规则不够简单，事实上，为了顾及其完整性，它的构成必然是十分复杂的。其次，它没有满足要求 C。"如果……那么……则（否则）……"的模式实际上杂糅了两个行为处境。例如，《刑法》第 392 条第 1 款规定，向国家工作人员介绍贿赂，情节严重的，处 3 年以下有期徒刑或者拘役。用上述结构进行改述，它可以这样来表述：如果任何人向国家工作人员介绍贿赂，那么这是为刑法所禁止的，否则（情节严重时）将处以 3 年以下有期徒刑或者拘役。或者可以更简洁地表述为"任何人不得向国家工作人员介绍贿赂，否则应当处以 3 年以下有期徒刑或者拘役"。依据要求 C，这里存在着由两个规范模态所引导的行为处境，因而构成了两个独立的规则。前一个处境针对的是"任何人"，而后一个处境针对的是"法官"。再次，它没有满足要求 D。新三要素说模式通过将法律体系划分为各个同一类型的法律规则，就使得法律体系各个部分间的联系内化为一个法律规则内部的关系了（外部结构的内部化）。它不仅会使得一些对于许多法律规则而言属于共同适用条件的规定需要在这些规则中反复出现，而且也使得实际上不同类型的规则被拟制为同一个规则的不同部分，这反而不利于把握它们与实践之间的关系。[1] 最后，它唯一可能满足的是要求 B，因为它所个别化的法律规则是绝对自足的。但前面已经说过，规则个别化的这四个要求要同时尽可能地被满足，要求 B 也只是主张一种"相对自足性"。只要被个别化的法律规则不至于过度碎片化而影响对其意义的理解，进而影响对法律体系的理解即可，并不需要达到"完全不借助于别的规则或其他条文"来理解自身的程度。

总而言之，规则的个别化所要求的是进行一种合乎法律实践的实用主义考量，其要义不外乎相互联系的两点：其一，一个法律规则不能过于复杂（尤其是其假定部分）；其二，法律规则无需也不能将不同类型规则间的关系转化为同一个规则内部要素间的关系，类型的过度简化反而使得问题复杂化。因为在法律推理的过程中，我们所运用的大前提往往不仅包括一条法律规则，而需要结合数个规则或者结合规则与其他规定来确定。这是法律推理的常态，承认这一点也无害于进行恰当的法律推理，甚至有助于更好地认清大前提各个部分间的关系。新三要素说实际上试图以一条规则作为一个法律推理的唯一前提，反而不利于问题的解

---

〔1〕　例如，如果在现实情形中某甲向某国家工作人员介绍贿赂，但由于某些现实原因he并没有被处以 3 年以下有期徒刑或者拘役，那么按照三要素模式，相关的法律规则就没有得到适用。但如果按照要求 D，第一个行为处境（针对任何人）其实已经发生了（被违背即逆向发生），没有发生的只是第二个行为处境（针对法官）。也可以说，某甲的行为涉及了第一个规则，而没有涉及第二个规则。这后一种处理方式或许对于实践的说明更为清晰明了。

决。总之，一个"独立的法律规则"并不等同于一个理想意义上
"完整的法律规则"，一个法律规则的存在无需以其完整性（即适
用时绝对不必考虑其他规定）为前提。关于第一点认识的结果将
在下一部分被阐明，本节余下的部分将以第二点认识为基础，它
涉及对不同规则类型进行区分的问题。限于本章的主旨，我们仅
论述行为规则与裁判规则以及元层面的规则与对象层面的规则这
两对区分。[1]

2. 行为规则与裁判规则

前文对于新三要素说的批评其实已经蕴含了两种不同类型之
法律规则的区分，即行为规则（rules of conduct）与裁判规则
（rules of adjudication）。行为规则与裁判规则的分类是依据规则适
用对象的不同而作出的。法律规定之意旨，若在于要求受规则之
人趋向于它们而为行为，则它们便是行为规则；法条或者法律规
定之意旨，若在于要求裁判法律上争端之人或者机关，以它们为

---

[1] 在规则的类型区分上，可能论者首先会想到的是哈特所作的关于"初级
规则"（primary rules）与"次级规则"（secondary rules），即"施加义务的规则"
（duty - imposing rules）与"赋予权力的规则"（power - conferring rules）的区分。后
者在欧陆学界一般被表述为"权能规范（规则）"（competence norms）。尽管哈特坚
持认为这两类规则履行不同的社会功能，因为不能将后者化约为前者（H. L.
A. Hart, The Concept of Law, Oxford：Clarendon Press 1961, p. 38），但大部分学者（尤
其是在斯堪的纳维亚学圈）都认为权能规范可以被化约为施加义务的行为规范（典
型如 Alf Ross, *Directives and Norms*, London 1968, p. 118；有的认为权能规范与其他规
范的区分部分是个形式问题，如 Tore Strömberg, Norms of Competence in Scandinavian
Jurisprudence, *Scandinavian Studies of Law* 28 (1984), p. 155；也有的认为权能规范构
成了赋予义务之规范的一部分，如 Torben Spaak, Norms that Confer Competence, *Ratio
Juris* 16 (2003), p. 99）。此一复杂问题当另撰文探讨之，只是在此并不将这一区分
纳入逻辑结构问题的探讨范围。

裁判之标准进行裁判，则它们便是裁判规则。[1] 或者说，当法律规则是指向一般的行为人，并对其行为产生约束效果时，这种法律规则就是行为规则；当法律规则指向掌握纠纷裁判权力的机关或者个人时，这种规则便是裁判规则。[2] 行为规则通过使得特定的群体负有遵守或者执行该规则的义务，从而达到调整和塑造特定生活领域的目的。在这个功能中，行为规则试图指示人们从事特定的行为，因此其适用的对象涵盖一切的法律主体，无论是自然人、组织还是国家机关。裁判规则的功能在于，它为裁判者预先规定了具有法律约束力的评价标准，裁判者依据裁判规则就可以作出判决，因此裁判规则的约束对象并非如同行为规则那样针对所有的主体，而是仅仅针对作为裁判者的法官。[3] 也可以说，行为规则是一次判断规则，行为人以之来指引自身的行为并可用以判断自身的行为合法与否；裁判规则是二次判断规则，裁判者据其来针对行为人的行为施加法律上的评价性后果。它之所以是二次判断规则，是因为它须以一次判断规则即行为规则为前提，裁判者只有在依据行为规则判断行为人的行为是合法抑或违法的基础上，才有适用裁判规则对这种合法行为或违法行为分别施加

---

〔1〕 参见黄茂荣：《法学方法与现代民法》，法律出版社 2007 年版，第 141 页；请对比一位刑法学者关于"行为规范"与"制裁规范"的区分，参见 [日] 高桥则夫："刑法中的行为规范和制裁规范"，载 [日] 高桥则夫：《规范论和刑法解释论》，戴波、李世阳译，中国人民大学出版社 2011 年版，第 3 页。另需注意的是，"行为规则/裁判规则"与"调整性规则/保护性规则"并不对称。行为规则当然是调整性规则，但裁判规则在某种意义上也是调整性规则，就其调整法官的裁判行为而言；此外，裁判也不限于保护性规则，即针对违法行为的纠正性规则，它也可以是针对合法行为的确认性规则。

〔2〕 参见陈景辉："合规范性：规范基础上的合法性观念——兼论违法、不法与合法的关系"，载《政法论坛》2006 年第 2 期，第 63 页。

〔3〕 参见 [德] 魏德士：《法理学》，丁晓春、吴越译，法律出版社 2005 年版，第 60 页。

法律上的肯定性后果或否定性后果的余地。[1][2]

借用新三要素说的术语，我们将"假定"标为 H，"行为模式"标为 M，则行为模式的反向模式（即违背行为模式的行为）可被标为¬M，同时将"肯定性法律后果"标为 R，否定性法律后果标为¬R。如此，行为规则是由"H + M"两个要素构成的，因为它解决的是在什么条件下行为人当如何行为（才是合法或违法）的问题；而裁判规则可能是由"M + R"或"¬M +¬R"[3] 构成的，因为它解决的可能是当行为人实施的行为合乎行为规则的行为模式（合法）或不合乎行为模式（违法）时，法律上应当（通过裁判者）施加何种法律后果的问题。

从理论上看，行为规则与裁判规则应处于一一对应的关系之中。理想情形下，相互对应的两类规则应为法律所明确表述，例如，《矿产资源法》第 32 条规定：开采矿物资源，必须遵守有关环境保护的规定，防止污染环境。开采矿产资源给他人生产、生

---

〔1〕　从这个意义上说，行为规则也必然具有成为裁判规则的能力。因此在概念外延上，我们可以区分出广义的裁判规则和狭义的裁判规则，前者既包括后者，也包括行为规则。这里所谈论的仅是狭义的裁判规则。

〔2〕　当然，有论者或许会指出，行为规则与裁判规则并非两类规则，而是同一个规则指向不同受众的两个不同面向而已。例如刑法规则"杀人者，处 10 年以上有期徒刑、无期徒刑或死刑"，当指向法官时是一个裁判规则，而当指向一般行为人时又呈现出行为规则的面向（"不得杀人"）。但笔者认为这种说法未必合适：一则是由于这后一个规则或面向（"不得杀人"）毕竟不是法律明文规定的规则，而是被推导出来的，同时这种行为规则相对于与之相关的裁判规则亦具有独立意义。二则行为规则与裁判规则有时存在相互隔离的现象，即可相互推导的两个规则所采纳的具体标准不同的问题（柯亨（Cohen）形象地将之比喻为"声音隔离"，See Meir Dan‑Cohen, Decision Rules and Conduct Rules: On Acoustic Separation in Criminal Law, *Harvard Law Review* 97（1984）, pp. 625ff.）。

〔3〕　必须说明的是，"H + M"、"M + R"和"¬M +¬R"只是为了说明行为规则与裁判规则间的内容区别（及其联系）所作的符号化处理，它们本身并非逻辑图式。因为行为规则与裁判规则的区分只是内容角度的，而后文将要证明，它们的逻辑结构并没有差别。也就是说，上述三个公式在逻辑上是等值的。

活造成损失的，应当负责赔偿，并采取必要的补救措施。前一句表达的是一个行为规则（"H + M"），后一句表达的则是一个相应的裁判规则（"¬M + ¬R"）。但在许多情形中却可能并不存在这种对应关系。

首先，法律可能只表述出了行为规则或裁判规则中的一个。此时，它们之间存在着单向推导关系，即如果只存在裁判规则，则可以从中推导出相应的行为规则；相反，如果只存在行为规则，则无法推导出相应的裁判规则。[1] 例如，从"杀人者，处十年以上有期徒刑、无期徒刑或死刑"这个裁判规则可以推导出"不得杀人"这个行为规则，但却无法从"任何人都不得对儿童实行虐待"这个行为规则推导出一个裁判规则。裁判者固然可以主张此时存在法律漏洞，进而要求从事法的续造活动以创制出个案规范来进行裁判，但这毕竟不等于与行为规则同处一个层级之上的一般性规则。

其次，行为规则与裁判规则可能合二为一。由于法律对于合法行为一般不会给予额外的奖励，而只是确认其合法有效，因此裁判规则"M + R"的肯定性法律后果通常被省略。从而此时在实践上断无独立之裁判规则存在的必要，或者说"M + R"被行为规则"H + M"所吸收了。例如《物权法》第 39 条已规定：所有权人对自己的不动产或者动产，依法享有占有、使用、收益和处分的权利。就不必再存在一个如"所有权人对自己的不动产或者动产依法占有、使用、收益和处分的，受法律保护"这样的裁判规则了。

最后，有时只有裁判规则而无相应之行为规则——既无法律

---

[1] 也可以说，裁判规则总是以行为规则为前提，但反过来，行为规则未必当然地被附加裁判规则（参见［日］高桥则夫："刑法中的行为规范和制裁规范"，载［日］高桥则夫：《规范论和刑法解释论》，戴波、李世阳译，中国人民大学出版社 2011 年版，第 8 页）。

明确表述的行为规则，也无可推导出的行为规则。因为此时裁判规则可能只是针对某种具有法律意义的事态（如自然事件）赋予其法律后果而已，不涉及任何人的行为。例如民法上关于不可抗力造成法律关系变动的规则，就不涉及任何人的行为。所以在前文中我们说，裁判规则**可能**是由"M＋R"／"¬M＋¬R"两个要素构成的，因为M／¬M这个要素对于裁判规则并不必要。

基于这些复杂的情形，我们有必要依据法律所给定之规则来加以个别的辨别，看其究竟是行为规则还是裁判规则。如果以拉兹的规范个别化四要求来看，行为规则与裁判规则分别被个别化为独立之规则也满足了它们的要求。相较于新三要素说的单一类型规则，它们更简单（符合要求A）；它们各自具有相对独立性，因为它们针对不同的对象、承担不同的任务（符合要求B）；它们都有各自的行为处境、为各自的规范模态所引导（符合要求C）；它们间的关系与结合也体现了法律体系的重要特点（符合要求D）。但新的问题产生了：既然行为规则与裁判规则是两种不同类型的规则，那么我们是否可以用同一种要素说或逻辑结构论来解释它们呢？如果像上文那样仍旧借助于新三要素说的术语，那么行为规则和裁判规则就将以不同的要素来表示，因而也就具有不同的结构，即"假定加行为模式"（H＋M）和"行为模式加法律后果"（M＋R）。如此一来，我们构筑统一的"法律规则之逻辑结构"理论的努力就将破产，所以问题在于，我们能否提出更为一般性的逻辑结构理论，能同时对这两类不同的规则进行说明？[1]

---

〔1〕　从这个角度讲，新三要素说的错误并不在于意图对法律规则的结构进行同构化处理，而在于采用"如果……那么……则（否则）……"模式不具有足够的一般性来完成逻辑上的同构。其根本原因在于其核心要素"行为模式"是一种内容要素而非逻辑要素，因而这种同构化并不是真正的逻辑同构而只是内容上的同构。关于上述原因具体参见下文。

在回答这个问题之前，我们还需关注法律规则的另外一个分类。

3. 元层面的规则与对象层面的规则

依据指涉对象的不同，我们可以将法律规则区分为元层面的规则与对象层面的规则。[1]对象层面的规则指涉具体的行为模式（行为规则）或针对具体行为模式的裁判（裁判规则），而元层面的规则指涉的对象却是对象层面的规则，就此而言它是一类特殊的裁判规则，即针对规则的裁判规则。它规定：应当怎样处理在对象层面上存在的内容。属于这一层面的规则通常对对象层面的规则施加了预设的要求。

最常见的元层面规则往往是那些处理对象层面规则之适用或冲突关系的规则，例如"上位法优于下位法"（lex superior derogate legi inferiori）、"新法优于旧法"（lex posterior derogate legi priori）、"特别法优于普通法"（lex specialis derogat legi generali）等。[2]如果我们将这些规则展开，则可以分别表述为"如果上位法与下位法适用于同一事项且效果相冲突，则优先适用上位法"、"如果同一立法主体制定且适用于同一事项的新法与旧法效果相冲突，则优先适用新法"、"如果同一立法主体制定且适用于同一事项的特别法与普通法效果相冲突，则优先适用特别法"。显然，"假定＋行为模式＋法律后果"的模式无法说明这些元层面的规则的逻辑结构，因为它们并不直接指涉人的行为，而只是发生特定情形（对象层面规则间的冲突）时的解决办法。即使是作为一种（特殊的）裁判规则，它们也没有与之相对应的行为规则的存在。一

---

〔1〕 在此我们可以比照阿列克西在相同意义上对原则所作的两个层面的划分。See Robert Alexy, On the Structure of Legal Principles, *Ratio Juris* 13 (2000), p. 300.

〔2〕 或有论者认为，这些规则冲突的解决准则是原则，我们一般也将它们称为"原则"。但这里所谓的"原则"（Grundsatz）指的只是它们具有"根本准则"的地位，而不是从规范属性的角度而言的。在规范属性上，它们仍属于规则。

种合适的"法律规则之逻辑结构"理论同样需要能同时说明对象层面与元层面的规则。

（三）小结

新三要素说的缺陷在于理论逻辑的不连贯与所针对之规则类型的简化。这两类问题又是彼此关联的，其中类型简化问题更具根本性地位：正因为新三要素说试图将不同类型的规则合二为一为统一的规则类型并赋予其统一的结构模式，因此在建构规则的逻辑结构时发生了要素间的不齿合以及误将规则间的结构作为规则本身之结构的错误。这其中最严重的错误在于混淆了行为规则与裁判规则这两种不同的规则类型。

四、新二要素说的确立

一种逻辑连贯且能涵盖不同规则类型的逻辑结构理论应当是何种样态？在回答这个问题之前，首先需要明确的一个前提性问题是：逻辑结构理论要解决什么问题？而又不能解决什么问题？这个问题又涉及对法律规则的"逻辑结构"之性质的理解。正因为对这些似乎一开始就应明确但至今尚未得到回答的问题的认识不清，使得以往的学说误入歧途。

（一）重新审视前提：什么是"逻辑结构"？

1. "逻辑结构理论"要解决什么问题？

不难发现，新三要素说之所以发生混淆不同规则类型的情形，是因为新三要素说论者完全是围绕"行为"这个要素来构筑法律规则的逻辑结构的。而这种做法的背后，是强调"法律是规定外部行为并被认为具有可诉性的规则之整体"[1]的法概念论立场。在这种立场的支配下，论者自觉不自觉地要将它反映于法律规则

---

〔1〕〔德〕赫尔曼·康特洛维茨：《为法学而奋斗 法的定义》，雷磊译，中国法制出版社 2011 年版，第 158 页。

的逻辑结构之上。正因为如此，在三个要素中，"行为模式"被认为是不可缺省的核心要素，[1]而其他两个要素都是围绕行为模式来构造的。"假定"是行为模式发生的前提，而"法律后果"是符合或不符合行为模式的行为所招致的法律反应，当然，这种反应是借由法官和法院来作出的，这里就隐含着可诉性的思想。一个规则就微缩了整个法的所有功能及其运用过程。进而，在新三要素说背后隐含着的依然是围绕"权利－义务"这两个法的核心内容要素所支撑起的实质法概念论。因为"行为模式"无非是关于权利义务的规定，规定权利的是权利行为模式（可为），规定义务的是义务行为模式（应为、勿为）。"假定"无非是权利义务产生、变化、消亡的条件和情形，"法律后果"无非是权利义务合乎要求地实施的后果（肯定性法律后果）或未合乎要求地实施的后果（否定性法律后果）。因此，在新三要素说论者那里，"行为－权利/义务"是二位一体的，而他们的新三要素说不过是他们的法概念在规则逻辑结构层面的投影或映射而已。他们所秉持的是一种"映射理论"（mapping theory）。

但遗憾的是，这种映射是一种不当映射。前已论及，规范理论与法概念论既有重合之处，也有不同的地方。重合之处在于，规范理论可以是法概念论之争的另一个场域。"法律规范如何区别于其他规范？"这样的提问就体现了典型的法概念论导向的规范理论研究。现代法律实证主义与非实证主义正是围绕着这个问题的特定版本——"法律规范与道德规范如何区分？"、"法律规范与道德规范在影响行动的方式上是否不同？"等——展开殊死斗争。例如哈特就通过区分社会规则与非社会规则，进而将法律规则

---

〔1〕 参见舒国滢主编：《法理学导论》，北京大学出版社 2012 年版，第 103 页。

（承认规则）与前者相联系来支持实证主义的立场。但另一方面，规范理论同样可以不是法概念论导向，而是法认识论导向的。法律规则的逻辑结构理论恰恰属于法认识论的范畴，因为逻辑本身就属于知识论（认识论）的领域。事物本身是无所谓逻辑的，逻辑是人类认识事物的特殊工具而已。同样，法律逻辑不是法律的实质内容来源，而是一种法律思维的工具。[1]法律规则的逻辑结构反映的是人类规制自身活动与相互关系的法律认知，而非概念论或本体论的范畴。作为一种工具，逻辑必然服务于特定的目的。实际上，逻辑学的含义本身就已指明了这种特定的目的，那就是"用于区分正确推理与不正确推理"。[2]

　　同样，法律逻辑也必然服务于特殊的法律目的，即正确地进行法律推理。所谓"正确"，是指法律推理作为一种思维活动应该符合相关的智识标准。[3]为了保证法律推理的结论符合相关的智识要求，法律人进行法律推理时必须接受特定模式的规制，这种模式超越于具体的法律论辩的语境。[4]而这种模式的一个基础性要求即在于其形式上的有效性。法律规则的典型适用形式是涵摄。涵摄是一种依据逻辑规则来运作的图式，它将法律判断与事实判断通过逻辑规则直接连接起来。[5]涵摄最简单的模式就是为我们所熟知的三段论，即大前提－小前提－结论。法律规则之逻

---

〔1〕　〔奥〕伊尔玛·塔麦洛：《现代逻辑在法律中的应用》，李振江、张传新、柴盼盼译，中国法制出版社2012年版，第148页。

〔2〕　〔美〕欧文·柯匹、卡尔·科恩：《逻辑学导论》，张建军、潘天群等译，中国人民大学出版社2007年版，第5页。

〔3〕　正确法律推理是恰当法律推理（proper legal reasoning）的一个方面，"恰当"意味着法律推理同时符合相关的智识标准与道德标准。

〔4〕　〔奥〕伊尔玛·塔麦洛：《现代逻辑在法律中的应用》，李振江、张传新、柴盼盼译，中国法制出版社2012年版，第141页。

〔5〕　Cf. Robert Alexy, On Balancing and Subsumption: A Structural Comparison, *Ratio Juris* 4 (2003), p. 448.

辑结构理论作为一种对法律规则进行认知的工具，服务于使得法律推理合乎推理（形式）有效性这一理性要求，也即是将特定事实（小前提）涵摄于法律规则（大前提）之下而推出法律后果的过程。也就是说，我们应当如此来构造法律规则的逻辑结构，使得它能成为正确的法律推理的大前提。或者说，经过逻辑化之后的法律规则应当与法律事实一起构成有效的法律推理形式。

因此，法律规则的逻辑结构理论要解决的是认识论问题，它围绕构筑正确的法律推理形式而展开。而新三要素说由于错置了这一理论的问题域，使得法律规则的逻辑结构理论负担了不能承受之重。

2."逻辑结构"具有何种性质？

（1）形式 vs. 内容。逻辑属于形式的范畴，它研究的是推理有效性问题；逻辑理论是不依赖于主张之实质意义而能区分出有效论证与无效论证的理论。[1] 逻辑结构理论同样服务于此一要义。它要求从形式上去构筑出法律规则的各个部分，以使得法律推理能有效进行，这种有效性不依赖于法律规则的内容。以往学说的一个最大错误在于定位上的偏差，即让原本形式的逻辑结构理论承担了内容的重负。前已述及，新三要素说围绕"行为"来构筑规则的逻辑结构，而在行为要素的背后，隐含着"权利义务"这对法的内容范畴。以这种思路构筑出的逻辑结构理论必然以法的内容的设定及其实现为中心，[2] 而不服务于推理的有效性问题。但是法律规则的逻辑结构恰恰要求从形式方面对规则进行剖析。

（2）静态 vs. 动态。逻辑属于静态的范畴，它研究的是在一

---

〔1〕 Vgl. Ulrich Klug, *Juristische Logik*, 4. Aufl., Berlin〔u. a.〕1982, S. 1.

〔2〕 内容定义倾向尤为突出的代表参见庞凌："论法律规范的结构"，载《法学》1992 年第 10 期，第 1~6 页。

个无时间维度的空间内各个事物间的推导与蕴含关系，因此它并不适用于用以描述和界定事物的整个运行过程。以"行为（权利义务）"为规则的核心要素并围绕它的实施展开是表现为一种动态的过程。以往学说强调三个要素之间有"逻辑上的必然因果联系"，陈述时所使用的也都是因果性语言："如果发生了规范的'假定'部分规定的事实状态，则主体之间就会产生'处理'部分所规定的权利和义务关系，而如果义务主体不履行义务侵犯了权利主体的权利时，'制裁'部分的规定就会发生作用，违法者承担法律责任以保护主体权利。"[1] 显然论者是试图以因果联系来论证其三要素结构观，并凝炼地表达为三要素在"一个完整的法律规范结构的因果链条"[2]中。且不论这三个要素之间的关系能否像自然界的事物那样被界定为因果关系，但就从时间的角度看，它们在法律适用过程中展现为一种顺次展开的时间序列，表现为一个三要素依次出场的过程。[3] 这是法律调整生活的整个过程，是一种历时性而非共时性的结构关系。而逻辑恰恰要求以一种共时性的角度来界定某种存在，而非存在的过程。

（3）句法（语义）功能 vs. 语用功能。在语言哲学上，句法学关注语言符号之间的关系，语用学关注的是语言符号与人的关系。逻辑结构理论只界定法律规则的各个部分（其意义）在形式上的关联，而不考虑规则如何对行为人发生影响。以往学说的另一个缺陷在于将规则的语用功能考量潜在地包含进逻辑结构中来。

---

〔1〕 孙国华、朱景文主编：《法理学》，中国人民大学出版社 1999 年版，第 280 页。虽然这是三要素说的观点，但基本思路也适用于新三要素说。

〔2〕 孙国华、朱景文主编：《法理学》，中国人民大学出版社 1999 年版，第 280 页。

〔3〕 参见魏治勋："法律规范结构理论的批判与重构"，载《法律科学》2008 年第 5 期，第 42 页。

这种语用功能主要是指**指引**人们**行为**的规范作用：要么是正面的指引（合乎行为模式则施加肯定性法律后果），要么是反面的指引（违反行为模式施加否定性法律后果）。但逻辑结构本身是不包含这种功能的，它应当包含的只是语用功能的前提性条件（如果还能这么称呼的话），即从逻辑的角度看，一个规则是可能被遵守和适用的。遵守和适用规则即为法律推理，法律推理是依据大前提（规则）认定小前提（事实）之效果的过程。规则在结构上要能恰当地成为法律推理的大前提，在逻辑上就必须具有两个部分：一是与小前提所共享的部分，只有具备这个部分，才能认定一个案件事实是否属于规则所针对的案件类型；二是小前提原本没有，而需通过推理被赋予的部分，即法律上的评价或效果，这是推理的目标所在。换言之，前者是规则遵守和适用的前提，后者是遵守和适用的满足或实现。我们将前者称为"前件"（protasis），将后者称为"后件"（apodosis）。规则的逻辑结构必须满足的是这种勾连前件与后件的句法功能。[1]

总之，规则的逻辑结构不显现任何内容方面的动态联系，而须展现规则各个要素间的形式上的静态结构关系。同时这种形式结构关系必须满足其可被遵守和适用的句法（语义）功能，这必然要求将规则划分为前件与后件两个部分。问题在于，这两个部分分别是什么呢？

---

[1] 在"可靠性"（reliability）与"完整性"（completeness）定律之下，前件与后件间的句法关系可以被转化为它们间的语义关系。在普通命题演算和谓词演算中，"可靠性"意味着如果后件在形式上可从前件中推导出来，则后件同样在语义上为前件所包含；"完整性"意味着如果后件在语义上为前件所包含，则后件形式上可从前件中推导出来。参见 Arend Soetman, *Logic in Law*: *Remarks on Logic and Rationality in Normative Reasoning*, *Especially in Law*, Dordrecht〔u. a.〕, p. 7. 因此，这种语法功能在某种意义上也可以转化为语义功能。

（二）新二要素说纲要

1. 新学说的基础

回顾已有的学说积累是必要的，它们构成了新学说的基础。以往的文献朝向这个方向的尝试大体可分为两类，以下分而述评之。

（1）尝试 I：原有框架内的调和。第一种尝试的方向是在原有框架内进行调和，即在某种意义上打通"假定"、"行为模式"与"法律后果"之间的含义，从而将三要素在实质上改造为二要素。例如，有学者认为，"法律后果"要素本身就具有"行为模式"的含义，它可能是一种授权性行为模式，也可能是一种命令性行为模式或禁止性行为模式。因此，在法律规范结构的实际表现形态中，一个法律规范的"法律后果"，同时又可以是另一个法律规范的"行为模式"。这种情况所采取的表现形式是：将一个规范的"法律后果"表现为另一个规范的"行为模式"；将一个规范的"规范适用的条件"和"行为模式"糅合于另一个规范的"规范适用的条件"中。以《刑法》第 174 条为例。该条规定，故意破坏国家保护的珍贵文物、名胜古迹的，处 7 年以下有期徒刑或拘役。从一个方面看，这里"处 7 年以下有期徒刑或拘役"属于规范的否定性法律后果。因为这个规则的完整结构为：对于国家保护的珍贵文物、名胜古迹（假定条件），任何人不得故意破坏（禁止性行为模式），违者将被处 7 年以下有期徒刑或拘役（否定性法律后果）；从另一个方面看，"故意破坏国家保护的珍贵文物、名胜古迹的"是"规范适用的条件"部分，"处 7 年以下有期徒刑或拘役"却是"行为模式"部分，即有关裁判机关的职权。[1]

用我们关于规则分类的术语说，其认为行为规则的法律后果就相当于裁判规则的行为模式，因为行为人的行为引发何种法律上的评价正是裁判者所要判定的，它们共享了同一个法律依据。而法官的裁判模式也是广义上的行为模式，因为裁判不外乎是一种特定的行为而已。同时，裁判规则的假定条件则是行为规则的假定条件与行为模式的"糅合"。因此综合而言，法律规则由"假定"与"行为模式（法律后果）"两个要素构成。该论调的主张者还可能进一步认为，即使并不存在与裁判规则相对应之行为规则的存在，也不影响其逻辑结构的主张，因为规定特定事态的只是其"假定"部分，而这种事态在法律上的评价依然是裁判者的"行为模式"。

但这种尝试有其缺陷。其一，关于裁判规则的假定条件是行为规则的假定条件与行为模式之"糅合"的判断是不准确的。在上例中，裁判规则的假定条件是"故意破坏国家保护的珍贵文物、名胜古迹的"，而所举行为规则的假定条件与行为模式加起来则是"对于国家保护的珍贵文物、名胜古迹，任何人不得故意破坏"，两者恰好相反（故意破坏与不得故意破坏）。其二，行为规则的法律后果是在其约束对象的身上得以实现的，而裁判规则的法律后果并未落实在裁判者个人的身上，而是及于纠纷之中的当事人。例如，我国《合同法》第77条规定"当事人协商一致，可以变更合同"与第78条规定"当事人对合同变更的内容约定不明确的，推定为未变更"，分别属于行为规则与裁判规则。前者是说明当行为人"协商一致"这个行为成就时，"合同变更"这个法律后果

---

[1] 参见张志铭："法律规范三论"，载《中国法学》1990年第6期，第43页。

就会被归于当事人。后者是说明当法官面对"当事人协商一致变更合同，但变更内容约定不明确"的情形时，应当对当事人的行为赋予"未变更"的法律后果。[1]因此，就行为规则而言，它的行为模式与法律后果的指向是合一的，因为它们都归诸行为人自身；而就裁判规则而言，它们却是分离的，行为模式归诸裁判者，而法律后果却可能归诸行为人。因此，用"假定＋行为模式（法律后果）"来概括两类法律规则的逻辑结构是不当的。其三，最为重要的是，这种尝试依然没有摆脱以"行为"这个内容要素为中心构筑规则逻辑结构的魔咒。

（2）尝试Ⅱ：构造新的要素及其关系。另外一种尝试是抛开原有的框架束缚，构造新的要素及其关系。一种最为有力的主张是，法律规则的逻辑结构由"构成要件"、"关系词"与"法律后果"三个要素构成。构成要件是法律规则的适用条件部分（前件），它为案件事实提供了一种可资比较的事实原型，并以特征化的方式表述出来；法律后果则是法律规则的实现（后件）。一个完整的或独立的法律规范，由构成要件、法律后果，以及把法律后果归于构成要件（效力规定）的关系词所组成。法律规范并非在讲是什么或者不是什么的陈述语句（例如杀人者已被处罚或者不被处罚），而是在讲应该是什么或者不应该是什么的效力规定或者评价规范（例如杀人者应该被处罚）。简单地说，就是T（构成要件）→（包含）R（法律后果），或者说，每一个T案例都应该适用R。[2]T→R构成了一个有关完整规则的语句。完整的法律规则必然采用条件句的表述形式，其典型的方式为"如果T（构成

────────────

〔1〕　陈景辉："合规范性：规范基础上的合法性观念——兼论违法、不法与合法的关系"，载《政法论坛》2006年第2期，第64页。

〔2〕　参见［德］阿图尔·考夫曼：《法律哲学》，刘幸义等译，法律出版社2004年版，第153页。

要件），那么应当 R（法律后果）"。[1] 对于法律推理而言，如果某个事实 t（小前提）满足了构成要件 T，则它就应当发生法律后果 R。这样一种要素划分模式基本满足了前面所说的逻辑结构的各个特征。但之所以说是"基本"，是因为我们发现，在前件与后件之间，多出了一个"关系词"即→（包含）。但是，这个关系词是用以表述前件 T 与后件 R 之间的逻辑关系的，即 T 构成了 R 的条件，[2] 它本身并不是与 T 和 R 相并列的一个独立构成要素。就如在新三要素说中，在"假定"、"行为模式"、"法律后果"间也存在着逻辑关系，但这些关系词 ["如果……那么……（否）则……"] 同样不是独立的构成要素一般。

问题的症结可能来自于联结法律规则之前件与后件的关联关系与自然事物间的关联关系具有属性上的不同。在条件句当中，联系条件与结果的关系可以表现为两种：因果关系与归属关系。其中，说明自然规律的条件句表现为典型的因果关系（causality）。例如，"如果苹果熟透了，就会从树上掉下来。"因果关系的典型特征是必然性，所谓有因必有果，有果必有因，联结其原因与结果的联系词为"必然"或"是"。其中，将"苹果从树上掉下来"归因于"苹果熟透了"的联系词就是"必然"或"是"。相反，法律规则的构成要件 T 与法律后果 R 之间并不存在这种因果关系，它们间的关联是由人的造法行为（law - making act）来确立的，

---

[1] 有学者称之为"条件式命令"，参见 [德] 卡尔·恩吉施：《法律思维导论》，郑永流译，法律出版社 2004 年版，第 32 页。

[2] →在这里是个广义上的"条件符号"（"如果……那么……"），它可能意味着充分条件（"只要……就……"）、必要条件（"只要……就……"）和充要条件（"当且仅当……"）。

这种关系可被称为"**归属**"（imputation）。[1]联结法律规则之构成要件与法律后果的联系词不是"必然"或"是"，而是"应当"。也就是说，构成要件与法律后果间的关系并不如自然规律般，有前者必然会发生后者，就如"处10年以上有期徒刑、无期徒刑或死刑"并不是"故意杀人"的必然后果或者说事实上的结果（相反，"被害人死亡"则可能是"故意杀人"的事实上的结果），因为事实上可能就存在有人故意杀死他人而没有被处以这种刑罚，甚至没有被处以任何刑罚的情况存在。但这并不足以否认这个规则的有效性。法律规则中构成要件和法律后果之间的联系是通过评价性活动创造出来的，因此一定程度上具有任意性。例如，在"故意杀人"的法律规则中，立法者既可以将"判处10年以上有期徒刑、无期徒刑以至死刑"的法律后果归于"故意杀人"，当然也可以附加"判处7年以上有期徒刑、无期徒刑"的法律后果。

可能正是为了凸显这种独特性，有的学者特意强调将"关系词"独立为法律规则的要素之一。进而有的学者更明确地将这种关系词刻画为"规范模态词"［必须、不得、可以（normative modalities）］，因而主张法律规则在逻辑上包括"构成要件"、"规范模态词"、"法律后果"三个要素。[2]但是，规范模态词同样并不构成独立之构成要素，从某种意义上说，它所体现的是法律后果

---

〔1〕 Vgl. Hans Kelsen, *Reine Rechtslehre（Studienausgabe der 1. Aufl.）*, Hg. von. Mathias Jestaedt, Tübingen 2008, S. 18, 34；［奥］汉斯·凯尔森："因果、报应与归属"，载［奥］汉斯·凯尔森：《纯粹法理论》，张书友译，中国法制出版社2008年版，第362～364页。

〔2〕 参见龙卫球：《民法总论》，中国法制出版社2002年版，第41页；其他一些学者所用的术语有所不同，但涵义是基本一致的，如法律事实、规范模态词、法律效果（后果）（刘杨："法律规范的逻辑结构新论"，载《法制与社会发展》2007年第1期，第159页）；适用条件、规范的特征或形态、规范内容（朱继萍："法律规范的意义、结构及表达——一种实证的分析理论"，载《法律科学》2007年第4期，第42页）。

不同于自然结果的特性。如"故意杀人者，处 10 年以上有期徒刑、无期徒刑以至死刑"这个规则中，法律后果部分"（应当）处 10 年以上有期徒刑、无期徒刑以至死刑"并非事实上必然发生的自然结果，而是立法者对于"故意杀人"行为的一种价值评判。或者说，法律后果始终属于规范性的领域。[1] 为了展现出这种特性，在法律逻辑上一般也可以 OR 来表示"法律后果"，其中 O 表示广义上的"应当"。它意图表示的是，法律后果是应当的后果，而不是事实上的结果或者说自然结果。因此，T→OR 的正确理解是（T）→（OR），而不是（T）（→O）（R）。无论如何，O 是法律后果本身的属性或者说它的一部分，而不是独立的要素。[2]

2. 新学说的内涵

行文至此已然明了，法律规则的逻辑结构可表示为 T→OR，其中 T 表示"构成要件"，OR 表示"法律后果"，→表示不构成独立逻辑要素的"包含或条件关系"。其中**"构成要件"**（Tatbes-

---

〔1〕 ［德］卡尔·拉伦茨：《法学方法论》，陈爱娥译，商务印书馆 2003 年版，第 133 页。

〔2〕 这里有两个推论效果：其一，法律规则与其他规则在逻辑结构上没有差别，都由"构成要件"和"规范后果"构成。所以 T→OR 既可以表示法律规则的逻辑结构，也可以表示其他规则的逻辑结构。法律规则与其他规则的根本区别在于产生规范性 O 的根据（grounds）不同，但这属于实质性的条件而与逻辑无关。因此，本章的结论也可以被认为适用于所有种类的规则理论。其二，规则与陈述（statement）在逻辑结构上也没有差别，都表示了一定"事实"构成了一定"后果"的条件，只是这个后果的性质不同（有没有 O）。所以陈述三段论与实践三段论在逻辑结构上没有差别。所以有的学者如拉伦茨径直以 T→R 来表示法律规则亦无大问题，因为 T→OR 与 T→R 在逻辑结构上是相等的，说前者更合适是因为它呈现出了规范属性（规范逻辑）。

tand)[1] 和**"法律后果"**（Rechtsfolge）构成了法律规则的两个要素。我们把这种学说称为"新二要素说"[2]，以区别于中国学界以往所提出的二要素说。

新二要素说完全抛开了以"行为"或"行为模式"来构筑法律规则逻辑结构的倾向，因而摒弃了一切规则本身之外的东西，它完全着眼于作为条件句之规则的各部分间在适用上的逻辑关联。这种条件句的前件设定了法律后果所针对的事实类型，它在语义上被切割为各个事实－概念特征所构成的整体，我们称之为"构成要件"；它的后件确定了构成要件所联结的法律上的评价性结果，我们称之为"法律后果"。构成要件是法律规则的前件，法律后果是法律规则的后件，构成要件是法律后果发生的前提。下面我们将阐明这两个要素的具体含义。

（1）构成要件。构成要件可比拟新三要素中的"假定"，但亦与假定有很大的不同。一方面，构成要件所包含的东西要比假定的更窄；另一方面，它又可能比假定的更大。

新三要素说在关于假定之外延的说明上呈现出相当的混乱性。一则，它在一般意义上指涉有关适用规则之条件和情况的部分，

---

〔1〕　对于 Tatbestand 这个词，国内有不同的译法。除了通行的"构成要件"外，也有学者译为"事实构成"（见郑永流对《法律思维导论》一书的翻译，第32页及全文各处；笔者以前也曾用过这种翻译）。唯"事实构成"一词通常被我国学界用于指涉另一种意义，即"两个或两个以上的法律事实所构成的整体"（舒国滢主编：《法理学导论》，北京大学出版社 2012 年版，第 159 页），此为一种特殊的法律事实即小前提，而非法律规则或大前提的要素。为避免混淆，最好不予采纳。此外，笔者也曾考虑过采用"事实要件"的译法，一来"构成要件"在我国主要运用于刑法领域；二来"事实要件"的说法更能显现出它与法律事实之间的关联性，因为它原本就是为自然事实上升为法律事实设定法律"要件"的。但是考虑到与通行译法的衔接关系，为不致给读者带来困扰，暂且依旧采纳通行译法。

〔2〕　当然，此处所谓的"新"仅针对中国学界而言，在西方学界这已是一种常识或通说，正如本章一开始所点明的。

因此包含着关于法律规则在什么时间、空间、对什么人适用的问题（法律规则的适用条件）。同时，由于新三要素说潜在的思路在于围绕行为模式构筑逻辑关系，因而假定也同时被界定为行为模式的发生条件（行为主体的行为条件），包括行为主体的资格构成和行为的情景条件。但这两个方面的界定都是成问题的。

就法律规则的适用条件而言，它无疑构成了同一个规范性法律文件（甚至整个法律体系）中所有的法律规则的共同前提。例如，一般情况下，"中国法律体系中的法律规则只适用于中国领土范围内的行为。"这构成了中国法律体系中绝大多数法律规则的隐含前提。但我们不能据此认为这样一个默示的规定就构成了中国绝大多数法律规则之假定的一部分。一旦如此，它自身就丧失了独立存在的地位。这会造成一个法律规则的过度臃肿，因而不符合个别化要求 A。它也需要在大多数法律规则中被不断重复，因而不符合要求 D。[1]事实上，这些法律规定既不是法律规则，也不是法律规则的组成部分，而属于前文所说的辅助性条文。当然，它们与一个体系的许多法律规则都具有内在的关联，因为它们可以影响对这些规则的解释与适用。它们必须在法律推理的过程中被考虑到（至少在理论上如此，尽管实践中往往是不证自明地起着影响），但这不足以就在逻辑上将它们转化为法律规则本身的组成部分。

就行为主体的行为条件而言，主体资格条件固然是法律规则的组成部分，但对于这一资格条件之内涵和外延进行界定的法律规定本身（新三要素说在此意义上称之为"主体资格构成"）则

---

[1] 除了前文所说的四个要求（拉兹称它们为"指导性要求"）外，拉兹还提出了三个限制性要求。这种做法恰好违背了第二个限制性要求：被个别化标准个别化的规则不应是过分重复的。Joseph Raz, *The Concept of a Legal System*, 2nd ed. , Oxford 1980, p. 141.

并不属于原规则的组成部分。例如，我国《刑法》第283条规定贪污罪的主体是国家工作人员，同法第93条则规定了国家工作人员的外延。依照新三要素说，第93条构成了第283条所表述规则之假定的一部分。[1]但依照笔者的理解，虽然"国家工作人员"属于第283条所表述之规则的逻辑要素，但界定其外延的第93条属于定义性条文，后者在逻辑上并不构成前者的组成部分。这一点从法律推理（涵摄）的逻辑图式[2]亦可明了：在不考虑其他情形的前提下，构成此一法律推理出发点（大前提）的只有第283条所表述的这个法律规则，第93条是用以衔接大前提与小前提（案件事实）的解释性规则（语义规则），它能够起到弥补大小前提之间落差的作用。也即是说，它构成了以第283条为基础之法律推理的一个环节，但这并不意味着它就是第283条之规则的一部分。可见，有关法律规则的适用条件与主体资格构成的法律规定都不是法律规则之构成要件的组成部分。

但在另外一个层面上，构成要件所可能包含的东西是假定所没有的。其一，假定据其定位是不包含行为要素的（单设"行为模式"即已表明这一点），而构成要件有可能包含这一要素，当涉及裁判规则时就会出现这种情形。因为裁判规则所意指的，可能就是当某个行为类型出现之后应当如何处理的问题。其二，构成要件还可能指涉一类假定所未曾考虑到的情景条件，即（对象层面的）规则出现特定状况的情景。这里涉及的是元层面之规则的情形。

因此，构成要件在内容上可以包括规则的主体、行为、情景

---

[1] 参见舒国滢主编：《法理学导论》，北京大学出版社2012年版，第102页。

[2] 参见雷磊："法律推理基本形式的结构分析"，载《法学研究》2009年第4期，第30页，图2，步骤1、2。

条件；可以指涉行为或者事件；可以指涉一般的事实类型；也可以指涉特殊的事实，即涉及规则的事实。但无论如何，它在逻辑上指的是法律后果的前提，只要是能引发特定法律后果的事实都属于构成要件。

（2）法律后果。新二要素说的"法律后果"[1]与新三要素说的"法律后果"（后文分别简称为"新后果"与"旧后果"）亦有不同。首先，也是最重要的一点是，新后果衔接的是特定的事实类型即构成要件，而旧后果衔接的则是现实中人们的外在行为。事实类型属于法律的范畴，是法律规则内部的要素；而外在行为属于事实的范畴，是法律规则外部的因素。据其定义，旧后果是法律规则中规定人们在假定条件下做出符合或不符合行为模式要求的行为时应承担相应的结果。或者说，否定式法律后果是国家对违反该法律规范的行为所抱的不赞许态度；肯定式法律后果是国家对于合于该法律规范的行为所抱的赞许态度。[2]可见，旧后果的设定是以外在行为与法律规则的其他两个要素（假定下的行为模式）的对照为前提的，如果满足了假定的外在行为与行为模式相符，则发生肯定性法律后果；如果不符则发生否定性法律后果。可见，旧后果是基于对行为与行为规则之关系的判断基础之上的，而非建立在对规则内部要素之间关系的判断基础之上：它

---

〔1〕 笔者之所以最终未采用"法律效果"的称谓，是因为"效果"这个词经常被社会学采纳，来指代"由某种力量、做法或因素产生的结果"（中国社会科学院语言研究所词典编辑室编：《现代汉语词典》，商务印书馆 2000 年版，第 1390页）。它容易使得规范理论意义上的"Rechtsfolge"与社会学意义上的"法律的效果"（legal effect），即法律对某个社会关系领域所发挥的效用相混淆。唯"后果"在汉语中可能带有一定的贬义色彩，即指"最后的结果（多用在坏的方面）"（同上引，第 526 页）。幸好通过二要素说和新三要素说的努力，法学界已经接纳"后果"的中性色彩，故不至会产生疑惑。

〔2〕 参见张文显："对法律规范的再认识"，载《吉林大学社会科学学报》1987 年第 6 期，第 3 页。

衔接的并非是法律后果与法律规则的其他要素（主要是行为模式）本身，却将外在行为这个不属于规则要素的事实拉入了判断。但作为法律规则的逻辑要素，其要阐明的是规则内部各部分间的关系（结构关系）。法律规则的后件部分应当指明前件成就时应采取的法律上的姿态，而不是去指涉事实上的行为与前件间的关系。因此，旧后果的逻辑定位发生了重大偏差。

其次，旧后果是针对行为（模式）的，而新后果既可以针对行为，也可以针对事件。这里所谓"行为"与"事件"的区分大致对应法理学上作为"法律事实"之两种类型的"法律行为"与"法律事件"。[1] 行为指的是规则主体所实施的能引发特定法律后果的事实类型；而事件指的是规则主体以外的其他能引发特定法律后果的事实类型，据其来源可以是自然类型的事件，也可以是社会类型的事件。因此，新后果所针对的事实类型可以不必是行为，它可以规定诸如自然灾害等不可抗力在特定领域所可能引发的法律上的后果。其之所以是法律后果，就是因为这种事实类型的产生与存在尽管与规则主体无关，但其法律上的后果却需加诸规则主体之身。同时，新后果本身也可以是某种行为要求。当涉及的法律规则是行为规则时，其法律后果部分指的就是当特定事实类型成就时规则主体应当采取的行为。此时，所谓的"法律后果"这一称呼表明的是其与构成要件在逻辑上的联系，而行为要求则是其内容。

最后，旧后果包括否定性的与肯定性的法律后果两种，而新后果则可能包含其他形态。就前者而言，有学者指出，否定性法律后果是对违法行为的否定和责罚，主要的责罚形式有民事制裁、

---

[1] 参见舒国滢主编：《法理学导论》，北京大学出版社 2012 年版，第 159页。

行政制裁和刑事制裁；肯定性法律后果是对合法行为的肯定和保护，具体形式包括对一定状态的确认（如认定合同、婚姻有效）、对一定行为的奖励（如对发明创造的肯定和奖赏、批准专利申请等）、对不法侵害的恢复（如支持当事人的执行申请等）。[1] 但除了这两类形态外，法律后果可以是第三种形态。例如《合同法》第 78 条规定，当事人对合同变更的内容约定不明确的，推定为未变更。显然，"推定为未变更"既不是肯定性的也不是否定性的后果，但它确实是"当事人对合同变更的内容约定不明确"这种事实类型成就时的一种法律后果。进一步来说，鉴于肯定性/否定性法律后果的划分是将规则外的行为与行为规则相比对的结果，而法律规则的逻辑结构原本就不应考虑规则外的东西，因此我们完全可以取消这种区分。法律后果指的就是构成要件被附加的法律上的反应，无论这种反应是什么样的（设想我们可以依据不同的标准来对其作不同的类型化处理，但这与其作为法律规则之逻辑要素的地位毫不相关）。

因此，法律后果是作为法律规则之前件的构成要件本身所被赋予的法律上的评价与反应。它在内容上可以是针对行为的判断性反应，也可以是针对事实情境的行为要求。

（三）小结

新二要素说取消了新三要素说中占据核心位置的"行为模式"这一要素。因为它认为行为模式的背后是以权利－义务为基础的法的内容要素，而规则的逻辑结构理论所要解决的恰恰是规

---

[1] 参见张文显："对法律规范的再认识"，载《吉林大学社会科学学报》1987 年第 6 期，第 3 页。需要指出的是，这种对于否定性法律后果的界定也是有失偏颇的，因为其将否定性法律后果仅等同于制裁，缩减了这个概念的外延。在有的情况下，我们很难说一个法律后果是"制裁"，但很容易看出它是否定性的。例如《合同法》第 52 条关于合同无效之情形的规定，"无效"难谓"制裁"。

则各个部分在形式上的关联问题。法律规则由"构成要件"与"法律后果"两个逻辑要素构成，作为内容的行为要素既可以出现在构成要件中，也可以出现在法律后果中。新二要素说是连贯的，它的两个要素彼此齿合。新二要素说也可以涵盖不同类型的法律规则，即行为规则 H→M 和裁判规则 M→R（或¬M→¬R），赋予其统一的逻辑结构 T→OR。构成要件 T 在行为规则那里指涉行为的前提条件 H，在裁判规则那里指涉裁判的前提条件或者说特定行为 M（或¬M）；法律后果 R 在行为规则时指涉行为要求 M，在裁判规则时指涉裁判的结果 R。例如在新二要素说论者眼里，前文曾举的《矿产资源法》第 32 条就由两个规则构成：前一个是行为规则，其构成要件为"开采矿物资源"，法律后果为"必须遵守有关环境保护的规定，防止污染环境"。第二个是裁判规则，其构成要件为"开采矿产资源给他人生产、生活造成损失的"，法律后果为"应当负责赔偿，并采取必要的补救措施"。同时，这种模式也囊括了元层面之规则的情形，因为它是一种特殊的裁判规则，只不过此时的 T 是指向对象层面之规则的特殊事实类型而已。"构成要件 + 法律后果"展现出了法律规则静态的形式结构关系和句法（语义）学功能。

五、结语

法律规则的逻辑结构是个一般法理学的问题，而新三要素说则是对这个一般问题的"中国式回答"。这种学说的产生固然有其学说发展史上的意义，但由于它从根本上误识了逻辑结构理论所要解决的问题以及相应的逻辑结构的性质，是一种法概念论立场的不当映射，因而当面对具体法律规则的例证时就显得捉襟见肘。逻辑结构属于认识论问题，法律规则的逻辑结构理论服务于法律推理的正确形式这一核心要旨。为了满足这一要旨，将法律规则在逻辑上构造为"构成要件 + 法律后果"是合乎目的的。因为涵摄不外乎意味着小前提满足了大前提之构成要件或者说小前提被认定属于大前提适用案型的个例，因而将大前提之法律后果归属于小前提而已。而新二要素说对法律规则逻辑结构的塑造能够让涵摄顺利进行，使得法律推理具备了正确推理（推理有效性）的基础条件。

第五章　法律原则的逻辑结构 *

一、引言

如果说"法律规则的逻辑结构"多少是个带有中国元素的问题的话，那么"法律原则的逻辑结构"则不折不扣地是当今国际法哲学界所讨论的焦点之一。自从罗纳德·德沃金的雄文《规则的模式》于 1967 年面世之后，[1] 原则的逻辑结构及其适用（即衡量与权衡）就成了在法理论中被广泛讨论的议题。虽然德沃金声称规则与原则之间的差别是一种逻辑的差别，[2] 但他从未对原则的逻辑结构进行过精确的说明。前已述及，阿列克西在德沃金关于规则与原则之区分的基础上提出了一种更为精致的原则理论，他将原则定义为"最佳化命令"，即"原则是这样的规范，它们

　＊　本章内容为台湾"中央研究院"法律学研究所副研究员王鹏翔先生所撰，原文标题为"作为理想应然的原则：关于原则之逻辑结构的语义学考量"，刊于《法哲学与社会哲学论丛》特刊第 124 期，2010 年（Peng – Hsiang Wang, Principles as Ideal Ought. Semantic Considerations on The Logical Structure of Principles, *ARSP – Beiheft* 124, Franz Steiner Verlag 2010）。译成中文时，根据本书前后文的关联性对本章的开篇、结尾以及各级标题略有修饰，同时对于脚注按照本书的格式作了统一调整。**如引用本章内容，请注明原作者。**

〔1〕　Ronald Dworkin, The Model of Rules, *University of Chicago Law Review* 35 (1967), pp. 15 – 46, 该文以"规则模式 I"再刊于 Ronald Dworkin, *Taking Rights Seriously*, Cambridge Mass. 1978, pp. 14 – 45.

〔2〕　Ronald Dworkin, *Taking Rights Seriously*, Cambridge Mass. 1978, pp. 24 – 28.

要求某事在相对于法律上和事实上可能的范围内尽最大可能被实现";相反,规则是确定性命令,它们"在事实上和法律上可能的领域内包含着固定的要点"。同时,阿列克西将原则概括为"理想应然",将规则概括为"现实应然",但否认有必要引入两种不同的道义助词来呈现这两类不同的应然。[1] 作为衡量与权衡的对象,原则是有待最佳化的要求,可以被称为"理想'应然'"或"理想"。理想"应然"是某种有待最佳化,因而有待被转化为现实"应然"的东西。相反,要求最佳化的命令位于元层面;它们规定了在适用原则时要被做之事,即在最大可能的范围内去实现理想"应然"。[2]

阿列克西的这一定义遭到了西克曼的批评,因为它没有将原则视为衡量与权衡之特定结果的理由。在西克曼看来,原则不仅是权衡的对象,而且也是某个确定有效之规范——即某个现实"应然",或某个作为权衡程序之结果的规则——的规范论据(normative arguments)。[3] 在一系列的论著中,西克曼发展出了一套复杂的理论来详尽阐述这一理念,他称之为"作为规范论据的

---

〔1〕 Robert Alexy, Zum Begriff des Rechtsprinzips, in ders. , *Recht*, *Vernunft*, *Diskurs*, Frankfurt a. M. 1995, S. 204. 最近,阿列克西撤回了这一命题。现在他为理想应然引入了一种指数化了的道义助词"O¡",并将最佳化命令形式化为"OOpt*Op*",这里"Opt"代表"最佳化"。阿列克西声称"OOpt*Op*"("*Op*"应当被最佳化)等值于"*Op*"。参见 Robert Alexy, Ideales Sollen, in: Laura Clérico und Jan – Reinard Sieckmann (Hrsg.), Grundrechte, Prinzipien und Argumentation. Studien zur Rechtstheorie Roberts Alexys, Baden – Baden 2009, S. 24 – 26. 对阿列克西这一形式化做法的评价超越了本章的研究范围,将另作他文来讨论。

〔2〕 参见前文,第 114 页。

〔3〕 Jan – Reinard Sieckmann, Principles as Normative Arguments, in: Ch. Dahlmann and Werner Krawietz (eds.), *Values*, *Rights and Duties in Legal and Philosophical Discourse* (Rechtstheorie Beiheft 21), Berlin 2005, pp. 197 – 199.

原则"。[1]他的理论在很大程度上可以被视作对阿列克西之原则理论的改进。但与阿列克西不同，西克曼可能是第一位尝试利用道义逻辑来澄清原则之逻辑结构的学者。在下文中笔者将概括出西克曼理论的关键要点，并指明其可能的缺陷。

二、作为规范论据的原则

西克曼的出发点在于区分规范语句（normative sentences）或规范表述（normative formulations）、规范陈述（normative statements）以及规范论据。[2]这一区分背后的理由是，西克曼与阿列克西一样采取的是语义学的规范概念。按照这一观念，规范是规范语句的意义，规范语句与规范之间的关系类似于断言语句（assertive sentences）与命题（propositions）之间的关系。同一个规范可以用数个具有相同意义之规范语句来表述。[3]当然，规范的语义学概念并非没有争议，但是笔者并不打算在这里处理这一问题。出于方便的目的，在本章中笔者有时将交替使用"规范"与"规

---

〔1〕 例如参见 Jan – Reinard Sieckmann, Semantischer Normbegriff und Normbegründung, *ARSP* 80（1994）, S. 227 – 245；Logische Eigenschaft von Prinzipien, *Rechtstheorie* 25（1994）, S. 163 – 189；Zur Analyse von Normkonflikten und Norm Abwägung, in：G. Meggle（Hrsg.）, *Analymen* 2 *Vol. III*, Berlin/ New York 1997, S. 349 – 356；Begriff und Struktur von Regeln, Prinzipien und Elemente im Recht, in：B. Schicher, P. Koller und B. – C. Funk（Hrsg.）, *Regeln, Prinzipien und Elemente im System des Rechts*, Wien 2000, S. 69 – 82；Principles as Normative Arguments, in：Ch. Dahlmann and Werner Krawietz（eds.）, *Values, Rights and Duties in Legal and Philosophical Discourse*（Rechtstheorie Beiheft 21）, Berlin 2005, pp. 197 – 209；*Recht als normatives Systems*, Baden – Baden 2009, S. 21 – 65.

〔2〕 Jan – Reinard Sieckmann, Semantischer Normbegriff und Normbegründung, *ARSP* 80（1994）, S. 228 – 238；Zur Analyse von Normkonflikten und Norm Abwägung, in：G. Meggle（Hrsg.）, *Analymen* 2 *Vol. III*, Berlin/ New York 1997, S. 352.

〔3〕 Robert Alexy, *A Theory of Constitutional Rights*, trans. by J. Rivers, Oxford 2002, pp. 21 – 25；Jan – Reinard Sieckmann, Semantischer Normbegriff und Normbegründung, *ARSP* 80（1994）, S. 228 – 235.

范语句"。借助于道义逻辑的形式语言，规范语句的基本形式可以被呈现为：

(1) Op

在此，"O"是道义助词"有义务……"（it is obligatory that…），"p"代表义务的内容。例如，如果"p"代表"侮辱性言论受到保护"，那么"Op"表达的就是这样一条规范："有义务使得侮辱性言论受到保护"，或者更加自然的说法是："侮辱性言论应当受到保护。"

依照西克曼的观点，规范语句可以用来作规范陈述，即主张某个规范 Op 存在，这意味着这一规范确定有效；它同样可以被用于提出一个规范论据，后者要求特定规范应当确定有效。[1] 规范陈述与规范论据的区分是西克曼整个理论大厦的奠基石。[2] 西克曼的主要理论关注点之一在于用这一区分来构造道义逻辑的形式语言，并试图以之来分析原则与权衡的结构。然而，规范的语义学观念存在一个困难，即语义学观念假定规范的概念和效力问题是可以被严格区分开来的，以至于可以在定义规范时不将效力要素包含进来。[3] 纯粹语义学意义上的规范仅仅是规范语句的意义内涵，换言之，规范语句是规范的语言表述。规范表述本身并不主张说它所表述的规范是有效的，但规范陈述是关于规范之确定效力的

〔1〕 Jan – Reinard Sieckmann, Logische Eigenschaft von Prinzipien, *Rechtstheorie* 25 (1994), S. 165; Principles as Normative Arguments, in: Ch. Dahlmann and Werner Krawietz (eds.), *Values*, *Rights and Duties in Legal and Philosophical Discourse* (Rechtstheorie Beiheft 21), Berlin 2005, p. 199.

〔2〕 Jan – Reinard Sieckmann, *Recht als normatives Systems*, Baden – Baden 2009, S. 41 – 64.

〔3〕 Robert Alexy, *A Theory of Constitutional Rights*, trans. by J. Rivers, Oxford 2002, pp. 25; Jan – Reinard Sieckmann, Semantischer Normbegriff und Normbegründung, *ARSP* 80 (1994), S. 228.

断言。西克曼对规范语句之真值与规范陈述之真值之间的语义关系作出了有趣的观察。他认为，如果某个规范是有效的，那么主张这一规范有效的规范陈述就是真的，而当且仅当规范陈述为真（即它所表述的规范有效）时，相应的规范语句才可以被定义为"真的"。[1] 例如，如果侮辱性言论应当受到保护这一规范是有效的，那么规范陈述"侮辱性言论应当受到保护确定有效"这一规范陈述才是真的，而如果上述规范是有效的，那么"侮辱性言论应当受到保护"就也是真的。如果规范陈述是关于规范之效力的断言，而有效的规范通过真的规范语句来表达，那么西克曼在其逻辑构造中处理效力概念时就面临两种选择。第一种是在元语言的层面上来定义规范语句真值的语义概念，就像用于道义逻辑的可能世界语义学（possible worlds semantics）所做的那样，并将有效规范视为真的规范语句所陈述的事实。由此，效力就等同于规范的存在。西克曼并没有选择这一做法，而是更倾向于第二种做法，即将"效力"这一表述吸纳进道义逻辑之对象语言之中。为了能表达出有效的规范，进而呈现出规范语句，西克曼引入了一个符号"G"，它谓述了某个规范确定的效力。[2] 主张特定规范 Op 确定有效的规范陈述可以被形式化为：

（2）GOp

进而，西克曼运用了术语"n"来作为指代的某个规范，例如

〔1〕　Jan - Reinard Sieckmann, Semantischer Normbegriff und Normbegründung, *ARSP* 80（1994），S. 235.

〔2〕　最近，西克曼用"VAL$_{DEF}$"来指代效力谓词，参见 Jan - Reinard Sieckmann, Principles as Normative Arguments, in: Ch. Dahlmann and Werner Krawietz（eds.），*Values*, *Rights and Duties in Legal and Philosophical Discourse*（Rechtstheorie Beiheft 21），Berlin 2005，p. 199；*Recht als normatives Systems*, Baden - Baden 2009，S. 27. 但两者的区别仅仅是用词上的。

Op 的个体常量（专名）。因此，（2）可以被重新表述为"Gn"。[1]
当且仅当 n，即表达为"Op"的规范确定有效时，"GOp"或
"Gn"才是真的。

依西克曼看来，在法律推理中，规范语句与规范陈述都没有
充分抓住原则的逻辑特性。一方面，规范语句对于呈现原则的规
范内涵而言太弱了，因为原则总是包含着一种效力宣称（a claim
of validity）。[2]例如，在侮辱性言论的情形中，言论自由原则主
张，它所要求之事，即"言论自由应当受到保护"，应当是确定有
效的。然而，规范语句"Op"表述的只是一个纯粹语义学意义上
的规范，并没有说出它是否有效。另一方面，规范陈述对于原则
的逻辑结构而言又太强了。[3]如果某个原则是一个确定有效的规
范，那么它所要求之事就将是一种确定的义务，而无需考虑其他
相对立的原则。但这并非原则适用的方式。为了确定在具体案件
中确定地被要求之事是什么，原则必须与其他原则相权衡。例如，
在上例中，言论自由原则（p1）与个人名誉权原则（p2）彼此冲
突。如果说 p1 要求侮辱性言论应当受到保护的话，那么 p2 则要
求它不应当受到保护（O ¬p）。只有通过权衡 p1 与 p2，才能来决

---

〔1〕 Jan – Reinard Sieckmann, Semantischer Normbegriff und Normbegründung,
ARSP 80（1994），S. 233 – 234；*Recht als normatives Systems*, Baden – Baden 2009, S.
51 – 52.

〔2〕 Jan – Reinard Sieckmann, Logische Eigenschaft von Prinzipien, *Rechtstheorie* 25
（1994），S. 168；Principles as Normative Arguments, in：Ch. Dahlmann and Werner Krawi-
etz（eds.），*Values*, *Rights and Duties in Legal and Philosophical Discourse*（Rechtstheorie
Beiheft 21），Berlin 2005, p. 199.

〔3〕 Jan – Reinard Sieckmann, Logische Eigenschaft von Prinzipien, *Rechtstheorie* 25
（1994），S. 168；Principles as Normative Arguments, in：Ch. Dahlmann and Werner Krawi-
etz（eds.），*Values*, *Rights and Duties in Legal and Philosophical Discourse*（Rechtstheorie
Beiheft 21），Berlin 2005, pp. 198 – 199；*Recht als normatives Systems*, Baden – Baden
2009, S. 25, 57.

定和证立哪一规范确定有效。与阿列克西一样，西克曼同样认为权衡的任务是在相冲突之原则之间建立一种（条件式的）优先关系。[1] 所以，如果 p1 优先于 p2，那么 Op 就是确定有效的（GOp）。相反，如果 p2 优先于 p1，那么 O ¬p 就是确定有效的（GO ¬p）。这个例子阐明了西克曼以其"原则模式"来证立有效规范的观念。这一模式的核心主张在于，规范的确定效力是通过衡量和权衡来建立的，而原则扮演的是在衡量和权衡时支持或反对某个确定有效之规范的理由的角色。[2] 在西克曼的模式中，原则是规范论据，它要求特定规范 Op 应当确定有效。因此，规范论据是针对效力的义务或者针对效力的要求。规范论据的基本结构是：

（3）OGOp（或"OGn"，此处的"n"指代 Op）[3]

在西克曼的理论中，规范陈述与规范论据的区别被用来澄清阿列克西关于理想应然与现实应然之间的区别。在阿列克西看来：

"理想应然是这样一种应然，它并不预先假定应然之事同时在事实上与法律上可能的范围内被充分地实现，但它要求

〔1〕 Jan – Reinard Sieckmann, Zur Begründung von Abwägungsurteilen, Rechtstheorie 26 (1995), S. 46 – 47; *Recht als normatives Systems*, Baden – Baden 2009, S. 66 – 67. 也可参见 Robert Alexy, *A Theory of Constitutional Rights*, trans. by J. Rivers, Oxford 2002, pp. 50 – 54; On the Structure of Legal Principles, *Ratio Juris* 13 (2000), pp. 296 – 297.

〔2〕 Jan – Reinard Sieckmann, Legal System and Practical Reason. On the Structure of a Normative Theory of Law, Ratio Juris 5 (1992), pp. 291 – 293; *Recht als normatives Systems*, Baden – Baden 2009, S. 19 – 21.

〔3〕 Jan – Reinard Sieckmann, Logische Eigenschaft von Prinzipien, *Rechtstheorie* 25 (1994), S. 170; Principles as Normative Arguments, in: Ch. Dahlmann and Werner Krawietz (eds.), *Values*, *Rights and Duties in Legal and Philosophical Discourse* (Rechtstheorie Beiheft 21), Berlin 2005, p. 170; *Recht als normatives Systems*, Baden – Baden 2009, S. 27.

尽最大可能被实现。相反，指令的命令性质（它只能要么被满足，要么不被满足）可以被概括为'现实应然'。"[1]

然而，西克曼用了一种略显奇特的方式来概括理想应然的观念。如果某个原则在既定情形中要求 p，且这一要求被表述为"Op"，那么在西克曼看来，p 所要求实现的理想情境就不是 p 为真（p is the case），即 Op 被满足，而是 Op 确定有效。[2] 这正是为什么西克曼认为原则是具有效力要求（OGOp）之结构的规范论据的原因。在西克曼的观念中，如果原则 p1 的要求，比如"侮辱性言论应当受到保护"，由规范语句"Op"来表述，那么正如上文所说的，从 p1 角度而言的最佳结果是，侮辱性言论应当受到保护这一规范是确定有效的，即 GOp。然而，p1 仅仅是一个规范论据，它主张 Op 应当是确定有效的；它本身无法确保 Op 真的是确定有效的。用阿列克西的话来说，原则只包含着一种尚未在事实上与法律上可能的范围内被相对化的理想应然。[3] 既然实现某个原则之法律上的可能性必然要通过相竞争之原则来确定，那么某个理想应然 OGOp 是否能被实现及转化为规范陈述 GOp 所主张的现实应然，就取决于将它与相对立的规范论据（例如 OGO ¬p 或 OG ¬Op）相互权衡的结果。如果由 p1 构成的规范论据被某个由另一原 pP2 所构成的更强的相反论据所打败，那么 p1 的要求就不会是确定有效的，而 Op 也就不会成为现实应然。这说明原则具有初显的性质：理想应然仅仅是一种初显应然。

---

〔1〕 Robert Alexy, Zum Begriff des Rechtsprinzips, in ders., *Recht*, *Vernunft*, *Diskurs*, Frankfurt a. M. 1995, S. 204.

〔2〕 Jan – Reinard Sieckmann, Logische Eigenschaft von Prinzipien, *Rechtstheorie* 25 (1994), S. 170.

〔3〕 Robert Alexy, On the Structure of Legal Principles, *Ratio Juris* 13 (2000), p. 300.

然而，将原则概括为规范论据（它要求特定规范应当是确定有效的）并不是西克曼理论的最终目的。规范的语义学概念迫使他让原则之逻辑结构的构造变得更加复杂。规范论据的表述"OGOp"仍然是一个规范语句。人们可能会问，它究竟是呈现了一个纯粹语义学意义上的规范，抑或是陈述了一个确定有效的规范。第一种可能并不成立，因为"OGOp"同样代表着原则的要求（例如，言论自由原则要求规范"侮辱性言论应当受到保护"应当有效）。作为理想应然，所有原则都要求它所要求之事应当是确定有效的。所以人们可以将谓词"G"置于"OGOp"之前，但这就会使得规范论据转变为规范陈述"GOGOp"，它相对于原则的逻辑形式而言太强了，因为原则真正所说的只是它的要求应当是确定有效的。故而人们必须随即将另一个"O"置于"GOGOp"之前，从而构造出一个新的规范论据"OGOGOp"。但这样一来同样的问题又会再次出现，因此，同一个操作步骤不得不永无止境地继续下去。因此，西克曼认为，原则的结构必然是包含着一种**效力要求无限重复**（*infinite reiteration of requirements of validity*）的规范论据：

（4）…OGOGOp[1]

用"n_0"来指代规范 Op（它是一个要求在特定情形中具有确定效力的原则），用"n_1"来指代一阶效力要求 OGn_0。依照西克曼的看法，作为规范论据之原则的完整结构应当是一个由效力要求位阶逐次增高之次序（用以支持一阶效力要求）构成的无限集

---

[1] Jan – Reinard Sieckmann, Logische Eigenschaft von Prinzipien, *Rechtstheorie* 25 (1994), S. 170 – 172; Principles as Normative Arguments, in: Ch. Dahlmann and Werner Krawietz (eds.), *Values*, *Rights and Duties in Legal and Philosophical Discourse* (Rechtstheorie Beiheft 21), Berlin 2005, p. 200; *Recht als normative Systems*, Baden – Baden 2009, S. 27, 51.

合：$(n_1: OGn_0, n_2: OGn_1, ..., n_{i+1}: OGn_i, ...)$。[1]

虽然西克曼的方法旨在抓住原则的结构性特征，但他的理路并不完全令人满足。为什么我们不能说，原则集合所要求实现的理想情境就是来源于原则 Op1...，Opn 的义务都要被满足，即所有被要求的行动得到自然履行，或者所有义务性事态 p1，...，pn 都为真呢？原则的最佳化性质或理想应然或许可以这样来说明：当原则在既定情形中彼此冲突时，这样一种理想情境是无法出现的，它只可能近似地被实现。因而，原则是否必然像西克曼所认为的那样具有规范论据的复杂结构，这是有疑问的。此外，规范论据与规范陈述之间的差别似乎并不会使得理想应然与现实应然之间的区分更易于理解。正如前文所述，如果规范语句"Op"所表述的规范是确定有效的，换言之，如果 Op 是一个现实应然，那么规范陈述 GOp 就是真的。人们或许会问：难道 Op 设想的不是一种理想情境，在其中 p 为真？难道所有有效的规范要求的不都是它所设想的理想情境应当尽最大可能被实现么？西克曼可能会反对道，"OGOp"与"GOp"是有差别的，因为前者所设想的理想情境是 Op 是有效的，而非 p 是真的。然而，如果理想情境是一种其中所有义务都得到满足的情境，那么 Op 在理想情境中有效这一事实难道不正是意味着 p 在这一情境中为真么？

上面所勾勒的问题暗示，西克曼理论的主要缺陷在于缺乏一种稳固的语义学基础。这一缺陷导向了一种令人晕眩的"规范论据逻辑"。虽然西克曼利用道义逻辑的语言来构造其关于原则之逻辑结构的观念，但他并没有提供一种形式语义学（formal seman-

---

[1] Jan-Reinard Sieckmann, Principles as Normative Arguments, in: Ch. Dahlmann and Werner Krawietz (eds.), *Values, Rights and Duties in Legal and Philosophical Discourse* (Rechtstheorie Beiheft 21), Berlin 2005, pp. 203, 208.

tics）来对他所使用的道义公式进行精确解释。除了道义助词外，西克曼还引入了"G"来形式化如"Op 是确定有效的"这类规范陈述（GOp），再如像"Op 应当确定有效"这类规范论据（OGOp），并主张原则具有重复效力要求的结构，如"这应当是有效的：Op 应当有效"（OGOGOp）。但西克曼并没有精确表述出简单道义语句"Op"以及复杂道义语句如"GOp"和"OGOp"的真值条件。事实上，"G"是一个适用于规范个体的谓词。因此，在西克曼的方法中，规范不仅是规范语句的意义，而且也是抽象实体，而谓词"G"指代一个世界中规范个体的独特子集。西克曼所依赖的事实上是一种高阶道义谓词逻辑（higher - order deontic predicate logic），它要比标准道义命题逻辑复杂得多，也会导致严重的本体论和语义学问题，西克曼似乎并没有意识到这些。[1]

没有一套精确的形式语义学，就很难来定义核心的逻辑概念，如西克曼的规范论据逻辑中所使用的"可满足性"（satisfiability）、"逻辑效力"（logical validity）或"逻辑后承"（logical consequence）等。例如，西克曼主张：

（5）GOGn→Gn

（6）OGn→OOGn

（7）OGn→OGOGn

都是逻辑上有效的。但他并没有依靠一种道义模态的语义学理论（例如可能世界语义学，在模态逻辑中，它通常被用来定义

---

〔1〕　关于高阶模态逻辑的复杂语义学，例如参见 Nino B. Cocchiarella and Max Freund, *Modal logic: An Introduction to Its Syntax and Semantics*, Oxford 2008, pp. 215 - 252.

模态语句的真值条件，以及逻辑效力和逻辑后承的概念）来证明
这些语句的逻辑效力。相反，他似乎满足于对它们作直觉式的解
释，认为在他的规范体系和规范论证理论的语境中将它们翻译成
日常语言是可信的。[1] 例如，（5）之所以有效，是因为"如果要
求指涉规范的效力（GOGn），而规范的效力又仅仅取决于主体自
身的判断（如果它对应一种自治的道德的话），那么通过对某个
规范之效力的要求来认可这一规范的效力就必然是合理的"。[2]
在西克曼看来，（6）和（7）在"基于利益之规范证立"[3] 的框
架内是有效的。因此我们并不清楚，这些语句是否真的在逻辑上
是有效的，抑或仅仅是呈现出了西克曼的规范论证理论的实质性
主张。

　　西克曼规范论据逻辑中形式语义学的缺失还导致了有关规范
不连贯性（normative inconsistency）的问题。西克曼区分了两类规
范冲突：规范陈述间的冲突以及规范论据间的冲突。在西克曼看
来，规范陈述间的冲突是一种逻辑矛盾。如果两个规范陈述彼此

---

　　〔1〕 这一点鲜明地体现在西克曼对于某些真势模态逻辑之公理（如S4 "□p→
□□p" 和S5 "◇p→◇□p"）的道义对应物 [例如，（6）就是S4 的对应物] 的解释
之中，参见 Jan‐Reinard Sieckmann, Logische Eigenschaft von Prinzipien, *Rechtstheorie*
25（1994），S. 175‐176. 西克曼似乎忽略了，这些公理的效力以及语义上的可信性
依赖于特定要求，这些要求是在一个模态结构中施加于可能世界集合之间的可得性
关系的。这些公理的道义对应物是否可信，同样依赖于可能世界之间的道义选择关
系在道义逻辑语义学中如何来确定。参见下文第三部分。

　　〔2〕 Jan‐Reinard Sieckmann, Zur Analyse von Normkonflikten und Norm
Abwägung, in: G. Meggle（Hrsg. ），*Analymen 2 Vol. III*, Berlin/ New York 1997, S. 354.

　　〔3〕 参见 Jan‐Reinard Sieckmann, Logische Eigenschaft von Prinzipien, *Rechtstheorie* 25（1994），S. 175; Zur Analyse von Normkonflikten und Norm Abwägung, in: G.
Meggle（Hrsg. ），*Analymen 2 Vol. III*, Berlin/ New York 1997, S. 354.

冲突，那么它们就不可能同时为真，至少其中有一个必然是假的。[1]
当然，Gn（"规范 n 是确定有效的"）与¬Gn（"规范 n 不是确定
有效的"）之间的确存在逻辑矛盾，但这并不是西克曼意义上的
那种规范陈述之间的冲突类型。这种矛盾毋宁以如下方式来理解：
当一个规范陈述主张 Op（n_1）确定有效时，另一个主张 O ¬p
（n_2）确定有效。然而，如果它们被形式化为一阶语句"Gn_1"和
"Gn_2"，就像西克曼所做的那样，那么就难以发现逻辑矛盾究竟
存在于何处了。它们为什么就不能同时为真呢？或许西克曼假定
了两个内容彼此矛盾的规范无法同时确定地有效。[2]但这是一个
规范上的要求，而非逻辑连贯性的要求。此外，这一规范上的要
求依然预设了对规范语句集合之不连贯性的精确定义，否则的话
我们就无从知晓两个规范是否彼此"冲突"。然而，这样一种定
义无法在西克曼的理论中被找到。现在让我们来考虑规范论据间
的冲突，西克曼声称它不能被视为一种逻辑矛盾。这一声称是对
规范论据进行衡量和权衡的前提条件。[3]相应地，两个相冲突之
规范论据，如 OGOp 和 OGO ¬p，可以是自然有效或真的。但这究
竟意味着什么？这自然不是意味着相应的规范陈述 GOGOp 和 GO-
GO ¬p可以同时为真，因为这将违背两个不兼容的规范不得同时

〔1〕　Jan – Reinard Sieckmann, Zur Abwägungsfähigkeit von Prinzipien, in: Hans. –
Joachim Koch und Ulfrid Neumann（Hrsg.）, *Praktische Vernunft unf Rechtsanwendung*
（ARSP Beiheft 53）, Stuttgart 1994, S. 206; *Recht als normatives Systems*, Baden – Baden
2009, S. 42 – 43.

〔2〕　Jan – Reinard Sieckmann, *Recht als normatives Systems*, Baden – Baden 2009,
S. 25.

〔3〕　Jan – Reinard Sieckmann, Zur Abwägungsfähigkeit von Prinzipien, in: Hans. –
Joachim Koch und Ulfrid Neumann（Hrsg.）, *Praktische Vernunft unf Rechtsanwendung*
（ARSP Beiheft 53）, Stuttgart 1994, S. 206; Logische Eigenschaft von Prinzipien, *Rechts-
theorie* 25（1994）, S. 175; Zur Analyse von Normkonflikten und Norm Abwägung, in: G.
Meggle（Hrsg.）, *Analymen* 2 Vol. *III*, Berlin/ New York 1997, S. 165.

为真这一规范上的要求，除非我们引入一个专门适用于规范论据的独特的效力观念。[1] 考虑到理想应然的特性，两个规范论据 OGOp 和 OGO ¬p 之间的非矛盾状态或许应当以这样的方式来解释：在理想情境中，Op 和 O ¬p 都是有效的。如果 Op 和 O ¬p 在理想情境中是自然有效的，那么就必然存在另一个理想情境（无论它们是否相同），在其中 p 以及 ¬p 都是真的。但这样一种情境是不可能的，因为 p ∧ ¬p 是逻辑矛盾。如果西克曼坚持认为规范陈述 GOp 和 GO ¬p 之间的冲突是逻辑矛盾，那么就没有理由认为相冲突之规范论据不会导致逻辑矛盾。因此不诉诸矛盾或不连贯的观念，规范论据间的冲突似乎就不能够得到充分的定义。更为一般性地说，离开一种对规范不连贯性的恰当语义学观念，就难以说明为什么规范论据或规范陈述之间会产生冲突，以及它们之间何时会产生冲突。

为了避免西克曼的方法所带来的困难，在其他条件不变的前提下（mutatis mutandis），笔者将可能世界语义学［克里普克 - 辛提卡语义学（Kripkr - Hintikka semantics）］运用于道义逻辑，来阐明理想应然和现实应然、原则碰撞以及衡量和权衡这些观念。在这种语义学框架中，我们将来详细说明下述想法：

首先，虽然"理想应然"可以被视为在某个"理想"世界中有效的义务，并被呈现为重复义务如"OOp"，但可以证明，在特定条件下，重复道义助词"O"的做法是多余的。

其次，如果原则集合在既定情境中是不连贯的（例如，它们

---

［1］ 这正是西克曼最近所使用的策略。他引入了另一个符号"VAL_{DEF}"来指代规范论据之效力的谓词。参见 Jan - Reinard Sieckmann, Principles as Normative Arguments, in: Ch. Dahlmann and Werner Krawietz (eds.), *Values, Rights and Duties in Legal and Philosophical Discourse* (Rechtstheorie Beiheft 21), Berlin 2005, p. 203; *Recht als normatives Systems*, Baden - Baden 2009, S. 52 - 53.

会产生冲突），那么这一情境就不能被转化为一个理想世界，其中这一集合所包含的所有义务都得到满足。在这些情形中，我们不得不去寻求尽可能接近于理想世界的亚理想情境（sub – ideal situation），并决定它们中的哪一个是"最佳"或"最优"的。这一过程可以被称为"衡量和权衡"。

最后，与将谓词"G"纳入对象语言的做法不同，"效力"将被视为一种语义学观念。将现实应然作为衡量和权衡之结果的观念以这样的方式得到说明：当且仅当某事在相对于某个既定情形的所有最"近乎理想"的世界（the best "almost ideal" world）中为真时，它才具有确定的义务性。

三、道义逻辑的可能世界语义学

在这一部分，笔者将对辛提卡（Hintikka）和克里普克（Kripke）的可能世界语义学给出一个简单的概览。[1]克里普克 – 辛提卡关于道义逻辑语义学的潜在观念可以冯·赖特所阐明的方式来理解。在赖特看来，既定规范集合的规范内容构成了对一个替代性的"理想"世界的描述。与现实世界相比，这一描述或许不是真的，甚至几近是假的，因为在现实世界中并不总是所有的义务都能得到满足。这意味着，现实世界不是"完美的"，理想没有得到实现。然而，理想世界必然是一个可实现的可能世界。因而赖特写道："可以说，规范的功能就在于迫使人们去实现理想，去驱使人们以这样的方式去行动：使得对现实世界的描述接近于

---

〔1〕 Saul A. Kripke, Semantical Consideration on Modal Logics, in: L. Linsky（ed.）, *Reference and Modality*, Oxford 1971, pp. 66 – 72; Jakko Hintikka, Some Main Problems of Deontic Logic, in: R. Hilpinen（ed.）, *Deontic Logic: Introductory and Systematic Readings*, Dordrecht 1981, pp. 59 – 104. 这里所呈现的道义逻辑语义学概览更接近于辛提卡的模态集合与模态系统，虽然根据克里普克的方式略作了修改。一个富于启发性的可能世界语义学导论参见 James W. Garson, *Model Logic for Philosophers*, Cambridge 2006, pp. 57 – 115.

对理想世界的描述。"[1]

基于这一观念，规范语句的真值条件以及语句集合的可满足性（连贯性）就可以通过引入可能世界的集合来定义了。用 p，q，r...来表示语句变量。"¬"（非）、"∧"（且）、"→"（如果……那么……）是我们熟悉的语句联结词。当且仅当下列条件被满足时，语句集合 W 就被称为"对某个可能世界的部分描述"：

（C. ¬）如果 $p \in W$，那么就并非 $\neg p \in W$。

（C. ∧）当且仅当 $p \in W$ 且 $q \in W$ 时，$p \wedge q \in W$。

（C. →）当且仅当并非 $p \in W$ 且 $\neg q \in W$ 时，$p \rightarrow q \in W$。

如果这里没有错误的话，笔者就将满足了这些条件的语句集合 W 称为"可能世界"。[2] 在直觉上，"$p \in W$"（"$\in$"读作"是……的一个成员"）可以被理解为"p 在可能世界 W 中是真的"。一个语句可能在某个可能世界中是真的，但在另一个可能世界中是假的。（C. ¬）、（C. ∧）和（C. →）一起阐明了由语句变量和真值函项联结词构造而来的复合语句的真值条件。当且仅当存在这样一个世界 W，其中对于每一个 p_i（$i = 1$，…，n）而言 $p_i \in W$，简言之，$\{p_1, ..., p_n\} \subseteq W$（"$\subseteq$"读作"是...的子集"）时，语句集合 $\{p_1, ..., p_n\}$ 就是可满足的（或连贯的）。当且仅当 $\{p_1, ..., p_n, \neg q\}$ 不可满足时，q 就是 $\{p_1, ..., p_n\}$ 的逻辑后承。当且仅当 $\{p\}$ 不可满足时，p 就是矛盾的。当且仅当 $\neg p$ 矛盾时，p 就是逻辑上有效的。笔者将使用"⊥"来指示一个

---

[1] Georg Henrik von Wright, Is and Ought, in: Stanley L. Paulson and B. Litschewski Paulson（eds.），*Normativity and Norms. Critical Perspectives on Kelsenian Themes*, Oxford 1998, pp. 374 – 375.

[2] 准确地说，W 只是对某个可能世界的"部分"描述，因为这里并不要求对于每一个语句 P 而言，要么 $p \in W$，要么 $\neg p \in W$。

矛盾（例如"p∧¬p"），这样（C. ⊥）就可以用另一种方式来形式化：

（C. ⊥）没有任何可能世界 W 是这样的，即 ⊥∈W。

（C. ⊥）说的是，⊥ 在任何可能世界中都不可能是真的。因而，可能世界是连贯的语句集合所描述的世界。此外，符号"⊦"用来指后承关系。用 S 来指语句集合，那么"S⊦p"就意味着 p 是 S 的逻辑后承。

现在让我们来考虑具有形式"Op"之规范语句的真值条件。依照上面所阐释的潜在观念，"p 在现实世界中是义务性的"意味着 p 在所有我们所能造成的可能世界中都是真的，在其中，现实世界中的所有义务都得到满足。这类可能的世界被称为"道义完美世界"或"理想世界"。[1] 为了更加准确地说明问题，我们将引入可能世界之间的双向关系"R"。"…R…"读作"…是…的道义上的替代世界"。对于任何两个可能世界 W 和 W⁺ 而言，当且仅当 W⁺ 相对于 W 是一个理想世界时，就成立 W⁺RW（W⁺ 是 W 的道义上的替代世界）。在直觉上，我们可以在这样的意义上将 W⁺ 想象为 W 的道义上的替代世界：在 W 中有义务去做之事在 W⁺ 中同样有义务去做。因而，"Op"的真值条件可以被定义如下：

（C. O）当且仅当对于每一个成立 WRW⁺ 的 W⁺ 而言 p∈W⁺ 时，Op∈W。

（C. O）说的是，当且仅当在 W 的每一个道义上的替代世界中 p 皆为真（p 在所有理想世界中都为真）时，Op 在世界 W 中就是真的。在标准道义逻辑中，另一个道义助词"P"（意味着"……是被允许的"）被定义为"¬O¬"（"Pp" =

---

〔1〕 也可参见前文，第 50~53 页。

df "¬O¬p")。因此,"p 在世界 W 中被允许"就意味着至少存在一个理想世界,在其中 p 是真的而不违背任何义务。"Pp"的真值条件如下:

(C.P) 当且仅当存在这样一个可能世界 W^+,即 WRW^+ 成立且 $p \in W^+$ 时,$Pp \in W$。[1]

在道义逻辑语义学中,关系 R 不是反身性的,即 WRW 并非对于每一个可能世界 W 都是成立的。某个可能世界,例如我们所身处的这个现实世界,就不能够是自身的道义上的替代世界。这是因为在现实世界中义务经常被违反。换言之,现实世界是不理想的,有义务去做之事并不总是现实地被去做。既然 R 不能够是反身性的,那么

(8) Op→p

就不是逻辑上有效的。在标准道义逻辑中,另一个针对关系 R 的要求是持续性(serility),它说的是,对于任何可能世界而言总是存在一个道义上的替代世界。这一条件可以被表述为:

(C.O*) 对于每一个可能世界 W 而言,如果 $Op \in W$,那么至少存在这样一个可能世界 W^+,即 WRW^+ 且 $p \in W^+$。

连续性以及相应的条件(C.O*)背后的假定在于,规范内容所描述的理想世界必然是"真正"可能的世界,它能通过我们的行动被创造出来。如果某事是义务性的,那么必然有可能在某个世界——虽然这不必然就是这个现实的世界——中实现它。简单地说,理想世界必须是可以被实现的。相应地,一个具有矛盾性内容,如 O⊥〔或者 O (p∧¬p)〕的规范在任何可能世界中都无

---

[1] "p 是被禁止的"可以被定义为"O¬p"或"¬Pp"。相应地,当且仅当 ¬p 在每一个理想世界中皆为真时,"p 是被禁止的"就是真的。

法成立，因为依照（C. ⊥），不存在任何可能世界，在其中⊥是真的。包含⊥的语句集合所描述的是一个"不可能的世界"。（C. O*）和（C. P.）合在一起使得

（9）Op→¬O¬p

在逻辑上有效。（9）说的是，有义务去做之事也是被允许去做的。

没有任何不可能之事是义务性的，虽然这种说法似乎是合理的，但（C. O*）和（9）并非没有问题，尤其是我们承认规范冲突的可能性时。规范体系拥有有效但内容相互矛盾的规范，例如Op和O¬p，这并不是什么鲜见的事。如果一个法律体系包含着原则，那么在许多情形中这就会导向无法同时被满足的规范。如果我们身处的现实世界W包含着相冲突的规范，例如Op∈W且O¬p∈W，那么相对于W就不存在理想世界。正因为如此，（C. O*）和（9）似乎就不得不被放弃。然而，笔者并不认为（C. O*）是一个不合理的要求，因为原则间的规范冲突通畅是一种条件式的不连贯性（conditional inconsistency），即受制于特定事实的不连贯性（consistency *modulo* certain facts）。[1] 如果原则集合本身是连贯的，那么就只有在特定情形中才会导致相冲突之义务，但这并不等于说无法用连贯的语句集合来描述原则的内容。如果原则集合所设想的理想情境依然是一个可能的世界，那么就似乎没有理由去拒绝（C. O*）。笔者将在下一部分再回到原则碰撞以及条件式的规范不连贯性这一主题上来。

对于道义替代关系R还存在着其他一些要求。这些要求对于

---

[1] 关于规范冲突以及条件式的规范不连贯性，参见 Carlos E. Alchourrón, Conflicts of Norms and the Revision of Normative Systems, *Law and Philosophy* 10 (1991), pp. 413 –425.

涉及重复道义助词的问题来说非常重要。为了避免不必要的复杂性，我们将在下面讨论重复义务的语义学时放弃西克曼所用的效力谓词"G"。既然规范语句的真值条件已经用克里普克－辛提卡语义学来定义，那么笔者就将假定：当且仅当规范语句"Op"在一个世界中为真时，相应的规范在这个世界中才是有效的。依照西克曼的观点，原则包含着"特殊规范状态的要求，因而包含着规范模态的重复"。[1] 例如，言论自由原则要求侮辱性言论被允许，而个人荣誉权原则要求侮辱性言论不被允许；两个要求可以分别被呈现为"OPp"和"OO ¬p"。在下文中只考虑义务助词"O"的重复。将原则概括为理想应然的一种可能的方式在于，认为原则具有重复义务的结构，例如"OOp"，它说的是，应当如此：p 是义务性的，例如，"应当如此：侮辱性言论应当受到保护。"我们如何用道义逻辑的语义学来解释一个包含着重复道义助词（例如"OOp"）的规范语句呢？运用（C. O），我们即可获得"OOp"的真值条件：

（C. OO） 当且仅当对于每一个成立 WRW$^+$ 的 W$^+$ 而言 Op ∈ W$^+$ 时，OOp ∈ W$^+$。

（C. OO）说的是，当且仅当 Op 在 W 的所有道义上的替代世界中都为真时，OOp 在可能世界 W 中就是真的。如果"OOp"是理想应然的逻辑形式，那么我们就可以说，理想应然是一种"理想世界中的义务"或者是一种"我们应当采纳的义务"。此外，如果 Op ∈ W$^+$，那么，再次运用（C. OO），p 就在 W$^+$ 的每一个道

〔1〕 Jan – Reinard Sieckmann, Principles as Normative Arguments, in: Ch. Dahlmann and Werner Krawietz (eds.), *Values, Rights and Duties in Legal and Philosophical Discourse* (Rechtstheorie Beiheft 21), Berlin 2005, p. 203; *Recht als normatives Systems*, Baden – Baden 2009, S. 198.

义上的替代世界中都是真的了［条件（C.O$^+$）确保了对于理想世界 W$^+$ 而言必然存在这样一个替代性的世界］。因此，（C.OO）就可以被修正为：

（C.OO*）当且仅当对于每一个成立 WRW$^+$ 和 W$^+$RW^{++} 的 W$^+$ 和 W^{++} 而言，p ∈ W^{++} 时，OOp ∈ W。

换言之，当且仅当 p 在相对于 W 之理想世界的每一个道义上的替代世界中皆为真时，OOp 在可能世界 W 中就是真的。当然，W^{++} 是相对于理想世界 W$^+$ 的理想世界，因为 W$^+$RW^{++} 成立。那么，W^{++} 是否同样是相对于 W 的理想世界，即 WRW^{++}？如果道义替代关系 R 是可传递的，那么从 WRW$^+$ 和 W$^+$RW^{++} 中就可以得出 WRW^{++}。这意味着，某个可能世界之道义上替代世界的每个道义上替代世界相对于这一世界同样是理想世界。这种可传递性的要求似乎是合理的，只要 R 可以被解释为"……比……更好"。道义上的替代世界相比于现实世界是个更好的世界，而比现实世界之道义上替代世界更好的任何可能世界同样要比现实世界要好。R 的可传递性可以用下述条件来表述：

（C.OO$^+$）如果 Op ∈ W，那么对于每一个成立 WRW$^+$ 的 W$^+$ 而言，Op ∈ W$^+$。

在可传递性的约束下接受（C.OO$^+$）的理由是很明显的：如果 Op ∈ W，那么 p 在每一个 W 的道义上替代世界中必然是真的。如果 W^{++} 是 W 的某个道义上替代世界（如 W$^+$）的道义上替代世界，那么，由于可传递性，W^{++} 就同样也是 W 的道义上替代世界。由此可推知 p ∈ W^{++}。既然 W^{++} 同样也是 W$^+$ 的道义上替代世界，那么依照（C.O），p ∈ W^{++} 就蕴含着 p ∈ W$^+$。在直觉上，（C.OO$^+$）说的是，每一个在现实世界中可获得的义务都可以在理想世界中获得。很容易看出，（C.OO$^+$）证实了：

（10）Op→OOp[1]

从（10）我们可以推断出"OOp→OOOp"、"OOOp→OOOOp"等等。这意味着，如果在现实世界中存在某项义务，那么这一义务就可以无限重复下去。（C. OO⁺）和（10）似乎对应于西克曼理论中的重复效力要求。[2]然而，笔者认为，重复道义助词并不是呈现理想应然之逻辑结构的充分方式，如果考虑到另一个属性R的话。

虽然因为我们身处的现实世界并不"完美"或"理想"因而反身性是不可接受的，但采纳这样一种较弱的假定似乎是合理的：如果某个世界相对于我们的世界是理想的世界，那么它相对于它自身就也是理想世界，更准确地说，如果WRW⁺，那么W⁺RW⁺。这一"弱的"反身性被称为"次级反身性"（secondary reflexivity）或"代用反身性"（shift reflexivity）。如果R是次级反身性的，那么每一个道义上的替代世界就也是自身的道义上替代世界。出于以下理由，次级反身性是合理的：在定义上，一个理想世界是其中所有义务都得以满足的世界。它们自然不仅包括"旧有的"义务（在这样一个世界中的义务，理想世界相对于它来说是道义上的替代世界），也包括在理想世界本身中获得的"新的"义务。次级反身性的约束可以用如下条件来表述：

---

[1]　要注意的是，如果R是欧几里得式的，那么"Pp→OPp"在逻辑上就是有效的。也就是说，如果WRW⁺且WRW⁺⁺，那么W⁺RW⁺⁺。

[2]　人们或许会接受一种较弱的条件，即可传递关系只存在于理想世界之间：对于现实世界W的每一个道义上替代世界W⁺而言，如果W⁺RW⁺⁺且W⁺⁺RW⁺⁺⁺，那么W⁺RW⁺⁺⁺。相应的条件则可以被修正如下：

（C. OO⁺⁺）如果对于每一个成立WRW⁺的W⁺而言Op∈W⁺，那么对于每一个成立W⁺RW⁺⁺的W⁺⁺而言Op∈W⁺⁺。

根据这一较弱的条件，"OOp→OOOp"是有效的，但（10）是无效的。这似乎更接近于西克曼关于重复效力要求的最初观念。

（C. O）$_{rest}$如果 Op ∈ W$^+$且 W$^+$是某个可能世界 W 的道义
上替代世界（WRW$^+$），那么 Op ∈ W$^+$。

（C. O）$_{rest}$证实了：

（11）O（Op→p）

而（11）又蕴含着：

（12）OOp→Op[1]

从（10）和（12）我们可以推断出：

（13）Op↔OOp

（13）等于这样一种观念：重复道义助词"O"是多余的，这
意味着，每一个重复义务都可以被还原为非重复的义务。[2]这正
是为什么将重复义务视为理想应然或原则之特有结构并不合适的
原因。基于还原定理（13），理想世界中的义务（我们应当采纳
的义务）与现实世界中的义务（我们现实拥有的义务）之间没有
真正的差别。因此，认为理想应然与现实应然的结构性差别在于
"OOp"与"Op"的形式差别的观点是不充分的。

在笔者看来，原则的要求依然可以被简单呈现为"Op"，因
为为了呈现理想应然而重复道义助词"O"是多余的。如果这是
对的，那么问题就来了：我们应当如何来理解原则的理想性质或
者最佳化性质，以及理想应然与现实应然之间的结构性差别呢？

---

〔1〕（12）可以从（11）和公理 K：O（p→q）→（Op→Oq）一起推导出来。
很明显，根据（C. O）$_{rest}$，（12）是有效的：如果 OOp ∈ W，那么对于每一个成立
WRW$^+$的 W$^+$而言，Op ∈ W$^+$。依照（C. O）$_{rest}$，如果 Op ∈ W$^+$，那么 p ∈ W$^+$，因
此 Op ∈ W。

〔2〕要注意的是，如果 R 是可传递的，那么"OPp→Pp"就是有效的。因此，
如果 R 是可传递的且是欧几里得式的（参见第198页脚注1），那么"Pp↔OPp"就
是逻辑上有效的。

依照阿列克西的观点，原则"包含着一种理想'应然'，它尚未在事实上和法律上可能的范围内被相对化"，[1]但也包含着"尽最大可能被实现的要求"以及"关于事实上和法律上之可能性的陈述"。[2]这一着实非常模糊的主张或许可以这样来解释：在理论上，原则的内容所描述的理想情境就是一个可实现的可能世界。但这一理想在某些情形中无法被充分实现，因为总有某些可能世界无法被转化为"完美的"或"理想的"世界。如果我们身处的现实世界是这些世界中的一个，那么我们能做的最好做法就是努力使它尽可能的理想化。因而现实应然的内容由所有最好世界（这些是尽可能接近于理想世界的世界）中为真之事构成。这一观念将在下一部分得到更为精确的说明。

四、理想应然与现实应然

　　如果某个原则集合中的原则在既定情境中相互冲突，那么这一原则集合中所包含的理想应然就无法充分实现。笔者预先假定原则间的冲突是一种依赖于情境的规范不连贯性。既然假定原则的要求可以被呈现为"Op"，那么笔者就将只考虑涉及义务规范的规范不连贯性。

　　让 $N：\{Op_1，…，Op_n\}$ 代表某个可能世界 W 中的规范集合，$I_N = \{p_1，…，p_n\}$ 代表 N 的规范内容集合。当且仅当 I_N 是可满足时 N 就是连贯的，换言之，存在这样一个可能世界 W^+，即 I_N 中的每一个语句在 W^+ 中都是真的（即对于每一个 p_i（$1 \leq i \leq n$）而言，$p_i \in W$）。规范连贯性的概念被定义如下：

---

〔1〕 Robert Alexy, On the Structure of Legal Principles, *Ratio Juris* 13（2000），p. 300.

〔2〕 Robert Alexy, Zum Begriff des Rechtsprinzips, in ders., *Recht*, *Vernunft*, *Diskurs*, Frankfurt a. M. 1995, S. 204.

（CON）对于某个可能世界 W 中的规范集合 N 而言，当且仅当存在这样一个可能世界 W⁺，即 $I_N \subseteq W^+$ 时，N 才是连贯的。

很明显，I_N 是 N 中的原则所设想的理想情境，而 W⁺ 是相对于 N 的一个理想世界，即 W 的道义上的替代世界。从规范集合的角度出发，理想世界可以被定义为：

（IW）就规范集合 N 而言，当且仅当 $I_N \subseteq W^+$ 时，W⁺ 就是一个理想世界。

笔者将以如下方式来定义理想应然：

（IO）就原则集合 N 而言，当且仅当 $I_N \vdash p$（p 是 I_N 的逻辑后承）时，Op 就是理想应然。

笔者建议定义如下可能世界的额外条件：

（C. $\vdash$）对于每一个语句 p 而言，如果 W 是可能世界且 $W \vdash p$，那么 $p \in W$。

（C. $\vdash$）说明，可能世界在后承关系"$\vdash$"中是闭合的。很容易就可以来证明（IO）的充分性。当且仅当 p 是 I_N 的逻辑后承时，笔者就将"Op"称为 N 的道义后承（deontic consequence）。[1]（IO）说明，N 的每一个道义后承都是一个理想应然。N 的每一个要素都是 N 的逻辑后承，同时也是一个理想应然。[2] 如果 p 是 I_N 的逻辑后承，即便 p 并非 I_N 的要素（即 Op 并没有被明确包含于

---

〔1〕　关于道义后承与逻辑后承的区别，参见 Jakko Hintikka, Some Main Problems of Deontic Logic, in: R. Hilpinen（ed.）, *Deontic Logic: Introductory and Systematic Readings*, Dordrecht 1981, pp. 77 – 87.

〔2〕　这源于这样一个假定，即后承关系是包容性的：对于 S 中的每一个语句 p 而言，$S \vdash p$。

N 之中），依然可以得出 $Op \in W$。理由是很明显的：既然对于每一个相对于 W 中的 N 的理想世界 W^+ 而言 $I_N \subseteq W^+$，那么如果 $I_N \vdash p$，p 就也是 W^+ 的逻辑后承。[1] 按照（C. $\vdash$），这意味着 $p \in W^+$，即 p 在每一个理想世界中都是真的。因而不仅将 N 中的规范、而且将从 N 中得出的义务都称为"理想应然"是很自然的。换言之，理想应然是或明或暗包含于 N 中的应然。

就规范不连贯性而言，当且仅当 I_N 不可满足时，规范集合 N 就是绝对不连贯的（categorically inconsistent）。绝对的规范不连贯性之定义如下：

> （INC）当且仅当不存在这样一个可能世界 W，即 $I_N \subseteq W$ 时，N 才是绝对不连贯的。

例如，规范集合 $\{Op, O\neg p\}$ 在绝对意义上是不连贯的。然而，正如前文所述，原则集合本身却通常是连贯的。让我们来这样一个简单的集合，它只包含着两个原则，即"应当如此：言论自由（p）受到保护（r）"以及"应当如此：侵害个人名誉权的行为（q）不受保护（¬r）"。可以很清楚地看到，$\{O(p \rightarrow r), O(q \rightarrow \neg r)\}$ 是连贯的，因为 $\{p \rightarrow r, q \rightarrow \neg r\}$ 是可满足的。只有在践行言论自由侵害了个人名誉权的情形中才会出现规范的不连贯性，因为 $\{p \rightarrow r, q \rightarrow \neg r\}$ 在一个 $p \wedge q$ 为真的世界中是无法被满足的。笔者将这一类型的规范不连贯性称作条件式的不连贯性。条件式的规范不连贯性是受制于特定事实的不连贯性。笔者将一个既非同义反复（逻辑上有效）也非矛盾且不包含任何道义助词的语句 s 称为事实描述。当且仅当规范内容 I_N 和事实描述 s 无法

---

[1]　这是因为经典的后承关系是单调的：对于两个语句集合 S 和 S' 而言，如果 $S \subseteq S'$ 且 $S \vdash p$，那么 $S' \vdash p$。

同时被满足时，原则集合 N 才会在既定情境中产生冲突。因而规范集合 N 的条件式的不连贯性可以这样的方式来定义：

（CINC）当且仅当 $I_N \cup \{s\}$ 不可满足（不存在任何这样的可能世界 W，即 $I_N \cup \{s\} \subseteq W$）时，N 才是受制于 s 的不连贯的。[1]

我们可以用另一种方式来界定条件式的规范不连贯性。假定当且仅当规范集合 S 蕴含着逻辑矛盾时，S 就是不连贯的或不可满足的，即 $S \vdash \bot$。据此假定，当且仅当 $I_N \cup \{s\} \vdash \bot$ 时，$I_N \cup \{s\}$ 才是不连贯的。[2] 依照经典逻辑的演绎定理，[3] 这意味着 $I_N \vdash s \rightarrow \bot$。既然"$s \rightarrow \bot$"在逻辑上等值于"$\neg s$"，那么条件式规范不连贯性的一个替代性定义可以写作：

（CINC*）当且仅当 $I_N \vdash\!\!\underline{} \neg s$ 时，N 才是受制于 s 的不连贯的。

依照（IW）和（C.$\vdash\!\!\underline{}$），$I_N \vdash\!\!\underline{} \neg s$ 意味着，对于每一个相对于 N 的理想世界 W^+ 而言，$\neg s \in W^+$。换言之，s 在任何理想世界中都不是真的。让我们将一个在其中 s 为真的可能世界称为"s 世界"。故而上文的结论等同于这样一种主张：如果可以从 I_N 中推出 $\neg s$，那么 s 世界在 N 方面就不能够是一个理想世界。如果我们自身所处的情境是一个 s 世界，那么就不可能将我们身处的现实世界转化为理想世界，因而 N 中的原则所设想的理想情境就无

---

〔1〕"$\cup$"代表集合的联结。值得注意的是，如果我们容许 s 可以是同义反复，那么绝对的不连贯性就可以根据条件式的不连贯性来界定。

〔2〕 在上例中很容易说明，从 $\{p \rightarrow r, q \rightarrow \neg r\}$ 和 $\{p \wedge q\}$ 可以推出 $r \wedge \neg r$。

〔3〕 演绎定理说的是：如果 $S \cup \{p\} \vdash q$，那么 $S \vdash p \rightarrow q$。

法充分被实现。[1] 在这类情境中，我们能做的最好办法就是使得现实的 s 世界尽可能接近于理想情境；N 中所包含的理想应然会"在事实上和法律上可能的范围内被相对化"，并转化为"现实"应然。这正是阿列克西之"最佳化命题"所说的东西。

用 K_N 来表示 I_N 的所有逻辑后承的集合，即 $K_N = \{p \mid I_N \vdash p\}$。依照（IO），$K_N$ 可以被视为包含于原则集合 N 中之理想应然的完整内容，换言之，K_N 是对理想情境的"充分"描述，而当且仅当 $p \in K_N$ 时，Op 就是理想应然。很清楚，首先，对于每一个可能世界 W 而言，当且仅当 $K_N \subseteq W$ 时，[2] W 就是一个理想世界；其次，当且仅当 $\neg s \in K_N$ 时，$I_N \vdash \_\_\neg s$。相应地，条件式不连贯性的定义可以被修正如下：

（CINC**）当且仅当 $\neg s \in K_N$ 时，规范集合 N 才是受制于 s 的不连贯的。

如果 N 是个规范集合，而 K_N 是对 N 所设想的理想情境的充分描述，那么依照阿列克西的最佳化命题，在冲突情境 s 中我们应当做的是使得 s 世界尽可能接近于 K_N，换言之，我们不得不去构造其中 s 为真的世界，它在其他方面尽可能地与理想世界相似。这种"几近理想的"世界并非是道义上完美的，因为在每一个理想世界中 s 都是错的，但它们可以被戏谑地称作是"几近理想的"，因为它们在最大限度内保留了 K_N 中的要素。

在我看来，一个"几近理想的"世界可以通过如下方式来构造。第一步是形成 K_N 的一个与 s 最大程度上连贯的子集，即 K_N

----

［1］ 原因很明显：如果 $I_N \vdash \neg s$，那么依照（IO），$O\neg s$ 就是理想应然。如果我们身处的现实世界是一个 s 世界，那么它就不可能是一个理想世界，因为 $O\neg s$ 已经被违背了。

［2］ 在此我们假定每一个理想世界都满足条件（C.$\vdash$）。

的一个并不蕴含¬s 的最大子集（maximal subset）。更为技术一点地说：

（MAX）当且仅当语句集合 K 符合下列条件时，它才是 K_N 的一个并不蕴含¬s 的最大子集：

（i）K 是 K_N 的非空子集（$K \subseteq K_N$）。

（ii）¬s 不是 K 的逻辑后承（$¬s \notin K$）。

（iii）对于每一个属于 K_N 但不属于 K 的语句 p 而言，如果 K 要扩张以包含 p，那么它就蕴含着¬s（如果 $p \in K_N$ 且 $p \notin K$，那么 $K \cup \{p\} \vdash ¬s$）。

任何满足条件（i）、（ii）和（iii）的语句集合都可以被称作 K_N 相对于 s 的"亚理想情境"。要注意的是，当原则集合在特定情形中发生冲突时，一般来说会有数个亚理想情境存在。例如，在上文那个简单例子中，在情形 $p \wedge q$ 下就至少有两个替代性的亚理想情境，其中一个包含"$p \to r$"但不包含"$q \to ¬r$"，而另一个则包含"$q \to ¬r$"但不包含"$p \to r$"。衡量和权衡的观念预先假定某些亚理想情境要比其他情境"要好"。[1] 更准确地说，我们可以假定在亚理想情境之间存在一种优先关系（preference relation），它可以被用来从这些情境中择取出最佳要素。用"$\leq$"来代表这样一种优先关系，用"$K_N \perp ¬s$"来代表 K_N 的所有并不蕴含¬s 的最大子集的集合（即 K_N 相对于 s 的所有可能的亚理想情境的集合）。对于 $K_N \perp ¬s$ 中的任意两个集合 K、K^+ 而言，"$K \leq K^+$"读作"K^+ 至少与 K 一样好"。"K 与 K^+ 同样好"被定义为"$K \leq K^+$ 且 $K^+ \leq K$"，而"K 绝对比 K^+ 要好"被定义为"$K \leq K^+$，但并

---

[1]　我们可以说，如果某种亚理想情境相比于另一种情境所包含的某一原则之要求的内容更多，那么这一原则就更倾向于前一种情境而非后一种情境。

非 $K^+ \leq K$"。相应地，当且仅当 K^+ 至少与其他所有亚理想情境一样好时，K^+ 才是"最好的"亚理想情境之一。$K_N \perp \neg s$ 的最佳要素集合通过"best（$K_N \perp \neg s$）"来指代，并可以被定义如下：

（BEST）best（$K_N \perp \neg s$）= $\{K^+ \in K_N \perp \neg s \mid$ 对于所有 K $\in K_N \perp \neg s$ 而言 $K \leq K^+\}$。

情形 s 之下的某个"几近理想的"世界可以通过扩张的"最佳"亚理想情境之一 K^+ 以包括 s，即 $K^+ \cup \{s\}$ 来获得。当且仅当 $K^+ \cup \{s\}$ 在某个可能世界 W 中可满足时，W（在其中 s 为真）才是一个"几近理想的" s 世界。让我们将这类可能的世界称为"s 理想世界"。一个 s 理想世界是一个在其中 s 为真的世界，但此外它与一个可能的 s 世界一样的"理想"。更技术一点地说：

（IW_s）就规范集合 N 而言，当且仅当 $K^+ \cup \{s\} \subseteq w$［其中 $K^+ \in$ best（$K_N \perp \neg s$）］时，可能世界 W 才是一个 s 理想世界。

现在我们是时候来定义所谓"现实应然"或"确定的义务"了。回想起阿列克西关于理想应然与现实应然的说明。原则包含着理想应然，它尚未在事实上与法律上可能的范围内被相对化。如果某个原则在事实上与法律上可能的范围内被相对化，它就会被转化为现实应然。因此，现实应然是"被相对化了的理想应然"，它陈述出，依照某个原则集合，在某个现实情境中应当做什么。如果说事实上的可能性要通过对既定情境的事实描述来锚定的话，那么法律上的可能性就要通过权衡和衡量此一情境中所有相关的原则来确定。假设我们自身所处的事实情境是这样一个可能世界，在其中原则集合 N 所设想的理想情境无法完全被实现，那么在这些情形中我们该怎么做呢？虽然理想世界被排除了，但在依然可实现的可能世界中有一些要比其他一些要好。因此，我们要从"糟糕的"情形中选出最好的，也必须是要努力去实现最佳且可实现的世界中的一个。某些语句在所有这些最佳、近乎理想的世界中都是真的。因此我们不得不让这些语句为真，如果现实世界要近似于理想的话。这暗示着"现实应然"的如下定义：

（RO）就原则集合 N 而言，当且仅当对于每一个 $K^+ \in$ best（$K_N \perp \neg s$）而言 $K^+ \cup \{s\} \mid p$ 时，在情形 s 下 p 就是义务性的（"Op"是现实应然）。

在直觉上，如果从 $K^+ \cup \{s\}$ 可以得出 p，那么 p 在每一个满足 $K^+ \cup \{s\}$ 的可能世界中就都是真的，也即是说，p 在每一个 s 理想世界中都是真的。如果我们想要将现实的 s 世界转化为"几近理想的"世界，那么我们必须实现 p。笔者将使用二阶道义助词"O（.../...）"来指代现实应然。"O（p/s）"可以被读作"在情形 s 下 p 是义务性的"。[1]（RO）可以被改造为一个有关条件式义务之真值条件的更加简明的定义，如下：

（RO*）当且仅当 p 在每一个 s 理想世界中皆为真时，O（p/s）才是真的。[2]

---

[1]　要注意的是，任何一阶语句"Op"都可以被转化为"O（p/l）"，这里的"l"表示任何同义反复，即在每一个可能世界中皆为真的语句。因此，"O（p/l）"呈现出了一种未被相对化的应然。这或许可以来解释，为什么阿列克西认为没有必要引入两套不同的道义助词来分别概括"理想应然"与"现实应然"。

[2]　相应地，当且仅当 p 在至少一个 s 理想世界中为真时，"P（p/s）"才是真的。或许有人会反对说，（RO）以及（RO*）并不是很充分，因为它们只是证实了"O（s/s）"。然而，正如本特·汉森（Bengt Hansson）所指出的，我们必须将相对于情形 s 的义务当作一个有限全集中的义务：在所有可能的世界中，目前可行的只有 s 世界；而 s 世界的集合扮演着全集的角色。因此，"O（s/s）"所说的只是：在情形 s 下至少有某些东西是义务性的。参见 Bengt Hansson, An Analysis of Some Deontic Logics, in: R. Hilpinen（ed.）, *Deontic Logic: Introductory and Systematic Readings*, Dordrecht 1981, p. 144.

正如前文所述，既然 s 理想世界可以通过扩张 K_N 的最佳亚理想情境以包含 s 来获得，而最佳亚理想情境由相对于 s 的亚理想情境之间的优先关系"≤"来确定，那么得出这样的结论就似乎是十分合理的：现实应然（或确定的义务）是权衡和衡量的结果。[1]

值得一提的另有一个要点。在前文的讨论中，我们假定 K_N 之亚理想情境之间的优先关系并非是事先给定的，而是在既定情境 s 中建立的。在某种意义上，这对应于阿列克西的主张，即原则间的优先关系是条件式的，需要在具体案件的语境中被确定。[2]假如如此，那么这类优先关系就最好被指数化为"$≤_s$"，因为在情形发生改变时，原则间的条件式优先关系就有可能发生改变。但我们也可以想象出一种非指数化的优先关系。让我们将由原则集合和优先关系 < N、≤ > 组成的对子称为"原则体系"或用阿列克西的用语来说，"原则间关系的理论"。[3]当且仅当优先关系 ≤ 能够为每一个可能情形 s 确定最佳 s 世界，以至于我们总是可以

---

〔1〕 关于二阶道义逻辑的可能世界语义学，参见 Bengt Hansson, An Analysis of Some Deontic Logics, in: R. Hilpinen (ed.), *Deontic Logic: Introductory and Systematic Readings*, Dordrecht 1981, pp. 121 – 147. 这里所作的阐释暗示着，二阶道义逻辑的语义学与 AGM 理论修正模式［参见 Carlos E. Alchourrón, Peter Gärdenfors and David Makinson, On the Logic of Theory Change: Partial Meet Contraction and Revision Functions, *Journal of Symbolic Logic* 50 (1985)］之间存在紧密关联。事实上，亚理想情境和 s 理想世界的构造就是对基于部分收缩之理论修正的运用。对此的详细说明参见 Carlos E. Alchourrón, Philosophical Foundations of Deontic Logic and the Logic of Defeasible Conditionals, in: J. – J. Ch. Meyer and R. J. Wieringa (eds.), *Deontic Logic in Computer Science: Normative System Specification*, Cicheter 1993, pp. 65 – 83; Carlos E. Alchourrón, Detachment and Defeasibility in Deontic Logic, *Studia Logica* 57 (1996), pp. 5 – 18.

〔2〕 Robert Alexy, *A Theory of Constitutional Rights*, trans. by J. Rivers, Oxford 2002, p. 52.

〔3〕 Robert Alexy, Zum Begriff des Rechtsprinzips, in ders. , *Recht, Vernunft, Diskurs*, Frankfurt a. M. 1995, S. 208.

在每一个可能情境中来确定确定性的义务要求是什么时，原则体系就是完美的。然而，正如阿列克西正确主张的，如果 < N、≤ > 在这意义上是完美的，它就不再是原则的体系，而毋宁说是规则的体系了，因为原则所要相对化的前提即事实上和法律上可能的范围已经在事先完全被确定和稳固了下来。[1] 因此，如果 < N、≤ > 是真正的原则体系，那么它必然具有 "漏洞"：必然存在某些情形，在其中相对于这些情形的亚理想情境之间的优先关系并不是事先给定的，否则的话在具体案件中就没有衡量和权衡的余地了。为了在具体案件中建立优先关系，阿列克西后来提出了所谓的 "重力公式"（Weight Formula）。[2]

五、结语

在本章中，笔者批判了西克曼对于原则之逻辑结构的分析，并提出了一种替代性的进路，它运用了克里普克－辛提卡的可能世界语义学来澄清理想应然和现实应然、最佳化命令以及衡量和权衡的观念。本章的主要论点可以被概括为：其一，关于原则集合 N 的理想世界是一种可能的世界，在其中 N 的规范内容所描述的理想情境被充分实现。其二，当且仅当在每一个理想世界中 p 皆为真时，Op 才是一种理想应然。原则集合 N 的每一个道义后承都是一种理想应然。其三，如果 N 在情形 s 下是不连贯的，原则的最佳化性质就会要求 N 所设想的理想情境应当近似地被实现，也就是说，我们必须创造出这样一个 s 理想世界，它是最接近于理想世界的最佳 s 世界之一。其四，就 N 而言，当且仅当 p 在所

〔1〕　Robert Alexy, Zum Begriff des Rechtsprinzips, in ders. , *Recht*, *Vernunft*, *Diskurs*, Frankfurt a. M. 1995, S. 208.

〔2〕　Robert Alexy, *A Theory of Constitutional Rights*, trans. by J. Rivers, Oxford 2002, pp. 52, 407 - 414. 同样可见 Robert Alexy, On Balancing and Subsumption. A Structural Comparison, *Ratio Juris* 16（2003）, pp. 443 - 448.

有的 s 理想世界中皆为真时，p 在情形 s 下（O（p/s））才是确定的义务性的。其五，s 理想世界由相对于 s 的可能的亚理想情境之间的优先关系来确定。所谓"衡量和权衡"在建立这样一种优先关系的过程（假如它没有事先被给定的话）中发挥着作用。最后，对于呈现这些想法而言，Op 足以反映出原则（包括法律原则在内）的逻辑结构，以及"尚未在事实上与法律上可能的范围内被相对化"之理想应然的性质。一方面，这意味着对于分析原则的逻辑结构而言，并不需要像西克曼那样去重复效力义务。另一方面，p 在情形 s 下具有确定义务性（O（p/s））就是说在 s 的情形下有做 p 的确定义务，这又相当于说存在一条以 s 为构成要件和以 p 为法律后果的规则。[1] 它是情形 s 下原则间衡量与权衡的结果（例如 Op 优于 O¬p）。这同时也说明，作为理想应然原则的逻辑结构不同于作为现实应然之规则的逻辑结构。

---

〔1〕 这里的"s"就相当于第四章中的"T"，或者第三、六、七章中的"C"，它构成了原则权衡的具体情境（个案情形），也构成了由此产生之规则的构成要件。

第六章 法律论证的基本模式 I：涵摄

一、引言：关于涵摄的争议

法律规则的典型适用方式为涵摄（Subsumtion），而涵摄模式（Subsumtionsmodell）一直是法学方法论探讨的焦点之一。依照 19世纪晚期，尤其是制定法实证主义关于法律适用的观念，人们将涵摄理解为一种通过制定法和事实来决定的结论确凿的过程，它隐含着三个前提：相关法律规则的既定性、案件事实的既定性、将裁判作为必然结果归于规则与事实的推导关系。这种观点可称为"涵摄决定论"（Subsumtionsdeterminismus），它主张涵摄模式决定并穷尽了法律适用的过程。与此相关的是将法官想象成"涵摄机器"的观念，即认为法官只需在"输出口"将隐含于被输入之法律规则与事实中的判决丢出来就可以了。[1] 涵摄决定论在晚近的法律理论中受到了激烈的批评。批评者指出这一观念所隐含的三个前提均无法成立，无论是法律规则抑或是案件事实都具备

---

〔1〕 相关的观念史分析参见 Regina Ogorek, *Richterkönig oder Subsumtionsautomat? Zur Justiztheorie des 19. Jahrhunderts*, Frankfurt a. M. 1986. 这一观念甚至在最近依然存活于"法信息学"这样的交叉科学之中，并被冠之以"机器之法"（Recht ex machina, law from machine）之名（Vgl. Oliver Raab, Richard Wacker, Daniel Oberle, Christian Baumann und Christian Funk, *Recht ex machina: Formalisierung des Rechts im Internet der Dienste*, Berlin u. Heidelberg 2012）。

"被建构"的色彩，而从这两个前提到结论的过程也绝非必然的推导过程。所以，将某个案件涵摄于某个法律规则之下的观念被贬斥为一种司法修辞，并以"涵摄意识形态"来统称之。[1] 这种贬斥或怀疑在多大程度上是合理的，首先取决于我们如何来理解"涵摄"。

学界对于涵摄这一术语的使用在概念上并未统一，我们大体上可以从宽到窄归纳出三种观点。最广义上的涵摄指的是"确定生活事实与法律规则之间关系的思维过程"，它与"许多，通常也很复杂的思维步骤相关联"。[2] 广义上的涵摄等同于"法律涵摄推理"（juristischer Subsumtionsschluß），即作为法律适用过程中所运用之法律论证的一种。[3] 依照这一观点，涵摄就是将特定案件事实归属于法律规则的构成要件之下，以得出特定法律后果的推论过程。[4] 另有学者区分了作为整体的涵摄推理与作为小前提之组成部分的涵摄，后者即狭义上的涵摄，指的是"具体待决案件与为制定法构成要件所确凿涵盖之案件之间的等置"。[5] 狭义上的涵摄构成了广义上涵摄的一部分。最广义上的涵摄无疑过于宽泛，因为它其实是将涵摄与法律适用全面等同，或者说将法律适用的其他模式（如权衡、类比等）都统摄于涵摄之下，这一等同会使得相关的批评与辩护都无所适从。在余下的两种观点中，

---

〔1〕 Vgl. Joachim Vogel, *Juristische Methodik*, Berlin 1998, S. 175.

〔2〕 例如参见 Bernd Rüther und Christian Fischer, *Rechtstheorie: Begriff, Geltung und Anwendung des Rechts*, 5. Aufl. , München 2010, Rn. 677.

〔3〕 例如参见 laus F. Röhl und Hans Christian Röhl, *Allgemeine Rechtslehre: Ein Lehrbuch*, 3. Aufl. , Köln 2008, S. 132.

〔4〕 参见王泽鉴：《法律思维与民法实例》，中国政法大学出版社 2001 年版，第 200 ~ 201 页。

〔5〕 例如参见 Karl Engisch, *Logische Studien zur Gesetzesanwendung*, 3. Aufl. , Heidelberg 1963, S. 19, 26.

本章将采用广义上的涵摄作为出发点。在这种理解中，涵摄被视为一种法律适用的模式，因而也可称为"涵摄模式"。至于为什么不对涵摄采取狭义上的理解，即主张涵摄是仅与小前提（案件事实）相关的那部分推理，将在下文再作交代。涵摄决定论无疑是站不住脚的，因为涵摄模式仅仅是法律论证之一种，无法穷尽法律适用的方方面面。今日，无论是涵摄模式的支持者还是反对者在这一点上都有共识。真正有争议的问题在于：对于理解法律适用而言，涵摄是否是一种理性的和有价值的模式？涵摄是否是法律论证的一种必不可少和不可替代的基本模式？这就要求我们首先来澄清涵摄的逻辑结构，接着来对涵摄的怀疑论进行反驳，进而叙明涵摄作为一种法律论证之基本模式的价值所在。

二、涵摄的逻辑结构

要证明涵摄是一种理性的论证模式，就要对其结构进行合乎逻辑的重构。根据具体情形的不同，这种重构可以两种形式来展现：简单情形中的司法三段论与复杂情形中的演绎。需要首先指明的是，很多文献中并不对涵摄、司法三段论与演绎作明确的区分。在某种意义上，演绎只是指明了涵摄或司法三段论的逻辑特性。但在本章中，我们在技术的意义上使用"演绎"一词，用它来指从两个以上的前提中推导出结论的推论形式，以与"司法三段论"相对，而用"涵摄"来统摄这两者。所以现在我们要考察的是涵摄的司法三段论模式与演绎模式是否能得到逻辑证立。

（一）涵摄的简单模式：司法三段论

司法三段论（Justizsyllogismus），有时也被称作"法学三段论"，一般认为可以追溯到亚里士多德（Aristotles）的古典逻辑推论，即芭芭拉模式（Modus Barbara）的推论。[1]但我们无需回溯到古典逻辑学说中去寻找重构的依据。对当代法学方法论影响比较大的是德国法学家拉伦茨（Larenz）提出的模式。他认为司法三段论具有如下样态：

> 大前提：假使任何一个案件事实实现 T，则应赋予其法律后果 R。

> 小前提：特定案件事实 S 实现 T，质言之，其系 T 的一个"事例"。

> 结　论：对 S 应赋予法律后果 R。

拉伦茨将上述三段论称为"确定法律后果的三段论法"，并用符号将其形式化为：

T → R（对 T 的每个事例均赋予法律后果 R）

---

〔1〕　例如夏普就认为，芭芭拉模式"在法学方法论中是涵摄模式的逻辑模板"（Jan Schapp, Der Fall in der juristischen Methodenlehre, in: Gottfried Gabriel und Rolf Gröschner, *Subsumtion: Schlüsselbegriff der Juristischen Methodenlehre*, Tübingen 2012, S. 232）。莱格将"芭芭拉模式的演绎三段论"视为"证立法律裁判的经典形式"（Joachim Lege, *Pragmatismus und Jurisprudenz*, Tübingen 1999, S. 442）。但近来也有学者提出了挑战，例如许佩尔斯就认为，芭芭拉模式并不是司法三段论的模板。因为芭芭拉模式中的三个命题都是全称命题，而司法三段论中只有大前提是全称命题，其余两个为单称命题；芭芭拉模式的大前提为直言命题，而司法三段论的大前提为假言命题。此外，许佩尔斯还考察了达里模式（Modus Darii），认为司法三段论更接近于它。但达里模式的小前提和结论为特称命题，而司法三段论的小前提和结论为单称命题，除非将特称命题等同于单称命题，才能将两个模式等同。但他认为这依然是有问题的。Vgl. Bernd Hüpers, Logik im Recht: über die versteckte Bedeutung der Deduktion für die Rechtsfindung, *ARSP* 101 (2015), S. 387 – 391. 克卢格的做法是区分了芭芭拉模式 I（以全称判断为小前提）和芭芭拉模式 II（以单称判断为小前提），司法三段论指的是后者（Ulrich Klug, *Juristische Logik*, 4. Aufl., Heidelberg 1982, S. 49）。这依然没有解决直言命题与假言命题的区别问题，况且芭芭拉模式 II 是否是亚里士多德原初意义上的芭芭拉模式还是存疑的。但无论芭芭拉模式是否构成司法三段论的模板，都不影响其对司法三段论之结构本身的证立。

S = T（S 为 T 的一个事例）

S → R（对于 S 应赋予法律后果 R）[1]

但拉伦茨并没有对他所使用之符号的含义进行精确界定，而只是以相当直观的方式进行了说明，至于为什么这是一个逻辑上有效的论证，他也没有加以证明。[2] 这样的一种形式化具有两个缺陷：最大的缺陷在于小前提的表现形式，即用等号（“＝”）来表示小前提。[3] 等号通常用来表示等同关系，而等同关系具有对称性，也就是说，如果 S＝T，那么 T＝S。但司法三段论中的 S 表示的是具体的案件事实，而 T 表示的是普遍规则的抽象构成要件，具体的案件事实如何能等同于抽象的构成要件呢？还是以上文提及的“盐酸案”为例。该案所适用之大前提中的构成要件 T 是“行为人持武器实施抢劫”，而案件事实 S 是“甲持盐酸实施抢劫”。如果按照拉伦茨的表述，小前提就应该是“持盐酸实施抢劫＝持武器实施抢劫”。根据对称关系，就应该推导出“持武器实施抢劫＝用盐酸泼收银员来实施抢劫”，这显然是不可接受的。当然，按照拉伦茨的说明，“S＝T”应被理解为“S 为 T 的一个事例”，如上例中小前提应被理解为“甲持盐酸实施抢劫是持武器实施抢劫的一个事例”。但“是……的一个事例”既非等同关系，也不具有对称性，因为“持武器实施抢劫”显然不是“甲持盐酸实施抢劫”的一个事例。所以等号无法清楚地表达出拉伦茨想要

---

[1] 参见［德］卡尔·拉伦茨：《法学方法论》，陈爱娥译，商务印书馆 2003 年版，第 150 页。出于吻合大陆译习的缘故，笔者将该译本中的“法效果”替换成了“法律后果”。

[2] 对拉伦茨三段论之逻辑有效性的讨论参见陈显武：“法律推理与逻辑程式化”，载《政大法学评论》第 56 期（1996 年），第 308～309 页。

[3] Vgl. Jürgen Rödig, *Theorie der gerichtlichen Erkenntnisverfahrens*, Berlin u. a. 1973, S. 165.

表达的意思：除了其他特殊要素外，所有作为 T 的特征值要素，在 S 也都存在。[1] 拉伦茨三段论的另一个缺陷则在于，从他所给定的两个前提出发在形式上是推导不出结论的。暂且不论小前提的表述形式问题，假定拉伦茨三段论是有效的，他用以表述大前提和结论的是逻辑学中的条件句"如果……那么……"，这鲜明地体现在他所采用的蕴含符"→"上。这样一来，从大前提"如果行为人持武器实施抢劫，那么应当以抢劫罪的加重情形予以刑罚"和小前提"甲持盐酸实施抢劫是持武器实施抢劫的一个事例"就只能推出一个条件句"如果甲持盐酸实施抢劫，那么应当以抢劫罪的加重情形予以刑罚"，但却无法得出个别的法律后果"甲应当以抢劫罪的加重情形予以刑罚"。[2] 拉伦茨三段论的缺陷主要是来自于他所使用的逻辑符号没法恰当地分析法律论证在形式结构上的重要特征。要克服这些缺陷，就必须运用更为精确的逻辑工具来分析法律适用的结构。[3]

我们可以用下面这个例子来作为重构司法三段论的出发点：

（1）饮酒后驾驶机动车的，处暂扣 6 个月机动车驾驶证，并处 1000 元以上 2000 元以下罚款（《道路交通安全法》第 91 条）。

---

〔1〕 拉伦茨其实也承认这一点，但他认为自己"实在想不出适当的符号来表达这个想法"（参见［德］卡尔·拉伦茨：《法学方法论》，陈爱娥译，商务印书馆 2003 年版，第 159 页，脚注 34）。

〔2〕 要得出这个个别的法律后果，就必须将具体案件事实 S "甲持盐酸实施抢劫"作为额外前提加入原本的三段论中，新的推论具有如下形式：

（1）T→R

（2）S＝T

（3）S→R

（3'）S

（4）R

〔3〕 可参见王鹏翔："论涵摄的逻辑结构——兼评 Larenz 的类型理论"，载《成大法学》第 9 期（2005 年），第 7～8 页。

（2）甲饮酒后驾驶机动车。

（3）甲应处暂扣 6 个月机动车驾驶证，并处 1000 元以上 2000 元以下罚款。

这个例子说明，一般所谓的司法三段论与拉伦茨所展示的有所不同，它的大前提是一条普遍的、适用于不特定多数人的法律规则，小前提是对具体案件事实的描述，而结论则是适用于此一具体案件的法律后果。[1] 与前文第四章将法律规则的逻辑结构简单形式化为 T→OR[2] 有所不同，在本章中，为了更为精确地展现涵摄的结构，我们需要引入一阶谓词逻辑来形式化作为大前提的法律规则以及涵摄的其他部分。我们用 x 来表示不特定的个体，用 a 表示具体特定的个体（如"甲"），而用 T 表示大前提的构成要件"饮酒后驾驶机动车"，R 表示法律后果"处暂扣六个月机动车驾驶证，并处 1000 元以上 2000 元以下罚款"，那么司法三段论的基本形式可以表述如下：

（1）对于所有的 x 而言，如果 x 满足构成要件 T，那么法律后果 R 就应当适用于 x。

（2）a 满足构成要件 T。

（3）法律后果 R 应当适用于 a。

为了进一步分析司法三段论的逻辑结构，我们用"(x)"来表示"对于所有 x 而言……"，用"→"表示"如果……，那么……"，"O"表示道义逻辑算子"应当"，那么司法三段论的逻辑结构就可以被形式化为：

---

[1] Vgl. Karl Engisch, *Logische Studien zur Gesetzesanwendung*, 3. Aufl., Heidelberg 1963, S. 10ff.

[2] 参见前文，第 168 页。

$$(I) \quad \cdot (1)(x)(Tx \rightarrow ORx)$$
$$\cdot (2) \; Ta$$
$$(3) \; ORa \qquad (1),(2)$$

（I）就是运用包含道义逻辑算子的一阶谓词逻辑（first – order predicate logic）对司法三段论的形式化。用一阶谓词的术语来说，"T"与"R"都是表示某种性质的谓词，"x"是所谓的个体变量，"a"则是个体常量，"（x）"是全称量词，"→"是条件句的联结符。[1]其中，大前提（1）(x)(Tx→ORx)是一个量化的条件式语句，代表"对于所有的 x 而言，如果 x 满足 T，那么 OR 就适用于 x"。[2]小前提（2）Ta 表示"a 是 T"，在语义上意味着"概念 T 可以适用于个体 a"，或更准确地说，"个体 a 属于概念 T 的外延"，这样就可以避免拉伦茨的 S = T 所带来的困扰。当然，这里最重要的还是（I）的有效性，因为如果无法证明（I）在逻辑上是个有效的推论，那么就无法证明司法三段论是一种理性的论证模式。上面（1），（2）两行左边的点表示（1），（2）是推论的前提，而最后一行右边的"（1），（2）"表示（3）是从（1），（2）推论得出的，那么我们是根据什么样的规则从前提中推演出结论的呢？首先，作为全称规范语句，大前提（1）表述了一条普遍性的法律规则。这意味着，对于其适用范围内的所有个体 a，b，c……，只要其满足（1）的构成要件 T，就将适用法律后果 R，

---

〔1〕 关于这些符号的含义及其在法学中的运用，例如参见 Maximiliam Herberger und Dieter Simon, *Wissenschaftstheorie für Juristen*, Frankfurt a. M. 1980.

〔2〕 这一表现形式对于法律论证有其实用意义（Vgl. Hans – Joachim Koch, Deduktive Entscheidungsbegründung, in: Robert Alexy, Hans – Joachim Koch, Lothar Kuhlen und Helmut Rüßmann（Hrsg.）, *Elemente einer juristischen Begründungslehre*, Baden – Baden 2004, S. 45ff）但条件式规则的语义特征及其形式还是有争议的（参见陈显武："论条件式规范之逻辑特性"，载《台大法学论丛》2004 年第 33 卷，第 1～43 页）。对此这里不作进一步的探讨。

这就是说，从（1）可以推导出 Ta →Ora，Tb→OR，Tc→ORc……。或者说（x）（Tx→ORx）就等于 Ta→Ora，Tb→Orb，Tc→ORc…的综合。这是一个分析性的步骤，可以被称为"全称例示"或"全称个别化"（universal instantiation）。由于它是通过消除（1）中的全称量词以及代入个体常量而产生的，故而可以将称之为全消规则（Allbeseitigungsregel）或替代规则（Substitutionsregel）。这样一条规则说的不外乎是：对一切都有效的，对于每个个体同样有效。[1] 据此我们可以从（1）推导出：

（1'）Ta→ORa

（1'）是一个以 Ta 为前件而以 ORa 为后件的条件句。根据命题逻辑中的"肯定前件律"以及分离规则，我们可以从一个条件句以及该条件句的前件推导出它的后件：（p→q）∧p→q。故而，从 Ta→ORa 和 Ta 可以推导出 ORa。所以，司法三段论的完整推论过程就变成了：

（I'）　·　（1）（x）（Tx→ORx）

　　　　·　（1'）Ta→ORa　　[全消规则]

　　　　·　（2）Ta

　　　　　　（3）ORa　　　　　　（1'），（2）　　[分离规则]

可见，从某种意义上说，涵摄就是对作为大前提之法律规则的内涵的个别化过程。正是法律规则的逻辑结构决定和影响了涵摄的逻辑结构。当然，（I）只是一种涵摄的简单模式，或者说法律论证的简单模式。在比较复杂的情形中，这一模式即不足以应对。这些复杂的情形包括：①一个法律规则包含着多个构成要件

要素，如《刑法》第 382 条第一段就包含了"利用职务便利"、"侵吞"、"窃取"、"骗取"、"其他手段"、"非法占有公共财物"等概念。②适用一个法律规则时必须运用说明性、限制性或指示性条款来加以补充。③有多个法律后果可供选择，如上例中的法律后果"处暂扣 6 个月机动车驾驶证，并处 1000 元以上 2000 元以下罚款"。在甲饮酒后驾驶机动车的情形中，除了处暂扣 6 个月机动车驾驶证的处罚外，究竟在"1000 元以上 2000 元以下罚款"内处以具体多大数额的罚款，尚有待进一步确定。④为表述法律规则所使用的表达允许作多种解释。这主要发生在规范构成要件所使用的概念与具体案件的描述之间并不完全一致的情形。此时我们无法确定 a 究竟是不是 T，从而也就不清楚法律后果 R 是不是应当适用于 a。[1] 其中前三种情形主要涉及对大前提之重构：第一种情形涉及结合具体案件对法律规则之构成要件要素进行选择和组合；第二种情形涉及在法律规则的基础上结合说明性、限制性或指示性条款来构造新的大前提；第三种情形涉及结合个案来使得大前提的法律后果特定化。它们都属于外部证成的任务，不涉及涵摄。[2] 而最后一种情形与涵摄问题直接相关，故而下文将对此作进一步的探讨。

（二）涵摄的复杂模式：演绎

（I）所展示的司法三段论之所以被称为涵摄的简单模式，是因为它仅包含法律规则（大前提）与案件事实（小前提）两个前

---

[1] 对这四种情形的列举参见 Robert Alexy, *Theorie der juristischen Argumentation*, 2. Aufl., Frankfurt am Main 1991, S. 276. 例子为笔者所加。

[2] 当然，不能否认存在这样的情形：一方面法律规则存在前三种情形之一种或多种，另一方面又涉及解释。例如《刑法》第 382 条第一段中的"利用职务便利"可能就存在多种解释，所以仅就构成要件的这一要素而言尚存在演绎的余地。所以，上面四种情形只是一种理想型的分类，并不排除实在法规则有同时包含数种情形的可能。

提，而且描述案件事实所使用的概念"饮酒后驾驶机动车"完全符合构成要件所运用的概念，所以不需要加入额外的前提即可以直接推导出法律后果。但这样的情形在实践中非常罕见，只有当构成要件所使用的概念是所谓的"基本概念"（Grundbegriffe），也就是无需通过其他概念来定义或说明的概念时，[1]才可能如此。但大部分的法律概念都不属于基本概念，例如《刑法》第 234 条第 2 款规定的"重伤"就需要进一步的界定才能适用。而在实际的案件中，对具体的案件事实的描述也往往不完全等同于构成要件，例如在一个案件中，张三砍断了他人的左手拇指、食指与中指。法官通过自己的经验与理解，认为《刑法》第 234 条第 2 款所表述的意义可能会是适用于本案的法律规则，因而以（1）"致人重伤的，应处以 3 年以上 10 年以下有期徒刑"作为大前提，而以（2）"张三砍断他人的左手拇指、食指与中指"作为小前提。显而易见，从（1）和（2）并不能直接推导出法律后果"张三应处以 3 年以上 10 年以下有期徒刑"。因为大前提与小前提之间存在落差：大前提用的概念是"重伤"，而小前提中的事实描述是"砍断他人的左手拇指、食指与中指"，两者并不吻合，这里的关键在于无法即刻确定张三的行为是不是"致人重伤"，因此无法仅靠三段论来弥补。我们用"T"来表示"致人重伤"，"R"表示"处以 3 年以上 10 年以下有期徒刑"，"S"表示"砍断他人的左手拇指、食指与中指"，"a"代表"张三"，那么上述大前提与小前提就可以形式化为：

- （*1）$(x)(Tx \rightarrow ORx)$
- （*2）Sa

---

[1]　关于"基本概念"参见 Ulrich Klug, *Juristische Logik*, 4. Aufl., Heidelberg 1982, S. 15. 与此相对的是"推导式概念"。

非常清晰地可以看出大前提的构成要件"Tx"与小前提"Sa"并不吻合，所以也就不能通过全消规则与分离规则来获得法律后果"ORa"。要填补上述落差，就要确立一个额外的规则：

(*1')砍断他人的左手拇指、食指与中指就是伤害他人身体致人重伤。

加入这个额外的前提后自然可以推导出法律后果"张三应处以 3 年以上 10 年以下有期徒刑"。但问题在于，我们通过（1'）所做的工作是一种什么性质的工作？我们仅仅是在确认一个我们的语言中已经存在的用法，抑或是自己在对某个语言的用法作出规定（确证）？也就是说，(*1')只是表达出了我们语言习惯中的将"砍断他人的左手拇指、食指与中指"约定俗成地视为"重伤"的做法，抑或我们其实是通过（1'）来对"重伤"这个概念作出自己的判断？这里就涉及对语言用法之确认（Feststellung）与确证（Festsetzung）的差别。除去这一点不论，我们还可以进一步追问，特定案件事实必须具备什么样的特征，才能被归到"重伤"这个概念之下？也就是说，"砍断他人的左手拇指、食指与中指"的行为具备了什么性质，才被视为"重伤"？可见，正是因为法律论证的大前提与小前提之间存在落差，才出现了涵摄的必要：我们必须提出理由来论证"张三砍断他人的左手拇指、食指与中指"的行为符合《刑法》第 234 条第 2 款"致人重伤"这个构成要件，才能弥补案件事实与构成要件之间的落差。这个论证的过程属于涵摄的核心任务。与此相比，司法三段论中大、小前提由于完全吻合，所以可以直接推导出法律后果，这甚至谈不上严格意义上的涵摄。只是鉴于本章一开始时所提出的广义上的涵摄概念，依然将其视为涵摄的（简单）模式。回到刚才的问题上来，(*1')只能算是（另一个）涵摄的结果，这意味着，除了法律规则与案件事实的描述外，尚需加入其他的前提才可能要推论出（*1'）以弥补落差。那么，在本例中，哪些额外的前提是推论出法律后果所必需的呢？首先，我们找到《刑法》总则部分第95条对于重伤的定义："本法所称重伤，是指有下列情形之一的伤害：①使人肢体残废或者毁人容貌的……"从该条文可以得出下面这个语义规则：

（*3）使人肢体残废的，属于致人重伤。

再根据日常语言对于"肢体残废"的理解，还可以得出另一条语义规则：

（*4）丧失手的机能，就属于肢体残废。[1]

但是，在加入前提（*3）和（*4）后，依然没法推导出具体的法律后果，因为我们尚需来确定"砍断他人的左手拇指、食指与中指"是否导致了手的机能的丧失。同样根据日常语言，"机能"指的是"细胞组织或器官等的作用和活动能力"。[2]而根据日常经验，手的作用全在于手指，拇指、食指与中指被砍断，剩余的无名指与小拇指就丧失了作用。因为手的作用就在于抓取东西，而仅剩无名指与小拇指是无法抓取东西的。所以拇指、食指与中指被砍断也就相当于整只手的机能就丧失了。由此我们可以得出两个进一步对"重伤"予以精确化的前提：

（*5）如果手指失去作用，就会丧失手的机能。

（*6）砍断他人的左手拇指、食指与中指，手指就失去

---

[1] 根据《现代汉语词典》，"残废"指的是"四肢或双目等丧失一部分或者全部的机能"（见中国社会科学院语言研究所词典编辑室编：《现代汉语词典》（修订版），商务印书馆2000年版，第119页）。

[2] 中国社会科学院语言研究所词典编辑室编：《现代汉语词典》（修订版），商务印书馆2000年版，第582页。

了作用。

通过（*3）~（*6）对"重伤"这个概念层层递进的解释，即可以推论出（*1'）砍断他人的左手拇指、食指与中指就是伤害他人身体致人重伤。[1] 换言之，加入上述四个新的前提后，就弥补了原本存在于法律规则与案件事实之间的落差，从而可以毫无跳跃地推导出法律后果"张三应处以 3 年以上 10 年以下有期徒刑"。我们将这一论证的前提与结论重新排列如下：

（1）致人重伤的，应处以 3 年以上 10 年以下有期徒刑。

（2）使人肢体残废的，属于致人重伤。

（3）丧失手的机能，就属于肢体残废。

（4）如果手指失去作用，就会丧失手的机能。

（5）砍断他人的左手拇指、食指与中指，手指就失去了作用。

（6）张三砍断他人的左手拇指、食指与中指。

（7）张三应处以 3 年以上 10 年以下有期徒刑。

可以看到，前提（1）~（6）的性质各不相同：（1）是法律规则，（6）是具体案件事实的描述，（2）与（3）是为了说明"重伤"这个概念之含义的语义规则，（4）和（5）属于经验陈述，它的真实性是得到医学研究和日常经验的确保的。要推论出（7），（2）~（5）都是必不可少的条件。为了更清晰地呈现出上述推论的逻辑结构，我们用"M_1"来表示"使人肢体残废"，"M_2"表示"丧失手的机能"，"M_3"表示"手指失去作用"，如此，整个论证就可以被形式化为：

---

[1] 根据最高人民法院、最高人民检察院、公安部、国家安全部、司法部发布的《人体损伤程度鉴定标准》（2014 年 1 月 1 日起实施），双手离断、缺失或者**功能完全丧失**是为重伤一级。这样就可以省却（3）和（4）这两个步骤。但无论如何，这不影响本例的说明效果。

- （1）（x）（Tx→ORx）
- （2）（x）（M_1x→Tx）
- （3）（x）（M_2x→M_1x）
- （4）（x）（M_3x→M_2x）
- （5）（x）（Sx→M_3x）
- （6）Sa
  （7）ORa　　　　　（1）～（6）

一方面，根据谓词逻辑的推导规则，我们可以从（2）～（5）推导出：[1]

（8）（x）（Sx→Tx）

这其实可以被看作是对拉伦茨三段论的精确化，因为（8）其实就相当于是拉伦茨三段论中的小前提。再根据前述全消规则与分离规则，从（8）和（6）即可推导出：

（9）Ta

（9）正是前文所提出的司法三段论的小前提，接着从（1）和（9）就可以推导出具体案件中的法律后果（7）ORa。由于（9）是以（2）～（6）作为前提所推论出来的，所以这一推论可以被视为形成司法三段论之小前提的过程。另一方面，从（1）～（5）也可以推导出下面这个普遍性的规则：

（10）（x）（Sx→ORx）

以（10）为大前提，以（6）为小前提，同样可以推导出（7）ORa。（10）也是一个全称规范语句，即"砍断他人的左手拇

---

〔1〕　这里其实依然是芭芭拉模式的套用，即从"所有的 G 都是 H"和"所有的 F 都是 G"推导出"所有的 F 都是 H"。

指、食指与中指者，应处以 3 年以上 10 年以下有期徒刑"。但它并不是由制定法直接提供的普遍性规则，而是仅以描述案件事实之概念作为构成要件，其规范的对象相较于（1）更为具体或者说外延更为特定，类似于菲肯切尔（Fikentscher）所谓的"个案规范"（Fallnorm）。[1]个案规范与具体案件事实描述之间是没有落差的，就相当于司法三段论中的大、小前提。关键的是，（10）仍需从（1）~（5）推论得出，这个推论过程可以被视为大前提的形成过程。由此可见，我们对于上述论证之有效性可以采取两种证明方式：要么从（2）~（6）推导出司法三段论的小前提，然后结合大前提（1）推导出结论，要么从（1）~（5）推导出司法三段论的大前提，然后结合小前提（6）推导出结论。在此，两者中最重要的部分（2）~（5）是重合的，我们既可以将其视为形成大前提的过程，也可以将其视为形成小前提的过程。回到本章开头所提的问题上来：为什么不对涵摄采取狭义上的理解，即主张涵摄是仅与小前提相关的那部分推理，道理即在于此，因为将这部分推理单独视为与小前提相关是错的。进而，追问涵摄推理的重点究竟在于形成大前提还是小前提，这一提问本身也是错的。

但不管怎样，这里的重点在于，当法律论证中具体案件事实与法律规则的构成要件之间存在落差时，法学三段论不敷使用，此时必须通过演绎来弥补这一落差，即通过层层递进的解释（语义规则、经验规则等）来精确化法律概念的含义，直至能将具体案件事实与构成要件严丝合缝地连接起来为止。如果对这一演绎

<hr>

[1] Vgl. Wolfgang Fikentscher, *Methode des Rechts in vergleichender Darstellung*, Band. 4, Tübingen 1977, S. 129ff. 许佩尔斯也认为个案规范才是演绎真正的大前提，并将其定义为"某人主张为真的一种关涉个案之制定法的具体化"。Vgl. Bernd Hüpers, Logik im Recht：über die versteckte Bedeutung der Deduktion für die Rechtsfindung, *ARSP* 101（2015），S. 400.

过程中每一步所运用的解释性规则产生质疑，就需停下来对其正确性进行论证，直至无人质疑为止。这就落入了外部证成的框架，也是法教义学（Rechtsdogmatik）的领域了。因为法教义学的根本任务就在于对所运用的制定法前提进行澄清。[1]它以教义性规则来补充制定法规则，使得法律个别化与法律具体化过程成为可能，在此意义上，法教义学可被称为"制定法的延伸之臂"（verlängerter Arm des Gesetzes）。[2]可见，涵摄的过程往往不是三段论，而是需要教义学提供规则来进行连接的多段论。从形式上看，这是一个演绎的过程，我们称之为涵摄的演绎模式，它的精确结构可以被这样形式化：

(II) · (1) $(x)(Tx \rightarrow ORx)$

· (2) $(x)(M_1x \rightarrow Tx)$

· (3) $(x)(M_2x \rightarrow M_1x)$

$$\vdots$$

· (n − 1) $(x)(M_nx \rightarrow M_{n-1}x)$

· (n) $(x)(Sx \rightarrow M_nx)$

· (n + 1) Sa

(7) ORa   (1) ~ (6)

在上述图式中，（1）表示法律规则，（n + 1）表示对具体案件事实的描述，（2）~（n）则通过 M_i（$1 \leqslant i \leqslant n$）对 T 进行的语

---

〔1〕 Vgl. Carsten Bäcker, Der Sylogismus als Grundstruktur des juristischen Begründens?, *Rechtstheorie* 40（2009），S. 411. 所以，前述公式中，前提（1）~（6）前面的点不仅意味着它们是前提，也意味着对于它们可能需要在外部证成中进行教义学论证。

〔2〕 Vgl. Kyriakos N. Kotsoglou, Subsumtionsautomat 2.0：über die（Un −）Möglichkeit einer Algorithmisierung der Rechtserzeugung, *Juristenzeitung* 9（2014），S. 455.

义解释，其中（n）通常是一个经验命题（如上例中的（*6）砍断他人的左手拇指、食指与中指，手指就失去了作用）。（II）代表了法律论证的基本形式，它虽然没有考虑到含有多个构成要件或者法律后果的复杂情形，但已将涵摄的逻辑结构清晰地表达出来了。其他复杂情形的逻辑结构只需在此基础上作调整即可。试举一例。《刑法》第 385 条规定，国家工作人员利用职务上的便利，索取他人财物的，或者非法收受他人财物，为他人谋取利益的，是受贿罪。第 386 条和第 383 条则规定了受贿罪的法律后果，由于比较复杂，我们不进行赘述。这些法条合起来表达出了关于受贿罪的完整法律规则。我们用 T 表示"受贿罪"，OR 表示受贿罪的法律后果，则（1）（x）（Tx→ORx）可用来表示受贿罪的法律规则。《刑法》第 385 条规定了受贿罪的四个构成要件要素，即"国家工作人员"、"利用职务上的便利"、"索取他人财物"、"非法收受他人财物"、"为他人谋取利益"，可以分别以 M_1、M_2、M_3、M_4、M_5 来表示。这五个要素对于受贿罪的意义并不相同：其中"国家工作人员"和"利用职务上的便利"是构成受贿罪的必要特征，而"索取他人财物"或"非法收受他人财物"且"为他人谋取利益"是选择性特征。如果用"∧"代表"且"，"∨"代表"或"，那么该条法律规则的结构就可以用（1^*）（x）（M_1x∧ M_2x∧ （ M_3x∨M_4x∧M_5x）↔Tx）来表示。从（1^*）与（1）就可以推导出含有多个构成要件要素的规则：

（1^{**}）（x）（M_1x∧M_2x∧ （ M_3x∨M_4x∧M_5x）→ORx）

这条规则等同于（x）（M_1x∧M_2x∧M_3x→ORx）∨（M_1x∧M_2x∧M_4x∧M_5x→ORx）。但具体案件中，法官可能只会运用到"或"前面的这部分或者后面的这部分。假定我们现在运用到"或"后面的这部分（1'）（M_1x∧M_2x∧M_4x∧M_5x→ORx）。但这部分构成要件要素中的一个或数个与具体案件事实描述之间依旧存在落差，仍需要进行解释才能弥补这一落差。例如在"潘玉梅、陈宁受贿案"（最高人民法院 3 号指导性案例）[1]中，被告人利用各自职务便利，为请托人低价取得创业园区的土地等提供了帮助，并与请托人共同注册成立一家公司以"开发"上述土地。被告人既未实际出资，也未参与该公司经营管理。其后，请托人以公司名义将该公司及其土地转让给另一家公司，被告人以参与利润分配的名义收受陈某给予的 480 万元。该指导性案例的裁判要点和裁判理由部分指出，该利润并非所谓的公司利润，而是利用职务便利使陈某低价获取土地并转卖后获利的一部分，体现了受贿罪权钱交易的本质，属于以合办公司为名的变相受贿。所以国家工作人员利用职务上的便利为请托人谋取利益，并与请托人以"合办"公司的名义获取"利润"，没有实际出资和参与经营管理的，以受贿论处。这里涉及的主要是对"非法收受他人财物"（M_4）的解释。该指导性案例实际上是确证了一条新的语义规则，即"以合办公司的名义获取利润，没有实际出资和参与经营管理的，即为非法收受他人财物"。如果用 M_4' 来表示"以合办公司的名义获取利润，没有实际出资和参与经营管理的"，那么这条语义规则就可以被形式化为：

(2') (x) (M_4'x→M_4x)

---

[1] 该案与正文相关的基本案情为：2003 年 8、9 月间，被告人潘玉梅、陈宁分别利用担任江苏省南京市栖霞区迈皋桥街道工委书记、迈皋桥办事处主任的职务便利，为南京某房地产开发有限公司总经理陈某在迈皋桥创业园区低价获取 100 亩土地等提供帮助，并于 9 月 3 日分别以其亲属名义与陈某共同注册成立南京多贺工贸有限责任公司（简称多贺公司），以"开发"上述土地。潘玉梅、陈宁既未实际出资，也未参与该公司经营管理。2004 年 6 月，陈某以多贺公司的名义将该公司及其土地转让给南京某体育用品有限公司，潘玉梅、陈宁以参与利润分配名义，分别收受陈某给予的 480 万元。

那么，对具体案件事实的描述就将是（3'）$M_1a \wedge M_2a \wedge M_4'a \wedge M_5a$。[1] 如此，整个推论过程就将被形式化为：

- （1'）(x) $(M_1x \wedge M_2x \wedge M_4x \wedge M_5x \rightarrow ORx)$
- （2'）(x) $(M_4'x \rightarrow M_4x)$
- （3'）$M_1a \wedge M_2a \wedge M_4'a \wedge M_5a$

　　（4'）ORa　　　　　　　　（1'）～（3'）

当然，实际案件中，除了 M_4 之外，M_1、M_2 和 M_5 都有可能存在需要进一步解释的空间，因而尚需在上述公式中加入类似于（2'）这样的语义规则来弥补落差。而 M_4' 可能仍需进一步具体化才能与对具体案件事实的描述相连接。所以，上述公式中的中间性步骤可能更多，而结构也更为复杂。但无论如何，（II）都已经展示出了涵摄之复杂模式即演绎的基本结构。

（三）涵摄的特殊问题

涵摄可能会面临两个特殊问题。

一个问题是规则冲突的情形。规则冲突是指两个法律规则同时适用于一个案件产生彼此不相容的结果。从涵摄的角度而言，这里产生的是当同一个具体案件事实被涵摄于两个不同的法律规则之下，得出彼此矛盾的法律后果的情形。出现这种情形时就产生了何者优先适用的问题，而这往往需要运用元规则（meta - rules）来解决，如上位法优于下位法、新法优于旧法、特别法优于普通法。想要运用这些元规则来解决规则冲突，就需要适用另一层次的涵摄，即确定相互冲突之规则间的关系是否满足元规则所设定的条件，这种第二层次的涵摄可称为"元涵摄"（meta -

---

〔1〕　由于本案中同样存在着数个与构成要件要素相对应的案件事实要素，故而为了结构的清晰性和推论的有效性，我们不便以 Sa 来表示对具体案件事实的描述。

subsumption）。[1] 例如，我们将相互冲突的规则称为 A 与 B，假定 A 与 B 之间具有上位法与下位法的关系，那么元涵摄涉及的就是这样一个三段论：

- （1）上位法优于下位法。
- （2）规则 A 是上位法，规则 B 是下位法。
- （3）规则 A 优于规则 B 适用。

这意味着，在个案中就应当适用这一具有优先性的规则 A，并得出其法律后果，而不具有优先性的规则 B，其法律后果就应当收回。[2] 当然，假如（1）和（2）受到挑战，则仍需对这两个前提本身进行证立。通常来说，证立（1）的方式就是指明它为某个实在法条文（如《立法法》中的条文）所规定，而证立（2）的方式在于证明，因制定主体不同，规则 A 所处的规范性文件（如法律）和规则 B 所处的规范性文件（如行政法规）具有效力上的位阶关系。此亦属于外部证成的领域了，不再赘述。但有时候，相冲突之法律规则之间可能并不具备上下、新旧及特别和普通的关系，此时无法适用元规则来解决冲突，而可能要诉诸权衡（balancing）。这在关于法律非单调推理（non – monotonic reasoning）的讨论中关注甚多。[3] 推理的单调性指的是论证的结论不会随着前提的增加而改变，而推理的非单调性指的是在论证中加入新的前提（例如与原本可适用之规范相冲突的其他规范或者例外

---

〔1〕　See Robert Alexy, On Balancing and Subsumption: A Structural Comparison, *Ratio Juris* 16 (2003), p. 434.

〔2〕　要强调的是，这里的 A 和 B 指的都是法律规则，而非法律原则。元涵摄只能解决规则冲突，却无法解决原则冲突（Robert Alexy, *Theorie der Grundrechte*, 3. Aufl., Frankfurt a. M. 1996, S. 79ff.）。

〔3〕　例如参见 Giovanni Sartor, A Formal Model of Legal Argumentation, *Ratio Juris* 7 (1994), pp. 191 – 194.

条款）之后反而可能会撤回原先的结论。如果案件事实可被涵摄于某一规则的构成要件之下，那么原本就应当得出其法律后果，但假如该案件同时满足这一规则的例外条款，此时就应当撤回规则的法律后果，转而适用例外的法律后果。有论者认为，法律规则总是拥有例外，而例外是永远没法针对未来的情形穷尽性地予以预先规定的。在现代法理论的文献中，这被称为法律规则的可废止性（defeasibility）。规则的可废止性在逻辑上如何来把握，在今天一直是争议的焦点。[1] 事实上，诺依曼（Neumann）反对涵摄的一个重要理由即在于，规则具有可废止性使得我们无法用全称语句（x）（Tx→ORx）来表述规则，因为没人能够担保可以掌握所有的例外规则。例如，即使"所有杀人者都应被处以刑罚"这一规则被补充上消极特征，这一全称语句也没法把握杀人者不被处以刑罚的所有情形。那么，在规则中引入一条像"假如不存在例外理由"这类的一般性条款是否可行？例如将上述规则的表述改造成"所有杀人者，假如不存在例外理由，都应被处以刑罚"。诺依曼认为这依然是不可行的，因为这样一来就将一个元语言层面的表述引入了形式化之中。[2] 换言之，"所有杀人者都应被处以刑罚"是对象层面的规则，而"假如不存在例外理由"是针对这一规则的元层面的规定，两者不处于同一层面，不能被规定在同一个语句之中。尽管如此，但可以肯定的是，至少存在以一种逻辑上连贯的方式来把握可废止性的可能。在承认权衡余地的前提下，或许我们的确无法一般性地列举出规则的所有例外，但我们可以来证立某个全称语句或一般规则至少对于当下案件来

---

　　〔1〕 对此可参见 Carsten Bäcker, Ruels, Principles, and Defeasibility, in: Martin Borowski, *On the Nature of Legal Principles* (*ARSP Beiheft* 119), Stuttgart 2010, pp. 79 – 92.

　　〔2〕 Vgl. Ulfrid Neumann, *Juristische Argumentationslehre*, Darmstadt 1986, S. 26.

说是真的、正确的或可接受的，这样才能来证立结论。这是在既定情境中来证立全称语句的一般性问题，无论对法律论证过程进行什么样的重构都无法避免。涵摄要展现的只是：法律判决（结论）无法比全称语句或推理规则本身拥有更高的证立程度。[1] 所以，一旦当大前提（针对当下案件）被确定，涵摄也就随之不可避免。总之，无论是通过元涵摄还是通过权衡来解决规范冲突（均属于第二层面），都在第一层面上预设了涵摄，它必须要以这样或那样的方式被展现为演绎结构。[2]

另一个问题是法律原则的适用情形。涵摄往往被认为只适用于规则，而不适用于原则。作为最佳化命题（Optimierungsgebote），原则要求某事（通常是某种要追求的价值或目的）在相对于法律上与事实上可能的范围内尽最大可能被实现，并能以不同的程度被实现。[3] 原则在法律体系中从来就不是孤立地被适用的，在决定考虑实现某个原则时，不可避免地要考虑到其他相对立之原则的存在和影响。相冲突的原则之间彼此相互牵制，如果要百分之百地实现其中一个，就必然要牺牲对另一个的保护，而如果要保护后者，就不免要对前者作出限制。这说明两个原则无法都获得百分之百的实现。此时只能作一取舍，来决定哪一个原则在当前案件中应该优先获得实现，或者说应该获得比较高的实现程度，这种取舍就是权衡。此即原则所谓的"法律上可能的范围内尽最大可能被实现"的意谓。那么，原则权衡是否会取消涵摄作

---

〔1〕 Vgl. Carsten Bäcker, Der Sylogismus als Grundstruktur des juristischen Begründens?, *Rechtstheorie* 40 (2009), S. 423.

〔2〕 See Robert Alexy, On Balancing and Subsumption: A Structural Comparison, *Ratio Juris* 16 (2003), p. 435.

〔3〕 Vgl. Robert Alexy, Zum Begriff des Rechtsprinzips, in: ders., *Recht, Vernunft, Diskurs*, Frankfurt a. M., S. 203; ders., *Theorie der Grundrechte*, 3. Aufl., Frankfurt a. M. 1996, S. 75 – 77.

为法律论证之基本模式的地位？答案是否定的。一方面，上文的论述已然表明，涵摄发生于第一层面（内部证成），而权衡发生于第二层面（外部证成）。内部证成无法为外部证成所取代，它反而向外部证成指明了需要被证立的前提。一旦在外部证成的层面上通过权衡决定了优先适用某个原则，则从这一原则和具体案件事实推导出结论的过程仍需被重构为涵摄的过程。另一方面，原则在适用时，仍需结合个案事实，通过实践三段论（praktische Syllogismus）或演绎来具体化，否则的话不足以产生个案中的法律后果。此即原则所谓"事实上可能的范围内尽最大可能被实现"的意谓。例如，在"街道上是否允许随地吐痰"的情形中，存在一个"（应当）保护环境"的原则，但这个原则本身没有被具体化，也即没有与当下情形发生关联。只有当证明"禁止随地吐痰"属于此一原则的内涵（即街道上不禁止随地吐痰就无法保护环境）时，才能得出结论说"街道上禁止随地吐痰"。[1] 而"街道上禁止随地吐痰"恰恰是一条规则！当我们说将"（应当）保护环境"这条原则适用于"街道上是否允许随地吐痰"的个案时，实际上是以经转化后的规则"街道上禁止随地吐痰"为大前提进行的涵摄论证。甚至可以说，不经过原则转化为规则的过程以及涵摄，甚至没法清晰地知道两条原则在个案中究竟是否发生了冲突。因为原则本身作为抽象的价值构造物是不会在一般层面发生"冲突"的，而只有在特定事实条件下，它们经转化后的规则所导致的法律后果相互矛盾时，我们才能回过头来说这两个原则发生了冲突。可见，法律适用过程中原则权衡的存在不仅不会取消涵摄的地位，反而进一步说明了涵摄的重要性：它位于权衡的开始与结束之处。开始之处即为判断两个原则相冲突之时需要

---

[1] 参见后文，第271~272页。

就它们各自进行具体化，而结束之处指的是当通过权衡决定了优先适用某个原则时仍需通过涵摄来推导出案件结论。

三、涵摄的怀疑论及其反驳

（一）涵摄的怀疑论

尽管涵摄具有司法三段论或演绎这类合乎逻辑的理性结构，但涵摄的怀疑论者依然反对将涵摄作为法律适用的基本模式。怀疑论并不主张将涵摄完全排除于法律适用过程之外或者从根本上取消涵摄这一推理模式。它所反对的是将涵摄视为法律适用的基本模式，因而具有不可取代之重要性的观点。依照对涵摄之地位的认可度不同，我们可以将怀疑论分为两种，即替代论与弱化论。

替代论的代表是考夫曼（Kaufmann）。考夫曼对于涵摄的态度可以被总结为三点：其一，涵摄不是法律适用的全部。涵摄是纯分析性的推论，它并不能为扩展我们的知识带来新的东西。[1]其二，并不能由此推出涵摄就是完全无用的。相反，涵摄发生于每一个法律获取的程序中。[2]这两点都是常识。其中第一点所反对的正是涵摄决定论，而今日即使是涵摄最有力的拥护者也不会否认法律适用过程中存在大量的"决定的余地"和"选择的可能"[3]无法为涵摄所穷尽。关键是第三点，即涵摄理论"尽管并不是完全错的"，但却是"十分片面和不完整的"。因为在某种意义上涵摄只是确定了已经获得的法律结果。它只是一种事后的正确性控制机制〔在卡尔·波普尔（Karl Popper）看来只能进行证伪而无法

---

〔1〕 参见［德］阿图尔·考夫曼：《法律获取的程序——一种理性分析》，雷磊译，中国政法大学出版社 2015 年版，第 2 页。

〔2〕 ［德］阿图尔·考夫曼：《法律获取的程序——一种理性分析》，雷磊译，中国政法大学出版社 2015 年版，第 5 页。

〔3〕 Vgl. Hans - Joachim Koch und Helmut Rüßmann, *Juristische Begründungslehre*, München 1982, S. 346.

证立的机制〕，而法律获取的所有决定性行为都发生于涵摄之前。[1] 进而，考夫曼甚至将涵摄与论证视为两个对立的概念："具有根本性的不是涵摄，而是论证。"[2] 可见，在从"全有"到"全无"的标尺中，考夫曼对于涵摄的定位是偏近于后者的。在此认识的基础上，法律方法的核心被认为不在于一种逻辑推论，而在于比较或者说等置，即将不对称的规范与事实带入一致的过程。而经由比较产生的等置就是类比。所以法律获取程序的核心就是类比。类比不是单独出现的，而毋宁说是将逻辑推论即设证、归纳和演绎整合进了自身之中。[3] 涵摄只是最后一步。如果说在法律适用的过程中，类比是国王的话，那么演绎就好比是女仆。[4] 所以，要恰当地理解法律适用的性质，就要用"等置模式"来取代"涵摄"。

弱化论的代表是诺依曼。诺依曼接续了法律诠释学一脉的基本观点，即规范与案件是方法过程的"原材料"，未经加工，它们根本不可能相互归类，前者属于抽象性 - 普遍性上定义之应然，后者则属于无定型的实然。[5] 因此，规范与事实都有被"制造"的必要性。规范对于法律适用者而言并不是既定的，法律规则之解释结论的多样性使得法官有必要自己来确定适用于具体个案的

---

〔1〕 参见［德］阿图尔·考夫曼：《法律获取的程序——一种理性分析》，雷磊译，中国政法大学出版社 2015 年版，第 5、27 页。

〔2〕 ［德］阿图尔·考夫曼：《法律获取的程序——一种理性分析》，雷磊译，中国政法大学出版社 2015 年版，第 38 页。

〔3〕 ［德］阿图尔·考夫曼：《法律获取的程序——一种理性分析》，雷磊译，中国政法大学出版社 2015 年版，第 154、164 页。

〔4〕 这一比喻参见 Robert Alexy, Arthur Kaufmanns Theorie der Rechtsgewinnung, in: Ulfrid Neumann, Winfried Hassemer, Ulrich Schroth（Hrsg.）, *Verantwortetes Recht*（ARSP – Beiheft 100）, Stuttgart 2005, S. 47.

〔5〕 参见［德］阿图尔·考夫曼、［德］温弗里德·哈斯默尔主编：《当代法哲学和法律理论导论》，郑永流译，法律出版社 2002 年版，第 184 页。

规范究竟是什么，在此过程中他参与了规范的形成与续造。涵摄于规范之下的事实同样不是既定的。尽管在司法裁判之前的确存在某个实际现象，但它作为生活事实并不具备涵摄能力，因为它并没有为语言所把握。所以法官同样有必要来"制造"案件事实，而这一过程绝非仅仅是对实际情形的语言复现，而是创造性的。法官需要根据规范确信来区分相关与不相关的案件情形，也需要对事实进行解释。所以，用逻辑推论（如三段论）的模式来重构涵摄并不合适，因为这就将失掉法律适用中动态进展的要素，而正是这些要素代表了裁判过程以及裁判证立的典型特征。从而，这种重构尽管不是错的，但对于澄清法律论证的结构而言几乎没什么用处。因为从前提中演绎式地推导出逻辑结论并不是证立，而只是主张或演示。坚持演绎式证立结构的人陷入了"论证循环"，从"相应的逻辑全称语句和单称前提（所进行的推导）是循环的"，因而它根本就不属于论证。[1]但诺依曼并不认为涵摄就是毫无用处的。事实上，他为一种最低限度的法律涵摄之概念进行辩护，其认为，涵摄不可放弃的核心在于法律适用者（法律实践者、法学者）之规则导向的裁判原则。司法裁判必须在一种符合法治国思想的司法体系中被证立，而证立的功能在于展示，判决并非来自于法官的任意专断，而是正确的。为了证明这一点，就必须将判决的证立导向某个规则。规则导向是实现平等和普遍化等法治要求的必然途径。[2]换言之，涵摄尽管不是对法律论证

---

〔1〕 Vgl. Ulfrid Neumann, *Juristische Argumentationslehre*, Darmstadt 1986, S. 19 – 20, 26. 亦可参见 Rolf Gröschner, *Dialogik und Jurisprudenz: Die Philosophie des Dialogs als Philosophie der Rechtspraxis*, Tübingen 1982, S. 201.

〔2〕 Vgl. Ulfrid Neumann, Subsumtion als regelorientierte Fallentscheidung, in: Gottfried Gabriel und Rolf Gröschner, *Subsumtion: Schlüsselbegriff der Juristischen Methodenlehre*, Tübingen 2012, S. 315 – 318.

的最佳说明，但却拥有最低限度的价值，因而还是可以被接受的。这可以被视为一种弱化（但不放弃）涵摄在法律适用中之地位的主张。

综上，涵摄怀疑论的主要论据可以归纳为如下三点：其一，涵摄无法准确地概括法律适用的真实过程，即规范与事实的调适过程；其二，涵摄在法律适用中并不占据核心地位，它只是一种事后的正确性控制机制，仅起到"演示"的功能，而非真正的论证；其三，涵摄至多只体现了规则导向的裁判原则或者裁判的非任意性这一价值要求。

（二）涵摄的前提性理论

要正确理解涵摄在法律适用中的作用，就必须首先明确隐含在其背后的前提性理论。从宽泛的意义上讲，这一前提性理论甚至构成了我们来理解"法律论证"本身的基础。这一前提性理论包括两个区分，即法的发现（Rechtsfindung）与法的证立（Rechtsbegründung）之间的区分，以及内部证成（interne Recht-fertigung）与外部证成（externe Rechtsfertigung）之间的区分。

1. 法的发现与法的证立

法的发现与法的证立之区分的根源可以追溯到认识论中关于发现的脉络（context of discovery）与证立的脉络（context of justi-fication）之间的区分。这一区分最早来自于科学哲学中逻辑与心理的区分，即思想的逻辑关联与实际的思想过程之间的巨大差异，或者说思想者发现定理的方式与他在公众面前阐述它的方式之间的差异。[1] 实际如何发现某个定理是一回事，而如何对这个定理

----

〔1〕 Cf. Hans Reichenbach, *Experience and Prediction*, Chicago 1938, pp. 6–7. 莱辛巴赫与其追随者卡尔·波普进行这一区分的主要目的在于将认识论限于逻辑学的领域。而后来的学者，如苏珊·哈克（Susan Haack）则认为认识论同时包括心理学与逻辑学；波兰尼（Polanyi）则主张逻辑也可适用于心理的领域。

加以有效的证明和辩护是另一回事。这一区分被引入法学领域后，即造成法的发现与法的证立的区分。[1] 前者是法律人思考得出某个法律结论的实际过程或者说"真实"过程，后者则是他对这个结论提供论据进行论证说理的过程。无需否认，直觉、偏见和价值偏好这些因素很可能影响到法律人就法律问题作出的判断，但它们属于法的发现过程，在法的证立的层面上，法律人还需对实际上作出的判断进行合理化以证明其是"正确的"。更准确地说，法的发现与法的证立并非两个先后发生的过程，而是同一个过程的不同层面。证立可视为一种对发现脉络中所呈现之解释性假定的强化，其任务在于创设这样一种方式，它能确保在思维过程的出发点与结论之间引入一种无矛盾之体系或创设一系列正确的步骤，也即对其进行理性重构。[2] 对于法学方法论而言，重要的是认识到这样两点：

第一，在法律适用过程中，法的发现与法的证立这两个层面可以相对分离。判决实际上是如何作出的和判决如何进行论证说理是两个完全不同的问题。直觉、偏见和价值偏好这些因素很可能影响到法官就法律问题作出判决的过程，但所有这些均属于发现的过程，它们至多只是促使裁判程序开始的因素，但却不是最终使得裁判成立的依据。法官可以基于个人的价值作出裁判，但这样做的前提是这种价值也能够为理性的他人所接受，为此就必须进行充分的法律说理和论证。因此，司法决定的客观性置于司法证立的过程，即法官支持自己的结论时所给出的"合理化"。关键的问题在于所给出的理由对于确立结论是否合适，而不在它

────────

〔1〕 详细论证参见焦宝乾："法的发现与证立"，载《法学研究》2005 年第 5 期，第 149～160 页。

〔2〕 Justyna Holocher, Kontext der Erfindung und Kontext der Begründung in der Wissenschafts und Rechtsphilosophie, *ARSP* 96 (2010), S. 472.

们是不是预感、偏见或个人价值前提的产物。[1] 对此，德国学者科赫（Koch）和吕斯曼（Rüßmann）曾一针见血地指出："可疑的动机不会使得好的理由变坏，而高尚的动机也不会使得坏的理由变好。"[2]

第二，相比于法的发现层面，法学方法论更应关注的是法的证立层面。在方法论学说史中，有的学派更加关注法的发现即裁判的真实过程，如美国的法律现实主义和德国的自由法运动；有的则更加关注法的证立即裁判说理的层面，如美国的新法律形式主义与德国的评价法学。研究本身并无高下之别。但法学（法学方法论是其组成部分）作为规范性学科的特质决定了法学研究的独特之处并不在于探究某项活动的现实成因和动机要素（社会学研究与心理学研究无疑更能胜任这项任务），而在于为这项活动提供辩护或者说正当化。所以，法学方法论关注的重点在于是否充分而完整地对法学判断进行证立，而不在于这个裁判事实上是透过何种过程发现的。在经验中也显示，往往一个法学上之判断，先有结论，再找理由，这些结论也常常是透过直觉产生的。但是只要这个结论可以经由逻辑严谨的步骤加以证立，当初这个结论是如何产生的并不重要。[3] 也就是说，一个判决实际上是如何产生的并不那么重要，这是因为：一方面，发生学上的说明（因果关系）往往有多种可能，我们常常无法判定究竟是哪一个因素实际上促发了裁判；另一方面，这些因素往往与法官的真实思维活

---

〔1〕 Martin P. Golding, Discovery and justification in science and law, in: Aleksander Peczenik et al eds. , *Theory of legal science*, Dordrecht 1984, p. 113.

〔2〕 Hans - Joachim Koch und Helmut Rüßmann, *Juristische Begründungslehre*, München 1982, S. 1.

〔3〕 参见颜厥安：《法与实践理性》，中国政法大学出版社 2003 年版，第 152 页以下。

动联系在一起，而对于这种裁判的"内在层面"是无法进行有效的规范控制、检验和评价的。因此，司法裁判如想合理化，只能在"外在层面"上进行评判和检讨。法官之所以在认可多元化的裁判要素的同时依然可以受到法律的约束，就是因为能够得到控制的不是法官的思维过程，而是他对判决的外在证立。这意味着，受约束的不是法官是如何想的，而是他在判决书中是如何说的。[1]因此，如何组织论证说理、如何产生为裁判活动的参与者与受众所能接受的结论，才是法学方法论所应关注的重心。[2]

2. 内部证成与外部证成

从法的证立层面看待法律适用，就可以将其称为法律论证。所谓法律论证，简单地说就是提出理由（前提）以证立某个法律命题（结论）的活动。[3]法律论证可以分为内部证成与外部证成两个层面。内部证成处理的问题是，所欲证立的法律命题是否从

〔1〕 Vgl. Shu – Perng Hwang, Vom Wesen der richterlischen Rechtsanwendung. Eine überlegung zur Freirechtsbewegung, *Rechtstheorie* 37（2006）, S. 221.

〔2〕 当然，反对者（如现实主义者）可能会指出，所谓论证或证立不外乎是对已经获得之结论的"事后包装"而已，所以根本就不是重要的问题。这里的一个假设在于，法官要为基于直觉、偏见和价值偏好而得出的结论寻找法律上的正当化依据总是可以找得到的（See Frederick Schauer, *Thinking Like a Lawyer*, Harvard 2009, p. 138）。但这个假设最终是个经验上的假设：一方面，能否在每一个案件中都为任意结论找到法律依据，这是存疑的。如果说在某些疑难案件中，支持或反对某个结论的双方都可以援引例如一般法律原则（如宪法规定）来作为论据的话，那么在大量的简单案件中，法律规则为这些案件规定了明确的法律后果，结论就不是任意的，而几乎是唯一的。在这些案件中，法律只能为其中某种结论提供支持，而不能为基于直觉、偏见和价值偏好而得出的相反结论提供支持。另一方面，即使能为结论寻找到法律上的正当化依据，依然要说明，为什么是这个法律规则而不是那个法律规则才是合适的正当化依据、一般法律规则到具体的个案事实之间是如何联接起来的、（在没有直接可适用之法律规则的情形中）一条新的法律规则是如何被构造出来的等问题。这些离开了法的证立是不可能的。

〔3〕 这一定义参照了颜厥安："法、理性与论证——Robert Alexy 的法论证理论"，载《政大法学评论》第 25 期（1995 年），第 35 页。

为了证立而引述的前提中逻辑地推导出来；外部证成的对象则是这些前提本身的正确性或可靠性问题。[1]这一区分来自于两种证立概念的差异：狭义上的证立（justification *sensu stricto*）与广义上的证立（justification *sensu largo*）。[2]狭义上的证立涉及的是形式逻辑。显然，对于司法裁判而言，这一证立概念过于狭隘了。广义上的证立要求对法律裁决给予合适的理由，这些理由构成了推论的前提，因为法律论证不可被缩减为以形式逻辑为手段的推论。因此，广义上的证立不仅包括形式逻辑领域，也包括涉及规范和评价（它们属于论证逻辑的领域）的实践推理。司法裁判的证立反映了法律论证的理性，因而相应地，论证领域中也存在两种理性形式：内部理性（internal rationality）与外部理性（external rationality）。[3]内部理性具有相对性，即相对于推理的前提和推论规则而言，它涉及的是前提与结论间的推论关系（形式理性）。

---

〔1〕 这一区分最早参见 Jezy Wróblewski, Legal Decision and its Justification, in：H. Hubien（Hrsg.）, *Le Raisonnement Juridique*, *Akten des Weltkongress für Rechts – und Sozialphilosophie*, Brüssel 1971, S. 412；亦可参见 Robert Alexy, *Theorie der juristischen Argumentation*, 2. Aufl., Frankfurt am Main 1991, S. 273；此外，相近意义上的区分还可参见"一阶证立"（first – oder justification）与"二阶证立"（second – order justification），参见 Neil MacCormick, Legal Reasoning and Legal Theory, S. 19ff.；"主图式"（Hauptschema）与"辅图式"（Nebenschema），参见 Hans – Joachim Koch und Helmut Rüßmann, *Juristische Begründungslehre*, München 1982, S. 48ff.

〔2〕 See Jezy Wróblewski, Legal Syllogism and Rationality of Judicial Decision, *Rechtstheorie* 5（1974）, S. 38 – 39. 需要说明的是，弗罗布列夫斯基在此使用了"逻辑论证"（logical justification）一词，以便与作为心理学现象的裁决作出过程相区别，这实际上就是证立的脉络与发现的脉络之间的区分。

〔3〕 后来，弗罗布列夫斯基又将外部理性区分为两个层次：外部理性1（external1 ratinality）涉及推理大、小前提的可接受性，而外部理性2（external2 ratinality）涉及证立性推理规则（rules of justificatory reasoning）是否恰当及恰当地被适用〔See Jezy Wróblewski, Principles, Values, and Rules in Legal Decision – Making and the Dimensions of Legal Rationality, *Ratio Juris* 3（1990）, p. 103〕。这意味着，前提本身亦需符合逻辑的要求。但这已经涉及另一个问题了，这里不作进一步探究。

外部理性则涉及前提的适当性，即实质性规范与评价性主张的可接受性（实质理性）。内部证成与外部证成的区分使得我们能够更清楚法律论证的内部构造，以及所需解决问题的不同层次。需要说明的是，这样一种划分仅仅是从论证层次或结构角度对法律论证作出的划分。它涉及的是对整个固定化了的论证，尤其是体现在法官判决书中的论证的结构的解析，而不是从动态的角度对法律论证活动之阶段和步骤的划分。因而它是基于论证理性的一种重构，而不是对真实论证活动的复制或描述。

在这种重构中，内部证成涉及的是从既定法律论证前提中推导出作为结论的法律命题的逻辑有效性问题。一个论证，当前提皆为真或正确时，则其推出的结论也必为真或正确。因此，前提的真实性或正确性与推论的有效性共同确保了所证立之结论的真实性或正确性。涵摄，就是确保推论有效性这一方面的理性形式，也即内部证成的逻辑形式。这似乎会给人造成一种印象：内部证成就是一种单纯的逻辑推演，而法律论证的重点只在于前提的获得与证立，至于涵摄则只有技术上的意义。因为只要能获得正确或真实的前提，结论的获得就不成问题。但这种看法并不正确，内部证成虽然关心的是论证的逻辑结构，但并不只是单纯的逻辑推演而已。从逻辑的观点看，任何一个命题都可以从自身推导出来，一个前提与结论为同一命题的推论在逻辑上是有效的，但从论证理论的角度看却很难称之为"证立"或"证成"（说理）。任何法律论证，都至少要包括三个不同的语句或命题，即规范命题、事实命题与结论。这说明，内部证成除了逻辑推论外尚有别的要

求，这些要求主要包括：[1]

第一，连贯性要求。法律论证的前提必须连贯即无矛盾，这是因为：一方面，如果作为前提的命题之间彼此不连贯，则其不可能皆为真或正确，其中必有一个为假或错误。但一个能成立的论证其前提必然都为真或正确，否则无法确保从它们中推导出的结论为真或正确。另一方面，从不连贯的前提集合中我们可以推导出任意结论，这在逻辑上被称为"爆炸原理"（ex falso quodlibet——从错误中可以推导出一切）。我们不仅可以推导出所欲证立的命题 p，也可以推导出它的否定命题 ¬p，但对于司法裁判而言两者显然不能同时是真的或正确的。这意味着，以不连贯的命题为前提的论证是无法区分正确与错误的结论的，即可证立的与不可证立的结论，这也就使得论证丧失了它的基本功能。

第二，可普遍化要求。论证的前提中必须至少包含一条普遍性的规则[2]和一个充分描述具体案件事实的命题。既然司法裁判是一种法律"适用"活动，即将法律规则适用于个案的活动，而法律规则通常又是以全称命题的形式来表达的，那么这第二个要求就似乎不证自明。但要注意的是，这里所谓的普遍性规则同样包括实在法规则以外的规则。法律体系有可能存在漏洞，有时它无法直接为司法裁判提供依据。此时法官必须通过法的续造（如类比推理）方式创设出一条新的规则作为论证的大前提，而这条新的规则也必须是普遍的、适用于不特定多数人的规则。这主要

---

[1] Vgl. Erckart Ratschow, *Rechtswissenschaft und Formale Logik*, Baden – Baden 1998, S. 130f; 王鹏翔："论涵摄的逻辑结构——兼评 Larenz 的类型理论"，载《成大法学》第 9 期（2005 年），第 22～25 页。

[2] 其实更准确的说法是"一个全称规范命题"。因为作为法律论证之前提的并不是存在论意义上的规则（实体论规范），而是语义学意义上的规范命题（语义学规范）。但这里不作仔细区分。

是为了符合形式正义或平等原则：凡是满足同一构成要件的个案，都应当适用相同的法律后果，换言之，当两个具体案件在重要性特征上完全相同时，应该对它们作出相同的判决结论。[1]

第三，完备性要求。如果具体案件事实的描述与法律规则的构成要件之间存在落差，则必须引入解释性命题（性质上是语义命题）来加以弥补，直至对于具体案件事实是否符合构成要件不存在疑义为止。[2]平等原则不仅要求必须至少引用一条普遍性的规则作为大前提，而且当对这条规则能否适用于具体案件存在疑义时，还必须加入额外的前提来弥补规则与事实之间的落差。因为在司法裁判中，当两个具体案件在重要性特征上完全相同时，不仅是对这两个案件赋予相同的法律后果，而且要引用同一条普遍性的规则，也就是将这两个案件事实都涵摄于同一个构成要件之下，但有的时候这种涵摄能否进行并不那么明显。举例而言，1950 年在德国曾发生过一个案件：一名男子（以"甲"命名之）将所携带的盐酸泼在了女收银员的脸上，并抢走了收银台里的财物。当时联邦德国《刑法》第 250 条规定，行为人持武器实施抢劫则构成抢劫罪的加重情形，按照加重情形的法律后果予以刑罚。[3]问题在于，假如我们以甲用盐酸泼收银员来实施抢劫的行为作为其应被加重处罚的理由，却又不能确定"甲持盐酸实施抢劫"的行为是否符合联邦德国《刑法》第 250 条"武器"这个构成要件，那么我们就无法回答，对于同样用盐酸泼收银员来实施抢劫

---

〔1〕 Vgl. Robert Alexy, Die logische Analyse juristischer Entscheidungen, in ders., *Recht*, *Vernuft*, *Diskurs*, Frankfurt am Main1995, S. 19.

〔2〕 Vgl. Robert Alexy, *Theorie der juristischen Argumentation*, 2. Aufl., Frankfurt am Main 1991, S. 280 – 281.

〔3〕 BGHSt1, 1. 关于本案的探讨可见 ［德］阿图尔·考夫曼：《法律哲学》，刘幸义等译，法律出版社 2004 年版，第 107 ~ 109 页。这里对于第 250 条的表述有所简化。

的乙，是不是能以同样的理由判处相同的法律后果。因此，当构成要件与案件事实之间存在落差时，就不能直接得出法律后果，否则就存在论证上的跳跃而不合乎逻辑。一个论证，即使其前提在内容上是正确的，如果它在形式上是个无效的推论时，依然没法保证结论的正确性。要避免跳跃论证，就必须加入额外的前提来弥补这一落差，而这正属于涵摄的主要任务。当然，由于这些前提是无法从法条中直接演绎得出的，它们正确与否就成了外部证成的重点。所以，涵摄不仅可以避免推论谬误的发生，也可以在论证过程中缺失或隐藏某些前提，从而规避对它们进行外部证成的工作。我们可以称此为涵摄的"逻辑完备性"或"演算完备性"功能。[1]

总之，内部证成的上述要求其实是为司法裁判提出了一系列的论证标准，这些标准体现了形式正义，而对它们的满足则属于外部证成的任务。通过内部证成的分析，可以显明推论出法律后果所需的所有前提，从而确立了需要进行外部证成的对象。[2] 换言之，外部证成要证立什么、证立要符合什么样的标准，恰恰是内部证成来决定的。在这一意义上，甚至可以说涵摄反而构成了围绕论证前提之正确性或真实性所进行之外部证成的"前提"。

（三）对涵摄怀疑论的初步回应

涵摄是法律论证（而非法律发现）的一种基本模式，确切地

---

〔1〕 在此意义上，罗迪希称涵摄（演绎）为"法律认知的启发原则"（Jürgen Rödig, über die Notwendigkeit einer besonderen Logik der Normen, in ders, *Schriften zur juristischen Logik*, Berlin u. a. 1980, S. 200)。许佩尔斯则进一步从个案规范与构成要件两个方面详解了涵摄（演绎）的启发性功能（Vgl. Bernd Hüpers, Logik im Recht: über die versteckte Bedeutung der Deduktion für die Rechtsfindung, *ARSP* 101（2015）, S. 400 – 401)。这其实是主张，涵摄不仅对于法的证立具有意义，而且反过来对于法的发现同样有意义。对此这里不作探讨。

〔2〕 Vgl. Robert Alexy, *Theorie der juristischen Argumentation*, 2. Aufl., Frankfurt am Main 1991, S. 281.

说，它是内部证成的逻辑形式。运用这一前提性理论，我们就可以对涵摄的怀疑论进行初步回应。上文中归纳的第三点论据，即涵摄至多只体现了规则导向的裁判原则或者裁判的非任意性价值，其实就是"依法裁判"（或者说裁判受"法律拘束"）的原则，我们将在下一部分再进行详解。这里我们只针对前两个论据予以回应：

其一，关于涵摄无法准确地概括法律适用的真实过程的批评，回应的依据就在于法的发现与法的证立这两个层面的区分。涵摄的确不是对法的发现过程的准确描述，但能够为法学进行理性检验与控制的恰恰主要是法的证立而非法的发现，涵摄恰恰是法律论证所必不可少的基本模式。运用涵摄，并不意味着想让实际的法律适用场景按照亚里士多德的三段论模式或形式逻辑的运算法则来运转，这个场景可以按照适合于交流之目的的任何方式来运转。它所期待的只是，只要有人主张或意图进行正确的论证，他所实际运用的论述就应当具备可被转译为涵摄形式的可能，并可对其逻辑上的可靠性进行检测。司法裁判有可能是"灵光一闪"（hunch）的产物，甚至法律结论可能是判断者条件反射的结果。但只要主张这些结论正确地来自于特定前提，它们就必须要满足逻辑论证的标准。[1] 不可否认法的发现的存在及其意义，但它主要不是法的发现的工具，而是通过检验从（被假定为真之）前提到结论的论证的有效性来确定结论是否正确的工具。

其二，关于涵摄在法律适用中不占据核心地位的批评，回应的依据则在于内部证成与外部证成的区分及其内部证成所包含的要求。正因为涵摄是内部证成的逻辑形式，内部证成又是法律论

---

[1] See Ilmar Tammelo, Law, Logic and Human Communication, *ARSP* 50 (1964), p. 338.

证的必要组成部分，所以涵摄是法律论证的必要组成部分。同时，由于外部证成的对象是由内部证成来提供的，所以涵摄在法律论证中占据核心地位。具体而言，涵摄是一种正确性控制机制，但绝不像考夫曼所认为的那样仅仅具有证伪功能。涵摄在消极角色之外同样扮演着积极角色。它本身虽然不产生新的内容，但却揭示出了司法裁判要得到充分证立时必须要被接受的前提。它的任务就在于澄清前提，这尤其在复杂命题的情形中具有论证理论与论证实践上的重要意义。[1] 当然，应当承认，证立并不能单独产生自逻辑，而是产生于这一点：涵摄是一种逻辑上有效的推论形式，它拥有某些并非来自于逻辑而是来自于法律的属性。比如在刑法领域中的一个必不可缺的要求（首要前提），即依照"法律明文规定为犯罪行为的"来定罪量刑（这意味着将其作为法律适用的大前提），[2] 比如普遍有效的要求，即澄清涵摄的所有步骤，再比如可普遍化这一普遍假设。故而纯粹的逻辑推演性在涵摄中所占的分量并不大，重要的是这种推演是以制定法与提出了可证立之宣称的其他命题为前提的，而这对于法律论证的理性而言发挥着不可低估的作用。所以，涵摄不仅仅具有"演示"的功能，它的确属于真正的论证。总之，涵摄并非是一个被任意方式所创设之法律论证体系中的女仆，而是一个多层体系中根本上起着协调作用的平等的合作伙伴。[3]

此外，等置模式（类比）与涵摄相比并不居于更为核心的地

---

〔1〕 Vgl. Jochen Bung, *Subsumtion und Interpretation*, Baden – Baden 2004, S. 147.

〔2〕《德国宪法》第103条第2款的表述为："只有当犯罪行为的可罚性在其实施前被制定法所规定时，才能施加刑罚。"

〔3〕 Vgl. Robert Alexy, Arthur Kaufmanns Theorie der Rechtsgewinnung, in：Ulfrid Neumann, Winfried Hassemer, Ulrich Schroth（Hrsg.），*Verantwortetes Recht*（ARSP – Beiheft 100），Stuttgart 2005, S. 54.

位。这体现在两个方面：

一方面，类比无法支配其他论据，反而会受到其他论据的限制。对于上述盐酸案，考夫曼本人亦赞同刑法学界的主流观念，认为将盐酸与武器相等置属于"被禁止的类比"，因为"按照语词与可能的文义显然做不到"这一点。[1]这说明，类比的运用会遇到界限，在这里即是语义论据。当然，考夫曼认为即使是语义论据也显现出类比的要素——"'可能的文义'并不是'单纯的解释'，而完全是不可被误识的类比"。[2]但如果文义本身是某种类比性的东西，也要屈从于解释者的创造力（考夫曼将类比视为某种"创造性行为"）的话，它又如何对类比发挥拘束力呢？拘束力是具有规范性的。而只有当人们将概念作为规范来把握时，即可用之来区分可容许的论据与不可容许的论据时，文义才可能具备规范性。[3]依照科赫与吕斯曼的观点，一个概念所指涉的对象可以被区分为必然属于该概念外延的"肯定选项"、必然不属于该概念外延的"否定选项"，以及可能属于也可能不属于该概念外延的"中立选项"。[4]在不同情形中类比发挥作用的方式并不相同。在依据有效的语义规则明确确定了该语词之肯定选项与否定选项的情形中，与语义论据相冲突之类比论据只能以一种反于文义之裁判（Entscheidung contra legum）的方式发挥作用，也就是对法律规则进行目的论扩张或限缩。例如，对于"武器"这

---

〔1〕 参见〔德〕阿图尔·考夫曼：《法律获取的程序——一种理性分析》，雷磊译，中国政法大学出版社2015年版，第168~169页。

〔2〕〔德〕阿图尔·考夫曼：《法律获取的程序——一种理性分析》，雷磊译，中国政法大学出版社2015年版，第163页。

〔3〕 See Robert Brandom, *Articulating Reasons*, Cambridge Mass. and London 2000, p. 29.

〔4〕 Vgl. Hans - Joachim Koch und Helmut Rüßmann, *Juristische Begründungslehre*, München 1982, S. 195.

个概念，"手枪"属于它的积极选项而"花环"属于它的消极选项。假如要将"武器"的法律后果适用于一个将"花环"套在收银员的脖子上命令对方交出钱的犯罪嫌疑人（当然，基于罪刑法定的要求这种扩张适用是不被允许的），或者不将"武器"的法律后果适用于一个持手枪实施抢劫的犯罪嫌疑人，就必须以反于"武器"之文义的方式来运用类比。此时的类比是超越文义的。但是，在有效的语义规则既没有肯定也没有否定将某种情形归入某个语词之中，即中立选项的情形，类比依然可以发挥作用，此时它是以"案型比较"（Fallvergleich）的方式发挥作用的。例如，有效语义规则并没有确定"盐酸"是否属于"武器"，此时就可以将"盐酸"与属于"武器"之肯定选项的"手枪"进行比较以确定归属。此时的类比是在一个规则的语义裁量空间内进行的，属于"内在于构成要件的类推"[1]或者说体系解释方法之一种。[2]这种类比并不违背罪刑法定原则，因而在刑法上是被允许的。所以，类比既可以是一种扩张式的规则适用形式，也可以是一种案型比较的论据形式。[3]前者与涵摄相比在法律实践中是少数情形，而后者在涵摄之内发挥作用，而作为解释方法之一种，它也要受到其他解释性论据的限制。

另一方面，类比同样是一种论证形式，与涵摄相比并不具备更好地体现法律适用之全部性质的优势。众所周知（考夫曼亦承认），类比的关键在于确定比较点，而类比的结果取决于比较点的

---

〔1〕 Theodor Heller, *Logik und Axiologie der analogen Rechtsanwendung*, Berlin 1961, S. 87.

〔2〕 参见［德］罗伯特·阿列克西："法律解释"，载［德］罗伯特·阿列克西：《法 理性 商谈》，朱光、雷磊译，中国法制出版社 2011 年版，第 79 页。

〔3〕 Vgl. Robert Alexy, Arthur Kaufmanns Theorie der Rechtsgewinnung, in: Ulfrid Neumann, Winfried Hassemer, Ulrich Schroth（Hrsg.）, *Verantwortetes Recht*（ARSP - Beiheft 100）, Stuttgart 2005, S. 64.

选择。但是，其一，作为等置依据的比较点实际上是一条规则。例如，"盐酸"与"手枪"的共同点在于它们都是"能给人身造成伤害的危险工具"。所以，要将适用于手枪的法律后果适用于盐酸，所进行类比的前提在于确立这样一条规则——"所有能给人身造成危害的危险工具都是武器"。这其实就相当于将"盐酸"涵摄于这条规则之下，接着再从"持武器实施抢劫的构成抢劫罪的加重情形"推导出持盐酸实施抢劫的要加重处罚。可见，类比同样导向了涵摄，或者至少与涵摄是相互联结的。其二，比较点作为一条规则可以有不同的抽象化程度，确定比较点时依然需要运用实质论据。抽象化程度的不同决定了能涵摄于其下之案件范围的不同，比如在盐酸案中，我们可以认为相关的语义规则是"所有能给人身造成伤害的危险工具都是武器"，也可以认为是"所有能给人身造成机械性伤害的危险工具都是武器"。如果是前者，盐酸就与手枪一样能被包含进来，但如果是后者，就只有手枪而不是盐酸能被包含进来，因为盐酸给人身造成的是化学性伤害（腐蚀）而不是机械性伤害。考夫曼认为，比较点的确定在很大程度上以决断即权力的运用为基础，但他也不否认亦有理性认知的因素在其中起作用，即权力的运用必须得到理性－论证意义上的保证。反思、论证、讨论是使得具体理由和反对理由具有可信性的方式。[1] 可见，类比必须与实质论据相结合。因为它本身属于"高度不饱和"的论证形式。就像在所有存在疑义的情形中，涵摄需要从外部输入实质论据一样，类比同样如此。在类比的情形中也可以区分内部证成与外部证成。内部证成是从案件特征比较到同等适用法律后果的论证形式，而外部证成主要围绕比

---

〔1〕 参见〔德〕阿图尔·考夫曼：《法律获取的程序——一种理性分析》，雷磊译，中国政法大学出版社 2015 年版，第 129、162～163、165 页。

较点的确定展开。只不过涵摄以有效的法律规则为出发点，而类比以既有的案件或案件类型（对此存在法律上正确的解决办法）为出发点。涵摄的法律理性会随着规则（语义规则）数量的增加而增加，类比也会随着比较所包含的案型数量的增加而增加。但同样，类比只能对这种理性标准提出要求，自身却没法确保。[1]所以，类比至多与涵摄一样是法律论证的一种形式。

综上，涵摄作为法律论证的基本模式，是无法被等值模式（类比）所取代的。但上述回应只是基于前提性理论对于怀疑论的主要论据进行了反驳，却未从正面为涵摄进行证立。要做到这一点，就需要证明：涵摄不仅是理性的，也同样是可欲的。也就是说，涵摄具有某些不可替代的、值得追求的价值。

四、涵摄在法律论证中的价值

涵摄对于法律论证具有不可替代的、值得追求的价值，在这些价值中最重要的是法律拘束（Gesetzedbindung），也包括平等对待（Gleichbehandlung）和法的安定性（Rechtssicherheit）等其他价值。

（一）法律拘束

涵摄，尤其是涵摄的演绎模式，有助于澄清法律拘束的问题。[2]法官应受立法者所制定之法律的拘束，是权力分立原则所推导出的要求。我国《宪法》第126条"人民法院依照法律规定独立行使审判权……"就是这一要求在宪法层面的体现。在演绎

---

〔1〕 Vgl. Robert Alexy, Arthur Kaufmanns Theorie der Rechtsgewinnung, in：Ulfrid Neumann, Winfried Hassemer, Ulrich Schroth（Hrsg.），*Verantwortetes Recht*（ARSP - Beiheft 100），Stuttgart 2005，S. 65.

〔2〕 关于法律拘束的要求参见 Hans - Joachim Koch, über juristisch - dogmatisches Argumentierens im Staatsrecht, in：ders.（Hrsg.），*Seminar：Die juristische Methode im Staatsrecht*，Frankfurt a. M. 1977，S. 56ff.

模式中，法律拘束的要求主要是通过两个要求来实现的：其一，演绎模式的出发点必须尽量是一条实在法规则。如此一来，演绎模式就可以确保当法律规则的构成要件被满足时，法律后果就会发生。但正如前面所述，在大多数案件中，具体案件事实的描述往往都不同于构成要件，此时除了法律规则与具体案件事实的描述外，还需要加入语义解释规则作为额外的前提，才能通过涵摄推导出结论。这些语义解释规则既非制定法的规定，也不能从实在法规则中直接演绎得出，那么如何确保在加入这些前提之后仍满足法律拘束的要求呢？这就涉及第二个要求：对语义解释规则进行外部证成时，必须以法律概念的语言意义以及立法者所追求的立法目的作为优先考虑的论据，此即方法论上的文义解释与主观目的的解释。[1]这意味着，法律拘束指的是司法裁判要受到法律文义及立法者意思的拘束。[2]所以，综合上述两方面的要求，所谓的法律拘束，即意味着司法裁判应当从实在法规则、案件事实的描述以及根据法律文义与立法者意思所形成之语义解释规则共同组成的前提中合乎逻辑地推导出来。

但是应当看到，涵摄的演绎模式只是实现法律拘束这一要求的必要而非充分条件。这是因为：其一，演绎模式的论证规则并不等同于法律拘束的要求。演绎模式的论证规则只要求从一条普遍性的规则和一个充分描述具体案件事实的命题，再加上弥补两者落差的语义解释规则演绎得出，但并非对于这条普遍规则的性

---

〔1〕 阿列克西将它表述为这样一个命题："在法律解释过程中，除语义学解释外，那些表达出受历史上立法者意志约束的解释方法，要优先于其他方法，除非能提出充分而理性的理由说明其他方法应被赋予优先地位。"Robert Alexy, *Theorie der juristischen Argumentation*, 2. Aufl., Frankfurt am Main 1991, S. 305.

〔2〕 Vgl. Hans - Joachim Koch, Deduktive Entscheidungsbegründung, in：Robert Alexy, Hans - Joachim Koch, Lothar Kuhlen und Helmut Rüßmann（Hrsg.）, *Elemente einer juristischen Begründungslehre*, Baden - Baden 2004, S. 37.

质以及语义解释规则的外部证成方式作出规定。相比而言，法律
拘束则对于内部证成提出了更高的要求，即要求这条普遍规则必
须是实在法规则，并且必须用法律文义以及立法者意思来证立语
义解释规则。可见法律拘束是比演绎模式更高的要求。其二，立
法者所制定的法律对于司法裁判的拘束也有其界限。这体现在，
一是对于当下案件缺乏可适用的法律规则，或者虽然存在可适用
的法律规则但欠缺例外规定的场合；二是法律文义本身不确定、
立法者意思含混乃至相互冲突的场合。

　　法律拘束的第一个界限在传统法学方法论中即是通过法的续
造来填补法律漏洞的问题。[1] 换个角度看，法的续造的主要工作
在于形成并证立一条新的普遍规则以作为演绎模式的出发点。最
常见的两种法的续造方法是类推适用与目的性限缩。所谓类推适
用，指的是法律对案件类型 T1 规定有法律后果 R，对案件类型 T2
则没有规定，但基于 T1 与 T2 的相似性，将法律后果 R 也适用于
T2。类推的出发点是一条普遍规则 N_1：$(x)(T_1x \rightarrow ORx)$，它的结
果却是要得出一条新的规则 N_2：$(x)(T_2x \rightarrow ORx)$。[2] 这个新的规
则可以作为演绎模式的出发点，而将案件事实涵摄于其下就可以
得出具体的法律后果。当然，要判断具体的案件事实是否可以涵
摄于新规则的构成要件之下，仍可能需要对构成要件所包含的概
念进行语义解释。与此不同，目的性限缩是指对于某特定案件类
型 T，法律已规定法律效果 R，亦即规定了规则 N：$(x)(Tx \rightarrow$

---

　　〔1〕　对此参见参见［德］卡尔·拉伦茨：《法学方法论》，陈爱娥译，商务印
书馆 2003 年版，第 249 页以下。

　　〔2〕　也可以说是得出了一条新的规则 N3：$(x)(T_1x \lor T_2x \rightarrow ORx)$。$N_3$ 是由
N_1 和 N_2 合成的。可见，类推适用其实就是通过将新的构成要件要素以析取的方式
添加到原有的构成要件之中，从而将原有规则的法律后果扩张适用至规则的文义所
未能涵盖的案件类型上去。

ORx），但在特殊情形 M 时，为避免适用 N 违背或失去其规范目的，而对其附加限制性的条件，将案型 M 排除于 N 的适用范围之外。目的性限缩的结果依然是形成了一条新的规则 N'：(x)（Tx ∧ ¬Mx→ORx），其中 M⊆T。这条新的规则 N' 同样可以作为演绎模式的出发点，对于一个具体的案件事实能否涵摄于新规则的构成要件之下，仍可能需要进行语义解释。[1] 所以，法的续造与涵摄并不相互排斥。尽管法的续造的重点在于通过法官创设出一条并非由实在法所提供的新的普遍规则，但所创设出的规则是否能够适用于特定案件以得出具体的法律后果，依然需要由涵摄来决定。[2]

法律拘束的第二个界限在于法律概念语义上的不确定性。所谓语义不确定，指的是法律规则的构成要件可以作多种语义解释的情形，主要包括歧义、模糊与评价开放三种情形。[3] "歧义"指的是一个概念与多种不同的意义发生关联的情形。也就是说，这多种意义本身是明晰的，只是在当下情形中应该选择何种意义不确定。例如，"本人"一般语境中指的是"我自己"，而在代理法律关系中则指"被代理人"。再如，"Gesetz"在《德国基本法》第 20 条第 3 款中指的是"立法通过的制定法"，而在其他地方既包括形式的制定法（议会通过），也包括实质的制定法（客观上的普遍规则）。"模糊"指的是一个概念的语义规则无法清晰地界定其外延，以至于无法断定某个特定的个体 a 是否落入了这个概

---

〔1〕 对于目的性限缩之逻辑形式的精确分析及其例证，参见王鹏翔："目的性限缩之论证结构"，载《月旦民商法杂志》第 4 期（2004 年），第 17～29 页。

〔2〕 参见王鹏翔："论涵摄的逻辑结构——兼评 Larenz 的类型理论"，载《成大法学》第 9 期（2005 年），第 29 页。

〔3〕 Vgl. Robert Alexy, Die logische Analyse juristischer Entscheidungen, in ders., *Recht, Vernuft, Diskurs*, Frankfurt am Main 1995, S. 24f.

念的外延之内。如果构成要件 T 含有模糊的概念（如"武器"），那么对于某些案件事实 S 是否可被涵摄于 T 之下（"盐酸"是否属于"武器"的外延）就会产生"S 既可能是 T 也可能不是 T"的疑问。而"评价开放"指的是概念的语义内涵必须通过价值判断才能得以具体化或填补，如"公序良俗"、"重大过错"等。这里无法对语义不确定问题进行详细探讨，只是要指明的是：对于同一个概念，当法官面临复数以上语义解释的选择时，就存在所谓"语义的裁量余地"（semantischer Spielraum）。语义裁量余地的前提是概念的文义只是提供了多种解释的可能，却无法帮助我们作出选择，故而此时法官已无法仅凭借确认概念意义内涵来排除这种不确定性，而必须依据其他论据来对该概念应具有何种意义作出确证。根据法律拘束的第二个要求，法官应当优先选择能够体现立法者意思或立法目的的语义解释。只是当立法者意思不明或相互冲突时，这种解释方法才面临局限性。此时就会涉及不同目的论与价值观的较量与衡量，必须援引政治哲学与伦理学上的普遍实践论据来作为决定的理由。[1] 但法律拘束的界限并不等同于涵摄的界限。即使法官无法或者不依据法律概念的文义或立法者的意思来决定采取何种语义解释，他依然需要遵循涵摄之演绎模式的论证规则来证立具体的法律后果。无法满足法律拘束的第二个要求只是意味着不能根据法律的文义或立法目的来排除语义的不确定性，但却并不意味着涵摄没有用武之地。存在多个可能的解释时，根据什么样的理由来作出选择，这属于外部证成而非内部证成的任务。内部证成关心的只是，当选定某一个语义解释

---

〔1〕 在这一意义上，法律论证构成了普遍实践论证的特殊情形。Robert Alexy, The Special Case Thesis, *Ratio Juris* 12 (1999)，pp. 374f.

之后，可以且必须通过涵摄来推导出具体的法律后果。[1]

综上所述，涵摄在通常情况下显现着法律拘束的要求（当出发点为实在法规则时），但法律拘束的界限不等同于涵摄的界限。[2]即便存在法律拘束的两种界限情形，依然可以且必须通过涵摄推导出案件的法律后果。因为涵摄并未对论证所使用之前提具有何种性质，乃至外部证成应当采纳何种理由作出规定，而只要求论证必须合乎逻辑、论证必须完备且不得自相矛盾，也即是符合形式正义的要求。就此而言，涵摄的论证规则所表达的只是法律论证最低限度的理性要求。但正因为它并不预设任何特定的外部证成理论，反而可以与不同法律论证理论相容。任何忽略或违反涵摄的论证都很难被说成是好的或成功的法律论证。[3]

（二）平等对待与法的安定性

除了法律拘束外，涵摄的演绎模式还确保着平等对待与法的安定性。平等对待并不只是法官心目中的法感，而必须可以被检验和论证，此即所谓"可验证的平等对待"（überprüfbare Gleichbehandlung）。前文关于内部证成之可普遍化要求与完备性要求的叙述已经揭明，涵摄蕴含着可验证之平等对待的要求，在此只对其理由作概括性归纳：[4]其一，涵摄的演绎模式要求陈述出一条

---

[1]　关于含有不确定概念之法律规则的涵摄方式的深入研究，参见 Hans - Joachim Koch, *Unbestimmte Begriffe und Ermessensermächtigung im Verwaltungsrecht*, Frankfurt a. M. 1979.

[2]　两者的差别参见 Hans - Joachim Koch, Das Frankfurt Projekt zur juristischen Argumentation: Zur Rehabilitation deduktiven Begründens juristischer Entscheidungen, in: Winfried Hassemer, Arthur Kaufmann und Ulfrid Neumann (Hrsg.), *Argumentation und Recht* (*ARSP Beiheft 14*), Wiesbaden 1980, S. 59.

[3]　参见王鹏翔："论涵摄的逻辑结构——兼评 Larenz 的类型理论"，载《成大法学》第 9 期（2005 年），第 32 页。

[4]　以下参见 Hans - Joachim Koch und Helmut Rüßmann, *Juristische Begründungslehre*, München 1982, S. 113 - 114.

普遍的条件式规则，以划定进一步之论证活动的框架，即使当它明确需要进行补充时。因为即使在这后一种情形中，在原则上无论如何都还是能够确定进一步论证的方向何在。这一前提确定了得出某个具体法律后果的充分条件，因而也有利于平等对待。其二，涵摄的演绎模式要求表述出连接普遍规则和具体事实描述之落差的额外前提或者说语义解释规则。如果这类前提没有得到表述，那么通常情形下（除了"基本概念"的情形外）人们就不知道为什么特定的制定法规定可以适用于案件事实，或者不可以适用于案件事实。相应地，一种可验证之平等对待也就得不到保障。因而我们可以明白，为什么我们经常会费尽心力地来说明，裁量规则、计划性法律（Plangesetz）和基本权利可以作为法律论证的出发点来起作用。因为我们借此捍卫了这样的要求，即为了连接这些规则与具体案件事实描述之间的落差，要澄清某些额外的前提，这些前提是可控之平等对待的必要条件。其三，涵摄的演绎模式中前提与结论之间的逻辑推论关系确保了从这些前提中不得推出大相径庭的"推论"。可容许的结论只能是这样的法律后果，当其前提有效（针对普遍规则而言）和为真（针对案件事实而言）时，它就是有效的。换言之，法律论证的前提合起来构成结论的充分条件。而平等对待的要求不外乎说的是："在特定案件中构成特定裁判之充分条件者，应当也在所有其他情形中对同一裁判构成充分条件。"[1] 因此，陈述出某个法律结果之充分条件的要求允许公民提出平等对待的要求，如果在其情形中同样满足了这些充分条件的话。所以，陈述出某个具体法律后果之充分条件

---

〔1〕 Erik von Savigny, Die Rolle der Dogmatik – wissenschafttheoretisch gesehen, in: Ulfrid Neumann, Joachim Rahlf und Erik von Savigny, *Juristische Dogmatik und Wissenschaftstheorie*, München 1976, S. 104.

的演绎模式构成了确保平等对待的必要条件。[1]

弄明白满足了哪些条件将构成得出具体法律后果的充分条件，这同样是确保法的安定性的前提。法的安定性同样只有借助于涵摄的演绎结构才能获得。[2]当然，这并不意味着法的安定性可以在一种绝对的意义上得到确保。一方面，司法裁判总是有可能发生改变，而在特定界限内这种改变总是被允许的；另一方面，法官在论证中所运用的往往是只对满足构成要件之充分条件仅作出模糊提示的前提。而要在未来对于这些充分条件要如何进行补充则是保持开放的。但无论如何，演绎模式同样是确保法的安定性的必要条件。

五、结语

法律论证是一种受制于特定的规则与论证形式的说理活动，涵摄就是这些规则与论证形式中的一种。它对于法律论证是具有如此的根本性，以至于它被视为法律人日常作业中操作手艺活的工具（juristisch – Handverkszeug），但却很少被法律实务工作者进行追问和反思。虽然应该承认，追问法律论证的结构属于法理论的任务（这在方法论领域无疑具有基础问题的色彩），但涵摄作为法律论证之基本框架的方法结构，却构成了"法律实践与实践（教义）法学的核心"。[3]

只要法律适用被作为一种理性的论证活动，且法律规则构成

---

〔1〕　演绎模式并不构成平等对待的充分条件，因为只有当对被平等对待之案件作实质考量时才能明确它们在什么意义上应当被平等对待，而这一点是形式化的演绎模式本身无法提供的。

〔2〕　Vgl. Jürgen Rödig, Logik und Rechtswissenschaft, in: Dieter Grimm（Hrsg.），*Rechtswissenschaft und Nachbarwissenschaften*, 2. Band, München 1976, S. 56f.

〔3〕　Werner Krawietz, Juristische Argumentation und Argumentationstheorien auf dem Prüfstand, in: Werner Krawietz und Robert Alexy（Hrsg.），*Metatheorie juristischer Argumentartion*, Berlin 1983, S. 3.

了大多数情形中法律论证的出发点，涵摄就是法律论证的一种基本模式。正因为法律规则的逻辑结构可以被展现为构成要件 T 与法律后果 OR 两部分，所以以法律规则为出发点的法律论证在结构上就可以被重构为司法三段论或演绎这类合乎逻辑的论证模式。在某种意义上，涵摄就是法律规则之内涵的个别化过程。作为一种理性的论证模式，涵摄不仅具有法律理论的意义，同时也兼具法律实践的意义。涵摄的怀疑论混淆了法律适用的不同视角，也误识这一模式发挥作用的论证层次，因而要么完全否认，要么贬低了涵摄在法律适用中的作用。涵摄的决定论固然是错的，但它的价值内核在于点明了司法裁判的一个重要价值追求，即受到权力分立原则确保的法律拘束。涵摄通常显现，但有时也会溢出法律拘束的要求之外，它同时也构成了可检验之平等对待原则以及法的安定性原则的必要条件。所以，涵摄绝不仅仅是法律适用的一种技艺，而是在实践中习得、通过经验来改进并借助于机巧性的运用来培养的能力，[1] 更是一种承载着法治价值的方法论模式。它不仅因合乎逻辑而是理性的，同时也是不可替代和值得追求的。

---

[1] Vgl. Rolf Gröschner, *Subsumtion – Technik oder Theorie?*, Baden – Baden 2014, S. 7.

第七章 法律论证的基本模式 II：权衡

一、引言：权衡及其争议

法律原则的典型适用方式为权衡（Abwägung）。这样一种判断来自于两方面的前提：一个是分析性的前提，一个是经验性的前提。分析性的前提来自于法律原则的定义或性质本身。原则作为"理想应然"，不像规则（现实应然）那样规定了其所适用的具体事实条件，它是一种存在于理想世界中的规范性要求（应当）。[1] 在这样一个世界里，原则没有遭遇其适用的经验上的限度，也没有遭遇其他原则的对抗。因此可以说，在理想的世界里，根本就不会发生原则间对抗的情形。因为只有在现实的世界里，在有限的事实条件（系争案件）之下，才会发生各原则因指向的现实要求（它们是实现各自原则的事实手段）不同而发生对抗的情形。例如，"自由"与"平等"作为原则在抽象的层面或理想的世界中并不会发生对抗，它们毋宁说是一个完美的政治理想体系中不可或缺的部分。但是一旦进入到某个具体的事实情形（例如市场经济的某个行为）中，它们就有发生对抗的可能，正因为事实条件是特定（special）和有限的（limited），这就注定了它不可能同时使得各个原则都充分得到满足，这是就会发生优先实现

---

〔1〕 参见前文，第115页。

哪个原则、在多大范围内实现这个被优先保护的原则等问题。原则的另一种定义或面向，即作为最佳化命令的属性，恰恰体现在它由理想世界向现实世界过渡的过程中。作为最佳化命令，原则要求其内容在相对于法律上与事实上可能的范围内尽最大可能被实现，并能以不同的程度被实现。[1] 事实上的可能性意味着要符合适切性原则与必要性原则；而法律上的可能性则意味着，适用一条原则时必须考量在个案中相对抗的其他原则，才能决定该原则的法律效果是否成立，即符合狭义上的比例原则。[2] 实际上，事实上的可能涉及的是对实现原则之手段的选择，它所要回答的问题是，采用何种事实上的手段才能在尽可能满足一个原则的同时不过分地损害另一个原则。而法律上的可能涉及的则是原则间分类的比较，它所要回答的问题是，在事实条件和手段既定的前提下，应该优先实现哪个原则的内容。在系争案件中，事实条件既定的前提下，原则本身的性质决定了它必须与相对立的原则（须记住这种关于"对立"的判断也必然是在个案中才得以发生的）相互比较，看谁更有分量，或者说看谁在系争案件中更有实现的重要性。

当然，这只是一种分析性的要求。另一个不可缺少的前提是经验性的，那就是在绝大多数事实条件（系争案件）下，确实存在着两个或两个以上可适用且效果相对立的原则。如果我们只考虑到了一个原则，这往往就会成为他人反对我们所作判断的理由。例如在涉及是否要在某地引入一家高污染的化工企业时，至少要面对"经济发展"与"环境保护"这两个原则。如果只考虑了其

---

〔1〕 参见前文，第113页。

〔2〕 Robert Alexy, *Theorie der Grundrechte*, Frankfurt am Main 1986, S. 100; Robert Alexy, On the Structure of Legal Principles, *Ratio Juris* 13（2000）, p. 297.

中一个原则，我们通常会说相关决定就是有失偏颇的。在适用的问题上，任何一个单一的原则都只具有"初显性"的特征，而只有考虑到相对立的其他原则才能算作是全盘考虑。当然，这同样是因为处于理想世界中的原则原本未被事实条件所限定，尽管它们的意涵本身多少隐含着事实上的限度（如"意思自治"就与公法领域无关），但它们的适用范围依然不像规则那么确定，在进入到现实世界之后它们往往会发生适用范围上的叠合问题。结合上述两个前提可以认为，原则的典型适用方式是权衡。换言之，原则的适用方式与原则间碰撞[1]的解决方式是相同的，因为原则本身的定义与经验已经告诉我们，原则的适用必然会涉及与在系争案件中事实效果相对立之其他原则的关系。我们无法撇开原则间碰撞的解决办法单独来谈所谓单个原则的适用问题。因此，在适用原则时，不能只考虑和适用某一个原则，而是要尽可能广泛地考虑所有的相关原则，并且在这些效果相对立的原则之中选择一个或者数个（如果它们的效果取向相同，可以起到强化论证之效）作为案件裁判的依据。

针对权衡，学者们提出了大量的反对意见。他们指出，权衡是一种非理性的过程，[2]它会危及民主宪政国。[3]如果权衡的结构不可能以理性的方式来解决案件，那么它就只能是一种专断的

[1] 之所以说"碰撞"而不是"冲突"，是因为规则间的对抗与原则间的对抗其性质是不一样的。具体见后文。

[2] Jürgen Harbemas, Faktizität und Geltung, Frankfurt am Main 1994, S. 296; Bernhard Schlink, Der Grundsatz der Verhältnismäßigkeit, in: Peter Badura und Horst Dreier (Hrsg.), *Festschrift* 50 *Jahre Bundesverfassungsgericht*, Bd. 2, Tübingen 2001, S. 445, 460.

[3] Ernst Böckenförde, Grundrechte als Grundsatznormen. Zur gegenwärtigen Lage der Grundrechtsdogmatik, in: ders., Böckenförde, *Staat*, *Verfassung*, *Demokratie*, Frankfurt am Main 1991, S. 185.

修辞游戏而已。因此，证明权衡的理性具有极端重要性。[1] 权衡的理性并不意味着绝对的正确性，而毋宁说是与可检验性（überprüfbarkeit）这一概念相关，即基于每一个参与者都必然以理性的方式赞同之标准的可检验性。[2] 理性蕴含着可证立性（Begründbarkeit），即通过理性程序产生之结果来证立。通过法律裁判过程中的权衡来获得较高的理性，它无法被用于与法律裁判之理性无关的实践目的。权衡的一个主要反对意见是认为它会危及法律裁判的客观性。其认为，权衡将使得法律适用者可以首先作出一个主观判断，然后借助于权衡来证成这一判断。但通过细致的观察我们将发现，这一反对意见针对的并非权衡本身，而是它的操作，也就是说，针对的是权衡过程中所要运用到的那些前提。这些前提在权衡过程中扮演着重要角色，但前提的理性取决于实质论证，而非权衡结构的理性。权衡终究只是一种形式结构，它的作用只在于使得产生于那些前提的论据形成理性关系。这是本章的一个基本立场，我们将通过权衡的形式结构、权衡作为理性的论证程序以及权衡的认识论界限三方面来证明这一立场。但在此之前，我们还将花费一定的笔墨来说明一下法律原则的具体化问题。因为权衡并不是原则适用的全部过程，而只是其一部分（尽管是核心部分）。任何原则要想适用于个案，必须被具体化；但反过来说，权衡本身也是广义上法律原则具体化的一个部分。

---

〔1〕 鉴于原则理论学派主要是在宪法基本权利的语境中来讨论“原则”与“权衡”的，对于原则权衡的批评也有一部分是置于基本权利的语境中来说的，因此后文中有时会以基本权利来代替原则，这一点当不至于使读者感到困惑。

〔2〕 Vgl. Jan - Reinard Sieckmann, Probleme der Prinzipientheorie der Grundrechts, in: Laura Clérico und Jan - Reinard Sieckmann, *Grundrechte, Prinzipien und Argumentation*, Baden - Baden 2009, S. 50.

二、法律原则的具体化

（一）解释抑或具体化

法律原则由于未明示人们的行为标准和法院的裁判标准，是很难直接适用于个案作为案件事实的涵摄规范的，这就需要有一种中介来作为法律原则适用之必不可少的手段。有论者认为，能担当起中介职能的是法律解释，而解释的过程也就相当于"法律原则的具体化"。[1]毫无疑问，作为理想应然的法律原则要最终成为系争案件裁判的依据，就必须要与系争案件的具体事实及其他法律原则发生关联，成为现实应然，这必然是一个法律原则的内涵得以具体化的过程。但这种具体化等同于解释吗？

拉伦茨尝言："解释乃是一种媒介行为，借此，解释者将他认为有疑义文本的意义，变得可以理解。"[2]弗洛波列夫斯基（Jerzy Wróblewski）则将解释按照外延从大到小区分为三种:[3]最广义（largissimo sensu）的解释、广义（sensu largo）的解释和狭义（sensu stricto）的解释。最广义的解释是指表示对一切对象之意义的理解，主体在他们的能力范围内提出这些对象，并将某种意义绑定在这些对象上。广义解释的对象特定，它指对语言表述的理解，主要是对文本的理解。狭义的解释指的是当一个语言表述容许多种阐释，且无法确定哪一个是正确的时候，依据一定的标准作出选择。拉伦茨所采的定义其实是弗洛波列夫斯基所说的狭义的解释。而这恰好正是法律解释的核心意旨。从这种狭义上

---

〔1〕　参见舒国滢："法律原则适用中的难题何在"，载《苏州大学学报（哲学社会科学版）》2004 年第 6 期，第 19 页。

〔2〕　[德]卡尔·拉伦茨：《法学方法论》，陈爱娥译，商务印书馆 2003 年版，第 193 页。

〔3〕　Cf. Jerzy Wróblewski, Legal Reasoning in Legal Interpretation, in his, *Meaning and Truth in Judicial Decision*, 2th. ed. , Helsinki 1983, pp. 72ff.

的定义，我们也可以推知，真正的解释的必要性来自于，在交流的情形中，当决定语词含义的那些因素无法起到决定效果时，就需要对此进行解释，所以对于那些有关字面意义的知识而言，解释只不过是一个例外情形。[1] 所谓"决定语词含义的那些要素"，主要指的是语词使用规则，这些规则在性质上属于语义规则，来源于语言惯习。语词使用规则支配下的语词部分拥有确定的意义，属于这个语词意义的内核；而当语词使用规则无法来断定语词是否也拥有其他意义时，这种其他意义就可能位于语词的阴影地带。此时我们无法借助于惯习性的语义规则来作出判断，而只能依据别的手段来决定语词能否同样包含这种阴影地带的意义。显然，后者相对于前者只是例外的情形。在德国方法论传统中，前者被称为语义的确认，而后者被称为语义的确证。[2] 但无论如何，解释是在语义学的层面上展开的，尽管它需要借助多种手段，解释理论本身是一种语义学理论。这是与规则的文义封闭性相关的：规则起码在字面意义上存在相对明确的意义范围。这说明，规则之字面意义所确定包含的内容，不能被排除出去；而规则之字面含义所确定不包含的内容，也不能被包括进来。但原则的文义恰恰是开放的。也就是说，对于原则的拘束效果，不能仅作字面意义上的理解（也无法作字面意义上的理解，因为绝大多数原则的表述都十分简练，几乎未指明任何适用范围）。这种开放性意味着：其一，原本在原则字面意义之中的内容，可能基于某些条件的成就而被排除；其二，原本未在原则字面意义之中的内容，可能基于某些条件的成就而被纳入。进言之，即使原则存在一个字

---

　　[1]　Andrei Marmor, *Interpretation and Legal Theory*, 2th ed., Oxford & Oregon 2005, p. 25.

　　[2]　这对概念参见 Robert Alexy, *Theorie der juristischen Argumentation*, 2. Aufl., Frankfurt am Main 1991, S. 290f.

面意义上的意义范围并且对此进行了明确的表达，但由于这个意义范围具有如此明显的开放性，这种明确的表达不但无助于其意义范围的确定，同样也不会对其实践功能的发挥产生重要影响。[1]所以，原则的意义根本无法借助于惯习性的语义规则来确定，也无法在语义层面上借助于其他手段抽象地获得。它只能依凭各个系争案件，小心翼翼地在各该事实条件之下与别的原则进行相互权衡，借此确立自己能否适用于系争案件；而借由类型化效果，这种确立可以扩展至同类案件。但是，它永远无法一劳永逸地划定自己的适用范围，它的适用范围永远是开放的，永远有进行补充或修正的可能。原则的意义只能借助于一次次的具体化过程而获得。这样一个过程毋宁说是全然位于语义学之外的，原则意义的确定需要一个完全不同于语义学的理论。因此可以说，在司法实践中，解释只是一个围绕规则展开的现象。原则的具体化与规则的解释属于两种不同性质的现象。

（二）具体化的步骤

那么，法律原则的具体化过程包括哪些步骤呢？舒国滢教授曾将其分为四个阶段：①要确定哪些法律原则是个案应予适用的规范；②寻找这些有待适用之法律原则的"下位原则"；③依据法律原则，提出更强理由宣告相应的法律规则无效，同时建构新的法律规则或提出原法律规则的例外规则；④法官考量受裁判之个案的具体情况，对建构的新法律规则或例外规则再作进一步的解释，形成"个案规范"，这才是真正的裁判规范。[2]在这些步骤中，最困难的一步是③依据法律原则建构新的法律规则或提出例

---

〔1〕 参见陈景辉：《实践理由与法律推理》，北京大学出版社2012年版，第180、187页。

〔2〕 参见舒国滢："法律原则适用中的难题何在"，载《苏州大学学报（哲学社会科学版）》2004年第6期，第19页。

外规则，它涉及的其实就是前文所说的权衡。我们将首先来对这四个步骤进行逐一评论，然后重点谈谈这些步骤所没有涉及的部分，即单个法律原则如何与案件事实相结合的问题。

第一步无疑是对的，确定哪些法律原则是个案应予适用的规范是适用原则的出发点。只是若吹毛求疵一番，则"应予适用"的表述有失精确。因为在进行相互权衡之前，是无法确定哪个或哪些原则应予适用的，"应予适用"是全盘考虑后才会得出的结论；不如改为"可能适用"，表示这种适用的可能性只是初显性的。第二步是可能而非必然发生的。我们当然可以想象，每个法律原则都可能拥有数个下位原则作为自己的具体化阶段。我们推想，作者加上这个步骤，是因为有一种直觉在起着作用，即内容更为具体的下位原则要比上位原则更加贴近个案，因此能够更好地发挥裁判依据的作用。这一点看起来也得到了前文所说之原则串连现象的支持。但是要注意的是，前文也已提到，原则权衡必然涉及原则的绝对分量问题，而原则的绝对分量是与原则的位阶有很大关系的。要确定一个原则的绝对分量，就要返回到其可能具有的最高位阶。因此，一个下位原则的绝对分量，是要返回到其上位原则的位阶那里才能确定的，就如公序良俗的绝对分量是要比照基本权利原则的分量来确定的一样。这样一来，权衡所需的是下位原则返归上位原则，而非相反。也就是说，对于第二步而言，很多时候需要的不是去寻找有待适用之法律原则的"下位原则"，而恰恰是串联起有待适用之法律原则的"上位原则"，借此来确定它的绝对分量。因此，第二步可能是不必要的。第三步似乎忽略了原则适用的通常情形，而只是谈及了原则适用的例外情形。事实上，无论是在通常情形还是在例外情形中，权衡的后果都是建构出了新的法律规则。关于原则碰撞时的权衡结果，阿

列克西曾将其表述为这么一个"碰撞法则"(The Collision Law):[1]

> 假如原则 pi 在条件 C 下优先于原则 pj: 即 (pi **P** pj) C, 并且假如 pi 在条件 C 下可导出法律效果 F, 则会产生一条规则, 这条规则由事实 C 和法律效果 F 构成: 即 C→F。

上述法则中, C 代表系争案件各种事实特征情形的结合, pi 与 pj 表示在系争案件中法效果对立的两个原则, P 表示"优先于"。因此, 这个公式表示在优先条件 C 下 pi 优于 pj。这也说明, pi 与 pj 的优先关系是相对的, 即相对于 C 而言的; 一旦存在另一种情形 C', 可能这种优先关系恰好就会颠倒过来。所以, 可能在 C 时 pi 优于 pj 即 (pi P pj) C, 而在 C'时 pj 优于 pi 即 (pj P pi) C'。因此, 通过原则权衡来解决一个案件的效果就相当于创设一条规则来裁决案件。最后, 第四步也是不必要的, 它显然受到了菲肯切尔"个案规范"理论的影响, 但用在这里并不恰当。前面说过, (狭义)解释的必要性来自于疑义或语言表述多种阐释的可选择性, 但是由于新规则 C→F 或 C'→F 是在结合了具体的个案 C 或 C'后形成的, 它就是针对特定个案事实的, 不存在疑义或判断余地, 因而也就不存在解释的空间。此外, 我们也必须承认, 任何对具体个案的描述必然同时是一种抽象化的工作, 必须是从具体个案中提炼出具有法律意义的事实特征进行组合后的结果, 因此 C 或 C'绝非是对各该案件的"充分反射"(就像普通镜子中

---

[1] Vgl. Robert Alexy, *Theorie der Grundrechte*, Frankfurt am Main 1986, S. 83 – 84. Robert Alexy, On the Structure of Legal Principles, *Ratio Juris* 13 (2000), p. 281, 297. 引用时符号有所变化。舒国滢教授同样很敏锐地指出, "根据原则提出新的规则, 实际上是将原则转化为规则"(舒国滢: "法律原则适用中的难题何在", 载《苏州大学学报(哲学社会科学版)》2004 年第 6 期, 第 19 页)。

的人像一样），而是"有选择的抽象化"（如哈哈镜总是突出人像的某些部分一样），这种抽象化也为个案裁判的类型化效果提供了空间，使得规则不再仅仅针对独特（unique）的对象。也就是说，以后再发生同类的案件，也可以借助于既判案件规则来作出决定。[1]这种抽象化也具有理论意义，即它为任何个案的裁决提供了一个普遍性的大前提，而裁判必须基于一个普遍性的规范是法律论证的基本要求之一。[2]因此，"个案规范"一方面是不必要的，另一方面也是不可欲的。

因此，唯有步骤一与四对于原则的具体化而言是必经的两个阶段。经修正后，它们可以表述为这样两个步骤或阶段：①要确定哪些法律原则是个案可能适用的规范；②对相碰撞之法律原则进行权衡，建构新的法律规则；或基于权衡依据法律原则宣告相应的法律规则不适用，同时建构新的法律规则（即提出原法律规则的例外规则）。步骤②中，分号前指的是通常情形，即存在规则漏洞的情形，而分号后指的是例外情形。

但我们发现，这样两个步骤并不足以展现出原则具体化的所有内涵，关键的问题在于它没有将单个原则的具体化过程，也就是单个原则如何与案件相结合的这个逻辑过程展现出来。这个过程之所以是必要的，理由主要有两个：一是我们在前面已经说过的，原则是一种理想应然，它必须与现实的条件相结合才能转化为一种现实应然，这是必须的，因为只有现实应然才能作为指引

---

〔1〕 只是既判案件规则的拘束力效果不同：在英美传统中，因遵循先例准则，它具有法律上的拘束力；而在欧陆国家，包括我国，它可能只具有说服力而没有法律上的拘束力。

〔2〕 阿列克西将这个要求表述为两个法律论证规则："欲证立法律判断，必须至少引入一个普遍性的规范。""法律判断必须至少从一个普遍性的规范连同其他命题逻辑地推导出来。" Robert Alexy, *Theorie der juristischen Argumentation*, 2. Aufl., Frankfurt am Main 1991, S. 275.

我们现实生活中行动的理由；二是原则本身只是一种目标（任务）规范（Ziel bzw. Aufgabennorm），而不是一种行为规范（Verhaltennorm）。一个规范，既可以要求实现某个目标或满足某项任务，也可以规定确定的行为。前者被称为目标（任务）规范，后者被称为行为规范。目标即某种被追求的状态。目标（任务）规范并没有直接规定对于行动的要求，而只是提出了一项要达成的目标或要满足的任务。[1] 法律原则与法律规则恰好分别对应于这两类规范。原则是一种"应当是"（ought to be），而不是一种"应当做"（ought to do），也就是说它本身只是指明了某个值得追求的目标或任务，而没有指出应该如何实现这个目标。例如"保护环境"这个原则只是指出了一个目标（"好的环境"）和任务（"保护好环境"），而没有告诉我们为了达成这一点，究竟应该怎么做。事实上，实现这个目标与任务的做法可以是千差万别的，它们往往是与具体的情形相关的。例如，在"街道上是否允许随地吐痰"的情形中，保护环境原则可以通过"禁止随地吐痰"的做法来实现；而在"公园内是否允许机动车驶入"的情形中，保护环境原则可以通过"禁止机动车驶入公园内"的做法来实现。"禁止随地吐痰"与"禁止机动车驶入公园内"是各该情形下实现同一个原则的不同手段。[2] 而只有手段才规定的是"应当做"

---

[1] Vgl. Ulrich Penski, RechtsGrundsätze und Rechtsregeln, *Juristische Zeitung* 1989, S. 107. 要注意两点：其一，如果仔细区分，目标与任务还是存在区别的：目标（的设定）本身没有任何规范性意义，而只是一种追求或意志的表达；而任务则与规范性意义联结在一起，即将追求某个目标的活动设定为规范上必要的。但我们在这里并不严格区分它们。其二，有无目标本身并不是这两类规范的区分标准。换言之，目标（任务）规范（或原则）与行为规范（或规则）都有自己的目标，它们的区别只在于前者只是给出了某个目标（目标），而后者则直接给出了实现某个目标（任务）的方式，即提出了行动的要求。

[2] 当然，这并不排除这两个手段的背后各有其他的原则在支持。这也说明了手段与目标间的关系并非是一一对应的。

的内容。所以，原则如果想要对具体的案件产生影响，也即告诉人们在当下情形中"如何做"，就必须与特定的手段联系起来。而且，这种手段－目的（*Mittel－Zweck*）间的联系必须是一种必要关系（notwendige Verbindung），也就是说，为了实现这个目的（原则），某种"应当做"的要求是必要的，离开了后者就无法实现前者。否则就无法说明为什么我们必须要按照这种要求去行事。例如，在上述"街道上是否允许随地吐痰"的情形中，首先存在一个"（应当）保护环境"的原则，然后我们说明"禁止随地吐痰"构成了保护环境的必要条件（即不禁止随地吐痰就无法保护环境，当然这是可辩驳的），最后得出结论说"应当禁止随地吐痰"。这就是一个法律论证上的**实践三段论**的过程：

（1）（应当）保护环境。

（2）不禁止随地吐痰就无法保护环境。

∴（3）应当禁止随地吐痰。

前文第五章中已然证明，法律原则的逻辑结构是 Op。[1] 在此，如果我们用 O 表示"应当"，¬ 表示否定符，p 表示"保护环境"，F 表示"禁止随地吐痰"，那么我们就可以把上述三段论形式化为：

（1）Op

（2）$\neg F \rightarrow \neg p$

∴（3）OF （公式1）

当然，这种目标向手段的转化在其他情形中可能会更加复杂。比如，在"某人能否善意取得某物"的例子中，我们拥有一条"信赖保护"原则支持这种行为。如果它要发生具体的法律效果，

---

[1] 参见前文，第 209－210 页。

就可能进行一系列转换。首先为了论述的方便，信赖保护原则可以被转述为"任何人在任何情况下的信赖利益都应当得到法律的保护"；其次这个转化过程可以展示如下：

（1）任何人在任何情况下的信赖利益都应当得到法律的保护（信赖保护）。

（2）假如某人善意受让了他人无权处分的财产却无法取得所有权，那么他的信赖利益就得不到法律保护。

（3）假如某人以合理价格受让他相信是有权处分人出让的财产，并符合法定所有权的取得方式，却得不到法律承认，那么就属于"善意受让他人无权处分的财产却无法取得所有权"的情形。

（4）因此，如某人以合理价格受让他相信是有权处分人出让的财产，并符合法定所有权的取得方式，就应当取得他人无权处分的财产。

中间的转化步骤可能不止（2）与（3）两步，可能会更加复杂。据此，我们同样可以用演绎的形式对其作符号化处理：

（1）Op

（2）$\neg M^1 \rightarrow \neg p$

（3）$\neg M^2 \rightarrow \neg M^1$

$$\vdots$$

（4）$\neg F \rightarrow \neg M^n$

（5）OF （公式2）

这种转换并不是没有问题的，它在每一步都可能受到挑战，因而也是可辩驳的。但是如果它们得到证立，它们中的每一个前项就都必须被证明为构成了后项的必要条件。这是法律论证的任务。因此，公式1只是公式2的一个简单情形。我们把这个过程称为"当为转换"，因为它解决了从"应当是"（当是）向"应当做"（当为）转化的问题。

但仅作这样的处理还是不够的，它忽视了两点：其一，这种目标向手段的转化是有情境限定的，也就是说它是限定于系争案件（或某类案件）的事实条件的。比如上述两例，分别是在"街道"和"善意取得"这两个情境下发生，脱离了特定的情境，这种转化就不可能发生，因为手段本身也是与情境相关的，而这一点在公式2中没有得到体现。其二，作为转化起点的目标或者说原则本身，也首先处于特定的情境之中，或者说它是与系争案件（某类案件）相关。正因为在特定情境中有实现某个原则的要求（原则对其要发挥规范性的效果），才发生了转化的必要性。公式2同样没有体现这一点。这两个缺陷的共同点在于，在转化的地点与转化的重点上都缺失了事实条件，即C。因此，作为转化起点的原则应被表述为 $C \rightarrow Op$，以表示原则 p 可适用于系争案件（某类案件）C；而作为转化终点的手段或做法应被表述为 $C \rightarrow OF$，以表示这种手段只是针对系争案件（某类案件）C 的。因而公式2也被修正为：

（1）　$C \rightarrow Op$

（2）　$\neg M^1 \rightarrow \neg p$

（3）　$\neg M^2 \rightarrow \neg M^1$

　　　$\vdots$

（4）　$\neg F \rightarrow \neg M^n$

（5）　$C \rightarrow OF$　　　　　　　　　　　　　　（公式3）

只是要明白的是，从（2）~（4）的所有步骤，同样是在 C 的前提下进行的。只是为了论述的简洁，我们没有表示出来而已。通过对公式3的观察，我们也可以得出如下结论：其一，$C \rightarrow Op$ 表示原则 p 可适用于系争案件（某类案件）C；同样，其他任何可能适用于 C 的原则也必须采用这种形式，如 C→Op'，C→Op"
等。而这一点恰恰是上面提到的原则具体化的步骤①，即"要确
定哪些法律原则是个案可能适用的规范"的形式化体现。其二，
单个原则具体化的结果或者说单个原则与案件事实相结合的结果，
是产生了一条规则 C→OF。当然，这条规则不足以构成案件最终
的裁判依据，因为这只是单个原则的具体化结果。在案件 C 中与
这个原则相对立的其他原则同样要经过这个具体化的过程，如另
一个原则在转化阶段中最终被表述为 C→O¬F。只有进行过原则
间的权衡之后，我们才会知道，最终采纳的规则（行动要求）是
C→OF 还是 C→O¬F。此外，我们也可以发现，甚至只有当这些
原则各自进行过转化之后，我们才能判定它们在特定情形中是否
发生了碰撞。因为原则在抽象的层面上是不会彼此碰撞的，只有
在特定事实条件下，当实现它们的必要手段相互背道而驰时我们
才能说它们之间在这个事实条件下发生了碰撞。而在原则具体化
的终点上，也最终有一个经转化后的原则（也可以说规则）成为
案件裁判的依据。因为在经过原则间的个案权衡后，所形成之新
规则的法律后果，也正是胜出的那个原则的实现手段。因此可以
说，这种原则的当为转化在原则具体化的始与终都发挥着作用。
由此，我们可以将法律原则的具体化归纳为如下四个步骤：①要
确定哪些法律原则是个案可能适用的规范；②分别对这些可能适
用的原则进行"当为转化"（形成行为规则）；③对相碰撞之法律
原则进行权衡并建构新的法律规则；④将个案涵摄于新的法律规
则之下并得出裁判结论。由此也显现出了权衡与涵摄之间的密切
联系：权衡不仅位于涵摄的开端，而且也位于其结尾。[1] 下面我

---

[1] Robert Alexy, Two or Three?, in: Martin Borowski（ed.）, *On the Nature of Legal Principles*, Stuttgart 2010, p. 11.

们就将进入到对第三和第四个步骤，即权衡的论述。

三、权衡的形式结构

权衡理论包括彼此相关的三个部分，即权衡法则（Abwägungsgesetz）、重力公式（Gewichtsformel）与论证负担（Argumentationslasten）。

（一）权衡法则

1. 权衡法则的表达

权衡法则构成了作为权衡程序之基础的理性标准，从这一法则出发可以推导出重力公式，而重力公式的结果则为论证负担提供了依据。权衡法则脱胎于德国宪法法院的"个案法益衡量"思想。后者认为，抽象的原则/价值冲突需要被处理为具体案件中现实的法益冲突，裁判者要通过考量不同法益受到保护及遭受损害的可能情况，决定相关原则适用上的优先性。这一思想可以被分解为这样几步：首先，依据基本法的"价值秩序"，判断所涉及的一种法益较其他法益是否有明显的价值优越性。如相较于其他财产性法益，人的生命或人性尊严无疑有较高的位阶。其次，一方面考量应受保护的法益的重要性和实现程度；另一方面，假使某条原则或某种利益必须作出让步，那么考量其受损害的程度如何。最后，考量损害如何最小化，以贯彻衡量之际的比例原则——为保护某种较为优越的法价值须侵及一种法益时，不得逾越达此目的所必要的程度。这说明目的与手段间应有适切的关系。[1]

个案法益衡量思想导致了狭义比例原则的产生。狭义比例原则作为最佳化命令之原则在法律上可能的范围内尽最大可能被实现的要求：在两个原则 pi 与 pj 发生冲突时，由于一个原则的适用

---

[1] 参见［德］卡尔·拉伦茨：《法学方法论》，陈爱娥译，商务印书馆2003年版，第279、285、286页。

是以消耗（cost）另一个原则为基础的，所以必须在它们之间划定一条合乎比例的分界线。对这条分界线的确定导出了"权衡法则"，它可以表述为：

> 一个原则的不满足程度或受损害程度越高，另一个原则被满足的重要性就越大。[1]

换言之，必须比较 pi 受侵害程度的高低与 pj 重要性程度的高低，若 pi 受侵害程度越高，则 pj 的重要性程度就应当越高。如果 pi 受侵害程度已经提高，但是 pj 的重要性并未因此得到提高，那么对 pi 的限制就是缺乏正当理由的。如"责任自负"原则（pi）受侵害的程度越高，对于行人"人身安全"（pj）保护的重要性就应当越高。假如侵害到达某个点（如发生交通事故时"机动车负全责"），行人的人身安全不仅没有得到更好的保护，反而失去生命的危险增高，[2] 则不应对 pi 作这样的限制。可见，权衡法则的功能在于在具体案件中证立对不同原则重要性程度或受侵害程度的判断，并从中得出其理性。这里存在这么一条有效的法则：权衡的理性取决于其权衡对象之与个案相关的分量及其关系的可能性。因为假如无法区分某个侵害的强度，那么权衡怀疑论者提出的反对意见就是合理的。

2. 度量化问题

侵害强度或重要性程度要进行度量化处理。受侵害刻度的基本形式由三个阶层组成。这对应于阿列克西所称的三阶度量化

---

[1] Vgl. Robert Alexy, *Theorie der Grundrechte*, Frankfurt am Main 1986, S. 136.

[2] 因为交通肇事逃逸普遍发生以及由于对死者的赔偿远少于对伤者的赔偿，因此对于肇事者而言，撞死受害者反而可能是最为有利的选择。

(*triadische Skalierung*)。[1] 这一三阶度量化所包含的受侵害程度是"轻、中、重"三种度量值，分别以 l、m、s 来表示。[2] 阿列克西以经验性/描述性以及规范性的理由来支持这一三阶层的实质度量化处理方法。[3] 他从联邦宪法法院的两个判决，即烟草案判决(Tabak – Entscheidung)[4] 与泰坦尼克判决（TITANIC – Entscheidung)[5] 中推导出了这三个值。借鉴联邦宪法法院在这两个案件中的经验性考量与规范性考量，阿列克西试图寻得对相冲突之原则的侵害强度或重要性程度加以理性判断之可能的证明。[6] 实质度量化的另一个视角涉及对于在程度分级过程中确定的"值"的数学展示。但要注意的是，数值只是展示出了论据，但却无法取代论据。麦考密克（MacCormick）曾指出，论据不可能像实质对象那样具有分量。[7] 话虽如此，但用数字来展示证立某个原则之呈指数式上升的受侵害程度的论据还是可能的。这里涉及的并非是法律的数学化，而是以有序和清晰的方式来描述相冲突之原则的相互关系。

但迄今为止依然没有解决的问题是，我们应当如何来展示这

〔1〕　Robert Alexy, Die Abwägung in der Rechtsanwendung, *Jahresbericht des Institutes für Rechtswissenschaften and der Meiji Gakun Universität* 17（2001），S. 74.

〔2〕　Robert Alexy, Die Gewichtsformel, in：Joachim Jickli, Peter Kreutz, Dieter Reuter（Hrsg.），*Gedächtnisschrift für Jürgen Sonnenschein*, Berlin 2003, S. 777；his.，Constitutional Rights, Balancing and Rationality, *Ratio Juris* 16（2003），p. 136.

〔3〕　Vgl. Robert Alexy, *Theorie der Grundrechte*, Frankfurt am Main 1986, S. 151.

〔4〕　BverfGE 95, 173.

〔5〕　BverfGE 86, 1.

〔6〕　Vgl. Robert Alexy, Die Gewichtsformel, in：Joachim Jickli, Peter Kreutz, Dieter Reuter（Hrsg.），*Gedächtnisschrift für Jürgen Sonnenschein*, Berlin 2003, S. 776；his.，Balancing, constitutional review and representation, *International Journal of Constitution* 3（2005），pp. 574f.

〔7〕　See Neil MacCormick, *Rhetoric and the Rule of Law*, Oxford 2005, p. 186.

些论据：用基数序列抑或序数序列？用连续的/无限的序列抑或有限的/分散的序列？用算数式的序列抑或几何式的序列？这是权衡之参数化和度量化问题。这一问题涉及用以表达相冲突之原则之受侵害程度或满足之重要性程度的合适序列。首先，基数序列和序数序列何者为宜？基数序列的基础理念在于定义固定的评价层级，借此可以构造出一种优先次序。"当某个刻度的数字被归于某些'值'（前者表达出了后者的序列或其分量）时，就出现了一种基数序列。人们可以想象，'值'的序列可以通过一个刻度的数字，从 0 到 1，来表达。"[1] 但这一序列并不容许参数化，因为它缺乏一种可以清晰适用的计量单位。[2] 由此一种从固定量化概念出发的权衡参数化就是不可能的。相反，一种序数序列并不以任何固定的评价层级为前提。对它来说，重要的只是：优先性程度是可以确定的。"一种序数序列的要求没有（像基数序列）那么高。它只是要求在有待归类的'值'之间确定更高价值（优先性）和同等价值（中立性）的关系。"[3] 由于权衡的目标在于借助粗糙的刻度来确定相冲突之原则之间的与个案相关之优先关系，所以这一关系只需通过序数序列来表达就可以了。其次，对于序数序列而言又存在两种度量化的可能，即一种连续的/无限的度量化以及一种有限的/分散的度量化。无限的度量化容许作无穷的进一步细分。虽然这是可想象的，但一种拥有无限层级的度量化无法被运用于法律论证。与此相反，有限的或分散的刻度可以表达出法的有漏洞的结构（开放结构）。就像前面已经说明的，这一分散的刻度由三个程度构成，即轻、中、重。它可以展示出重力

〔1〕　Robert Alexy, *Theorie der Grundrechte*, Frankfurt am Main 1986, S. 139.

〔2〕　Vgl. Martin Borowski, *Grundrechte als Prinzipien*, 2. Aufl., Baden – Baden 2007, S. 83.

〔3〕　Robert Alexy, *Theorie der Grundrechte*, Frankfurt am Main 1986, S. 139.

公式（见下文）之结构内部相冲突之原则的相互关系。最后，尚需澄清实质度量化的第三个视角，即待权衡之"值"的数学化展示如何进行。对此既可以进行算术式的序列，也可以进行几何式的序列。阿列克西认为应当拒绝算术式的序列，因为由此产生的相邻值之间总是恒定的距离，无法把握相冲突之原则间指数式上升的受侵害程度。阿列克西更偏向于几何式的序列，因为在这种序列中，相邻值之间的距离是不断上升的。这就表达出了这样一个事实：当侵害强度不断上升时，原则将越来越具有力量，而这与边际效益递减率是相应的。[1] 因此，数学序列和分散刻度由这样三个值构成：轻：2^0，中：2^1，重：2^2。

由此可知，在权衡中待权衡之"值"的参数化和度量化遵循的是一种序数序列，它要借助于有限的或分散的刻度来实行，要借助于一种几何式序列来表达。它展示出了权衡之理性的核心，也构成了后文中对不同反对意见进行反驳的基础。

（二）重力公式

重力公式不外乎是将权衡法则展示为数学化的商公式。它构成了权衡的形式结构，从中可以推导出权衡程序的理性。这意味着，权衡的理性一方面基于重力公式，另一方面基于其"值"的理性之上。重力公式表达出了在三阶刻度中被置入的"值"的相互关系。从这一商运算中得出的结果构成了待决案件中呈现之情境之下的原则的具体分量，它可以被表述为 $G_{i,j}$。重力公式可能仅涉及两个相冲突的原则（基本形式），也可能涉及两个以上相冲突的原则（扩展形式）。

1. 基本形式

无论是在基本形式还是扩展形式中，都需要来确定相冲突之

---

[1] Vgl. Robert Alexy, Die Gewichtsformel, in: Joachim Jickli, Peter Kreutz, Dieter Reuter（Hrsg.）, *Gedächtnisschrift für Jürgen Sonnenschein*, Berlin 2003, S. 785.

原则与个案相关的分量。从根本上说存在着三对变量，它们处于商公式的分子和分母之中，即受侵害程度、抽象重力以及经验性前提的确定性程度。[1] 在两种形式中，重力公式的核心都在于确定受侵害程度 Ii 和受侵害程度 Ij 之间的比例（商）。所以我们首先要来考察重力公式的第一对变量。这是重力公式的核心关系，即原则 pi 的受侵害程度 Ii 与相冲突之原则 pj 之满足的重要性程度 Ij 之间的相互关系。它可以被表示为：

$$G_{i,j} = \frac{I_i}{I_j}$$

这里的操作可以被分为三个步骤：第一步，确定 pi 之不满足程度或受侵害程度；第二步，确定与 pj 相冲突的原则 pi 之满足的重要性程度；第三步，将第一步确立的受侵害程度与第二步确立的重要性程度相互比较，确定 pj 的重要性程度是否足以证成对 pi 之受侵害程度。首先，由于 pi 的受侵害程度总是与具体情形 C 相关联的，用"IpiC"来表示受侵害程度，简写为"Ii"。其次，相冲突之 pj 的重要性程度同样与具体情形 C 相联系，我们标识为"WpjC"。但 pj 的"重要性程度"与"受侵害程度"之间事实上存在着可转换关系，因为权衡法则只涉及两个相冲突的原则，因此在具体情形 C 中，如果不实施侵害 pi 的措施（即保护 pi）就相当于侵害了 pj，而 pj 被侵害的程度也就相当于 pj 的重要性程度。因此"WpjC"可转化为"IpjC"（简写为"Ij"），这样度量就等同了。最后，为了对两者进行量化比较，用前面所说的"三阶度量化"来表示"IpiC"与"IpjC"，即"轻"（l）、"中"（m）、

---

[1]　Vgl. Robert Alexy, Die Gewichtsformel, in: Joachim Jickli, Peter Kreutz, Dieter Reuter（Hrsg.）, *Gedächtnisschrift für Jürgen Sonnenschein*, Berlin 2003, S. 787.

"重"（s）三种度量值,[1] 或用几何序列的值 2^0、2^1、2^2 来代入。

重力公式中采纳的第二对变量是所谓的抽象重力（abstrakte Gewicht）。某个原则 pi 的抽象重力是 pi 相对于另一个原则的与任何情形的情境都无关的分量。[2] 就这个变量而言存在着意见分歧，因为原则是否可能事先就拥有特定的、与个案相关之情境无关的分量，这是有争议的。[3] 这似乎会带来这样的问题，即使得权衡去语境化，而导向一种普遍主义的判断。但这又会带来这样的结果：权衡只表达出了法律体系中唯一正确的道德价值（尽管它是通过权衡表现出来的）。如果从这样一种法律体系——它将某些价值预设为必要前提，如人的尊严——的角度出发，那么很清楚的是，这些原则的抽象重力要比其他原则更重。[4] 例如，我们可以此方式论证道：在一些法律体系中，生命权的抽象重力就要比其他权利（如一般行动自由）来得高。[5] 而在另一些法律体系中，情形却有可能相反。在这里值得强调的是，抽象重力使得特定的政治考量可以影响到重力公式。但另一方面也应当看到，相冲突之原则的抽象重力在权衡中发挥作用的场合是比较罕见的，因为相

---

〔1〕 还可以将三阶度量值进一步细化，区分为"轻轻"（ll）、"轻中"（lm）、"轻重"（ls）、"中轻"（ml）、"中中"（mm）、"中重"（ms）、"重轻"（sl）、"重中"（sm）、"重重"（ss），并分别用来对这九阶度量进行赋值。Vgl. Robert Alexy, Die Konstruktion der Grundrechte, in: Laura Clérico und Jan – Reinard Sieckmann（Hrsg.）, *Grundrechte, Prinzipien und Argumentation*, Nomos 2009, S. 17.

〔2〕 Vgl. Robert Alexy, Die Gewichtsformel, in: Joachim Jickli, Peter Kreutz, Dieter Reuter（Hrsg.）, *Gedächtnisschrift für Jürgen Sonnenschein*, Berlin 2003, S. 778.

〔3〕 反对性意见参见 Nils Jansen, Die Abwägung von Grundrechten, *Der Staat* 36（1997）, S. 43ff.

〔4〕 但也有人，如勒尔，就认为权衡视角下的"称重"迄今为止并没有成功地找到普遍的主体间标准，Vgl. Klaus F. Röhl und Hans Christian Röhl, *Allgemeine Rechtslehre*, 3. Aufl., Köln 2008, § 31 V.

〔5〕 Vgl. Robert Alexy, Die Gewichtsformel, in: Joachim Jickli, Peter Kreutz, Dieter Reuter（Hrsg.）, *Gedächtnisschrift für Jürgen Sonnenschein*, Berlin 2003, S. 778.

冲突之原则通常情形中具有相等的抽象重力。如果抽象重力相等，那么它们就彼此中和。相反，如果它们具有不同的分量，那么平衡就将被打破。[1] 我们可以将原则 pi 的抽象重力表示为"Gi"，而将相冲突之原则 pj 的抽象重力表示为"Gj"。这两个变量的"值"同样要借助于三阶度量化来确定，即轻、中、重。据此，重力公式就将具有如下形式：

$$G_{i,j} = \frac{I_i \cdot G_i}{I_j \cdot G_j}$$

重力公式的第三个，也是最后一个变量是这样一些前提的经验确定性或认知确定性[2]——这些前提是关于支持相冲突之原则的有待判断的措施的。经验性前提之确定性的相对化是 Ii 和 Ij 的基础，它们将通过所谓的第二权衡法则（zweite Abwägungsgesetz）或者说认知性权衡法则（epistemisches Abwägungsgesetz）得以实现。它可以被表述为：

　　对一个原则的侵害程度越大，这种侵害所需前提的确定

---

〔1〕 Vgl. Robert Alexy, Die Gewichtsformel, in: Joachim Jickli, Peter Kreutz, Dieter Reuter（Hrsg.）, *Gedächtnisschrift für Jürgen Sonnenschein*, Berlin 2003, S. 777f.

〔2〕 阿列克西一开始的表述是"经验性前提的确定性"，但后来将它修正为"认知性前提的确定性"。这一修正的结果是使得第三对变量不再限于经验性前提，也将规范性前提包含了进来。最早作这一修正之处是阿列克西 2002 年《基本权利论》（英译本）的"后记"（Robert Alexy, Postscript, in his *A Theory of Constitutional Rights*, Julian Rivers trans., Oxford 2002, pp. 414–425），但 2003 年发表的重要论文《重力公式》中却没有在符号使用上顾及经验性认知裁量和规范性认知裁量的区分，直到 2014 年的一篇回应性文章中他才明确进行了区分使用〔Robert Alexy, Formal Principles: Some Replies to critics, *International Journal of Constitution* 12（2014）, p. 514〕。

性程度就必须越高。[1]

第二权衡法则和第一权衡法则在重力公式中是并行的。在后文中我们还将回到认知性权衡法则及其与实质权衡法则的关系上来。[2]这里要指明的只是：重力公式的第三对变量是否仅限于作为相冲突之原则的基础性前提之受侵害关系的经验确定性，抑或也要将规范性考量包含进来，这是有争议的。本书的立场是，变量"S"不限于经验性前提的确定性，也必然涉及规范性前提。据此，变量"S"要被理解为认识论变量。变量S的可能值也要借助于三阶度量化来分殊。阿列克西认为，存在三个认识论度量，即"确定的"、"可成立的"、"非明显错误的"，并分别赋予"2^0、2^{-1}、2^{-2}"这样的递减式几何级数。[3]这三个度量涵盖了从一种高层级的认知确定性一直到认知确定性非常低的层级。认知性前提的确定性在重力公式中通过第三对变量来展示。作为原则 pi 之基础的认知性前提的确定性程度被命名为 Si。另一方面，作为原则 pj 之基础的认知性前提的确定性程度通过变量 Sj 来表达。因此重力公式之基本形式的完整表述就是：

$$G_{i,j} = \frac{I_i \cdot G_i \cdot S_i}{I_j \cdot G_j \cdot S_j}$$

在上述公式中，如果 $G_{i,j} > 1$，侵害就是不合比例的；如果 $G_{i,j} \leq 1$，

---

[1] Robert Alexy, Die Gewichtsformel, in: Joachim Jickli, Peter Kreutz, Dieter Reuter (Hrsg.), *Gedächtnisschrift für Jürgen Sonnenschein*, Berlin 2003, S. 789. 在此表述略有改变，将"基本权利"变为"原则"。

[2] 参见后文，第 322~325 页。

[3] 德国联邦宪法法院对基本权保护审查所采取的"三阶度审查密度"（"密集内容审查"、"合理审查"、"明显性审查"）恰好一一对应并提供了实践基础。Bverf GE 50, 290 (333). 参见 Robert Alexy, Die Gewichtsformel, in: Jochiam Jickli, Peter Kreutz, Dieter Reuter (Hrsg.), *Gedächtnisschrift für Jürgen Sonnenschein*, Berlin 2003, S. 789.

侵害就是合乎比例的。重力公式的证立结构可以借由德国联邦宪法法院作出的判决，即著名的泰坦尼克案判决，来证实。[1] 讽刺杂志《泰坦尼克》将一位截瘫的预备役军官——他成功地入伍服役——先是称为"天生的杀人犯"（geb. Mörder），在后来的一期中又将他称作"残废"（Krüppel）。杜塞尔多夫州高等法院应这位预备役军官的诉请判决《泰坦尼克》支付总额为 12 000 马克的赔偿金。《泰坦尼克》提起了宪法诉愿。联邦宪法法院在杂志一方的思想表达自由（《德国基本法》第 5 条第 1 款第 1 项）与预备役军官的一般人格权（《德国基本法》第 2 条第 1 款及第 1 条第 1 款）之间进行了"与个案相关联的权衡"。为此目的，要确定这两个权利受侵害的强度，并在它们之间形成比例关系。赔偿金判决被归为"持久的"，即对言论自由（pi）严重的侵害（2^2），即使它并不是通过刑事法院，而是通过民事法院的判决来达成的。它主要这样来被证立：这笔赔偿金会在未来降低相关者像目前这样来塑造其杂志风格的积极性。"天生杀人犯"的称呼要被放到《泰坦尼克》发表的那篇讽刺作品的语境之中。这篇文章中以一种"显然是不严肃的、通过玩文字游戏来胡闹"的方式将许多人称为天生的什么什么。这一语境排除了将这种称呼视为"不被允许的、严重的、对人格权的违法侵害"的可能。因而对人格权的侵害（pj）至多只能估算为一种中等的（2^1），甚至可能只是轻的侵害。与此相应，通过宣判赔偿金来对这位预备役军官的人格权进行保护的重要性就是中等的，也许只是轻的。依照这种分级就确定了判决的第一部分。这两个值要与对 pi 和 pj 的抽象重力以及

---

〔1〕 BVerfGE 86, 1. 关于案件的分析参见 Robert Alexy, Die Gewichtsformel, in: Joachim Jickli, Peter Kreutz, Dieter Reuter（Hrsg.）, *Gedächtnisschrift für Jürgen Sonnenschein*, Berlin 2003, S. 788.

作为基础的认知性前提的确定性一起被置入重力公式之中。在目前的案件中，抽象重力在重力公式中没有任何影响，因为它们由于等值而可以彼此中和。通过考量认知性前提的确定性程度可以确定，目前这部分案件中作为两方侵害之基础的认知性前提都是"确定的"，即 2^0。因此它们由于等值也彼此中和了。如此一来，在"天生杀人犯"的情形中，被运用重力公式的有效形式就如下：

$$G_{i,j} = \frac{2^2}{2^1} = 2$$

$G_{i,j} > 1$，说明侵害是不合比例的。这说明，为了对"天生杀人犯"这一称呼背后的人格权进行保护而让杂志社承担高额赔偿，对言论自由的侵害就是不合比例的。这意味着，对将这位预备役军官称为"天生的杀人犯"的行为就不得以赔偿金来进行惩罚。但将这位预备役军官称作"残废"这一情形就有所不同。这一称呼"严重伤害了这位截瘫者的人格权"。通过宣判赔偿金来保护这位预备役军官的重要性是很大的。这被这样来证立：将一位严重残疾者称作"残废"在今天一般而言"被理解为侮辱"，并表达了一种"蔑视"。当然可以争议的是，"天生杀人犯"这一称呼是否事实上真的只显示出了一种中等或轻的侵害。在此有意义的且难以质疑的是，不仅对赔偿金的宣判而且"残废"这一称呼都是对各该原则非常严重的侵害（2^2）。就严重残疾者这方面来说，人们可以大大越出法院的确信之外来证明这一点的正当性。联邦最高法院确认，将一位截瘫者称为"残废"表达了一种侮辱与蔑视。这样一种公开侮辱与不尊重涉及了被称呼者的尊严。这不仅是一种简单的严重侵害，而是一种非常严重或异常严重的侵害。它介入了这样一个领域，在其中根本无法通过说明侵害的理由来对侵害进行证成。这符合边际替代率递减的法则。与上一种情形中一样，pi 和 pj 的抽象重力相等而可以彼此中和，但与上一种情形不一样的是，对言论自由 pi 之保护域的侵害是"可成立的"（2^{-1}），而对人格权 pj 之保护域的侵害是"确定的"（2^0）。由此，重力公式就具有如下值：

$$G_{i,j} = \frac{2^2 \cdot 2^{-1}}{2^2 \cdot 2^0} = 0.5$$

$G_{i,j} \leqslant 1$，说明侵害是合乎比例的。由于在"残废"的情形中，原则 pi 的分量小于 1，所以这一诉愿无法证立。因为与对言论自由的严重侵害相对的是一种保护人格权的高重要性。在这一情境中，联邦最高法院得出结论认为，它并不认为因"称量错误而加重了思想表达自由的负担"。因而《泰坦尼克》的宪法诉愿只在此范围内才能被证立，即因为"天生的杀人犯"这一称呼而宣判赔偿金。可见，泰坦尼克案不仅是证明这一点的一个例子：度量化（它们相互间可形成有意义的关系）即使在涉及无形利益，如任何与言论自由相对的原则，的情况下也是可能的；它同样也是证明这一点的一个例子：在作为原则的基本权利之中介入了一种力量，它在权衡的过程中设置了一条界限，后者虽然并非被认为是一成不变和免于权衡的，但却是确定和清晰的。

当然，权衡的理性不只是依赖于用"值"来表示被指称的分量，且以重力公式的形式使之处于相对化关系之中。推论图式的理性在根本上也取决于这样一个问题：它是否与本身可以被证立的前提相联结。[1] 这意味着，对权衡之理性问题的回答不仅要在权衡的形式结构中去寻找，也要在其实质论据中去寻找。有待权

---

[1] Robert Alexy, Die Konstruktion der Grundrechte, in: Laura Clérico und Jan-Reinard Sieckmann（Hrsg.）, *Grundrechte, Prinzipien und Argumentation*, Nomos 2009, S. 18.

衡之前提是正确的，这一主张当然包含着一种正确性宣称。这必须通过商谈来证成。这说明要想否认权衡的理性，就必须同时否认理性商谈之可能。权衡只是一种论证形式，它的内部理性存在于重力公式和三阶度量化之中，而其前提的理性则取决于商谈，无论是法律商谈抑或是通过特殊情形命题（Sonderfall）相联系之普遍实践商谈。普遍实践商谈受到权威性裁判的限制，后者具有初显的优先性。[1]

2. 扩展形式

重力公式的扩展形式适用于两个以上的原则发生冲突的情形。将多个原则包含进重力公式的每一方同样意味着需要有更多的变量来表示所有其他原则的受侵害强度、它们的抽象重力以及它们的认知性前提的确定性程度。如果要顾及所有相冲突之原则（不仅包括侵害其他原则的原则，也包括受其他原则侵害的原则），那么重力公式的扩展形式就具有如下形式：

$$G_{i-m,j-n} = \frac{I_i \cdot G_i \cdot S_i + \ldots + I_{i-m} \cdot G_{i-m} \cdot S_{i-m}}{I_j \cdot G_j \cdot S_j + \ldots + I_{j-n} \cdot G_{j-n} \cdot S_{j-n}}$$

但以何种方式将这些变量归于这些原则依然是个有争议的问题。此外，对重力公式进行扩展时还有这样一项困难的任务，即如何来把握所有可能的侵害强度、抽象重力和认知性前提。"问题在于，这能否通过构造积累效应在重力公式中发生。最简单的版本或许是一种直接的叠加式积累。"[2] 现在的问题是，在重力公式的结构中可以积累的是什么？按照阿列克西的观点，相冲突之

---

〔1〕 Vgl. Robert Alexy, Die Doppelnatur des Rechts, *Der Staat* 50（2011），S. 403f.

〔2〕 Robert Alexy, Die Gewichtsformel, in: Joachim Jickli, Peter Kreutz, Dieter Reuter（Hrsg.），*Gedächtnisschrift für Jürgen Sonnenschein*, Berlin 2003, S. 791.

原则的最佳化对象的异质性规则可以成为积累原则的手段："积累性的原则不能存在实质上的交叠。它们有待最佳化的对象必须是实质上相异的。即存在这样一条规则：异质性是叠加式积累的条件。"[1] 但这一条件在大多数情形中都不会出现，因为原则之间多少都存在交叠的情形。此外，尚不清楚的是，个体权利与集体利益如何可以叠加？因此，为了能够把握住多于两个的原则之间的冲突，仅仅基于异质性对原则进行叠加式积累是不够的。由此，我们还需要其他论据来使得叠加式积累成为可能。

此外，可能在某些情形中涉及同一基本权利主体的不同基本权利，或者相反，可能涉及不同基本权利主体的同一种基本权利。前一种情形要求对相对于同一归责主体之原则的受侵害强度进行简单的叠加式积累。这可以被称为"相冲突之原则的多样性问题"。后一种情形并不以受侵害强度的积累为前提，而是确定同一个原则之受侵害分量的手段。这可以被称作"归责主体的多样性问题"。侵害强度的叠加式积累只是在前一种情形中是可能的，而在后一种情形中则不是。

（1）相冲突之原则的多样性问题。侵害强度的积累属于权衡之形式结构的问题。为了能进行叠加式积累，就必须找到一个使之成为可能的共同基准点。这里指的就是归责主体（Zurechnungsadressaten）。这意味着，只要涉及基本权利主体的多于一个的原则或者基本权利，其在重力公式中的侵害程度就可以叠加式积累。也就是说，只有当位于商公式之一方的原则拥有共同的归责主体时，叠加式积累才有可能。其表现形式与上面所展示的重力公式之扩展式相应。为了说明在存在多个相冲突原则时重力公式之扩

〔1〕　Robert Alexy, Die Gewichtsformel, in: Joachim Jickli, Peter Kreutz, Dieter Reuter（Hrsg.）, *Gedächtnisschrift für Jürgen Sonnenschein*, Berlin 2003, S. 792.

展形式的证明过程，我们可以德国联邦宪法法院所作的一个判决为例。[1] 案件涉及性别自我认同的承认权与保护婚姻这一集体利益之间的冲突。该案例的基本内容为：一位于 1952 年结婚的男士在其婚姻过程中自我感觉应当属于女性性别。基于这一理由，他于 2011 年经请求获得了一份司法判决，允许他使用女性的名字。2002 年，他经历了一次变性手术。一开始，他试图依据《德国变性法》第 8 条第 1 款以及第 1 条第 1 款，申请获得法院对于其作为女性地位的确认。但这一申请被拒绝了，因为《德国变性法》第 8 条第 1 款第 2 项以申请者无婚姻状态为前提。但他主张自己不会离婚，因为他和他的妻子出于心理、精神和经济方面的原因都断然拒绝这么做。因而法院无法要求申请人离婚。舍内贝格地方法院认为，申请人不能被置于这样的二难选择之间，即要么自己去创造改变人格状态的前提，即提出离婚申请从而确定女性性别的资格；要么不提出离婚申请从而放弃改变人格状态。因此，法院依据《德国基本法》第 100 条第 1 款向德国联邦宪法法院申请审查《德国变性法》第 8 条第 1 款第 2 项是否违宪。宪法法院对两方面的原则进行了权衡：一方面是为异性伴侣保留之结合的婚姻保护（《德国基本法》第 6 条第 1 款）；另一方面是性别自我认同的承认权（《德国基本法》第 2 条第 1 款以及第 1 条第 1 款），以及婚姻关系存续权（第 6 条第 1 款）。

为了对这些利益建立起一种与个案相关的优先关系，必须确定相冲突之原则的受侵害分量。宪法法院认为，将婚姻法律制度作为只保留给男性与女性之间的受法律保障的共同生活形式，这

---

〔1〕 BVerfGE 121，175. 对该案的描述与分析，参见 Jorge A. Portocarrero Quispe，*Der autoritative Charakter der GrundrechtsAbwägung*，Baden - Baden 2014，S. 85 - 89.

一立法意图具有很高的分量。相反，性别自我认同承认权受到的侵害也很重。这首先是因为，当申请人面临一种将迫使他放弃他生活的某个存续状态的选择时，他将陷入深深的内在冲突之中。同时法院也确认，《德国基本法》第 6 条第 1 款所保障的婚姻保护受到的侵害也具有很重的分量。如果夫妻双方没有离婚的意图，国家就不得废止已经成立了的婚姻关系。但在本案的语境中，宪法法院认为作为男女结合的婚姻法律制度，即婚姻的异性属性，只在边缘处被触及。但申请人之基本权利所受到的侵害就不一样了。宪法法院对于性别自我认同承认权的受侵害强度与婚姻关系存续权的受侵害强度进行了叠加式积累。因此，它得出结论认为，《德国变性法》第 8 条第 1 款第 1 项对申请人施加了特别的负担，而这对基本权利带来了不可期待的侵害，因而是违宪的。宪法法院所进行的权衡可以借助于扩展重力公式来展示。重力公式中的分子表达的是婚姻保护原则（pi）的分量，而分母表达的是性别自我认同承认权（pj）和婚姻关系存续权（pk）的分量：

$$G_{i,j+k} \ = \ \frac{I_i \cdot G_i \cdot S_i}{I_j \cdot G_j \cdot S_j + I_k \cdot G_k \cdot S_k}$$

　　为了能运用这一与个案相关的重力公式，必须要使用三阶度量化。就像宪法法院所确认的，pi 在具体情境中只在边缘初被触及，因而受到的侵害可以被归类为"中"（2^1）甚至"轻"（2^0）。相反，pj 的受侵害强度被归类为"重"（2^2）。而对 pk 的侵害也可以被评价为"重"（2^2）。接着对于 pj 和 pk 要进行叠加式积累。两方的抽象重力被认为一样重，故而可以彼此中和。就作为构成待权衡原则之基础的那些前提的确定性程度而言，对于 pi 的侵害仅仅是"可成立的"，因为我们无法假定立法者有阻碍同性婚姻的可能，而只能提出这样的要求，即对于当下情境出现的这类情形，一般性地创设出一种受法律保障的生活伴侣关系。相反，对于原则 pj 和 pk 的侵害是"确定的"。由此就产生了下述与个案相关的重力公式的运算式：

$$G_{i,j+k} = \frac{2^1 \cdot 2^{-1}}{2^2 \cdot 2^0 + 2^2 \cdot 2^0} = \frac{1}{8}$$

依照前文所说，当 $G_{i,j+k} \leqslant 1$（或 $G_{j+k,i} \geqslant 1$）时，对于 p_i 的侵害就是合乎比例的（也就意味着，对于 p_j 和 p_k 的侵害是不合比例的）。因而，性别自我认同承认权（pj）与合法成立的婚姻关系受保护原则（pk）在与个案相关的语境中居于优先地位。在这情形中很清楚的是，当涉及同一个归责主体的两个不同的原则受到侵害时，权衡要动用叠加式的积累。但这只是运用积累之重力公式的最简单版本。当存在一个以上的归责主体时情形就会发生改变，这就涉及归责主体的多样性问题了。

（2）归责主体的多样性问题。这一问题的成因在于要在重力公式中顾及不同归责主体之权利的受侵害强度。当存在一个以上的归责主体时，关涉方的数量就要作为一种提升分量的要素（之一）在对受侵害强度进行实质论证时一并被考虑进来。要强调的是，基本权利主体的数量是在实质论证中被顾及的，而不是在权衡的形式结构中表现出来的。因此，归责主体的多样性并不会带来对受侵害强度进行叠加式积累的后果。当涉及的主体数量不可知且所有的归责主体都涉及同一个基本权利时，重力公式就将具有如下形式：

$$G_{i,j} = \frac{I_i^{a,b,c,\cdots,x} \cdot G_i \cdot S_i}{I_j^{a,b,c,\cdots,x} \cdot G_j \cdot S_j}$$

这里的 $I_i^{a,b,c,\cdots,x}$ 表示涉及不特定数量之相关个体的原则 pi 的受侵害强度，而 $I_j^{a,b,c,\cdots,x}$ 表示通过涉及所有相关个体之原则 pj 的不满足所造成之受侵害强度。可能关涉之基本权利主体的数量和受侵害程度的增长是提高待权衡之受侵害原则的分量的要素（当然还有其他要素）。这方面的一个例子是德国联邦宪法法院的电子数据搜索案判决。[1] 2001 年 10 月，杜塞尔多夫地方法院依据《北莱茵兰－威斯特法伦州警察法》第 31 条的规定，应市警察总局的申请，颁令借助于电子信息数据采集法实施特别的警方搜索手段。利用这种被称作为电子数据搜索法的手段，警察局可以让其他公共或私人场所提供私人资料，为的是能与其他资料进行自动化比对。在对搜集来的资料进行比对之后，就可以获得这样一个人群的交集，他们拥有特定的、事先确定的以及对于进行调查而言具有显著意义的特征。由于这一指令，杜塞尔多夫的所有居民登记局、外国人登记中心以及大学、高校以及高等专科学校都有义务提供年龄在 18～24 岁之间的具有伊斯兰宗教信仰的男性的资料。为了对实施电子数据搜索的行为进行证立，地方法院认为，从 911 恐怖主义袭击之后就存在其他袭击活动的显著危险，它将危及联邦和各州的安全。实施电子数据搜索能够制止未来与已发生之袭击行为相关的刑事犯罪，后者恐怕会对民众的生命、身体和自由造成显著损害。为了找出潜在的刺客（袭击者），电子数据搜索是必要的。此外，地方法院还声称，这一指令是合乎比例的，因为它是使得所谓的潜在伊斯兰恐怖主义分子暴露出来的唯一手段。对未来危险之期待就足以证成警方进行电子数据搜索的行为了。由此带来的对关涉者信息自决权的必要侵害被认为只是轻微的，因而合乎比例。本案中的宪法诉愿人是一位具有伊斯兰

---

　　[1] BVerfGE 115, 320. 对该案的描述与分析，参见 Jorge A. Portocarrero Quispe, *Der autoritative Charakter der GrundrechtsAbwägung*, Baden－Baden 2014, S. 90－94.

信仰的摩洛哥公民，当时他在杜伊斯堡大学留学。他针对地方法院决定提起了宪法诉愿，认为地方法院的决定及其确认违反了《德国基本法》第 2 条第 1 款以及第 1 条第 1 款所保障的信息自决这一基本权利。此外，《北莱茵兰－威斯特法伦州警察法》所确定的下达电子数据搜索的条件并没有成就，尤其是并没有出现即刻的危险。宪法诉愿人论证道，电子数据搜索只能以这样一种期待为前提，即可能出现某种危险，从而要采取纯粹的危险调查侵害手段。仅仅存在袭击的可能性并不够，而必须要有危险的具体征兆。

宪法法院对两个原则进行了权衡，一个是对高位阶之宪法法益——国家作为有组织的、和平及秩序性权力机构以及借此（在尊重个人的尊严和自身价值的前提下）得到保障的民众安全——的保护，另一个是《德国基本法》第 2 条第 1 款以及第 1 条第 1 款所保障的信息自决的基本权利。通过不满足联邦和各州的安全和存续以及对个体值生命、身体和自由的保护这一集体利益所造成的侵害在宪法上具有很高的分量。这一集体利益以这一国家责任为基础：保护个体的生命及身体完整性，它可以从《德国基本法》第 2 条第 2 款第 1 项以及第 1 条第 1 款第 1 项中衍生出来。但在本案中，并没有出现对有待保护之高位阶宪法利益的即刻危险。其结果是，对这些所造成的侵害并不像对信息自决所带来的侵害那样分量重。相关集体利益的分量究竟有多重，宪法法院并没有给出准确的说明。宪法法院对《德国基本法》第 2 条第 1 款以及第 1 条第 1 款之侵害赋予了非常大的分量。电子数据搜索对于关涉方而言不仅意味着无理怀疑他们可能会犯严重刑事犯罪，而且在他们的熟人圈中会带来耻辱性的效果，它在日常生活中造成了一种高风险的歧视。此外，这种搜索是秘密进行的，也就是说，在大多数情形中，这种搜索并不会告知关涉者个人；更有甚者，并非所有对相关个人的电子数据搜索都是匿名进行的。此外，在搜索过程中也会辐射到没有嫌疑的人，也就是说，大量的人被囊括进了搜索的辐射领域。这里就出现了归责主体的多样性问题。宪法法院认为对信息自决之基本权利保护领域的侵害同样是很高的，因为它涉及大量的人："如果根据相对不特定的标准对信息进行汇总，那么电子数据搜索就可能涉及数目庞大的个人，可以确定他们并非犯罪嫌疑人。在首次比对之后留下的那组具有待寻特征的人（就像本案中那样）同样数目庞大，无论如何，在事后看来，他们在绝大多数情形中都不是罪犯。"[1] 鉴于侵害的高强度，宪法法院认为，只有出现受保护之高位阶宪法利益的具体危险时，电子数据搜索才是合乎比例的。

电子数据搜索案判决中所证立的相冲突之原则的分量可以置入上面所展示的重力公式之扩展形式之中。通过不满足联邦和各州的安全和存续以及对个体的生命、身体和自由的保护这一集体利益（pi）所造成的侵害分量很大，而对信息自决基本权利（pj）的侵害分量同样很大。然而，在一种预防性的、并非基于某种具体危险之电子信息搜索的情形中，可能会涉及的基本权利主体的庞大数量将增加对信息自决权之侵害强度的分量。因此，借助于三阶度量化，每个相冲突的原则都获得一个"值"：可以认定原则 pi 具有中等分量（2^1），因为宪法法院并没有明确指出这里的侵害是一种严重的、中等的还是轻微的侵害，它只是确认，这种侵害尽管比较高，但鉴于没有出现某种具体的危险，它相比于 pj 的分量要来得小。相反，鉴于搜索程序并没有确保匿名、关涉者的去嫌疑化、可期待之侵害结果、搜索的秘密性及其广阔的辐射范围（即数量庞大的关涉者），原则 pj 的受侵害强度被宪法法院

---

[1] BVerfGE 115, 320 (357).

归类为"重"（2^2）。这一举措的辐射范围指向的就是所有相关基本权利主体之权利受侵害强度的积累问题。因为对于每一个基本权利主体而言，受侵害强度总是一样的，所以这里涉及的是一种对同一强度的不特定量化重复。在重力公式中，这种重复只是作为确定原则之最终分量的额外要素出现，而无法仅凭此来解决问题。在本案中抽象重力与认知性前提的确定性程度并不起到任何作用，因为在民主宪政国家中，上述两个原则都具有很高的抽象重力，侵害的确定性程度也都是"确定的"，因而相关变量就彼此中和了。相应地，就将运用到下述重力公式：

$$G_{i,j} = \frac{2^1}{2^2} = \frac{1}{2}$$

依照前文所说，当 $G_{i,j} \leqslant 1$（或 $G_{j,i} \geqslant 1$）时，对于 pi 侵害就是合乎比例的（也就意味着，对于 Pj 的侵害是不合比例的）。所以，信息自决的基本权利优先。这里要注意的是，相关基本权利主体的数量只是在确定受侵害原则之最终分量时才具有意义。侵害的辐射范围在重力公式中并不呈现为特别的变量。

（三）论证负担

权衡理论不仅包括权衡法则和重力公式，也包括论证负担。一方面，论证负担显现为这样一种证立要求：原则所受到的侵害总是要相对于为它们进行辩护的理由形成一种合乎比例的关系。支持侵害某个宪法性原则的理由必须要与反对这一侵害的理由具有同等重的分量。另一方面，论证负担也提出了尊重先例的理由。前面说过，原则间的"碰撞法则"其实相当于确立了一条规则 C→F。[1] 这其实也相当于确立了一个以 C 为事实特征的先例。权

---

[1] 参见前文，第 269 页。

衡的论证负担意味着为以后相似案件的处理设立了一个先例。当然，所确立之先例并不是绝对不可推翻的。准确地说，论证负担指明的是这样的要求：如要偏离既定的先例，就必须提出有充分依据的论据。这意味着，当出现两个相似的案件且没有相反的情形存在时，论证负担就要求对这两个案件同等处理。

由此，原则理论的论证负担就显现出了一种双重特性，即一种动态性的面向和一种静态性的面向。动态性面向涉及这样一种可能，即只有借助于相应的证成才能介入受原则保护的领域。正如施林克（Schlink）所言，这一思想将自由理解为先于国家的条件，认为基本权利的功能在于防御国家对于受基本权利保护之自由领域的干预，以及给国家预先规定为公民运用自由设定界限的标准。[1] 国家必须证成对于基本权利的任何干涉，与基本权利的经典功能，即作为个人相对于国家的防御权是相应的。静态面向涉及法律裁判之既判力，只要这一裁判程序能够（只要不存在被充分证立的论据来为改变先例辩护）维系其效力。欲偏离先例者应承担论证负担。[2] 论证负担的这一面向在于（产生自权衡的）条件式优先关系的普遍性。pi 相对于 pj 在条件 C 下具有优先性，这一规则不仅适用于当下的具体案件，也适用于所有其他这两个原则在条件 C 下相冲突的情形，除非存在有力理由要求采取不一样的解决办法。论证负担的这两个面向处于一种必然的蕴含关系之中，因为离开从原则碰撞中产生的条件式优先关系，就不可能对适用于这类案件的规则进行重构，它们要被视为未来相似案件之先例。

---

〔1〕 Vgl. Bernahrd Schlink, Freiheit durch Eingriffsabwehr – Rekonstruktion der klassischen Grundrechtsfunktion, *Europäische Grundrechte – Zeitschrift* 1984, S. 455 ff.

〔2〕 Robert Alexy, *Theorie der juristischen Argumentation*, 2. Aufl., Frankfurt am Main 1991, S. 339.

四、权衡作为理性的论证形式

权衡要符合权衡法则、运用重力公式、施加论证负担。那么，权衡是一种理性的活动么？一直以来，权衡理论就面对着各种各样的质疑和批评。其中最主要的批评可以被归为两大类：一类批评指向的是权衡的非理性主义，另一类批评指向的则是权衡要素的不可通约性。

（一）非理性主义（IrRationalität）？

非理性主义批评有三个变种，即狭义上的非理性主义、主观决断主义（subjektiver Dezisionismus）与修辞主义（Rhetorizität）。狭义上的非理性主义批评构成了迄今为止对权衡最强烈的反对意见。这一反对意见在其他反对意见（即主观决断主义、修辞主义和不可通约性）的论证过程中同样扮演着根本性的角色。因而对这一反对意见的反驳同样构成了反击其他以此为基础之反对意见的第一步。因为，权衡的理性尽管并非清除其他反对意见的充分条件，但毕竟为此提供了必要条件。[1]

1. 狭义上的非理性主义

哈贝马斯（Habermas）不仅反对将权衡视为原则的理性适用过程，而且反对作为其基础的原则理论。他的反对意见可以被区分为两个方面：一方面是区分规范与价值，另一方面是反对权衡的理性。

哈贝马斯将原则理解为价值，也即是马克斯·舍勒（Max Scheller）与尼可莱·哈特曼（Nocolai Hartann）意义上的伦理性规定（ethische Vorschriften）。这些伦理性规定可以借由重要性尺

---

[1] Robert Alexy, Die Konstruktion der Grundrechte, in: Laura Clérico und Jan - Reinard Sieckmann (Hrsg.), *Grundrechte, Prinzipien und Argumentation*, Nomos 2009, S. 14.

度进行归类，因而它们构成了一种客观价值秩序。原则作为价值
就证立了这种价值决定，这种价值决定可以回溯到"利益权衡"
中去。[1] 原则作为价值说明，它们应当尽可能被满足。但不同的
满足程度并不存在于规范 - 价值原则自身，而要到它们之外去寻
找。这意味着，法益权衡（价值原则的权衡）显现出一种目的论
的性质，即一种目标导向的权衡。所有这一切都导向了一种关涉
个案的具体化价值实现。[2] 所以，在哈贝马斯看来，原则理论将
法律原则重构为价值的结果是，对基本权利的解释导向了对存在
于外部的特定目标的获取。作为价值原则的基本权规范丧失了它
们的义务论性质，而获得了一种目的论性质。有效规范要无例外
且平等地向其受众施加一种行为义务，它只能被理解为二值即
"有效"与"无效"的效力语句。规范不能依据偏好被相对化，
只能要么有效要么无效。相反，价值以特定人群之价值的阶层化
为前提，因此价值及其重要性程度取决于它们被认可的社会情境。
价值确定的是一种优先关系，它说明特定利益要比其他利益更加
吸引人；因此我们可以或多或少地赞成评价性语句。[3] 如果说价
值可以鉴于其目的论性质发生冲突（这一点在多元社会中是很常
见的）的话，那么规范就不一样了，它们必须尽可能彼此处于一
种融贯的关系之中。规范与价值之间的差异可以借由它们的适用
方式来鉴别。在某个规范和某个价值那里，特定行为之正确性的
确定方式是不同的。价值确定的是对于个体或个体所属群体而言

〔1〕 Vgl. Jürgen Habermas, *Faktizität und Geltung*, Frankfurt am Main 1994,
S. 255, 309ff.

〔2〕 Vgl. Jürgen Habermas, *Faktizität und Geltung*, Frankfurt am Main 1994,
S. 310.

〔3〕 Vgl. Jürgen Habermas, *Faktizität und Geltung*, Frankfurt am Main 1994,
S. 311.

好的事，而规范确定的是特定有效之法秩序内对于所有个体而言正确之事，后者与个体或个体所属的群体是否赞成规范无关。在哈贝马斯看来，只有这一点才展现出了实在法的本质。所以，如果将基本权利重构为价值原则，就会剥夺其义务论性质。而一旦它丧失了义务论性质，它就也会丧失其拘束力。因而价值原则的适用只取决于法律适用者的主观价值尺度。

如果将基本权利重构为价值原则，那么确立相冲突之原则在具体案件中的优先性就必然是在一种非理性和主观的过程中被证立的。基本权利具有义务论的性质，因此它们不能通过权衡来适用。哈贝马斯认为规范具有二值结构，这就阻碍了它们以特殊主义的方式来适用。基本权利规范具有抽象－一般的效力，而不是一种与个案相关的效力。相反，价值必须依个案与其他价值被带入一种可传递序列之中。由于对此并没有理性标准，所以权衡要么是任意的，要么是依照惯常标准和优先次序未加反思地运用的。[1] 所以，哈贝马斯主张，将基本权利重构为原则且随后通过权衡来适用它们将不可避免地导向非理性的决断，它追求的是外在于案件的主观目标，并不以法律原理为基础。

综上，哈贝马斯反对将原则视为最佳化命令和权衡的基础在于这一命题：法律原则与价值是同一回事。在此意义上，他假定原则与舍勒和哈特曼的价值伦理学命题是相符的，而这么做的目标主要在于证明，为确立个案优先性而进行的原则权衡中的评价具有主观性。事实上，舍勒和哈特曼所提出的价值伦理学恰恰是要证立一种客观上封闭的价值阶层。如果作为最佳化命令的原则只是一种价值而已，那么哈贝马斯对权衡的批评就是合理的。但

---

〔1〕 Vgl. Jürgen Habermas, *Faktizität und Geltung*, Frankfurt am Main 1994, S. 315ff.

原则理论同样将原则视为规范的一种类型。作为规范，原则就具有义务论的性质。由此，哈贝马斯就必须证明，将规范划分为规则和原则是不可能的，因为只有这样才能证明原则只具有评价性。哈贝马斯其实是将法秩序理解为仅由规则组成，这意味着规范不能以不同的程度来实现。它们只能以涵摄的方式来适用。但这样一种体系观念并不是对法律体系的正确反映。

当然，哈贝马斯的批评部分最核心的地方在于并不存在权衡的标准。这意味着我们不可能理性地来确定原则的实现程度。对于这一反对意见，我们可以指出，原则是可以借助于前面提到的三阶度量化以不同的程度被实现的，从而有可能来比较原则的受侵害强度与实现的重要性程度。权衡的理性就在于理性证立某个原则的受侵害强度或者说重要性程度。就像阿列克西所说的，可证立性虽然并不等同于可证明性，但它蕴含着理性，从而蕴含着一种位于确定性和任意性之间的客观性。[1] 因此，权衡的理性就在于其结构，也就是来自于权衡法则、重力公式（也包括碰撞法则）。

2. 主观决断主义

从狭义上的非理性主义批评可以导出主观主义的批评。严格说来，两种批评意见都代表着相同的命题，即权衡并不存在理性的标准，法律适用者所运用的标准反映的是他自己的前见和主观利益。因而权衡必然是非理性的，因为它只有在对主观判断进行比较时才能发挥作用。它是一种危险的方法论适用工具，是不必要的。

---

[1] Vgl. Robert Alexy, Die Konstruktion der Grundrechte, in: Laura Clérico und Jan – Reinard Sieckmann（Hrsg.）, *Grundrechte*, *Prinzipien und Argumentation*, Nomos 2009, S. 19.

主观决断主义的代表之一施林克主张，权衡或狭义上的比例原则是一种非理性的适用过程。施林克将权衡视为一种为基本权利施加限制之不必要的和危险的手段。权衡的危险性在于，它允许宪法法院依赖于高度的主观性，这使得自身的前见和利益在证立这些限制性理由之受侵害程度或重要性程度的过程中悄悄潜进来。狭义上比例原则的检验过程最终只能借助于检验者的主观性，权衡在方法上和教义学上没法令人满足地克服狭义上的比例原则，最终只能决断式地来操作。[1] 此外，权衡也是不必要的，因为只要借助于适切性原则与必要性原则就足以对限制性手段和追求的目标之间的合比例检验予以实施了。因此，合比例原则只来自于达成被追求之目标的手段理性。为了证立这一命题，施林克运用了预测决定（Prognoseentscheidungen）与价值决定（Wertentscheidungen）之间的区分。预测决定指涉表达未来之现实的命题，这样一种预测命题在未来被证明为真或假。相反，价值决定涉及某个对象相对于其他对象的优先性。这种以价值为基础的决定既不可能为真，也不可能为假。预测决定与价值决定都可能被最佳化。通过对当下与过去所发生之事的经验性评价，人们可以对未来会发生什么作出可靠的预测。由于预测决定以当下和过去的事实为基础，所以它具有客观性；而价值决定仅以赞成或拒绝为基础，所以它总是主观和任意的。在施林克看来，比例原则完全由预测决定组成，它们在具体案件中可以被证明。因而只有适切性和必要性这两个子原则才能被视为预测决定。权衡或者狭义上的比例原则具有评价的性质，所以必然是主观的。所以广义上的比例原

---

〔1〕 Vgl. Bernahrd Schlink, Freiheit durch Eingriffsabwehr – Rekonstruktion der klassischen Grundrechtsfunktion, *Europäische Grundrechte – Zeitschrift* 1984, S. 462. ; ders. , Der Grundsatz der Verhältnismäßigkeit, in: Peter Badura und Horst Dreier (Hrsg.), *Festschrift 50 Jahre Bundesverfassungsgericht*, Bd. 2, Tübingen 2001, S. 460ff.

则要限于适切性原则和必要性原则，因为这一原则既不需要评价，也不需要额外的权衡。如果并非如此，合比例性检验就将丧失其客观性。[1] 总之，由于其高度的主观性以及其之于基本权利适用的不相干性，权衡要从合比例性检验中排除出去。

对于施林克的观点，我们可以指出，适切性和必要性这两个子原则在疑难案件中并不足以来建立基本权利之间的优先关系。施林克的模式从根本上预设的是借助于规则来解决的案件。施林克认为在疑难案件中必须保障最低限度的基本权利地位。[2] 基本权利最低限度之地位的确证在所有相冲突之基本权利那里都要被采纳，而不必动用权衡。[3] 施林克自然是想通过回溯到最低限度之地位的观念来避免权衡。他认为，要进行的不是权衡，即确定相冲突之原则中的哪一个在具体情境中具有优先性，而是确定相冲突之原则的绝对本质内涵，为的是随后回归到必要性检验。只有借助于必要性检验才能确定，在解决案件时何种绝对本质内涵能起关键作用。但殊值疑虑的是，最低限度基本权利之地位的确证是否可能脱离开权衡而获得成功。其实在施林克的模式中，权衡被转移到了必要性检验之中。[4] 这一认识与施林克的论证存在明显矛盾。如果在必要性检验中进行的是绝对本质内涵的比较，

---

〔1〕　Vgl. Bernahrd Schlink, Der Grundsatz der Verhältnismäßigkeit, in: Peter Badura und Horst Dreier (Hrsg.), *Festschrift 50 Jahre Bundesverfassungsgericht*, Bd. 2, Tübingen 2001, S. 458.

〔2〕　Vgl. Bernahrd Schlink, *Abwägung im Verfassungsrecht*, Berlin 1976, S. 93.

〔3〕　就此而言，施林克的立场接近于德国宪法教义学中的绝对本质内涵（absoluter Wesensgehalt）。后者认为，基本权利包含着事先确定且不能被侵害的核心内涵。如果侵害了这一核心内涵，基本权利就不可避免地将丧失其意义（Vgl. Manfred Stelzer, *Das Wesensgehaltsargument und Grundsatz der Verhältnismäßigkeit*, Wien 1991, S. 49ff.）。

〔4〕　Vgl. Virgilio Afonso Da Silva, *Grundrechte und gesetzgeberische Spielräume*, Baden-Baden 2003, S. 100, 132.

那么这一检验涉及的就不再是预测决定，而是关于相冲突之基本权利的绝对本质内涵的价值决定了。至于他所主张的权衡的非理性，我们照样可以用反驳哈贝马斯的论据来予以反驳，因为两者都认为权衡不存在客观标准，从而权衡必然是决断式的或者说任意的。但就像已经说过的，权衡的理性来自于它的结构。如果要否认这一点，施林克就必须证明，权衡的结构并不允许对于相冲突之原则的受侵害强度和重要性程度作出理性判断。遗憾的是他并没有这么做。

主观决断主义的另一位代表阿玛多（Amado）同样认为权衡不可避免地具有非理性。阿玛多为此提供了四个论据：其一，权衡的结果取决于传统的规范解释。在他看来，依照广义上的比例原则所进行的权衡在方法论上并无独特之处，因为它的结果总是取决于对有待适用之宪法规定以及/或其他规定的解释。[1]这意味着，权衡在根本上有赖于一种宽泛的解释方法，即有赖于传统解释规准和涵摄的过程，因而权衡就是多余的方法。其二，权衡只在表面上是一种证成方法。基于权衡的论证不仅只是对传统解释方法和涵摄过程的变形，而且这种变形也会丧失论证上的精确性。因为它使得传统解释与涵摄方法不再来对其裁判的事实前提——即用以确定制定法或宪法规范之解释（它先于权衡发生）的理由或评价——进行论证。其三，从以上两点可知，规则与原则之间不存在任何质的或方法论上的差异。许多规范都可以被还原为原则，因而所有的规范冲突都可能通过权衡来解决。这是因为每一个法律规则背后都存在一个法律原则。其四，比例原则是冗余的。

---

[1] Vgl. Juan A. Carcía Amado, Abwägung versus normative Auslegung? Kritik der Anwendung des Verhältnismäßigkeitsprinzips als Mittel juristischeer Methodik, *Rechtshtheorie* 40（2009），S. 1.

阿玛多不仅反对权衡/狭义上的比例原则，而且反对广义上的比例原则即适切性原则与必要性原则。他的主要论据在于广义上比例原则对于先行之解释与涵摄的依赖性，因而比例原则的三个子原则都是无足轻重和可以放弃的。他认为，它们所运用的价值（被权衡的要素）及其运用的结果（作为结果的"分量"）都由涉及个案的先行的解释来决定，而这些解释又取决于法院的基本法律态度和广泛的评价。[1] 首先，适切性原则是一种解释性检验，因为法院借此所做的无非是将与先前已经作出之决定相反的论据排除掉。其次，必要性原则由纯粹的选择性尝试组成，而后者取决于各异的参与者视角。从而不仅对于某种手段而言存在着无穷的可想象的替代物，而且也存在无限多的潜在参与者，他们对于这些替代物是否合适的问题上可能也存在相对立的观点。最后，以权衡为基础的论证不外乎是对固有的规范的适用过程，即涵摄的修辞式装扮。权衡与涵摄没有差别，因而权衡只是对作为其基础之涵摄的重构，它只在表面上是一种独特的建构方式而已。进而，权衡模式可以用涵摄模式来替代，涵摄是唯一正确的规范适用方法。[2]

　　阿玛多的反对意见以这样一种前提为基础，即与权衡相对应的是一种纯粹的原则模式。规则来自于对作为权衡结果之优先条件的确证，基本权利地位也仅由原则来确保。由此他得出结论认为：规则依赖于原则。与被他作此解释的原则模式相反，他自己

---

　　〔1〕　Vgl. Juan A. Carcía Amado, Abwägung versus normative Auslegung? Kritik der Anwendung des Verhältnismäßigkeitsprinzips als Mittel juristischeer Methodik, *Rechtshtheorie* 40（2009），S2.

　　〔2〕　Vgl. Juan A. Carcía Amado, Abwägung versus normative Auslegung? Kritik der Anwendung des Verhältnismäßigkeitsprinzips als Mittel juristischeer Methodik, *Rechtshtheorie* 40（2009），S. 13，38f.

要捍卫的是一种纯粹的规则模式。但这种决然的二分法并不正确。正确的观点毋宁说是，法律体系要被重构为一种规则和原则的混合模式。[1] 依照这一模式，在法律体系之中既存在规则也存在原则，并且规则相对于原则而言拥有初步的优先性。首先，对于阿玛多所说的权衡在方法论上的依赖性以及表面性（虚假性），我们可以指出，每个权衡都以两个涵摄开始并以一个涵摄结束。权衡以对相冲突之（有待权衡的）原则的确定开始，这意味着必须将与个案相关的事实涵摄于基本权利规范的构成要件之下。只有完成了这一步才能开始权衡。权衡的结果是一种条件式的优先关系，它以一个与个案相关的规则表达出来。因此，说权衡与涵摄相互排除是不对的，因为权衡要以涵摄为前提。其次，对于阿玛多的还原命题及其假定，即每个规则背后都存在一个原则，我们要强调的是，每个规则背后不是只存在一个原则，而是至少存在两个。第二个原则主张要尊重权威决定及其相对于其他考量具有初步的优先性。这一原则就是所谓的形式原则。[2] 法官的裁判受到两方面的限制：一方面是理性商谈的限制，另一方面就是形式原则的限制。商谈理性的限制体现在，作为商谈之基础的前提必须得以证立。如果法官的论证建立于非理性之前提之上，那么权衡的任务就在于提醒人们注意到这些非理性的前提。第二个限制来自于形式原则，即尊重权威决定的要求。形式原则是承认立法的余地（gesetzgeberische Spielräume）存在的理由。他们要求施加一种有利于立法权威的论证负担，因而承载着法的安定性。因而，在规则的背后不仅存在着对其内容加以证立的实质原则，也存在支持规则之有效性的形式原则。最后，阿玛多关于比例原则之冗

---

〔1〕　Vgl. Robert Alexy, *Theorie der Grundrechte*, Frankfurt am Main 1986, S. 117ff.
〔2〕　关于形式原则的具体阐述，参见下文，第334页。

余性的观点是极其模糊的。他将适切性原则和必要性原则作为原则权衡的变种，但这与原则理论和经典的比例原则理论都不相符。至于他所认为的在权衡（解释）过程中存在着这样的可能，即法官在论证时会运用非理性的前提以追求自己的利益，我们只能说这个问题处于权衡之外。就像莫勒（Möller）所说的，这不是一个反对比例原则本身的论据，它最多说明某些法官有时没能恰当地去运用权衡。"我们应当要求我们的法官'止步于理性重构'。假如他们没有这样做，失败的是法官，而不是比例原则。"[1] 权衡仅仅是一种论证结构，因为它要求对裁判过程中所运用的理由进行理性归整。权衡和涵摄以相同的方式运作，它们都是规范适用方法。如果它们以非理性的前提为基础，则都有可能导致非理性的推理结果。

总之，权衡并非是非理性和多余的规范适用方法，而必然是理性的。权衡的理性来自于其结构的理性。但权衡可能因为引入非理性的前提，而在其结构中导致非理性的结果。这意味着，非理性的问题更多地是与论证的质量相关而非与权衡本身相关。这个问题不仅在权衡这里有，在涵摄那里同样也有。

3. 修辞主义

修辞主义的批评内在地与狭义上的非理性主义的批评相关。修辞主义批评说的是，权衡是一个空洞的公式（Leerformel），它被法官用来证立任意的决断。相应地，权衡被认为只是一种辩护技术，它遮蔽了作为其基础的主观价值判断。作为一种修辞公式，它为使用它的"演说家"省却了论证的力气。[2] 对原则（权利、

---

[1] See Kai Möller, Proportionality: challenging the critics, in: *Beiträge zur Tagung: Proportionality and Post – national Constitutionalism*, RECON, Antwerpen 2011, p. 22.

[2] Vgl. Wolfgang Gast, *Juristische Rhetorik*, 4. Aufl., Heidelberg 2006, S. 382.

法益）的称重、比较和最佳化建立在法官看来合理的论据之上，其中法官的主观评价扮演着重要角色。因此，整个权衡的结构及其所谓的理性不外乎是一种隐喻。[1] 权衡的修辞效果不仅在于遮掩有缺陷的证立，而且也使得司法机构变成了政治机构，其代价是立法权的丧失。法官原本应当接着制定法去思考，但通过权衡他却通常不再在政治考量之外去继续思考了。[2] 权衡由此就变成了一种权力的手段，因为权衡与比例原则都无法在高度的政治水准上得到控制。最终法治国就转变成了权衡的国家。[3] 总的来说，修辞主义批评将涵摄视为一种无法进行理性证立的"魔咒"，认为它对于法的安定性和民主法治国而言是个威胁。[4]

修辞主义的批评是空洞的，因为它批评的对象并不清晰。权衡的结构，即重力公式，本身并不是非理性的。这在对哈贝马斯所提出的反对意见进行反驳的过程中就已经证明了。权衡并不是一种修辞公式，而是一种论证结构。这意味着它并不是空洞的公式，而是一种形式结构。"比例原则为此提供了结构，即如何做出信息充分且无偏私的裁判行为。它是一种形式性的分析框架，引导法官如何去组织和评价相冲突的事实主张（它们关涉法官被要求去审查的法律）。"[5]

（二）不可通约性（Inkommensurabilität）？

所谓"可通约性"，指的是两个或更多的对象之间鉴于共同标准的可比较性。据此，假如两个或更多对象之间缺乏这种共同

〔1〕 Vgl. Wolfgang Gast, *Juristische Rhetorik*, 4. Aufl. , Heidelberg 2006, S. 383.

〔2〕 Vgl. Walter Leisner, *Der Abwägungsstaat*, Berlin 1997, S. 172.

〔3〕 Vgl. Walter Leisner, Abwägung überall – Gefahr für den Rechtsstaat, *Neue Juristische Wochenschrift* 10（1997）, S. 639.

〔4〕 Vgl. Fritz Ossenbühl, Abwägung im Verfassungsrecht, *DVBL* 1995, S. 905.

〔5〕 David Beatty, *The Ultimate Rule of Law*, Oxford 2004, p. 98.

的标准，那么它们就是不可通约的。[1] 就像拉兹所指出的，假如A 和 B 中既非其中一个比另一个要好，也非两者拥有同等价值，那么它们就是不可通约的。[2] 在许多学者看来，权衡理论以有待权衡之原则之间的可通约性为前提，如果不解决这一前提性问题，那么诉诸权衡法则和重力公式就将是不当结论（non sequitur）。[3] 依照不可通约命题，相冲突之原则并不存在可比较性，因为不存在对原则之优先关系予以证立的共同标准。因而将不可通约之两个原则相互权衡必然会导致非理性的结果。下面我们来处理两种比较有代表性的不可通约性的观点，即缺乏比较中项与特殊主义。

1. 缺乏比较中项

阿列尼科夫（Aleinikoff）于 1987 年发表的名文《权衡时代的宪法》中对美国法院所运用的利益权衡方法进行了猛烈的抨击。他在反对意见中并没有提及像狭义上的比例原则、适切性原则和必要性原则这些实际上是由德国联邦宪法法院发展出来的检验准则，但他反对意见的核心的确指向了不可通约性问题。在他看来，权衡在内部结构上的问题在于缺乏一个可以对彼此冲突之利益进行评断和比较的标准。当相冲突之利益可以彼此比较时，就像苹果与橙子可以相互比较时，就需要有第三方要素能以无可置疑的方式并依循清晰的规则来表达出苹果和橙子的"值"。这意味着，阿列尼科夫并不认为待权衡的利益本身是不可比较的，而是认为缺乏对相冲突之利益的"值"进行比较的共同标准。苹果和橙子

---

[1]　See Virgilio Afondo Da Silva, Comparing the Incommensurable: Constitutional Principles, Balancing and Rational Decision, *Oxford Journal of Legal Studies* 31 (2011), p. 278.

[2]　Joseph Raz, *The Morality of Freedom*, Oxford 1988, p. 322.

[3]　例如参见 Grégoire C. N. Webber, *The Negotiable Constitution. On the Limitations of Rights*, Cambridge 2009, p. 91.

可以被置于一架水果天平之上，或者被分配给每磅数美元的价格。真正的问题在于如何获得这架用以将它们的"值"转化为通用货币以便加以比较的天平。因为它必须来自于法官的个人偏好之外。[1]所以，阿列尼科夫其实并不反对将一个原则的受侵害强度与另一个原则被实现的重要性程度进行比较的可能，他所质疑的是是否存在一个比较中项（tertium comparationis）。[2]缺乏比较中项带来的危害是法律适用者的个人利益会悄悄潜入权衡过程之中。此外，他还担心一种主观价值尺度会掏空判例制度，因为不存在清晰的标准，就无法为普通法院、立法、官员、律师和当事人提供行为方向的指引。[3]阿列尼科夫认为只有草构出一种不受法官个人利益影响的价值尺度，才能解决这一问题。所以问题就在于，这样一种价值尺度大体面貌如何。美国最高法院的做法是诉诸诸如历史、有效的社会成本或者某种利益的具体分量等标准。此外，也有可能鉴于相冲突之利益实现特定宪法或非宪法目的的能力，

---

〔1〕 See Alexander Aleinikoff, Constitutional Law in the Age of Balancing, *Yale Law Journal* 96 (1987), pp. 972 – 973.

〔2〕 See Robert Alexy, On Balancing and Subsumption. A Structural Comparison, *Ratio Juris* 16 (2003), p. 442. 事实上，"苹果与橙子"的比喻要与另一个比喻，即斯卡利亚（Scalia）提出的"绳子与石头"的比喻区分开来。后者意味着两件本身即完全无法比较的事物。在斯卡利亚看来，要对不同的利益进行比较就好像是来判断，一条特殊的绳子是否要比一块特殊的石头的分量来得长。Bendix Autolite Corp. v. Midwestco Enter, Inc. , 484 U. S. 888 (1988), p. 893. 彼得森借用了这个比喻，在一篇名为《如何比较绳子的长度与石头的分量》的文章中，采纳了相同的观点对权衡进行批评 (See Niels Petersen, How to Compare the Length of Lines to the Weight of Stones. Balancing and Resolution of Value Conflicts in Constitutional Law, *German Law Journal* 14 (2013), pp. 1387 – 1408)。而博罗夫斯基则认为斯卡利亚和彼得森的比喻具有误导性，宪法权利和宪法利益更像是"苹果与橙子"，而非"绳子与石头"。See Martin Bolowski, On Apples and Oranges. Comment on Niels Petersen, *German Law Journal* 14 (2013), p. 1410.

〔3〕 See Alexander Aleinikoff, Constitutional Law in the Age of Balancing, *Yale Law Journal* 96 (1987), p. 973.

将某种价值归属于它们。但阿列尼科夫却认为这些东西并没能为值得希求的外部价值尺度提供决定性的标准。[1]这意味着，不能将任何这些标准都算作是比较中项，因为它们无法完成在权衡过程中将某种价值归属于相冲突之原则的任务。最后，他总结认为，权衡就是某种黑匣子（schwarze Kiste），在其中相冲突之利益的分量是依据直觉和隐蔽的方式来分配的。

综上，阿列尼科夫最主要的反对意见在于，不可能对某个原则（利益）的受侵害强度和相对立之原则的满足程度进行比较。所以智利学者乌尔比纳（Urbina）主张，不可通约命题反对的是对不同选项之特殊类型的评估，也即典型的量化评估。[2]但是应当看到，阿列尼科夫在证立他的命题时肯定是抽象于利益冲突的具体框架（在其中冲突得以发生）之外了。当他说，如果不存在确定侵害强度的标准，就不可能对两种利益加以比较时，他说的并没有错。但很显然，这一确定每一相冲突之原则受侵害之"值"的标准或比较中项，不外乎是宪法本身。权衡涉及受侵害强度和重要性程度，对它们的比较不可能独立于冲突发生的语境，而总是要考虑到比较的框架，即宪法。最终宪法就成为比较所必需的标准。当然，人们会对什么是有效的宪法权利和宪法原则这一问题发生争执。在我看来是有效或值得保护的东西，与他人对于同一对象的判断并不必然一致。而一旦放弃了共同观点，不可通约性就会马上成为现实。[3]因此，只有谈论的对象并非法律原

---

〔1〕 See Alexander Aleinikoff, Constitutional Law in the Age of Balancing, *Yale Law Journal* 96 (1987), pp. 974–975.

〔2〕 See Francisco Urbina, Incommensurability and Balancing, *Oxford Journal of Legal Studies* 35 (2015), p. 582.

〔3〕 See Robert Alexy, The Reasonableness in Law, in: Giogio Bongiovanni, Giovanni Sartor and Vhira Valentini (eds.), *The Reasonableness and law*, Dordrecht 2009, p. 11.

则，也即外在于宪法的利益时，阿列尼科夫的观点才是正确的。但是权衡将宪法视为借此来解决原则间之利益冲突的比较中项。因而并不会出现阿列尼科夫所声称的不可通约性的危险。如果关于基于宪法之正确性的理性商谈是可能的，那么共同的观点也是可能的。趋向于这一调整性理念——基于宪法的正确性——的商谈也将变得现实和理性。[1] 实际上，阿列尼科夫反对的并不是比例原则，而是法官将权衡用于为自己主观和任意的裁判进行辩护的做法。他的反对意见针对的并不是权衡的机构和理性，而是将它作为为非理性之裁判进行辩护的手段。所以，他的错误其实与哈贝马斯和施林克等人一样，在于将本不可能从其内部结构中推导出来的特征强加给了权衡。

2. 特殊主义

莫尔索（Moreso）对于权衡结构的批评可以分作三部分：对某种抽象位阶化的批评、对三阶度量化之客观性的质疑，以及对权衡特殊主义的反对。前两个部分涉及重力公式中之原则的不可通约性，而第三个部分则涉及作为权衡之基础的策略，即解决现在和未来之原则冲突的策略。这三方面的批评拥有一个共同的论点：不可能在具体个案中表述出理性的判断，以便也能适用于未来的情形。因为原则权衡时不存在客观标准，所以不可能为未来可适用之案件创设客观的权衡标准。第一部分批评涉及所谓权衡所必需的抽象阶层化。依照莫尔索的看法，权衡要求对基本权利排出抽象的优先性尺度。这样一种优先性尺度可以从这一点中推导出来，即对权利（如人的尊严、生命权或一般人格权）进行权衡是必要的。问题正在于对于比较这些权利而言某个尺度是不可

---

〔1〕 See Robert Alexy, On Balancing and Subsumption. A Structural Comparison, *Ratio Juris* 16 (2003), p. 442.

能的，因为不存在理性的标准能够让我们推导出，比如生命权是否比人的尊严更加重要，或者身体健康是否比劳动自由具有优先性。因为原则的抽象重力独立于每一个具体的情境，所以必须事先就确定每一个基本原则的抽象重力。此外，也必须要有一种尺度，以使得对权利之抽象重力的确证和展示成为可能。[1] 不存在这种客观优先性的尺度总是暗含着对有待权衡之原则的抽象重力的质疑，即对基本权利之抽象优先性尺度的质疑。存在这样一种尺度将意味着某些基本权利比其他基本权利拥有更大的抽象重力。其结果就是，某些基本权利与其他基本权利相比属于更高位阶的范畴。从而权衡就只是一种确定某个基本权利是否属于更高位阶之范畴（鉴于具体案件的特殊情境可以超过某个位阶更低之范畴的基本权利）的手段而已。莫尔索的这种重构并不吻合权衡的本质。权衡以抽象优先关系之不可能为前提。权衡理论的确指涉抽象重力，它是一种既不考虑受侵害强度也不考虑满足之重要性程度的变量。抽象重力在重力公式中表达的是一种在论证所发生的特定政治框架内相冲突之原则的分量的变量。特定的政治框架在这里尤为重要。例如生命权的抽象重力在民主法治国家中就有可能有别于在神权国家之中。[2] 将抽象重力引入重力公式的目的在于对待权衡之原则的相对关系加以补充。在大多数情形中，这一分量可以彼此抵消。假如如此，它们在权衡过程中就不发挥什么作用。所以，莫尔索反对抽象阶层化的意见是缺少根基的，因为权衡本身总是以对相冲突之原则在具体案件中分量的确证为前提。而大多数时候两方原则具有同等重要性从而彼此中和，所以抽象

---

〔1〕 Vgl. José Juan Moreso, Alexy und Arithmetik der Abwägung, *ARSP* 98 (2012), S. 414.

〔2〕 Vgl. Carlos Bernal Pulido, The Rationality of Balancing, *ARSP* 92（1996）, p. 202.

重力并不发挥作用。

第二部分批评涉及权衡过程中客观性的缺失。当关于同一对象之相异判断彼此重叠时，客观性就出现了。其前提为存在借以作出理性判断的共同标准。在权衡过程中，这一标准就是三阶度量化。如果三阶度量化无法得到理性证立，那么就可以推知权衡是非理性的。在莫尔索看来，只有当三阶度量化显现出像在确定矿物质的莫斯硬度时采用的划痕测试法（借此根据其硬度对矿物质进行分类）的结构时，它才可能是理性的。矿物质的硬度允许我们来确定一种序数式的刻度标尺。但就对基本权利的侵害而言却不存在任何方法可以用来与"划痕测试法"相比。我们没有能力去清晰地确定，借助于何种特殊的特征将（对基本权利的）限制称为是轻的、中的或重的。[1] 三阶度量化涉及相关原则的受侵害强度以及相冲突原则之被满足的重要性程度。这一三阶度量的值可以从具体的案件情境中推导出来。例如在泰坦尼克案中，"天生的杀人犯"这一表述对人格权的侵犯鉴于具体案件的情境被归类为轻的。但一个恰当的问题在于，这一论点如何得以证立。对这一问题的回答要在对权衡要素的实质论证中去寻找。实质论证不外乎是法律商谈。法律商谈本身基于三个基本条件之上：制定法、先例和法教义学（特殊情形命题）。[2] 对受侵害强度或满足之重要性的证立要根据实践论据来进行。这类论据通常位于法律商谈之外，而要回溯到普遍实践商谈中去。权衡之三阶度量化的理性就在于在普遍实践商谈中作出关于特定对象之理性判断的可能。谁想要否认三阶度量化以及权衡的理性，谁就必然要否认在

---

〔1〕 Vgl. José Juan Moreso, Alexy und Arithmetik der Abwägung, *ARSP* 98 (2012), S. 415.

〔2〕 See Robert Alexy, The Special Case Thesis, *Ratio Juris* 12 (1999), pp. 375ff.

普遍实践商谈中作出理性判断的可能。

　　莫尔索第三部分的批评涉及的不是权衡的结构，而是其用以解决原则冲突的策略。他区分了具有特殊主义性质的法律原则和具有普遍主义性质的道德原则，并提出了这样一个命题：权衡的方法论策略在解决原则冲突时必然蕴含着一种特殊主义策略。[1]他将法律论证中的特殊主义（Partikularismus）理解为这样一种观点：它解决原则冲突的策略依赖于具体的案件情境。此外，他认为特殊主义方法的结果具有适用于未来案件的可能。与特殊主义观念相左的是普遍主义的观念，其在法律论证中以涵摄为代表。莫尔索将涵摄重构为一种解释过程，其中具体案件事实被涵摄于一个普遍情形的构成要件之下。恰恰是这一特征使得特殊主义的权衡模式有别于普遍主义的涵摄模式。但在莫尔索看来，这两种模式都是有缺陷的。此外还存在第三种可能，即具体主义的观念（spezifikationistische Konzeption）。这一模式试图在两个极端之间开辟一条中间道路。具体主义的观念容许将权衡理解为限于涵摄的一个步骤。此外，这种涵摄的构成要件存在于他所称的范式情形之中。范式情形来自于普遍的商谈情形，展示出的是这样的情境，其能够澄清一个原则的分量为何要重于另一个原则。[2]这意味着，它们是一种"论题"（topoi），后者告诉我们，一个法律原则为何以及在何种情境中可以被另一个法律原则所"遏制"。根据具体主义的观念，权衡只能够作为先于涵摄发生的步骤。应当指出，莫尔索将权衡与特殊主义模式相挂钩的做法并不正确。在他看来，特殊主义的权衡策略只能提供适用于具体案件的办法，权衡的结

---

〔1〕　同样的观点可参见 Grégoire Webber, *The Negotiable Constitution. On the Limitations of Rights*, Cambridge 2009, pp. 81ff.

〔2〕　Vgl. José Juan Moreso, Ways of Solving Conflicts of Constitutional Rights: Proportionalism and Specificationism, *Ratio Juris* 25 (2012), pp. 40ff.

果用以解决未来的案件。这一主张与权衡的结构和性质并不吻合。权衡由三个部分组成，即权衡法则、重力公式与论证负担。其中论证负担的起点是碰撞法则。[1] 碰撞法则以条件式优先关系为前提，它不仅适用于具体案件，而且也适用于未来的案件，只要相似的事实出现。这意味着，论证负担要求，如果法律适用者想要作出一个不同的判决，就必须对这一判决进行证立。所以我们不能主张说，权衡只适用于具体案件，而从中产生的条件式优先关系无法适用于未来的案件。因此，权衡并不对应于莫尔索所说的特殊主义模式。权衡在解决原则冲突时追求一种特殊主义的策略，并不意味着权衡不具有有别于道德特殊主义的属性。这样一种差异恰恰在于有利于早先作出之判决的论证负担。

至于所谓的具体主义解决办法，即将权衡视为涵摄之先在步骤的观点，则并无新意。前面已然说过，权衡的过程以两个涵摄为前提，并以一个涵摄为结尾。所以莫尔索说的是权衡理论已经说过的东西，他的反对意见也是多余的。莫尔索称为范式情形的，不外乎是作为基于权衡之条件式优先关系之基础的要素。对此我们可以展示如下：

（1）（pi P pj）C→R

（2）C ＝ ｛$M_1 \wedge M_2 \wedge M_3 \wedge \ldots \wedge M_n$｝

（3）$M_1 \wedge M_2 \wedge M_3 \wedge \ldots \wedge M_n \to R$

这里的（1）代表一种条件式优先关系，它产生自权衡。C 表示构成具体案件之特征（$M_1 \wedge M_2 \wedge M_3 \wedge \ldots \wedge M_n$）的整体。这些特征证立了条件式优先关系，后者是通过（1）来展现的。$M_1 \wedge M_2 \wedge M_3 \wedge \ldots \wedge M_n \to R$ 代表的是适用于这一案件的规则，它由（1）

---

[1] 参见前文，第269页。

和（2）合在一起产生。如果不存在有根据的反对性论据（支持作出偏离这一规则的决定），那么未来类似的案件就必须以相同的方式来解决。如果某个特征 M 在未来案件中没有出现，法律适用者就必须在其他条件不变时来证立他新的偏离性判决。所以莫尔索的命题只是证实了权衡理论之碰撞法则和论证负担已经说出的东西。而对权衡之特殊主义的反对意见也将落空。权衡涉及的是一种理性的过程，它追求特殊主义的策略，但它并非像莫尔索所主张的那种原本意义上的特殊主义（道德特殊主义）。具体主义的追求也被证明不过是一种冗余的提法，因为权衡已经包含了它的内容。

综上所述，无论是非理性主义的批评还是不可通约性的批评都没有根据，都建立在对作为理性论证结构之涵摄模式的误读之上。因为权衡仅仅是一种论证形式，它既需要有内部证成的结构，在运用时也需要有外部证成的实质论据。权衡的内部证成形式就是重力公式，就像司法三段论或演绎是涵摄的内部证成形式一样。权衡之外部证成的任务在于确定待权衡之原则的具体分量，这是通过法律商谈和普遍实践商谈来完成的。因此，权衡是一种理性的论证过程。

五、权衡的认知界限

尽管权衡是一种理性的法律论证形式，但它会遭遇认知界限。认知界限来自于人类认识的界限和关于命令、禁止、允许之实践判断的可能性。因而权衡的范围及其理性是有限制的，权衡的认知界限涉及的是作为权衡之基础的前提的不确定性。假如作为权衡之基础的前提是不确定的，那么这就增加了确定相冲突之原则的分量的难度。正因为如此，权衡的这种界限具有认识论的性质。

（一）认知分歧与两种类型的认知界限

作为权衡之基础的经验性与规范性前提的认知不确定性在证

立关于原则冲突之优先性命题的过程中扮演着重要角色。[1] 认知不确定性来自于某个对象事实上的属性和人们关于这一对象的认知之间的分歧。因而认知分歧的问题在于"是"（本体论假定）与人们"可以理性推导出之事"（认识论假定）之间未能达成一致。在基本权利的解释过程中，认知分歧体现为宪法权利在事实上之命令、禁止和自由决定之事与它们可被证明之命令、禁止和自由决定之事之间的分歧。[2] 有关经验性前提的认知分歧所造成的后果是，由于经验性认知不确定故而容许原本应当禁止的对基本权利的侵害。"因为前提不确定（如果这些前提仅仅是合理的或可成立的，或者程度还要低一些，如非明显错误的）而容许侵害发生之人，必须容忍无法确定之基本权利侵害的可能性。"[3] 反之，规范性前提与关于这一问题的不确定性有关：人们能否依据法律的语词来证立相冲突之原则的优先关系。这意味着，关于经验性前提的认知分歧产生于对相冲突之原则的受侵害强度或被满足之重要性程度的证立过程中，也即借助于经验性假定无法确定，应当赋予相冲突之原则三合刻度中的哪一种值。相反，规范性前提的认知分歧产生于相冲突之原则的称重过程中，这里的分歧是相冲突之原则与个案相关的分量与法律所要求、禁止或确定地允许之事之间的分歧。一个例子是基本权利的限制理论。如果我们赞同基本权利的相对本质内容论（die relative Theorie des Wesensgehlts），那么通过比例原则导致的基本权利的本质内容与

---

〔1〕 See Robert Alexy, Postscript, in his *A Theory of Constitutional Rights*, Julian Rivers trans. , Oxford 2002, S. 414.

〔2〕 See Robert Alexy, Postscript, in his *A Theory of Constitutional Rights*, Julian Rivers trans. , Oxford 2002, S. 422.

〔3〕 Robert Alexy, Verfassungsrecht und einfaches Recht – Verfassungsgerichtsbarkeit und Fachgerichtsbarkeit, *VVDStRL* 61（2002）, S. 27.

宪法所要求的基本权利表面上的本质内容就并不总是吻合的。就像拉博（Raabe）针对德国联邦宪法法院的司法审查所指出的，司法审查的范围总是滞后于法和基本权利立场的范围。德国联邦宪法法院并不保护所有的基本权利，因为基本权利的范围与基本权利保护的范围是不一致的。[1]经验性或规范性假定与事实性或规范性现实之间的分歧打开了有利于决定机构的自由裁量空间。因此，认知分歧证立了一种经验类型的认知性判断余地和一种规范类型的认知性判断余地的存在。在这两种判断余地中，都存在关于作为其基础之前提的不确定性。关于经验认知和规范认知的不确定性合在一起就构成了权衡的认知界限。

认知界限的第一个方面产生于在具体案件中作为权衡之基础的经验性前提的不确定性。经验性前提的不确定性涉及有关原则之受侵害的事实可能性的证立。因此经验性假定的确定性程度与某个原则受侵害程度之间具有直接的关系。于此，权衡的认知界限与人类认知的界限是等义的。经验性界限限制了权衡之经验性证立的可能，也就打开了基于不确定之经验认知的论证的空间。一种只以真实前提之确定性为基础的经验性认知意味着，对相冲突之原则之一的保护的加强将以基于民主和权力分立之行动能力的丧失为代价。这意味着，在对相冲突之基本权利进行权衡时，要依据有利于宪法法院之审查权能的标准对立法者的行动能力作出限制。如果不存在作出具备确定经验性前提的权威性决定的可能，那么对此权威性决定的审查机关就必须容许一种判断余地。因而可以确定，权衡的经验性界限构成了经验类型之认知性判断余地的出发点。

认知界限的第二个方面涉及作为待权衡之原则基础的规范性

---

〔1〕　Marius Raabe, *Grundrechte und Erkenntnis*, Baden–Baden 1998, S. 148.

前提，权衡的规范性界限限制着以规范性前提为基础的权衡理性。权衡之规范性界限的核心概念是规范性不确定性。这里首先要澄清的是，"不确定性"（Unsicherheit）在这里指的是什么。不确定性意味着，对于权衡变量之不同赋值在商谈上都是可能的。[1] 商谈可能性的整体在外延上就等同于罗尔斯（Rawls）所谓的"理性分歧"（reasonable disagreement）。[2] 当出现一种规范性不确定性时，就无法对规范性前提进行更精确的判断。由此，权衡的规范性界限就等同于关于作为权衡之基础之前提的规范性不确定性。所有经验性不确定性之外的不确定性都是规范性不确定性。[3] 如果规范性论据可以用来支持多于一个之可能结果时，就出现了一种规范性不确定性。规范性论据本身是实践论据，是关于什么是好的或正确的命题，即包含评价的法律论据。规范性不确定性总是出现在有必要使用规范性论据之处。因为规范性论据的概念是与规范性不确定性的概念绑定在一起的。这是不可避免的，因为规范论证无法满足数学式证明过程的要求，它的理性就像所有其他理性论证那样可以呈现出不同的程度。因而规范性不确定性存在于商谈上可能之论证的框架中，且恰恰因为它以规范性论据为基础所以是规范性的。规范性不确定性也构成了规范类型之立法余地的出发点。当不清楚什么是对相关宪法权利的最佳权衡时，就出现了规范性的认知裁量，或者说与规范性知识相关的裁量，

---

〔1〕 关于"商谈上必然的"、"商谈上不可能的"和"商谈上可能的"，参见〔德〕罗伯特·阿列克西："商谈理论问题"，载〔德〕罗伯特·阿列克西：《法 理性 商谈》，朱光、雷磊译，中国法制出版社 2011 年版，第 117 页。

〔2〕 See John Rawls, *Political Liberalism*, New York 1993, p. 55.

〔3〕 See Robert Alexy, Postscript, in his *A Theory of Constitutional Rights*, Julian Rivers trans. , Oxford 2002, p. 414.

立法机关在特定的界限之内可以按照自身的评价去作出决断。[1]所以，只有当出现规范性不确定时，才会出现规范性的认知性判断余地。[2]

（二）第二权衡法则

与第一权衡法则或实质性权衡法则不同，第二权衡法则或认知性权衡法则涉及的是作为 pi 之受侵害强度以及 pj 之满足重要性程度之基础的前提。这一法则关涉经验性前提与规范性前提的认知问题。前面已提到，第二权衡法则可以被表述为：对一个原则的侵害程度越大，这种侵害所需前提的确定性程度就必须越高。[3]这一法则试图去化解将国家权力严格约束于作为原则之基本权利与基于民主制度的立法授权（它对基本权利施加了限制）之间的紧张关系。由此它在这两种力量之间打开了一条中间道路。只有当作为相冲突之原则的基础的前提出现认知不确定性时，第二权衡法则才会在权衡过程中扮演某种角色。它的意义和功能都受限于此。如果不存在认知不确定性，它就不扮演任何角色，而权衡的优先命题也完全来自于相冲突之原则的受侵害强度与满足的重要性程度以及各自的抽象重力（彼此相异时）。仍有争议的是，第二权衡法则是否要被运用于每种类型的认知不确定性的情形。在其最初的原则理论版本中，阿列克西用这一法则来指涉涉及对（为侵害原则 pi 辩护的）经验性前提的认知质量的考量。但第二权衡法则的认知属性也支持将其运用于为某种侵害的强度进

---

〔1〕 See Robert Alexy, Postscript, in his *A Theory of Constitutional Rights*, Julian Rivers trans., Oxford 2002, p. 415.

〔2〕 Vgl. Matthias Klatt und Johannes Schmidt, *Spielräume im Öffentlichen Recht*, Tübingen 2010, S. 420.

〔3〕 参见前文，第283~284页。

行辩护的规范性前提。[1] 那么，在重力公式中，第一权衡法则与第二权衡法则是如何彼此协调的？认知的度量化又该如何设定呢？

1. 两个权衡法则的协力

在迄今为止的文献中，基本上有两种不同的协力模式，可以分别称之为"并行权衡"（ParallelAbwägung）与"交叉权衡"（KreuzAbwägung）。

塑造第一权衡法则与第二权衡法则之协力方式的第一种方法是主张变量 IiGi 或 IjGj 与变量 Si 或 Sj 的并行协力。由此可以得知，对 IiGi 或 IjGj 的侵害程度越大，变量 Si 或 Sj 的确定性程度就需越大。当然，这里的前提是，在民主宪政国家的框架中，相冲突之原则的抽象重力（Gi 和 Gj）大多数时候彼此一致，从而可以不予考虑。克拉特（Klatt）和施密特（Schmidt）将变量"I"和"S"在重力公式中的关联性描述为"第二权衡法则的视角依赖性"。[2] 他们认为正是这种视角依赖性构成了第二权衡法则的典型要素。因为与第一权衡法则不同，第二权衡法则每次只考虑重力公式这一商公式的一面（分子或分母）。它对某个原则的受侵害强度与支持对这个原则进行侵害之前提的确定性程度予以权衡。[3] 他们主张，为了充分表达出受侵害强度与支持侵害的前提确定性程度之间的关联性，有必要将第二权衡法则重述为："对某个原则 pi 的侵害程度越大，那些涉及侵害程度 Ii 之分级的前提就

---

[1] 阿列克西在《基本权利论》英文版的"后记"中也承认了这一点（See Robert Alexy, Postscript, in his *A Theory of Constitutional Rights*, Julian Rivers trans., Oxford 2002, S. 414 – 425），并在最近的一篇文章中进行了进一步的阐述 [Robert Alexy, Formal Principles: Some Replies to Critics, *International Constitutional Review* 12 (2014), p. 514]。

[2] Matthias Klatt und Johannes Schmidt, *Spielräume im Öffentlichen Recht*, Tübingen 2010, S. 30.

[3] a. a. O.

必须越确定。"[1] 尽管克拉特和施密特竭力说明经验性前提的分量不依赖于侵害的程度，[2] 但上述重述中不难推导出这种依赖性，因为对某原则的侵害强度是借助于这种前提的确定性程度被赋予特定的值。这一方法的主要缺陷在于，它以两个涉及同一对象的论据之间的关联性为前提。这里要指出的是，第二权衡法则暗含着支持相冲突之原则受侵害的论据与反对这一侵害的论据之间的相互作用。如果人们遵照上述对第二权衡法则的重述，那么只要对原则 pi 的侵害是一种"严重的"侵害，这种侵害的确定性程度就可能总是"确定的"。因此，我们无法从第二权衡法则中推导出像并行权衡这样的结构。

塑造两个权衡法则的第二种方法是博罗夫斯基（Borowski）提出的。与克拉特和施密特不同，博罗夫斯基主张，对某一原则 pi 之侵害强度的确定与涉及这一侵害的前提 Sj 的程度相关："对经验性前提的认知确定性扮演着一种完全不同的角色，而这一关键性的角色主要以侵害强度为基础。"[3] 这意味着，第二权衡法则表达的是侵害强度与（为侵害辩护的）经验性假定的确定性程度之间的相互作用，这种形式的相互作用可称为"交叉权衡"。[4] 博罗夫斯基将阿列克西关于第二权衡法则的表述理解为对原则 pi 之侵害程度与（为这一侵害辩护的）经验性前提 Sj 的确定性程度之间相对强化的关系。在他看来，在权衡中虑及第二权衡法则，

---

〔1〕 Matthias Klatt und Johannes Schmidt, *Spielräume im Öffentlichen Recht*, Tübingen 2010, S. 91.

〔2〕 Vgl. Matthias Klatt und Johannes Schmidt, *Spielräume im Öffentlichen Recht*, Tübingen 2010, S. 16, 34.

〔3〕 Martin Borowski, Abwehrrechte als grundrechliche Prinzipien, in: Jan – Reinard Sieckmann (Hrsg.), *Die Prinzipientheorie der Grundrechte*, Baden – Baden 2007, S. 104.

〔4〕 Vgl. Matthias Klatt und Johannes Schmidt, *Spielräume im Öffentlichen Recht*, Tübingen 2010, S. 37.

就是要使得经验性前提被要求的确定性程度依赖于对基本权利进行侵害的强度。[1] 由此可知，对博罗夫斯基来说，涉及侵害的前提指的是作为通过不满足 pj 来进行之侵害的基础的经验性或规范性前提 Sj。他的重述所强调的是，在重力公式中顾及认知前提的确定性程度所具有的唯一目的最终在于，使得以它们为基础的相冲突之原则的分量依赖于额外的要素。所以他将第二权衡法则重述为："限制性理由之实现被阻碍得越强烈，侵害的确定性程度及其不利后果就必然越大。"[2] 他并没有对重力公式的变量进行权衡，而是指涉认知性前提（无论是经验性前提还是规范性前提）对于侵害强度的影响。因此，两个权衡法则的协力方式被认为在于用第二权衡法则来补充第一权衡法则。

认为两个权衡法则之间具有交叉关系的观点值得赞同，但它并不具备直接的比例关系。这里的意思是，交叉关系并不意味着：对某一原则的侵害越严重，涉及侵害的前提的认知就必然也越确定。两个权衡法则的联结点在于侵害强度。对某一原则的严重侵害的确需要一种较高程度的认知确定性，但这并不意味着确定性程度就会以任意方式依赖于侵害强度。相反，侵害程度提出的是一种必须在认知层面上被满足的辩护主张。涉及侵害的理由的确定性程度是确定的、可成立的还是非明显错误的，这取决于经验性前提或规范性前提之确定性程度的论证，而非取决于对原则的侵害强度。就像阿列克西所说的："所争议的实质基本权利原则代表着阿基米德基点。这一参考点使得我们有可能将实质要素与认

---

〔1〕 Vgl. Martin Borowski, *Glaubens – und Gewissensfreiheit des Grundgesetzes*, Tübingen 2006, S. 214.

〔2〕 Martin Borowski, *Grundrechte als Prinzipien*, 2. Aufl. , Baden – Baden 2007, S. 83.

知要素在支持侵害的理由中结合起来。"[1] 重力公式是对两个权衡法则中已确定的东西的形式性展示，它将两个法则置于一种关联性之中，并表达出了从对其变量所赋的各种值中产生的各种可能的组合。

2. 认知的度量化问题

与对相冲突之原则的受侵害强度或满足的重要性程度进行的"实质度量化"不同，认知度量化涉及的是作为侵害或满足重要性基础之前提的确定性。就像已经说过的，经验性前提和规范性前提的确定性以变量"S"来表示。认知度量化的功能恰恰在于，用一种三合刻度来把握经验性和规范性前提的确定性程度。这一度量化被运用于所有的裁判程序，只要其中出现了认知性前提的不确定问题。假如作为某一侵害之基础的认知性前提在认知上是确定的，那么就无需考虑认知度量化了。在已有的文献中有两种关于认知度量化的观点：一种是阿列克西版的确定性刻度，另一种是克拉特和施密特提出的对确定性刻度进行重构的方案。

阿列克西的确定性度量化模式建立在认知三合刻度的基础之上。这一刻度包含着三种度量：确定的（g）、可成立的（p）以及非明显错误的（e）。[2] 这一刻度与德国联邦宪法法院在"共决权判决"（Mitbestimmungsurteil）中提出的三阶审查密度，即高密度内容审查、可成立性审查和明显性审查相对应。[3] 在阿列克西看来，在确定性刻度与审查密度之间存在内容上的关系。他认为，如果作为侵害某一原则之基础的前提是确定的，那么审查机关就

---

〔1〕　Robert Alexy, Postscript, in his *A Theory of Constitutional Rights*, Julian Rivers trans., Oxford 2002, S. 419.

〔2〕　Vgl. Robert Alexy, Die Gewichtsformel, in: Joachim Jickli, Peter Kreutz, Dieter Reuter（Hrsg.）, *Gedächtnisschrift für Jürgen Sonnenschein*, Berlin 2003, S. 789.

〔3〕　Vgl. BverfGE 50, 290（333）.

必须进行一种高密度内容审查；相反，如果对原则进行侵害的前提是可以成立的，那么审查机关就必须执行一种可成立性审查；而如果对某一原则的侵害进行辩护的前提仅仅是非明显错误的，那么审查机关只需进行一种明显性审查即可。阿列克西的确定性刻度所构造出的三种度量可运用于所有的审查关系。审查刻度虽然只是从一种审查关系中提炼出来的，但基本上是一种充分的确定性刻度。与实质三合度量化的情形一样，在认知性三合刻度中，每一层级都被赋予数值。相应地，确定性层级"确定的"（g）被赋予数值 2^0，"可成立的"（p）被赋予数值 2^{-1}，"非明显错误的"（e）被赋予数值 2^{-2}。这些数值都被置入重力公式，并与代表对原则 pi 和 pj 之侵害强度的数值一起被用于计算结果。虽然阿列克西将他的确定性刻度运用于立法者与宪法法院之间的关系，但不能从中推导出其适用领域仅限于这一情形，即它可以适用于所有具备审查关系的情形。借助于确定性刻度以及从中产生的审查密度（它限制了某个机关的决定权能），审查机关和决定机关的裁量余地就同时得到了确定。

克拉特和施密特反对上述确定性刻度。他们主张，阿列克西的认知度量化并不是真正的确定性刻度，而是一种审查刻度，因为这些层级的适用者（审查机关）借助于这些标准只能根据其可成立性或合理性对一种陌生的评价进行检验。[1] 在两位学者看来，阿列克西的审查刻度是不可取的，因为它只是指涉了立法者与宪法法院之间的关系，而没有指涉其他审查关系。这实际上是对阿列克西式确定性刻度的普遍适用性提出了质疑。此外，他们还主张，借助于阿列克西的审查刻度来确定确定性程度也不符合第二

---

[1] Vgl. Matthias Klatt und Johannes Schmidt, *Spielräume im Öffentlichen Recht*, Tübingen 2010, S. 17.

权衡法则，因为它建立在纯粹的可成立性评价基础之上，而非关于涉及侵害之前提的确定性与侵害强度之间相互作用的基础之上。[1]克拉特和施密特设想出了一种与审查关系相脱离的确定性刻度，它的度量仅仅根据经验性或规范性假定的确定性来得以区分。这一刻度具有普遍有效性，且不限于立法者与宪法法院之间的关系。他们对阿列克西式确定性刻度进行改造后同样包含三个度量。但为了消除权能关系的刻度，他们还是在某种程度上依照它的数值来调适，这些数值可以作如下级别化：确定性（$g = 2^0$）、适度不确定性（$d = 2^{-1}$）和不确定性（$u = 2^{-2}$）。[2]这一替代性方案的优势在于它可以适用于所有的不确定性情境，以及脱离所有特定的审查关系。[3]借助于这一刻度，所有决定机关都可以用来确定经验性和规范性前提的认知质量，但这里的必要前提在于，决定机关可以借助于一种特定的方法来获得正确的答案。因为每一个机关本身都必须得出正确的基本权利决定，而非取决于嗣后的审查。[4]克拉特和施密特称这种方法为"分级权衡"（Einstufungs Abwägung）。但两位学者将阿列克西的模式刻画为"审查刻度"以及反对原本的确定性刻度的做法并不令人信服。实际上，两种度量化表达的是同一回事，也就是涉及侵害的前提的确定性质量。他们批评阿列克西的确定性刻度依赖于审查关系，但这只出现于一种罕见的情境中，其中这一刻度只能适用于立法者和宪法法院之间的关系。阿列克西的认知度量化涉及所有出现认知不确定性

---

〔1〕 Vgl. Matthias Klatt und Johannes Schmidt, *Spielräume im Öffentlichen Recht*, Tübingen 2010, S. 17.

〔2〕 Vgl. Matthias Klatt und Johannes Schmidt, *Spielräume im Öffentlichen Recht*, Tübingen 2010, S. 17f.

〔3〕 Vgl. Matthias Klatt und Johannes Schmidt, *Spielräume im Öffentlichen Recht*, Tübingen 2010, S. 18.

〔4〕 a. a. O.

的审查关系。不仅对于立法者与宪法法院之间的紧张关系而言是如此，而且对于宪法法院与普通法院之间的关系也是如此。所以他们的反对意见是错失目标的。

（三）重力公式的认知扩展

迄今为止尚未充分讨论的一个重要问题是，重力公式是否应当仅限于经验性前提的确定性，还是也必须将规范性前提的确定性包含进来？这构成了对重力公式进行认知扩展的前提。现在的问题就在于，如何来证立这样一种扩展，以及如何将规范性前提的确定性程度及其度量化包含进重力公式的结构之中。迄今为止的文献只是非常不系统地触及了这一问题，但从晚近的文献中还是可以看出两种扩展建议，即扩展变量"S"，以及在重力公式中引入一种独立变量以说明规范性前提的确定性独立于经验性前提。

1. 扩展变量"S"

第一种做法是扩展既有的变量"S"。克拉特和施密特赞成第二权衡法则同样适用于规范性前提的情形，因为这一法则一般性地指涉认知性知识的程度，因而必然既包含经验性认知的不确定性，也包含规范性认知的不确定性。[1] 为了将重力公式扩展至规范性前提的确定性，两位学者建议对变量"S"进行指数化处理："在重力公式中要引入第四个变量。这一新的认知性变量要被指数化为 S^n，因为它涉及的只是规范性前提的确定性。相应地，迄今为止已知的变量'S'被指数化为 S^e，为的是说明它涉及的是经验性前提的确定性。通过这种方式，我们可以来构造复杂的情形，在其中经验性前提和规范性前提的确定性就在对于这两种价值来

---

[1] Vgl. Matthias Klatt und Johannes Schmidt, *Spielräume im Öffentlichen Recht*, Tübingen 2010, S. 49.

说统一的刻度上显现出了不同的印记。"[1] 至于对于规范性前提之确定性程度 S^n 的度量化，他们认为应当采用与经验性前提之确定性程度 S^e 同样的三合刻度，即确定性（$g = 2^0$）、适度不确定性（$d = 2^{-1}$）和不确定性（$u = 2^{-2}$）。

2. 引入独立变量 "N"

第二种做法是在重力公式中补充额外的变量。这一建议基于这一假定之上，即重力公式中并没有包含所有这样的相关标准，借助于它们可以来证立一个原则相对于另一个原则的优先性。[2] 巴登霍普（Badenhop）认为，认知性的权衡法则不止于经验性假定的确定性程度，而指涉认知性前提的确定性程度。[3] 在他看来，有两种将规范性不确定性包含进重力公式中的方式：一种是扩展变量 Si 和 Sj，另一种是引入额外的与经验性假定的确定性程度无关的要素对。他认为扩展变量 "S" 是不合目的的，因为在经验性认知不确定性与规范性认知不确定性之间不存在同步性。此外，他还认为，经验性前提的不确定性并不必然与规范性前提的不确定性一起出现。因为涉及事实情境的不确定性并不必然导致相关原则在内容和范围上是不确定的。最终两种类型的认知不确定性

---

〔1〕　Vgl. Matthias Klatt und Johannes Schmidt, *Spielräume im Öffentlichen Recht*, Tübingen 2010, S. 52. 阿列克西后来也同样采取了这一方式，只是他用 "Rie" 来表示原则 Ri 的经验性前提的确定性，而用 "Rin" 来表示这一原则的规范性前提的确定性，并使用了一个 "可靠性等式"（reliability equation）——Ri = Rie · Rin——来表示两者的关系。See Robert Alexy, Formal Principles: Some Replies to Critics, *International Constitutional Review* 12（2014），p. 514.

〔2〕　Vgl. Matthias Jestaedt, Die Abwägungslehre – ihre Stärken und ihre Schwächen, in: Otto Depenheuer（Hrsg.），*Staat im Wort. Festschrift für Josef Isensee*, Heidelberg 2007, S. 266.

〔3〕　Vgl. Johannes Badenhop, *Normtheoretische Grundlagen der europäischen Menschenrechtskonvention*, Baden – Baden 2010, S. 366.

是否相关也是不清楚的。[1] 因而巴登霍普建议引入一种与要素对 Si 和 Sj 相分离的要素对 Ni 和 Nj，为的是将重力公式进行扩展以包含规范性前提的确定性程度。[2] 但他强调，这个要素对在大多数情形中无需被顾及，因为规范性问题并不总是相关的。事实上，规范性问题在确证某一原则的具体分量时不总是起作用，这并不意味着，它总是应当不被顾及。假如我们不清楚某个规范是否可以适用于特定事实，或者侵害强度的刻度无法被清晰确定时，就会出现这一问题。当然，巴登霍普的观点即假如不存在规范性的认知问题在重力公式中就无需考虑规范性前提的确定性程度，这是对的。

在考虑到规范性不确定性程度的前提下，究竟在重力公式中引入扩展变量"S"还是引入独立要素对 Ni 和 Nj？这一问题涉及经验性不确定与规范性不确定性之间的关系。就此而言，巴登霍普的观点是对的：变量"S"作为经验性前提之不确定性的代表，无法额外来把握规范性前提的不确定性。因此，将这一变量进行扩展，即将其关于经验性确定性程度的内涵扩展至包含规范性确定性程度在内的做法，是不可取的。但如果我们的出发点在于，变量"S"指涉的是认知性不确定性，即既包含经验性前提也包含规范性前提在内，那么很清楚的是，变量 S 尽管无法被扩展，但却完全可以用两个子变量来替代。由此在重力公式中就出现了变量对 S_i^e 和 S_i^n 或者 S_j^e 和 S_j^n。这与克拉特和施密特所建议的对变量 S 的指数化方法是一样的。所以，引入新的变量对的做法没有彰显出：经验性前提和规范性前提一起构成了重力公式的认知层

〔1〕 a. a. O.

〔2〕 Vgl. Johannes Badenhop, *Normtheoretische Grundlagen der europäischen Menschenrechtskonvention*, Baden – Baden 2010, S. 367.

面，两者都可以借助于认知确定性的标准来作判断。[1] 这也可以被称为经验性前提与规范性前提之间的范畴对称性（kategoriale Symmetrie）。[2] 正因为如此，我们最好不引入变量"N"，因为这样会使得人们漠视变量"S"的认知属性。对认知变量"S"作指数化处理是可能的，因为它同时把握住了经验性前提 S^e 和规范性前提 S^n。

另一个支持以规范性前提的确定性程度来补充重力公式的论据涉及对判断余地的证立。在重力公式中，不是要对判断余地进行彼此权衡，而是要顾及安置结构性判断余地和认知性判断余地的理由。这意味着，重力公式在证立经验类型和规范类型的认知性判断余地时发挥着至关重要的作用。这要求，在重力公式中既要顾及经验性不确定性，也要顾及规范性不确定性，因为它们都构成了判断余地的基础。这一论据证立了将变量对 S^e 和 S^n 引入重力公式的必要性。因此，重力公式的完整形式就将呈现为：

$$G_{i,j} = \frac{I_i \cdot G_i \cdot S_i^e \cdot S_i^n}{I_j \cdot G_j \cdot S_j^e \cdot S_j^n}$$

六、结语

只要法律适用被作为一种理性的论证活动且在缺少可适用之法律规则的前提下，就可以将法律原则作为法律论证的出发点，权衡就构成法律推理的一种基本形式。正因为法律原则的逻辑结构只能被重构为 Op，所以以法律原则为出发点的法律论证在结构上就可以被重构为三个部分：法律原则的具体化（转化为法律规则并分别涵摄）、以重力公式来演算的权衡模式、依据权衡的结果

---

[1] Vgl. Nils Jansen, *Die Struktur der Gerechtigkeit*, Baden – Baden 1998, S. 194.

[2] Vgl. Matthias Klatt und Johannes Schmidt, *Spielräume im Öffentlichen Recht*, Tübingen 2010, S. 50f.

建构新规则并适用于个案（涵摄）。涵摄位于法律原则之适用过程的权衡的开端与结尾。但这一论证过程的核心无疑是位于中间的权衡，其作用在于不存在可直接适用之法律规则的前提下，为涵摄寻找并构造出一条新的大前提。只要法律原则作为司法裁判之依据的地位不受质疑，权衡就是不可避免的。权衡理论包括权衡法则、重力公式和论证负担三个部分。权衡是一种理性的论证形式，它既需要有内部证成的结构，在运用时也需要有外部证成的实质论据。权衡的内部证成形式是重力公式，而外部证成的任务在于确定待权衡之原则的具体分量，这是通过法律商谈和普遍实践商谈来完成的。所以，无论是非理性主义的批评还是不可通约性的批评都没有根据，都建立在对作为理性论证结构之涵摄模式的误读之上。但是权衡的确有其认知界限，这来源于论证参与者对于相冲突原则的经验性前提和规范性前提的认知分歧。因此，在重力公式中必须要同时体现出这两种认知要素。

第八章　法律论证的特殊形式：复杂权衡

一、引言：规范冲突与形式原则

涵摄是法律规则的典型适用方式，而权衡是法律原则的典型适用方式，这来自于规则与原则在逻辑结构上的差异。但是在法律论证中有时也存在一些非典型的情形，其中最为突出的是当论证的规范性前提发生冲突的情形。法律规范间的冲突的确是或者可以被还原为一种逻辑冲突，而解决冲突又该采取什么方式呢？依据规范之类别（规则与原则）的不同，法律规范间的冲突可以分为法律规则间的冲突、法律原则间的冲突以及法律规则与法律原则间的冲突。规则间的冲突一般依据预设的第三方准则，如"上位法优于下位法"、"新法优于旧法"、"特别法优于普通法"来解决。原则间冲突的解决办法与原则适用的典型方式并无二致，即为权衡，因为适用原则时总是要考虑到其法律上的可能性，即相对立之其他原则。问题的难点在于当规则与原则发生冲突时该处理处理。这就首先涉及对法律体系之模式的理解。在区分规则与原则的规范理论的基础上，法律体系既不被认为仅仅呈现出由法律规则组成的阶层构造模式，也不被认为是仅仅由法律原则组成的内容推演体系或者客观价值秩序，而是两者的复合：法律规则之间根据效力关系形成了特定的阶层构造，属于法律体系的刚性部分；而法律原则之间根据内容关系形成了客观价值秩序的统一体，属于法律体系的柔性部分。前者可以视为法律体系的"外部体系"，而后者可以视为法律体系的"内部体系"。[1]

在上述双重构造中，规则部分与原则部分并不是彼此孤立的，否则就难以说它们构成了同一个法律体系：一方面，任何规则的背后都存在赋予它正当性的原则（实质原则）。原则与规则的关系在某种意义上就是目的和手段的关系，原则提出了法律体系要追求的价值目的，而规则提供了实现它们的手段。"碰撞法则"[2]其实就说明，规则本就可以被看作是原则权衡的产物，处于优先地位的原则就是作为权衡结果之规则的正当化依据。另一方面，除了这一实质原则之外，任何规则的背后也都存在一种赋予它合法性的形式原则。形式原则并没有事前确定的具体内容，它只是要求尊重权威决定（主要是因为权威决定相对于其他考量具有初步的优先性）。因为并非任何主体所作的决定都可以成为法律意义上的规则。形式原则的最佳化要求以两个条件为前提，即存在合乎授权的决定机关（ermächtigtes Entscheidungsorgan）与权能规范（Kompetenznorm）。合乎授权的决定机关主要指的是民主宪政国家中的议会以及可以创设先例的法院。权能规范作为形式原则的基础则可以从中推导出决定机关的合法性。没有赋予合法性的权能规范，形式原则就会丧失其确保权威的性质。作为一种原则，形式原则要求权威程序的结果得以最大化的满足。离开赋予决定机关作出规范性决定之权力的权能规范，就不会有权威性程序，也就不会有形式原则所要求最佳化的对象。权能规范构成了形式原

〔1〕 参见雷磊："适于法治的法律体系模式"，载《法学研究》2015 年第 5 期，第 24 页。
〔2〕 参见前文，第 269 页。

则的必要前提。反过来说，形式原则构成了权能的理由，[1]它们证立了权威机关通过权能规范得以合法化的行动能力。因而，形式原则其实指向的是谁有权如何作出决定（制定规则）的问题。从这个角度看，规则与原则的冲突不仅涉及实质内容上的冲突，而且也涉及（制定规则的）决定机关与（主张适用原则的）审查机关之间的权能界分。这意味着，规则与原则间的冲突既无法借助于一般性的形式准则来解决，也无法像原则冲突那样仅仅对规则背后赋予其正当性的实质原则与相对立的实质原则予以权衡就可以了。用阿列克西的经典表述来说：

> "并非当相对立之原则在具体案件中的分量比支持规则之原则的分量来得重时，规则就已经被胜出了。必须被胜出的还有诸如这样的原则，即正当权威所制定的规则必须被遵守，或无重大理由不得偏离历来的（司法）实践。这类原则应当被称为形式原则。"[2]

相对立之实质原则与支持规则之实质原则在具体案件中的分量比较就是权衡，将依据重力公式来进行。那么，形式原则如何参与这种权衡？它是理性的吗？对此，迄今为止学界存在着激烈的争议。而要回答这两个问题，首先就要理解形式原则的性质。

二、形式原则的性质

（一）形式原则的概念与功能

形式原则是这样一种初显性命令，它要求其对象在事实上和法律上可能的范围内尽最大可能被实现。因而它们与实质原则一样是最佳化命令，只是它们在对象与功能上与实质原则有所不同。

---

[1] Vgl. Virgilio Afonso Da Silva, *Grundrechte und gesetzgeberische Spielräume*, Baden-Baden 2003, S. 149f.

[2] Robert Alexy, *Theorie der Grundrechte*, Frankfurt am Main 1986, S. 89.

形式原则的对象由有权机关作出的权威决定构成，独立于这些决定的内容上的正确性。因为形式原则就是遵守这些权威决定的制度性理由。[1] 权威的制度性理由是一种只问来源、不问内容的理由。这种制度性理由不仅强调决定主体的权威性，也强调决定作出之程序的合法性，所以有时也被称为"程序性最佳化命令"（prozedurale Optimierungsgebote），它展现出了一种独立于内容之先前权威决定程序结果的拘束力。[2] 因此，形式原则的最佳化对象就是权威决定。权威决定是一种施为性言语行为（performative Sprechakt），它为相关有权决定机关所实施，并服务于这一决定机关所希冀的目标。权威决定效力上的原则特性就显现在它适用于具体案件的过程之中。形式原则在证立立法者的判断余地时扮演着一种关键性的角色："形式或程序原则说的是，应当由民主立法者来为共同体作出重要决定。"[3] 因此，形式原则是脱离一种事前确定之内容的拘束性命令，它要求对一种合法权威所作之决定进行独立于其内容正确性之外的尽可能的最佳化。形式原则并不是某一个特定的原则，而是一组性质相同之原则的通称。它最显著的例子是民主原则（Demokratieprinzip），这一原则赋予立法者为其人民作出重要之决定的合法性。[4] 另一个例子是法的安定性原则（Prinzip der Rechtssicherheit），这是法律体系所拥有的贯彻

---

〔1〕 Vgl. Virgilio Afonso Da Silva, *Grundrechte und gesetzgeberische Spielräume*, Baden - Baden 2003, S. 145; Marius Raabe, *Grundrechte und Erkenntnis*, Baden - Baden 1998, S. 184.

〔2〕 Vgl. Robert Alexy, *Theorie der Grundrechte*, Frankfurt am Main 1986, S. 89, 120; his, Postscript, in his *A Theory of Constitutional Rights*, Julian Rivers trans. , Oxford 2002, pp. 416f.

〔3〕 Robert Alexy, *Theorie der Grundrechte*, Frankfurt am Main 1986, S. 120.

〔4〕 See Robert Alexy, Postscript, in his *A Theory of Constitutional Rights*, Julian Rivers trans. , Oxford 2002, p. 417.

其决定的可能性。[1]此外还有权力分立原则（Gewaltenteilunsprinzip）和先例拘束原则（Prinzip der Präjudizienbindung）等等。立法决定权能可以借由形式原则（它支持着立法者的民主合法性）来展示。这要求有权检验立法决定之效力的审查机关容忍立法者享有一种尽可能宽泛的判断余地。[2]由此可以得出一种规则相对于原则的初显优先性：只要不存在足够重要的支持相反决定的理由，得到形式原则支持的（作为民主合法之立法者通过合法程序制定的）规则就优先于原则适用。

形式原则在法律体系中的一般功能在于尽可能地去贯彻权威决定的效力，从中可以推导出一些特定的功能。在法律体系中存在着两种类型的决定过程，即立法决定过程与司法决定过程。形式原则在立法决定中扮演的角色是，它要求立法者具有规范设定的行动能力（权能）。在司法决定中，形式原则同样扮演着重要角色，它证立了制定法与先前判决对于法官的拘束力。由此，形式原则的功能在于赋予立法者以判断余地，以及证立制定法和先例对于法官的拘束力。具体而言：

首先，形式原则证立了立法者的认知余地。在基本权利原则论的语境下，反对权衡理论的一种观点认为，权衡会强化宪法法院的权能，其代价却是牺牲立法者的决定权能。像博肯菲尔德（Böckenförde）就认为，将基本权利重构为最佳化命令会暗中削弱

---

[1] 在笔者阅读的视野内，是阿列克西首先将法的安定性视为一项形式原则。Vgl. Robert Alexy, Grundgesetz und Diskurstheorie, in: Winfried Brugger (Hrsg.), *Legitimation des Grundgesetzes aus Sicht von Rechtsphilosophie und Gesellschaftstheorie*, Baden – Baden 1996, S. 352.

[2] Vgl. Jan – Reinard Sieckmann, *Regelmodelle und Prinzipienmodelle des Rechtssystems*, Baden – Baden 1990, S. 148.

民主的过程，造成一种"由议会立法国向宪法司法国的过渡"。[1]
但这种反对意见只有在仅考虑基本权利之事实上和法律上之可能
范围内尽最大可能被实现却不顾及立法者的决定权能时才成立。
规则背后之形式原则的存在恰恰就是为了赋予立法者以判断余地
或者说裁量空间。这里要区分出两种裁量空间：一种是实质性的
或结构性的裁量空间，另一种是认知性的裁量空间。立法机关的
实质性裁量空间指的是一切宪法规范既不确定地予以禁止也不确
定地予以要求的空间。这一空间是"留白"（left free，留待自由
形成）的空间。留白的空间就是立法者的结构性裁量空间。相反，
认知性裁量空间源自关于什么是被宪法规范所确定的禁止、要求
或留白的不确定情形。在这种情形中，立法机关在其有权决定什
么是被确定的禁止、要求和留白的范围内拥有认知性的裁量
权。[2]结构性的裁量空间又可以被分为三类，即目的设定裁量空
间、手段选择裁量空间和权衡裁量空间。[3]它们对应于比例原则
的三个子原则。因而立法的结构性裁量空间是对合比例性检验的
补充，两者彼此耦合、相互蕴含。相反，认知性裁量空间可以被
分为两类，即经验类型的认知余地和规范类型的认知余地。这在
前文中关于"权衡的认知界限"部分已作交代。[4]不存在义务之
处，立法者就是自由的，这无需额外的证立。因而形式原则在这

---

〔1〕 Ernst – W. Böckenförde, Grundrechte als Grundsatznormen. Zur gegenwärtigen
Lage der Grundrechtsgodmatik, in: E. – W. Böckenförde, *Staat*, *Verfassung*, *Demokratie*,
Frankfurt am Main 1991, S. 190; ders. , Wie werden in Deutschland die Grundrechte im
Verfassungsrecht interpretiert?, *EuGRZ*（2004）, S. 603.

〔2〕 See Robert Alexy, *A Theory of Constitutional Rights*, Julian Rivers trans. , Ox-
ford 2002, p. 393.

〔3〕 Vgl. Virgilio Afonso Da Silva, *Grundrechte und gesetzgeberische Spielräume*, Ba-
den – Baden 2003, S. 123, 126.

〔4〕 参见前文，第317~321页。

里并不起什么作用。[1]相反，立法者有权在不确定是否自由时决定是否自由，这并不那么明显。形式原则在这里起着重要作用，因为它赋予了立法者这种决定权。

这里的问题在于，是否只有当出现认知不确定性时，才有形式原则发挥作用的余地呢？阿列克西似乎是持肯定见解的。因为他主张，当在原则权衡中出现认知不确定之处时，形式原则就会在对法律创设机关和审查机关的权能界分上发挥作用。并且，一旦当不确定性消失，形式原则也会销声匿迹。[2]但实际上未必如此。至少在两种情形中，并未出现认知不确定性，但形式原则却依然发挥着作用：一种情形是拉德布鲁赫公式（Radbruchsche Formel）运用的场合。在此法的安定性这一形式原则与正义这一实质原则发生了冲突。[3]法的安定性在不顾及规则之内在正确性的前提下支持规则的初显效力。而一旦跨越了"不能容忍"的不正义的门槛，这一初显的效力就终结了。所以当出现制定法的不能容忍的不正义时，正义优先。在这种情形中，形式原则与实质原则相互权衡并建立个案中的优先关系，但却没有出现认知不确定的情形。另一种情形就是形式原则证立规则之初显性的场合。在这一场合中，形式原则支持着规则在适用上的初显优先性，这意味着只要不出现例外，规则就具有严格效力。如前所述，只有

---

〔1〕 形式原则在证立立法者的结构性裁量空间时不发挥作用，并不意味着当审查机关涉入这种结构性裁量空间时它不会发挥作用。正如后文中将看到的，当权衡出现"平手"情形时，形式原则的存在会造成规则不被推翻或被创制例外的最终结果。

〔2〕 See Robert Alexy, Postscript, in his *A Theory of Constitutional Rights*, Julian Rivers trans., Oxford 2002, pp. 393, 414, 424.

〔3〕 Vgl. Gustav Radbruch, Gesezliches Unrecht und übergesetzliches Rechtt (1946), in: ders., *Gesamtausgabe*, Bd. 3, hrsg. v. Arthur Kaufmann, Heidelberg 1990, S. 88f.

当相对立之原则的分量既超过规则背后的实质原则，又超过其背后的形式原则时，规则才会被推翻或被创制例外。那么，这里出现了认知不确定了么？我们知道，只有当不确定作为某种措施之基础的经验性或规范性前提正确还是错误时，认知不确定才会出现。当为一条规则引入例外时，这是必然规则与另一条原则相冲突之正确手段，这是确定的。因而在消除规则的初显性时并没有出现认知问题。尽管如此，形式原则在这类情形中依然发挥着重要作用，因为它施加了一种不利于审查机关，而有利于权威决定（即规则）的论证负担。[1] 对此我们在后文中还将谈及。所以，认知不确定性只是形式原则的一种偶然适用情形，它并不能限制形式原则的适用，尽管这是形式原则出场的重要条件之一。也正因为如此，才有形式原则的其余功能。

其次，形式原则证立了法官受制定法拘束的要求。制定法拘束意味着司法判决之证立的论证界限。受拘束的裁判的典型特征在于，裁判者并不以自己的价值立场为裁判的标准，而是将既定的规范和评价转化到裁判之中。[2] 法官受制定法拘束的假定要求，法官应当将其裁判结果趋向于实在法的标准。它的判决首先必须与制定法的语义内涵相一致，其次必须以制定法的语词为基础，最后还必须受到制定法的导控。[3] 但这一要求只能在有限的范围内被实现，因为可能会出现这样的情形，在其中由于与宪法相冲

〔1〕 Vgl. Jorge A. Portocarrero Quispe, *Der autoritative Charakter der Grundrechts-Abwägung*, Baden – Baden 2014, S. 173.

〔2〕 Vgl. Helmut Rüßmann, Möglichkeit und Grenzen der Gesetzesbindung, in: Okko Behrends, Malte Dießelhorst und Ralf Dreier (Hrsg.), *Rechtsdogmatik und praktische Vernunft*, Göttingen 1990, S. 49.

〔3〕 Vgl. Hans – Joachiam Koch (Hrsg.), *Seminar: Die juristische Methode im Staatsrecht*, Frankfurt am Main 1977, S. 58.

突，法官不再趋向于立法者所言和所欲之事。[1] 就像德国联邦宪法法院在索亚拉（Soraya）判决中所指出的，法官并非在所有案件中都应通过其个案解释来遵守立法的指示。[2] 这里涉及的只是对上述要求的一种初显的实现，而非确定的满足。就像拉伦茨所说的：法官"应当——至少尽可能地——以法律论据来证立其裁判——这要求他受到制定法和法的合乎宪法的拘束"。[3] 作为支持权威决定之效力的初显性理由，形式原则要求：只要没有支持相对方的重要理由，法官就应尊重立法者所言和所欲之事。因为它确保的是法的权威，由于制定法拘束这一前提向对方施加了论证负担。这可以被具体表述为："那些表达出受制定法词义以及历史上立法者意志约束的论据，要优先于其他论据，除非能提出充分而理性的理由说明其他方法应被赋予优先地位。"[4]

最后，形式原则证立了先例拘束的要求。与英美法系中由于遵循先例（stare decisis）原则而使得先例拘束几乎没有争议的情形不同，在大陆法系国家，先例拘束扮演着什么角色依然是一个有争议的问题。[5] 由于权力分立和制定法拘束的存在，受先前法院裁判的拘束曾被认为是明显违背法治国原则的。但司法的连续性（同案同判）无疑是必要的。这意味着，法官不得针对相同或相似的案件事实一会儿这样判，一会儿那样判，如果缺乏充分的

---

〔1〕 这一想法也可参见 Hans – Joachiam Koch und Helmut Rüßmann, *Juristische Begründungslehre*, München 1982, S. 255.

〔2〕 BverGE 34, 269（287）.

〔3〕 Karl Larenz, *Methodenlehre der Rechtswissenschaft*, 4. Aufl., Berlin 1979, S. 216.

〔4〕 Robert Alexy, *Theorie der juristischen Argumentation*, 2. Aufl, Frankfurt am Main 1991, S. 366.

〔5〕 德国学说的传统观点都否认先例作为独立法源的地位。典型者参见 Josef Esser, *Wege der Rechtsgewinnung：Ausgewälte Aufsätze*, Peter Häbler und Hans G. Leser（Hrsg.）, Tübingen 1990, S. 178 – 179.

理由这样做的话。只要不存在充分的理由来偏离，先例就具有拘束力。这里就有必要区分判例法体系中严格的先例拘束与欧陆法系中原则性的或初显性的先例拘束。受先例的初显性拘束意味着一种有利于先例适用的论证负担，即为了偏离先例必须说明什么样的重要理由使得这种偏离变得必要。[1] 这种论证负担的背后矗立着的是平等与法的安定性这两个原则。[2] 平等是一种实质原则，它要求对本质上相同的案件以相同的标准来处理，差异只有基于事实上或法律上的不相同得以证立的范围内才被允许。[3] 这与平等的原则属性是吻合的，即平等者必须平等对待，只要这在事实上和法律上是可能的。谁想要对平等者不平等对待，就要承担论证负担，即用重要理由来为这一不平等对待进行辩护。法的安定性是一种形式原则，它作为法治国原则的基本要素，要求法具有持久性和信守不渝性，即法律体系的一种贯彻决定了且在未来维系其决定的能力。这就要求遵守先前的权威决定。这些决定应当尽可能保持稳定，除非出现重要的反向理由。司法裁判也是权威决定，对它们的遵守同样为法的安定性原则所要求。

（二）形式原则的权衡能力

既然形式原则具有原则的属性，那么形式原则就应当具备权衡的能力。这是通过定义而得知的。形式原则的权衡能力意味着它的初显性，即要求其对象尽可能被实现，而实现的程度取决于

---

〔1〕 See Robert Alexy and Ralf Dreier, Precedent in the Federal Republic of Germany, in: Neil MacCormick and Robert Summers (eds.), *Interpreting Precedents. A Comparative Study*, Aldershot u. a. 1997, p. 43ff.

〔2〕 就像齐佩利乌斯所说的："（受先前决定的拘束）来自于平等对待和法的安定性。因为它们要求国家机关对于曾被选择且越来越稳固的法律观念保持忠诚，如果不存在优先的理由来支持再次离开被选择之路的话。" Reinhold Zippelius, *Juristische Methodenlehre*, 9. Aufl., München 2005, S. 81.

〔3〕 Vgl. Christoph Gusy, Richterrecht und Grundgesetz, *DÖV* 1992, S. 468.

与个案相关的事实上和法律上的可能。这就要求形式原则具有自身独立的分量。但有的学者，像艾伦（Allen）就认为"纯粹形式性的民主原则"缺乏任何独立的分量。[1] 这也导致了形式原则能否参与权衡的问题。根据情形的不同，这又可以被分为三个子问题：形式原则能否与实质原则相权衡？形式原则能否与形式原则相权衡？形式原则能否参与实质原则间的权衡？

形式原则与实质原则相权衡的例子很容易被找到，那就是上面提到过的拉德布鲁赫公式所适用的制定法的不法的情形。在1945 年德国纳粹倒台之后，以及 1989 年东德政权瓦解之后都面临着这一问题。拉德布鲁赫公式可以被简要表述为："极端的不法不是法。"[2] 这一公式是正义这一实质原则与法的安定性这一形式原则相权衡的结果。权衡的结果取决于两个法则：一个是权衡法则，以重力公式为其展示形式；另一个是原则碰撞法则，说的是依照相冲突之原则 pi 的［由重力公式（Gi，j）建立之］具体分量，必须依照案件的事实条件建立起一种具体的优先关系。拉德布鲁赫公式就取决于两种优先条件之间的区分。第一种优先条件 C1 是未跨越极端不正义之门槛的不正义，第二种优先条件 C2 是极端不正义。在条件 C1 之下，法的安定性这一形式原则优先于正义这一实质原则；在条件 C2 之下，正义这一实质原则优先于法的安定性这一形式原则。按照原则碰撞法则，在极端不正义的条件下正义原则优先于法的安定性原则的结果是，在这一条件下优先的正义原则所要求的结果被适用，而这恰恰正是拉德布鲁赫公式所表述的内容。至关重要的是，这一切都内在地与重力公式相联

---

〔1〕 See T. R. S. Allen, Constitutional Rights and the Rule of Law, in：Matthias Klatt（ed.），*Institutionalized Reason. The Jurisprudence of Robert Alexy*, Oxford 2012, p. 132.

〔2〕 ［德］罗伯特·阿列克西："为拉德布鲁赫公式辩护"，林海译，载雷磊编：《拉德布鲁赫公式》，中国政法大学出版社 2015 年版，第 193 页。

系。当且仅当法的安定性原则的具体分量高于正义原则时，前面那个形式原则才优先于后面这个实质原则。在未超越极端不法之门槛的条件下，对正义原则的侵害并不具有最高的强度。我们可以在三合刻度的基础上最多将之归为"中度"，在不那么严重的非正义的情形下甚至可以归为"轻度"。但法的安定性价值在极端不正义的门槛之下却是"重度"的。假如任意非正义都会导致法律无效，那么法律体系协调行动和保航社会合作的功能就将受到极大威胁。依照重力公式，具有"重的"分量的原则将证立对具有"中的"或"轻的"分量之原则的侵害。但如果出现极端不正义的情形，对于正义原则的侵害就将是严重的。相反，我们必须假设此时对于法的安定性原则的侵害是中度的或轻度的。极端不正义只发生于法律体系的极端情境中，它并不涉及所有的法律规范，而只涉及那些粗暴法律体系的特定规范。[1] 这一切都说明，将形式原则和实质原则相权衡在法律中不仅是可能的，也是必要的。

形式原则间相互权衡的例子可以在德国联邦宪法法院所作的所谓 I 号判决[2] 和 II 号判决[3] 中被找到。在 I 号判决中，法兰克福行政法院向德国宪法法院提出申请，要求对欧洲法院对于《欧共体条约》第177条所作的解释予以审查，看其是否符合《德国基本法》。这里存在一种不同的权能层级之间的冲突。对于德国宪法法院而言，问题在于它是否有权作出关于欧洲法院之解释是否合宪的判决。它最终的决定是，只要在欧共体的层面上无法充分保障基本权利，它就有权对从属性共同体法进行规范审查。这

---

[1] See Robert Alexy, *The Argument from Injustice*, Bonnie Litschewski Paulson and Stanley L. Paulson trans. , Oxford 2002, pp. 66 – 68.

[2] BverGE 37, 271.

[3] BerGE 73, 339.

一案件中相冲突的是两个形式原则：一个构成了欧洲法院所作之关于从属性共同体法的解释之拘束力的基础，即欧盟整合这一形式原则（pf1）；一个以德国宪法法院关于共同体法与《德国基本法》符合性之审查权能为基础，即通过宪法法院保护宪法这一形式原则（pf2）。两个形式原则相冲突的条件（C1）为：在欧共体层面上不充分的基本权利保障。适用于个案的规则（R1）为：只要在欧共体层面上没有对基本权利的充分保障，德国宪法法院就将保留其关于从属性欧盟法与《德国基本法》是否相符的审查权，从而取消欧洲法院之解释的拘束力。这可以被表示为：（pf2 P pf1）C1→R1。这一冲突法则是形式原则间相互权衡的后果：欧洲整合原则之不满足或受侵害程度越高，宪法法院保护原则之被满足的重要性就越大。对形式原则 pf2 侵害的强度来自于：当它在与个案相关的情境中并不优先于形式原则 pf1 时，它所关涉的强度有多大。如果欧盟的规定在事先不作合宪性审查的情况下被行政机关或法院所转化，原则 pf2 就可能招致一种严重的侵害。而形式原则 pf1 受到的侵害是中度的甚至是轻度的，因为只有当在欧共体的层面上不存在对基本权利的充分保障时，德国宪法法院的审查权才能被运用。在 II 号判决中，德国宪法法院作出了有别于 I 号判决的决议。在该案中，法院的观点是，欧共体层面上的基本权利保障已经满足了《德国基本法》的相关诉求。相应地，宪法法院也就放弃了其关于从属性共同体法的审查权，只要在欧共体的层面上基本权利的保障是充分的。在这里，欧洲法院所作的判决之拘束力的具体分量同样要借助于两个相冲突的形式原则在个案中来确定。相冲突的依然是 pf1 和 pf2，但冲突的情形（C2）发生了改变：此时欧共体层面上存在对于基本权利的充分保护。适用于个案的规则（R2）为：只要在欧共体层面上存在对基本权利的充分保障，德国宪法法院就将放弃其关于从属性欧盟法与《德国基本法》是否相符的审查权，从而维系欧洲法院之解释的拘束力。这可以被表示为：（pf1 **P** pf2）C2→R2。于此，在欧共体层面存在基本权利之充分保障的前提下，形式原则 pf1 被满足的重要性程度被德国宪法法院认为很高，而形式原则 pf2 则被宪法法院评估为仅仅遭受了一种轻度的侵害。所以欧盟整合这一形式原则优先于宪法法院保护这一形式原则得到了贯彻。可见，形式原则间的相互权衡同样是可能的。

形式原则参与实质原则权衡的典型例子是反于法律文义的裁判（contra legem Entscheidung）。一个制定法规则的背后既存在支持它的实质原则，也存在支持它的形式原则。当一个相对立的实质原则在待决案件条件下比规则背后的实质原则具有更大的分量时，这个规则并不自然就被推翻或被创制例外了。一个反于法律文义的裁判要求相冲突之实质原则比规则背后的实质原则以及形式原则——如法的安定性原则、民主原则、权力分立原则等，它们都要求尊重权威决定[1]——合在一起分量还要来得大。这说明，形式原则不仅可以自己与其他实质原则或形式原则相权衡，还可以与实质原则合在一起与相冲突之实质原则相权衡。我们可以将第一种情形称为"纯粹实质－形式模式"，第二种情形称为"纯粹形式模式"，第三种情形称为"混合式实质－形式模式"。在规则与原则相冲突的语境中，"混合式实质－形式模式"自然成为我们考察的重点。接下去我们就将来分别阐述对这一模式的诸多理解（诸模式），并在此基础上证立一种目前来说最可行的双重权衡模式。

---

[1] See Robert Alexy, *A Theory of Constitutional Rights*, Julian Rivers trans., Oxford 2002, p. 58.

三、形式原则参与权衡的诸模式

以阿列克西发表《形式原则：对于批评的一些回应》一文[1]为截止时点，迄今为止学界（主要是原则理论学派内部）对于形式原则参与权衡之具体方式的观点大体可以归为三种立场，即分离模式、联合模式与转化模式。

（一）分离模式

严格说来，分离模式并不是"形式原则**参与**权衡"的模式，或至少不是"形式原则**参与实质**原则之权衡"的模式，因为它的基本态度是形式原则的权衡与实质原则的权衡应当被区分开来。

西克曼是分离模式的代表之一。基于其将原则视为规范性论据的立场，[2]他同样将形式原则重构为规范性论据。他建议以这样的形式来展现形式原则的逻辑结构：...O（POS（N）→ VAL$_{DEF}$（N））。[3]西克曼在这里使用了他的重复应然助词（...O），它代表命令应然助词和效力谓词的无穷重复，为的是展示出形式原则的原则属性。谓词（POS（N））意味着，规范（N）是一个法律创设程序的结果。条件联结词（→）代表对通过满足特定效力标准之规范效力的拘束力展示。[4]最后，VAL$_{DEF}$代表规范（N）的确定效力。从中可以推知，在西克曼看来，形式原则同样具备理想应然的属性和结构。形式原则在原则权衡中的角色以其权衡能

---

〔1〕 Robert Alexy, Formal Principles: Some Replies to critics, *International Journal of Constitution* 12 (2014), pp. 511–524.

〔2〕 参见前文，第179~186页。

〔3〕 Jan-Reinard Sieckmann, *Recht als normatives Systems*, Baden-Baden 2009, S. 137.

〔4〕 "一个形式原则并不包含这样的意思，即每个（以近乎确定的方式）在程序上被认可的规范都是有效的。但它说的是，这应当尽可能如此。" Jan-Reinard Sieckmann, *Regelmodelle und Prinzipienmodelle des Rechtssystems*, Baden-Baden 1990, S. 149.

力为前提，西克曼认为形式原则的对象是可以程度化的。鉴于其原则属性，形式原则要求在事实上和法律上尽最大可能去实现通过决定程序创设的规范。[1] 因而形式原则必然具有可程度化的内容。西克曼以一种相竞合之法律观的模式来展现两个形式原则间的冲突。他讨论了四种使得形式原则之内容得以程度化的可能标准。在他看来，形式原则的内容涉及对自身法律观（一阶法概念）或他人之法律观（二阶法律观）的遵守。[2] 第一种标准涉及相冲突之法律观可证立的程度。西克曼在此试图使以自身法律观为基础的形式原则相对于以他人法律观为交互的形式原则的优先性与支持两者之论据的可证立性发生关联。"（他人的法律观）得到越好的证立，它就越是要求被遵守。它的证立瑕疵越大，自身的法律观就越是要求被遵守。"[3] 第二种标准涉及权威决定机关之合法化程度。无论是司法决定抑或是立法决定都建立在合法化诉求的基础之上，后者将为其决定程序之结果辩护。司法裁判会提起正确性宣称以及无偏私性意义上的客观性宣称。对于立法决定而言，民主合法化或民主代表性具有特别的意义。但这种合法化宣称无法得到充分的满足。第三种标准涉及立法目标设定权能原则上的优先性。立法者有权对基本权利的限制程度和其政治目标的实现程度进行称重。法院必须在原则上接受立法者的这一称重。[4] 但当涉及宪法规定的目标时情况就有所不同了，因为此时立法者无权进行目标权衡，而只能将他的法律观置于法官的法律

———————

〔1〕 Vgl. Jan - Reinard Sieckmann, Das System richterlicher Bindungen an Kontrollkompetenzen, in: Rudolf Mellinghoff und Hans - Heinrich Trute (Hrsg.), *Die Leistungsfähigkeit des Rechts*, Heidelberg 1988, S. 46.

〔2〕 a. a. O. , S. 55.

〔3〕 a. a. O. , S. 58.

〔4〕 a. a. O. , S. 59.

观之前。第四种标准涉及对个人利益与集体利益的司法称重。法院要承担起保护个人权利免于不合比例地倾向于集体利益的责任。西克曼认为，这四种标准都具有原则的性质，它们都包含着初显性的要求。它们可能彼此冲突，必须通过经验性和规范性研究来补充。借助于这些标准，就可以对相冲突之形式原则进行权衡。西克曼称之为"法律观的竞合模式"。[1]

克拉特和施密特是分离模式的另外两位代表。依照他们的观点，形式原则既不在实质原则的权衡中发挥作用，也不在构成相冲突之实质原则之基础的认知前提的权衡中发挥作用，也就是说，既不在第一权衡法则，也不在第二权衡法则[2]中发挥作用。形式原则在一种元层面上展现其初显性效力的要求，这一层面要与权衡的层面相区分。这一观点体现在克拉特和施密特所提出的实质法律发现的双层模式（Zweiebenenmodell）之中。他们认为借助于实质原则和形式原则之间的权衡来证立立法的认知性余地是错的，因为这将混淆实质的层面与权能的层面。"阿列克西在建构形式原则时，一方面作出了关于**谁**（即具有民主合法性的立法者）在不确定的情形中可以作出决定的陈述，另一方面又确定了这种不确定性如何在进行实质权衡时被顾及。"[3]相反，在他们看来，认知余地只有借助于实质性的或者说与权衡相关的论据才能被确定，而元层面上的权能状态则需要通过形式原则来确定。所以形式原则和实质原则间的权衡是两回事。[4]这种双层模式与阿列克西的

---

〔1〕　Jan - Reinard Sieckmann, *Recht als normatives Systems*, Baden - Baden 2009, S. 200.

〔2〕　参见前文，第283~284页。

〔3〕　Matthias Klatt und Johannes Schmidt, Abwägung unter Unsicherheit, in: Matthias Klatt (Hrsg.), *Prinzipientheorie und Theorie der Abwägung*, Tübingen 2013, S. 139.

〔4〕　Vgl. Matthias Klatt und Johannes Schmidt, *Spielräume im Öffentlichen Recht*, Tübingen 2010, S. 62.

裁量空间教义学中的命题是相对立的：作为决定权能的立法余地与非属权能的宪法法院审查相互耦合、彼此限制。[1] 而克拉特和施密特所提出的相对命题则指出，裁量空间（余地）和审查要被相互严格区分开来，即必须将法律上的权能问题与实质性的法律发现置于两个不同的层面。[2] 原则权衡属于第一个层面（权衡层面）。在这一层面上要顾及的仅仅是实质原则间的权衡，以及依据第二权衡法则的标准对认知不确定性进行称重。形式原则在此不发挥作用。立法者所拥有的裁量空间首先来自于实质原则的权衡（结构性裁量空间），其次也来自于两位学者所提出的分级权衡（认知性裁量空间）[3]。在第一个层面发生冲突之实质原则在法律上的权能问题属于第二个层面（审查层面）。[4] 形式原则仅在第二层面发挥作用，它仅仅是权能描述与实质原则之权衡结果的联结要素。因为它以这样的方式与对裁量空间的确定相联结（只有这才是它的功能）：它对此作出了规整，即在法律权能上应当如何对待裁量空间。[5] 最后，克拉特和施密特还批评了阿列克西所提出的形式原则的功能适用的范围有限。因为他们认为阿列克西的模式只适用于立法者与宪法法院之间的关系，而不适用于法律体系中会出现的其他"裁量空间 – 审查"关系。[6]

　　无论是西克曼式的抑或是克拉特和施密特式的分离模式都是

---

〔1〕　Vgl. Robert Alexy, Zur Struktur der Grundrechte auf Schutz, in: Jan – Reinard Sieckmann（Hrsg.）, *Die Prinzipien Theorie der Grundrechte. Studien zur Grundrechtstheorie Robert Alexys*, Baden – Baden 2008, S. 118.

〔2〕　Vgl. Matthias Klatt und Johannes Schmidt, *Spielräume im Öffentlichen Recht*, Tübingen 2010, S. 61.

〔3〕　关于"分类权衡"，参见 Matthias Klatt und Johannes Schmidt, *Spielräume im Öffentlichen Recht*, Tübingen 2010, S. 51ff. 兹不赘述。

〔4〕　a. a. O., S. 66ff.

〔5〕　a. a. O., S. 65.

〔6〕　a. a. O., S. 66.

有问题的。西克曼并未在一种现实的权威性应然与一种理想的道德正确性应然之间建立起规范理论上的关联，因而我们并不清楚他的形式原则权衡与固有的实质原则权衡之间的联系为何。他试图通过形式原则间的权衡来化解立法者的决定权能与宪法法院的审查权能之间的紧张关系，但却没有说明这种权衡与待审查之规则背后的实质原则与相冲突之实质原则（基本权利规范）之间的权衡有何关联。在细节上，他虽然提出了程度化形式原则之分量的四种一般标准，但却没有提出确定法律观之分量的具体标准。因而如何确定形式原则的分量依然是成问题的。可能有很多不同的标准都可以用来确定以特定法律观为基础的权威决定的分量。克拉特和施密特关于形式原则的探讨仅限于裁量空间与审查权能之间的关系（这一点与阿列克西相同），因而这里的批评也仅限于此。当他们认为，在通常情形中形式原则与实质原则无法作为相对的双方直接相权衡时，无疑是对的。当他们认为，将形式原则仅限于立法者与宪法法院之间的关系过窄时，也是对的。但是阿列克西所提出的重力公式是普遍公式，它可以适用于发生原则冲突情形的所有审查关系。立法者和宪法法院之间的关系仅是其适用领域的一例而已。更为关键的是，他们仅仅将形式原则定位为规定权能的元层面与确定裁量空间的层面之间的联结要素，是不对的。将权能考量完全排除出实质原则间的权衡之外并不正确，因为它要在特定前提下在权衡中被顾及，即当出现经验类型或规范类型的认知性不确定时。假如并非如此，也就是说当变量"S"的认知值为"g"（确定）时，形式原则实际上就不会起作用。因此将形式原则完全排除出权衡之外的观点无法被赞同，因为形式原则是裁量空间存在的理由。克拉特和施密特所提出的双层模式也是不必要的。裁量空间的范围与权能的范围可以依照第二权衡法则或者说重力公式中的变量 S^e 和 S^n 来确定。如果变量"S"的值为"g",那么审查机关就有权限缩决定机关的裁量空间。如果变量"S"的值低于"g",即为"p"(可成立的)或"e"(非明显错误的),那么就出现了认知的不确定性,此时就可以引用形式原则来为裁量空间辩护。究竟是决定机关还是审查机关拥有权能,这取决于重力公式运用的结果。

(二)联合模式

博罗夫斯基认为形式原则包含两个层面,即抽象的层面与具体的层面。在抽象层面上不存在任何最佳化的对象,因而在这里也不可能发生形式原则与实质原则的权衡。相反,在具体层面上,形式原则提供了一种最佳化的对象,因而可以进行权衡。[1] 因为两类原则在这一层面上具有相同的结果,所以实质原则与被具体化了的形式原则之间的权衡是可能的。形式原则与实质原则间的直接权衡只发生于所谓的独立形式原则的场合。而在实质原则间的权衡过程中,形式原则尽管也会发生作用,但只有与相冲突之实质原则中的一个,即立法者所支持的实质原则联合在一起才能进行。这里就涉及"非独立形式原则"(dependent formal principle)与"独立形式原则"(independent formal principle)间的区分。[2]

非独立的形式原则的作用在于保障及贯彻执行立法者所实施的权威决定程序的结果。[3] 因而这种形式原则依赖于对实质原则的立法权衡。这类形式原则可以与某个实质原则联合在一起参与权衡,即适用于"联合法则"(Law of Combination)。事实上,联

---

〔1〕 Vgl. Martin Borowski, *Grundrechte als Prinzipien*, 2. Aufl., Baden – Baden 2007, S. 128.

〔2〕 See Martin Borowski, The Structure of Formal Principles – Robert Alexy's "Law of Combination", *ARSP* Beiheft 119 (2010), pp. 31 ff.

〔3〕 Ibid., p. 34.

合法则最早是阿列克西在《基本权利论》一书的"后记"中提出来的。其认为，"形式性或程序性的原则与服务于某种公共利益的实质原则一起，可以与保障个人权利的宪法原则相权衡。""程序性的形式原则只有当与实质原则结合在一起时，才能推翻实质性的基本权利原则。"[1] 博罗夫斯基进一步拓展了这一法则的内涵，他认为，非独立的形式原则赋予了立法者所作的权衡决定相对于审查机关之决定的优先性。此外，它还拥有恒常的抽象分量，在权衡中完全要作为有利于相冲突之实质原则之一的额外论据被顾及。因而，非独立形式原则取决于立法决定，它只是支持被权衡的原则中的一方，即立法者所偏向的那方原则。它们在权衡中并不展示为独立的变量，其效果在于增加两个实质原则中的一个的分量。[2] 这种类型的形式原则证立的是立法者的裁量空间和权威性。这类形式原则的分量是变化的，需依据个案来确定。在博罗夫斯基看来，确定个案中分量的标准是一种形式性的标准，例如作出立法决定时议会多数的数量。"一部以绝对多数通过的制定法，相比于恰好以简单多数通过的制定法，将获得更大的裁量空间。"[3] 这种对于形式原则的理解服务于一种相对的权威模式，[4] 它要求立法者所作的决定应尽可能地得到尊重。因而立法余地的

[1] Robert Alexy, Postscript, in his *A Theory of Constitutional Rights*, Julian Rivers trans., Oxford 2002, p. 423.

[2] See Martin Borowski, The Structure of Formal Principles – Robert Alexy's "Law of Combination", *ARSP* Beiheft 119 (2010), pp. 19, 34, 35.

[3] Martin Borowski, *Grundrechte als Prinzipien*, 2. Aufl., Baden – Baden 2007, S. 129.

[4] 博罗夫斯基区分了三种权威模式或者说裁量空间模式。除了"相对的权威模式"外，尚有"绝对的权威模式"（例如英国的议会主权模式）和"无权威模式"（例如博肯菲尔德和福斯特霍夫所主张的宪法秩序观）。只有在"相对的权威模式"中，形式原则才发挥关键作用。Vgl. Martin Borowski, *Glaubens – und Gewissensfreiheit des Grundgesetzes*, Tübingen 2006, S. 213ff.

范围与形式原则的分量之间处于相互关涉的关系之中：形式原则获得的分量越大，立法者就拥有越大的裁量空间。[1]与此不同，独立的形式原则可以独立参与权衡。它们拥有确定的最佳化对象，它们的分量也取决于具体情境。这并非本书关注的要点，故而不再赘述。

在博罗夫斯基看来，引入形式原则的恰当形式是在重力公式中置入独立变量，也就是"在权衡矩阵中将形式原则作为第三方原则引入"。[2]在博罗夫斯基看来，鉴于认知考量而用变量"S"来补充重力公式的做法只是增加了相冲突之实质原则的分量。相反，这一变量在重力公式中无法服务于对特定决定之权威向度的顾及。[3]他认为阿列克西的错误在于将两个彼此分离的问题混淆在了一起，即一方面是与个案相关的经验性（认知性）前提的确定性程度能否作为增加分量的要素起作用，另一方面则是形式原则在重构决定余地时的作用。[4]博罗夫斯基赞同认知性前提的确定性程度对于确定相冲突之实质原则的具体分量有某些影响。但这并不足以证立决定余地。在他看来，区分两种不同的权衡视角十分重要：一种是作出决定之机关的视角，它自行采取权衡；另一种是审查机关的视角，它要对决定机关的权衡结果进行检验。因而决定余地来自于这两种视角间的权衡："假如初始权衡判断与其自身关于实质原则的权衡决定间的某些差异要得到尊重，那么

---

〔1〕 See Martin Borowski, The Structure of Formal Principles – Robert Alexy's "Law of Combination", *ARSP* Beiheft 119 (2010), p. 35.

〔2〕 Martin Borowski, Discourse, Principles, and the Problem of Law and Morality: Robert Alexy's Three Main Works, *Jurisprudence* 2 (2011), p. 584.

〔3〕 See Martin Borowski, Formelle Prinzipien und Gewichtsformel, in: Matthias Klatt (Hrsg.), *Prinzipientheorie und Theorie der Abwägung*, tübingen 2013, S. 184ff.

〔4〕 See Martin Borowski, Discourse, Principles, and the Problem of Law and Morality: Robert Alexy's Three Main Works, *Jurisprudence* 2 (2011), p. 586.

审查者就会认可裁量权（的存在）。"[1]由此可以推出一个"裁量空间的权衡法则"：得到尊重的差异越大，被认可的裁量权就越大。[2]形式原则在重力公式中就表达出了这种差异，因为它增加了相冲突之实质原则之一的分量，而这与此无关：在赋予实质原则以额外分量时，认知性前提的确定性程度是否起作用。

但是，博罗夫斯基的联合模式依然是成问题的。首先，他正确地将形式原则与认知性前提的确定性问题相区分，但这种区分却过于绝对。如前所述，认知不确定性只是形式原则的一种偶然适用情形。形式原则要求对权威决定予以尊重，这意味着即使是在认知确定的前提下亦要赋予决定者以一定的决定余地。但反过来说，在认知不确定的情形下形式原则也同样赋予了决定者以认知性的决定余地。其次，他并没有告诉我们，形式原则如何参与实质原则的权衡，或者说如何增加两个实质原则中的一个的分量。这里至少具备两种可能：一种可能是将形式原则的分量与一方实质原则的分量叠加，然后与相对立之实质原则的分量加以比较（类似于重力公式的扩展形式），可谓"叠加模式"；另一种可能是将形式原则的分量以某种方式转化到一方实质原则的分量中去，然后与相对立之实质原则的分量加以比较，可谓"转化模式"（见下文）。博罗夫斯基并没有明言采取哪种模式，但似乎倾向于前者。但这会在基本权利的语境中导致严重的问题。如果我们将形式原则在实质原则之外插入重力公式，如下情形就会成为可能：一方面，对基本权利的侵害是严重的（s），即 I_i 的值是 4；另一方面，相冲突之原则被实现的重要性是中等的（m），即 I_j 的值是

---

[1]　See Martin Borowski, Discourse, Principles, and the Problem of Law and Morality: Robert Alexy's Three Main Works, *Jurisprudence* 2 (2011), p. 586.

[2]　Ibid.

2。这显然是不合比例的，因而也是不合宪的。现在我们可能会赋予立法者决定权能的形式原则（它位于相冲突之实质原则一方）以一个很高的分量，即 pf 的值是4。如此就使得 Ij 和 pf 这一方的具体分量为6，超越了 pi。这将使得不合宪的决定转变为合宪的决定。如果这是可能的，那么对基本权利不合比例的侵害就将成为可能，因为具备民主合法性的立法机关当被允许作出这一决定时相较于不作出这一决定时作出了更多的决定，而尽可能多地让立法机关去作重要决定正是形式原则的应有之义。这会取消宪法相对于普通立法的优先性。[1]

（三）转化模式

转化模式其实是联合模式的一个变种，它是在与叠加模式相竞争的过程中发展起来的。叠加模式是将形式原则 pf 视为与实质原则 pi 和 pj 相对立的第三方变量，赋予其个案中的具体分量（Ipf·Gpf·Spf）且与一方实质原则 pj 的分量相加，来与另一方原则 pi 的分量相权衡。笔者在以前的两本专著中，曾借助于理由理论来指明这种权衡模式的缺陷：首先，实质原则与形式原则属于不同种类的理由，我们无法知晓不同类型之理由如何相加以及各自的权重如何。其次，就其与权衡的关系而言，实质原则与形式原则并不处于同一个层面。原则作为最佳化命令具有两个层次，即被最佳化的命令与（要求）最佳化的命。被最佳化的命令存在于对象层面上，它是权衡的对象，可以不同的程度被实现。作为最佳化的对象，它被置于客观的层面。相反，（要求）最佳化的命令则存在于元层面上，它被置于主观的层面，它表明应该怎样按照在对象层面上所发现的东西去行为。同为权衡的对象，即被最

---

〔1〕 See Robert Alexy, Formal Principles: Some Replies to critics, *International Journal of Constitution* 12 (2014), p. 519.

佳化的命令的东西才能相互权衡。实质原则是一种被最佳化的命令，它是权衡者权衡所指向的客体，而形式原则可视为（要求）最佳化命令的组成部分，因为它对权衡者发布了权衡被最佳化的命令时需考虑特殊的论证负担这一要求。因此，实质原则与形式原则分属客观/主观、权衡的对象/要求这两种不同的层次，它们之间无法相加并权衡。最后，这个模式在技术操作上也有困难。对于一个实质原则，尽管不可能作十分精确的计算，但我们可以对其在具体事实条件下的"受侵害程度"I 与"经验前提的确定性程度"S 作出大致判断（赋值）。而对于形式原则而言，I 与 S 如何认定？或者可以问，难道诸如"正当权威发布的指令应当得以遵守"这一形式要求也会有被侵害强度及其在经验前提的确定性程度上的差别？[1]

叠加模式的实质是将形式原则视为与实质原则处于同一位阶的一阶理由，[2] 认为它自身即具有分量，因此它参与到实质原则权衡过程中去的方式是叠加式地增加了一方实质原则的分量。它是强化规则一阶实质理由的附加理由。但事实上，形式原则应被视为一种二阶理由，并且它是要求法官（在认识不确定的情况下）根据规则作出裁判，也即要求他根据某个一阶的正面依赖性理由去行动的积极二阶理由。这种积极的二阶理由以这样的方式来达到"推定依规则裁判乃为合法"的要求：它会提高规则背后的正面依赖性理由（支持它的实质原则）的强度，或者说增加规则本身的一阶理由强度，因此它也被称为重新计重理由（re-

---

〔1〕 参见雷磊：《类比法律论证——以德国学说为出发点》，中国政法大学出版社 2011 年版，第 383～384 页；雷磊："形式原则与规则的推定排他性"，载雷磊：《规范理论与法律论证》，中国政法大学出版社 2012 年版，第 105～106 页。

〔2〕 这种观点参见 Caludo Michelon, The Justification of Authority and the Insulation of Formal Reasons, *ARSP* 88（2002），S. 72.

weighting reasons)。[1] 简单地说，形式原则是一种能够增强规则正面一阶理由强度的积极二阶理由。由于形式原则要求我们将那些正面理由的分量看得比较重，从而使得根据某个反面的一阶理由（实质原则）来推翻规则的难度也随之提高。要增强支持规则的实质原则的强度，又避免叠加模式的误区，就必须将形式原则的分量转化到该实质原则的要素之中。在 pj 的三个要素，即"受侵害程度"Ij、"抽象分量"Gj 和"认知性前提的确定性程度"Sj 中，形式原则 pf 增加的只可能是"抽象分量"Gj 的分量。首先，形式原则作为对权威决定之遵守的要求，此时与认知性前提的确定性问题无关。其次，实质原则的"受侵害程度"依据个案而定，只与特定情形下对侵害行为的实质性评估有关，也与形式原则无关。形式原则本身并无"受侵害程度"的问题，它要么被实现（遵守规则），要么不被实现（规则被推翻或被创制例外），与个案无关。形式原则增加的只能是抽象分量 Gj 的分量：一方面，抽象分量同样是在不依赖于个案情形的前提下来决定的，两者具有前提方面的一致性；另一方面，形式原则所支持的实质原则 pj 比之相对立的实质原则 pi 更不易被推翻，是因为它得到了具备民主合法性的立法机构及其立法程序的评估或者得到了先例的肯认，因而比之于单纯的价值本身具有更大的分量。例如，"意思自治"是民法领域公认的基本原则因而具备较高的价值，但一旦立法机关通过法定程序根据意思自治制定了特定的法律规则（如关于遗嘱自由的规则），那么意思自治的分量就将被增强，而这一增强正是以"权威决定（法律规则）必须予以遵守"为基础的形式原则

---

　　[1]　参见王鹏翔："规则是法律推理的排它性理由吗?"，载王鹏翔主编：《2008 法律思想与社会变迁》，"中央研究院"法律学研究所筹备处出版（2008），第 381 页。亦可参见 Stephen Perry, Second - order Reasons, Uncertainty and Legal Theory, *Southern California Law Review* 62（1989），p. 932.

所带来的。[1]

转化模式依然存在问题。首先，它与博罗夫斯基的联合模式一样，只关注到了认知确定情形下形式原则参与实质原则权衡的方式，却没有注意认知不确定情形下形式原则在重力公式中发挥作用的方式，因而是不全面的。其次，在原有的公式设计中，形式原则对于实质原则 pj 之"抽象分量"Gj 的"增强"是用相加的方式来表示的，即（Gj + Gf）。[2] 并且 Gf 采取了与 Gj 相同的三阶度量化或九阶度量化。在基本权利的语境中，这就同样会带来博罗夫斯基的联合模式所冒的危险。由于在实质上依然是将 Gf 视为独立于 Gj 来计算的要素，从而可能使得形式原则所转化的分量不当放大，进而使得原本对于基本权利不合比例的侵害变得可能，使得不合宪的侵害变得合宪。因此，有必要采取另一种转化方式，以表示出形式原则的存在会使得相关实质原则的抽象分量因乘以一定的"系数"而变大。对此我们将在下一部分再作论述。

四、复杂权衡模式

分离模式事实上否定了形式原则参与实质原则间权衡的可能，联合模式与转化模式则以偏概全，忽视了形式原则参与权衡之情形的复杂性。从前文的论述可知，形式原则既可能在认知性前提不确定的情形下发挥作用，也可能在认知性前提确定的情形下发挥作用。因为它既要求在认知不确定的情形中尊重决定机关的认

---

〔1〕　具体来说，以立法为代表的制度化程序对于价值原则的"强化"体现在两方面：一方面，某个价值原则可能原本并非社会共同体的共识，立法起到了凝聚价值共识的作用，从而强化了该价值原则；另一方面，某个价值原则可能原本就是社会共同体的共识（但也仅仅是纯粹的共识而已），立法根据该价值原则制定规则，其实相当于对该价值原则进行了制度化，从而强化了该价值原则。

〔2〕　具体的公式参见雷磊：《类比法律论证——以德国学说为出发点》，中国政法大学出版社 2011 年版，第 386 页；雷磊："形式原则与规则的推定排他性"，载雷磊：《规范理论与法律论证》，中国政法大学出版社 2012 年版，第 108 页。

知裁量权，也要求在认知确定的情形中遵守决定机关所作决定之权威性。下文将对这两种情形中形式原则参与权衡的方式分而叙之。

（一）认知不确定情形下的双重权衡

阿列克西于 2014 年发表的《形式原则：对于批评的一些回应》一文对认知不确定情形下形式原则参与权衡的方式作了迄今为止最为清晰的阐述。[1]在阿列克西看来，形式原则在认知裁量的情形中发挥着关键性作用。认知裁量又可以进一步分为经验性的认知裁量与规范性的认知裁量。相比而言，经验性认知裁量所引发的问题要比规范性认知裁量少得多。以经验性认知裁量为例，经验的不确定性可以在比例分析的所有三个层面上都成为问题。德国宪法法院所作的"大麻案判决"就是一例。这一判决的核心问题在于，使用大麻制品会造成什么样的危害，以及什么样的措施可以被用来防止这种危害。立法机关禁止使用大麻制品并用刑罚来应对大麻制品的使用，其证立这一行为的前提假设在于大麻制品对于健康和社会生活危害极大，只有用刑事禁令才能充分防止这种危害。[2]另一方当事人则主张并不存在立法机关所假定的高危害。危害至多只是很小的，而立法机关所选择的措施既不适切也非必要。人们或许可能会认为，只有当这些经验性假定（适切性、必要性以及危害的程度都依赖于它们）被确认为真时，宪法法院才会容许对基本权利的侵害。但宪法法院采取了不同的做法。它并没有确认立法机关所提出的经验性前提的真假，而只是表明了它们的不确定性："我们手头并没有基于科学研究的知识来

---

[1] 以下参见 Robert Alexy, Formal Principles: Some Replies to critics, *International al Journal of Constitution* 12（2014），pp. 519 – 524.

[2] BVerGE 90, 145（174）.

表明一方或另一方的策略必然是正确的。"[1] 尽管如此，宪法法院却容许了对基本权利的侵害。这是因为它认可了立法机关在关于相关事实之认知方面的裁量权或者说经验性认知裁量权，并将立法机关的经验假定（构成禁止使用大麻之禁令的基础）置于这一裁量权之内。大麻案判决清晰说明了所有认知裁量的主要问题。如果立法机关被允许将其对基本权利的侵害建立在不确定之前提的基础上，那么基本权利所提供的保护就可能基于错误的假定被拒绝，即使基本权利实际上的确被侵害了。

这一解决方案体现了形式原则在权衡中所扮演之作用的另一种模式，它既不同于前面所说的"纯粹实质－形式模式"，也不同于以联合模式或转化模式为代表的"混合式实质－形式模式"，而可以被称为"双重权衡模式"（two－level－balancing）。[2] 双重权衡模式的基础在于二阶权衡（second－order balancing）的观念。依照重力公式所进行的权衡是一种一阶权衡（first－order balancing）。[3] 二阶权衡与将认知确定性，即 S_i 和 S_j，[3] 吸收进重力公式之中这一做法的证立相关。基本权利作为原则要求在事实上和法律上可能的范围内尽最大可能被实现。如果基本权利只有根据被确保为真的前提才能被限制时，它们的实现程度就增加了。但如果低于确定性程度的前提也被承认，那么当最可能正确的前提被选择时，基本权利的实现程度就会增加。立法机关的裁量权在这种情形中同样会被排除。在这一意义上，基本权利不仅要求实质

---

[1] BVerGE 90, 145（182－183）.

[2] 阿列克西本人称之为"认知模式"[Robert Alexy, Formal Principles: Some Replies to critics, *International Journal of Constitution* 12（2014），p. 520]。但笔者认为这一称呼不如"双重权衡模式"来得直观。

[3] 当然，在重力公式的完整形式中，应用 $S_i^e \times S_i^n$ 来替代 S_i，用 $S_j^e \times S_j^n$ 来替代 S_j。为了表述的简洁性，这里统一用 S_i 和 S_j 来代替。

的最佳化，也要求认知的最佳化。二阶权衡的关键点在于，基本权利作为认知最佳化要求会与具备民主合法性的机关这一形式原则发生冲突。如果这一冲突可以通过建立实质性的基本权利相对于具备民主合法性的立法机关这一形式原则的绝对优先性来解决，那么在大量的法律领域内这一结果就将是不可接受的。在比较复杂的情境，如商法、证券法和环境法中，经验性前提确定为真的情形在实践中从来就不可能出现。因而，让实质性的基本权利原则在经验不确定的情形中具备绝对的优先性，这会导致大面积的立法瘫痪。这将是对具备民主合法性之立法机关这一形式原则的不合比例的侵害。这种不合比例性就是通过二阶权衡来确定的。就此而言，它对应于纯粹的实质－形式模式。但这是实质－形式权衡的特殊情形，因为它并不发生于重力公式的内部，而是发生于元层面，在此它涉及这样一个问题：具有何种度量值的哪个变量要被置入重力公式之中。所以，在双重权衡模式中，形式原则与实质原则的"联合"方式指的是"形式原则的二阶关系之于实质原则间的一阶关系"。[1] 进言之，作为一种权衡关系，二阶关系是一个形式原则与一个实质原则之间的关系。这种二阶权衡关系与一阶权衡关系相连，后者深受形式原则与实质原则在二阶层面上之权衡结果的影响，但形式原则并不直接参与一阶权衡。

依据原则碰撞法则，权衡的结果是一个条件式的优先关系。认知刻度的三个度量值可以被认为是这些优先性条件。如果某个经验性假定的认知值是"可靠的"或"确定的"（g），那么这一赋值所倾向的基本权利原则就优先于形式原则。这意味着，基本权利一方的实质性结果根本不受任何形式原则所要求之形式或程

---

[1] Robert Alexy, Comments and Response, in: Matthias Klatt (ed.), *Institutionalized Reason. The Jurisprudence of Robert Alexy*, Oxford 2012, p. 331.

序考量的影响。但如果认知值只是"可成立的"（p）甚至是"非明显错误的"（e），那么形式原则在二阶权衡中就优先于实质原则，后者单独来看要求在被侵害时要达到"可靠的"或"确定的"（g）这一值。然而，这一优先性并不能决定相冲突之实质原则的具体分量（Gi，j）。这一具体分量要由重力公式之完整形式中的所有八个变量，即 $I_i, G_i, S_i^e, S_i^n, I_j, G_j, S_j^e, S_j^n$ 来决定。在经验性前提的确定性程度仅仅为"可成立的"甚至是"非明显错误的"时，形式原则具有优先性就只是意味着这些前提不会被从权衡中排除出去，它们依据形式原则被承认。这种承认与它们的这样一种力量有关，即能够降低它们所附属之实质变量的实质值。将认知变量纳入重力公式之中会造成什么样的具体影响，这取决于代入所有其他变量的值。可能的组合数量是庞大的。二阶权衡的结果不外乎为低于确定性或完全可靠性之前提开启了通往依据重力公式而进行之权衡的门。它们对于最终权衡的结果能起到什么样的作用，则取决于所有其他的变量的值。将实质变量和认知变量都纳入重力公式之中，就意味着将实质权衡法则与认知权衡法则相联结。这两条权衡法则的条件从句是一致的，这一点在体系上具有极端重要性。两者都指涉对基本权利之侵害的分量，即用侵害强度与绝对分量的结合（或更准确地说，用 Ii 和 Gi 的乘积）来定义。这说明，正是相关的基本权利原则为权衡提供了阿基米德支点。这也可以用来证明，无论是西克曼的"法律观的竞合模式"，还是克拉特和施密特的"双层模式"都是错的，因为它们都割裂了实质原则的权衡与形式原则的权衡。在二阶权衡或者说元层面的权衡中，形式原则的权衡必然是一种与相冲突之实质原则的权衡，借助于这一权衡的结果将认知变量及其度量值纳入重力公式之中，形式原则就被呈现在了依据这一公式进行的一阶权衡之中。

以上述"大麻案判决"为例。法院将立法机关的经验性假定，即使用大麻制品的危害很高视为是有争议的或可成立的。另一方面，它也承认相反的命题，即这种危害很低也是有争议的或可成立的。这意味着法官同时将高危害假定与低危害假定都归类为"可成立的"（p）。这两个认知归类都涉及重力公式中的变量Sj。高危害假定和低危害假定构成了对相关基本权利（这里指的是自由权）之侵害强度的各种实质性归类的基础，也就是说，它们导向了变量Ij的不同值。高危害假定要求被赋予值"重"（s），低危害假定要求被赋予值"轻"（l）。如果我们假设，首先，双方的抽象重力Gi和Gj相同（这意味着它们可以相互抵消）；其次，对自由的侵害程度为中等（m）；再次，对大麻制品的禁令所造成的对自由的侵害是"确定的"（g）；最后，规范性认知前提的值在这里不起作用，那么我们将所有这些值置入重力公式后就会获得如下两种结果。在高危害假定的情形中，重力公式的计算可以被展现为：

$$G_{i,j} = \frac{2 \times 1}{4 \times \frac{1}{2}} = 1$$

权衡的结果为1，这意味着出现了一种"平手情形"，立法机关此时拥有结构性裁量空间。禁止使用大麻制品的做法依然处于立法机关的这一裁量空间之内，因而是合宪的。低危害假定导致了相反的结果。它的赋值运算可以表现为：

$$G_{i,j} = \frac{2 \times 1}{1 \times \frac{1}{2}} = 4$$

权衡的结果为4，这表示基本权利优先于危害的防止，也就是说对大麻制品的禁令是不合比例的，也是不合宪的。这个例子说明了将变量 S 置入重力公式是如何确立其裁量空间的。当两个相对的假定具有相同的认知值（这里皆为值"可成立的"［p］，即 1/2）时，就存在一种认知平手（epistemic stalement）的情形。这里的关键点在于，在认知平手情形中，立法者拥有认知裁量权。就大麻案判决而言，这意味着立法机关可以自由来决定它是想要遵从高危害路径，即将禁令当作是合宪的，还是遵从低危害路径，即将禁令当作是违宪的。变量 S 借此就确立起了裁量空间。可以说，它在所有认知平手的情形中都确立起了裁量空间。如果形式原则不存在，实质基本权利原则要么会根据仅仅是可成立的或非明显错误的前提来排除掉对它的侵害，要么会要求总是采取对它最有利的前提，在大麻案中即采用低危害假定。此外，这一裁量空间是间接地由具备民主合法性的立法机关这一形式原则来确立的。[1] 正是这一形式原则要求将变量 S 的确定性程度置入重力公式之中。

（二）认知确定情形下的增重权衡

上文表明，在认知不确定的情形下，形式原则是通过实质原则间的权衡借助重力公式中的变量 S 来间接发挥作用的。那么，在认知确定的情形下又该如何呢？在前文所论述的转化模式的基础上，我们要注意这么几点：首先，当认知确定时，意味着两个相对的假定具有相同的认知值"确定的"（g）即 1，此时它们在重力公式中可以相互抵消。形式原则也无法借此来确立认知性的裁量空间。其次，此时形式原则的作用在于增加实质原则 pj（立法机关创设的规则背后之实质原则，这一规则侵害了实质基本权利原则 pi）的抽象重力，使得它与纯粹的实质价值原则相比在抽

---

〔1〕 Robert Alexy, Comments and Response, in：Matthias Klatt (ed.), *Institutionalized Reason. The Jurisprudence of Robert Alexy*, Oxford 2012, p. 331.

象分量上变得更重。最后，基于上文对于转化模式之缺陷的考虑，我们不认为形式原则的存在会在实质原则 pj 的抽象重力 Gj 之外增加一个独立的变量 Gf（即采用"加法"：Gj + Gf），以避免形式原则所转化的分量被不当放大。我们认为，形式原则 pf 的存在使得原则 pj 的抽象重力呈膨胀趋势，这可以通过将原本的抽象重力乘以一定的"系数"来表达。形式原则的效果导致了这个系数的存在，我们可以用 Kf 来表示。Kf 的赋值与侵害程度 I 和抽象重力 G 所采纳的三阶度量化，即几何序列 2^0、2^1、2^2 自然应有所不同。我们可以考虑一组大于 1 而小于 2 的算数序列，如 1.2（小幅增重）、1.5（中幅增重）、1.8（大幅增重）。[1] 因为很难想象制度化（如立法）会使得某个实质价值原则的分量呈几何倍数增长，所以设定翻倍之下的数值较为合理。另外无论如何，要再次强调的是，这些赋值与几何序列一样只是代表了得到实质论据支持的各个变量的分量，重要的并不是数字，而是得出这些数字的实质论证本身。这需要通过法律论证来完成，这也是任何个案裁判无法省却的。由此，我们可以将认知确定情形下的重力公式展示为：

$$G_{i,j} = \frac{I_i \cdot G_i}{I_j \cdot (G_j \cdot K_f)}$$

由于系数法增加了实质原则 pj 在个案中的具体分量，所以我们们可称之为"增重权衡"（weight – adding – balancing）。再次以大麻案判决为例。我们假设，首先，双方的抽象重力 Gi 和 Gj 相同（都为"重"［g］）；其次，实施禁令对自由的侵害程度和不实施

---

〔1〕 具体的赋值究竟为何，需要仔细的考量，或许需要在未来进行更为细致和精密的论证。

禁令对健康和社会生活的危害程度都为中等（m）;[1] 再次，对大麻制品的禁令所造成的对自由的侵害和不实施禁令对健康和社会生活的危害都是"确定的"（g）（因而可以相互抵消）;[2] 最后，形式原则的存在所带来的增重的系数只是小幅增重（1.2），我们将所有这些值置入重力公式后就会获得如下结果：

$$G_{i,j} = \frac{2 \times 4}{2 \times (4 \times 1.2)} = 0.83\ldots$$

在这一公式中，形式原则的存在至关重要。它使得权衡的结果由假如不存在形式原则时的平手转变为了小于1。这意味着立法机关禁止使用大麻制品的做法依然是合乎比例和合宪的。

（三）论证负担问题

认知不确定情形下双重权衡所带来的认知裁量空间以及认知确定情形下的增重权衡是形式原则参与权衡的两种方式。但这两种方式并没有穷尽形式原则在法律论证（权衡本身即是法律论证的一种形式）中的所有效果。无论是在认知确定抑或不确定的情形中，作为积极的二阶理由，形式原则还对欲推翻规则适用者（宣布立法决定不合宪者）施加了狭义上的论证负担。这又至少包括论证起点以及论证风险的分配两个方面：

一方面，形式原则使得受其支持的规则（立法决定）在适用上具有推定优先性。这意味着，在论证的起点上，主张适用规则

---

[1] 之所以在这里没有像实际案件中立法机关那样采取高危害假定，而是采取了中等危害的假定，是因为如果当双方实质原则的受侵害程度和抽象重力相等时，形式原则的"增重"的效果体现得最为明显。如果采取高危害假定而其他变量的值保持不变，那么在下面计算公式的分母中，第一项（Ij）的值就是4，此时无论有无因形式原则带来的系数增重，分母总是大于分子，这意味着立法机关的做法总是合宪的。此时形式原则的"增重"的效果就无法充分表现出来。

[2] 在此同样不考虑规范性认知前提。

者享有这样一种特权：首先必须由反对适用规则者承担反对论述的论证负担，而不是相反。也即交由反对者去证明，为何形式原则作为保障认知裁量空间或者作为增重性理由不能保障受其支持的规则在适用上的优先性。这是一种起点上的优先性。例如在一个涉及"机动车不得驶入公园内"这一地方性法规规则的案件中，某公园恰好阻断了一条交通要道，某甲因着急去办某事（例如签订一笔大订单）而亟需以最短的时间通过公园，但某乙（门卫）以这条规则为依据坚持不让甲通行。起点上的论证负担要求，只要当下案件落入规则的适用范围之内，就应当推定规则对于当下案件具有适用性。当下案件无疑落入了规则的适用范围之内，因此乙在一开始只需主张适用规则，而不需提出他这么做的实质理由。相反，甲要主张对公园有通行权，就必须首先由他来提出实质理由，如：本案与规则的事实构成相比，除了特征 C（公园）外，尚有特征 M（位于交通要道上），即"C 且 M"；并主张，在这种事实构成条件下，以"通行自由与便利"为基础的"自由原则"（pj）的分量比以"公园的宁静不受干扰"为基础的"秩序原则"（pi）被形式原则 pf 因系数增重后的分量还要来得大。乙只有在反驳这一主张时，才需提出实质理由进行论证。由此，我们可得到一个论证起点上的论证负担规则：

（J. 1）主张在待决案件中推翻规则适用者，必须首先承担论证负担。

另一方面，论证风险的分配指的是，当无法唯一地判断相权衡之原则中的哪一方具有更大的分量时，由谁来承担不利之法律后果的问题。当运用重力公式进行赋值运算之后，出现"平手情形"时，就存在结构性的裁量空间。在结构性裁量空间中，形式原则的存在造成了这样的效果：此时法官不得自由选择是遵循规则还是以原则 pj 来推翻规则或为其创设例外，而必须作出遵循规则的决定。也就是说，此时法官必须推定规则是有拘束力的。这意味着，形式原则作为积极的二阶理由，要求法官依照规则及其后果来作出裁判。显然，此时论证的结果有利于主张适用规则者，而不利于反对适用规则者。由此我们得到了有关论证结果之风险分配的一个论证负担规则：

（J. 2）出现平手情形时，由反对适用规则者承担不利后果。

（J. 1）与（J. 2）构成了运用规则进行法律推理时的狭义论证负担规则。同时也说明，形式原则不仅对于立法者的认知性裁量空间，而且对于立法者的结构性裁量空间都起着担保作用。

五、形式原则的理性

迄今为止尚未触及但却存在争议的一个问题是：形式原则是理性的吗？如果对这一问题给出否定的回答，那么就会釜底抽薪式地瓦解形式原则参与权衡的可能性，复杂权衡也就无法进行，因为权衡必然是一种理性的论证形式。对于这种反对意见，可从程序和分量两方面扼要地予以反驳。

（一）形式原则的程序性

当形式原则依据其原则的定义要求"某事"尽最大可能被实现时，这里说的"某事"必须具备最佳化和权衡的能力。它在形式原则这里即是产生自某个程序的权威决定。形式原则的最佳化对象是一种产生自某个程序的决定，这意味着形式原则的理性是一种程序理性。这种程序理性具有两个前提：一是依照商谈规则和商谈原则来进行的论证，二是一种决定程序。以程序理性为基础的决定在特定的制度性框架条件下获得其效力。在现代社会中，这种效力的制度性条件就是民主。只有合法的决定机关才有权为这一社会的全体成员作出具有约束力的决定。决定机关的合法性可以从民主过程或宪法中推导出来。正因为如此，形式原则才要求合法决定机关所作的决定应具有**初显的**（prima facie）效力。故而形式原则之所以是形式性的，不仅因为它并没有事先确定的内容或者基于它的权威决定的初显性效力独立于它的内容正确性，也因为它还额外地要求这一以程序理性为基础的决定具有制度性效力。之所以说这种程序理性是形式的，是因为形式原则之对象的理性依赖于程序的理性。

这说明，权威决定是理性商谈的结果。[1] 程序理性证立了其关于条件命题的正确性，后者受到实践理性原则的调整。这类原则指明了实践推理中正确和错误之事。[2] 它的例子有"保留达成目的的手段"、"将追求的目标和目的建立在理性假定的基础上"等等。因而决定程序的理性及形式原则的对象就依赖于作为其基础的论证的理性。这说明了形式原则与法律论证的内在关系。法律论证构成了确定形式原则之对象的框架，因而也承载着后者的理性。

（二）形式原则的分量性

形式原则要能被权衡，就要显示出分量的向度。形式原则分量的理性涉及两个方面：一方面要说明形式原则必然具有分量，另一方面要说明形式原则的分量具有度量化的可能。

1. 形式原则之分量的必要性

形式原则具有分量，既有本体论上的必要性，也有认知论上的必要性。形式原则之分量的理性是其原则性的必要前提。换言

---

〔1〕 Vgl. Robert Alexy, Die Idee einer prozeduralen Theorie der juristischen Argumentation, in: der., *Recht, Vernunft, Diskurs*, Frankfurt am Main 1995, S. 95 ff.

〔2〕 See John Rawls, *Lectures on the History of Moral Philosophy*, Cambridge Mass. 2000, p. 45.

之，为了成为原则，形式原则需要具有分量。如果形式原则不具有分量，它就不再是原则，而仅仅是被认为是权能的规则了。故而没有分量的形式原则不可能是最佳化命令，而是一种确定性命令。形式原则之分量的本体论必要性可以借助于谓词和模态逻辑被表述为：（x）（Px→Gx）。这一命题读作："对于所有 x 而言，如果 x 是一个原则（P），那么 x 必然（）显现出分量（G）。"一个原则的分量涉及其内容或者说其最佳化对象。但这并不意味着，这一内容要在事先被确定。形式原则的内容是权威决定。这一决定涉及的是什么、它拥有的分量几何，只能来自于具体的案件。正是因为如此，这种类型的原则才具有形式性。打个比方，形式原则的形式性就好比语言分析哲学中的单称词项（terminus singularis）或个体变量（individuenvariable）。后者创设出了一种语义真空，需要用个体常量（Individuenkonstante）来填补。如此，形式原则就会在一种参照语义模式中具有未饱和概念表达式的结构。[1]此外，正如前面所说，形式原则还涉及作为其基础的程序理性。形式原则将其理性建立在塑造商谈程序之规则和原则的基础之上。在一个民主宪政国家中，这种商谈程序可以借由立法程序和司法裁判来得以制度化。[2]为了确定一个实质原则是否优先于另一个实质原则，不仅有必要清楚相冲突之实质原则的分量，而且有必要清楚支持侵害的形式原则的分量。形式原则之分量的认识论必要性蕴含着这种分量值的可证立性。这种可证立性取决于这种分量的可度量化。从中可以推知，形式原则之分量的认识论必要性以其可度量化为前提。形式原则的可度量化构成了形式

---

〔1〕　Vgl. Gottlob Frege, Funktion und Begriff, in：ders. , *Funktion*，*Begriff*，*Bedeutung*，Göttingen 2007，S. 5ff.

〔2〕　Vgl. Robert Alexy, Die Idee einer prozeduralen Theorie der juristischen Argumentation, in：der. , *Recht*，*Vernunft*，*Diskurs*，Frankfurt am Main 1995，S. 97ff.

原则之理性的第二块基石。

2. 形式原则之度量化的可能性

度量化在反驳针对权衡与原则的理性之质疑的过程中扮演着重要角色。如果某个原则的内容可以度量化，那么这个原则就是理性的。但对原则之分量的可度量化的证立必须要吻合理性商谈的前提，即法律论证的规则与原则。因而对原则之分量的可度量化的证明必然取决于为此设计的刻度能否得到证成。为了证成实质原则的可度量化就要回溯到一种三合刻度（轻、中、重）上去。对相冲突之实质原则的侵害强度和实现重要性程度的分类来自于这些值的可证立性，它们同样与整个权衡程序的理性相应。这也凸显出了可度量化在证立形式原则之理性过程中的作用。如果形式原则之被预设的内容无法度量化，那么形式理性理论就会遭受质疑，所以有必要证明存在对形式原则的对象进行确定和度量的标准。形式原则的度量化其实在前文阐述"形式原则的权衡能力"时已然涉及。[1]

这里只以"纯粹实质－形式模式"为例来说明形式原则之分量度量化的可能，因为它也适用于认知不确定情形下的双重权衡（元层面）的场合。当形式原则与实质原则直接发生冲突时，这两类原则此时具有彼此独立的分量。这种情形只出现在对某个规范的效力存疑的场合，即拉德布鲁赫公式所描述的场合。拉德布鲁赫公式涉及的是一种称重，它在根本上赋予法的安定性以优先性，而只在极端情形中才会倒转这种优先关系。[2] 以这一公式为基础的权衡可以通过如下权衡法则来表达：

　　　法的安定性这一形式原则之不满足或受侵害的程度越高，

---

〔1〕 参见前文，第 342～346 页。

〔2〕 Vgl. Robert Alexy, *Begriff und Geltung des Rechts*, München 1992, S. 92.

相冲突之正义这一实质原则被满足的重要性程度就必须越大。

法的安定性这一形式原则（p1）与正义这一实质原则（p2）之间具体的分量比较可以借助于重力公式之基本形式[1]来进行。权衡的结果有两个，即（p1 **P** p2）C1→R1 和（p2 **P** p1）C2→R2。C1 指的是未跨越极端不正义（不能容忍的不正义）的门槛，C2 指的是已经跨越了这一门槛。法的安定性（p1）之受侵害强度的度量化是必然的。确定这一形式原则在拉德布鲁赫公式中之分量的决定性标准是不正义的程度。[2]可能出现三种不同的不正义程度，即轻微的不正义、严重的不正义和极端的不正义（不能容忍的不正义）。每种程度本身都意味着对法的安定性的不同侵害：当出现轻微不正义时，如果赋予正义以优先性就可能是对法的安定性的严重侵害；当出现严重不正义时可能是对法的安定性的中等侵害；而当出现极端不正义时可能只是对法的安定性的轻微侵害。这与拉德布鲁赫公式中的如下权衡关系是相应的：

> 不正义的程度越高，对法的安定性的侵害就越轻。

有人可能会认为拉德布鲁赫公式只是个虚假的例子，它涉及的并不是形式原则和实质原则的冲突，而是两个实质原则间的冲突。因为形式原则总是要以实质原则为基础的，例如自治原则和自由原则就构成了法的安定性的基础。从这一点可以推知，形式原则是无法与实质原则发生冲突的。对于这种质疑可以用多种理

---

〔1〕　参见前文，第 281~284 页。

〔2〕　Vgl. Robert Alexy, Die Doppelnatur des Rechts, *Der Staat* 50（2011），S. 400f. 极端不正义的程度要依据情形，要么借由否认公式（Verleugnungsformel）要么借由不能容忍公式（Unerträglichkeitsformel）来确定。对此参见 Ralf Dreier und Stanley L. Paulson, Einführung in die Rechtsphilosophie Radbruchs, in: Gustav Radbruch, *Rechtsphilosophie（Studienausgabe）*, 2. Aufl. , Heidelberg 2003, S. 248.

由来反击。形式原则以实质原则为基础，并不能证明形式原则不能拥有程度化的分量。作为其基础的实质原则证立了形式原则的存在，但并没有给予它们以分量。这种分量必须在具体案件中来确定。在拉德布鲁赫公式中，作为法的安定性之基础的自治原则和自由原则并不发挥作用，因为它们只是在形式上要求实现法的安定性。假如并非如此，那么法的权威性就只能从与正义相关的论证中推导出来了。但是从法的安定性直接推导出法的权威性却是可能的。因此，对形式原则进行度量化是可能的。

六、结语

法律规则与法律原则之间的冲突是法律论证的疑难情形，它依然要通过权衡来解决。法律规则作为一种确定性命令无法直接与作为最佳化命令的原则相权衡。任何规则都得到两类原则的支持：一类是实质原则，一类是形式原则。规则背后的实质原则与相冲突之实质原则的权衡要借助于重力公式来进行，困难之处在于形式原则如何参与这种权衡。形式原则是一种程序最佳化命令，它并不拥有事先确定的内容，而只是要求某个权威决定在事实上和法律上可能的范围内尽最大可能被实现，或者说尽可能地去贯彻权威决定的效力。它一方面证立了立法者的认知余地，另一方面证立了法官受制定法拘束的要求和先例拘束的要求。它的权衡能力体现在形式原则直接与实质原则相冲突（"纯粹实质－形式模式"）以及形式原则相互间冲突（"纯粹形式模式"）的场合中。至于形式原则如何参与实质原则间的权衡（"混合式实质－形式模式"），则存在争议。分离模式从根本上否认这种参与的可能性。联合模式主张在重力公式中置入独立变量，即将形式原则的分量与规则背后之实质原则的分量叠加，然后与相对立之实质原则的分量加以比较（"叠加模式"）。转化模式主张将作为二阶理由的形式原则转化为作为一阶理由的实质原则的抽象重力，以此来增强规则背后的实质原则在具体案件中相对于相冲突之实质原则的分量优势。但无论是分离模式还是转化模式都没有区分认知不确定和认知确定这两种情形，以及在这两种情形中形式原则参与权衡的不同方式。

在认知不确定的情形下，"混合式实质－形式模式"展现为双重权衡模式。在基本权利的语境中，首先要对形式原则与实质基本权利原则进行二阶权衡。当形式原则的具体分量超过实质基本权利原则的具体分量时，基本权利受侵害的经验性假定的认知值被认为是"可成立的"或"非明显错误的"，这一值就将参与一阶权衡。当经验性假定出现认知平手情形时，立法机关拥有裁量权。在认知确定的情形下，"混合式实质－形式模式"展现为增重权衡模式。这一模式以转化模式为基础但有所改进，它主张形式原则的效果在于使得规则背后之实质原则原本的抽象重力因一定的"系数"而增加，从而使得相冲突之实质原则欲推翻规则的难度加大。无论是在认知确定抑或不确定的情形中，形式原则还对欲推翻规则适用者施加了狭义上的论证负担，包括论证起点以及论证风险的分配两个方面。形式原则的对象即权威决定是理性商谈和法律论证的结果，形式原则的理性既来自于程序理性，也来自于其分量的必要性及其度量化的可能。

最后应当指明的是，学界关于形式原则理论的研究迄今为止依然处于发展之中。它的重要性有多大，它所引发的争议就有多大。本章的主张和结论很可能只是暂时性的，虽然笔者认为这是目前来说最为可行的思路。因此，它保留了在未来被修正的可能。

参考文献*

一、外文文献

1. Aarnio, Aulis, Taking Rules Seriously, *ARSP*, Beiheft 42 (1989).

2. Afonso Da Silva, Virgilio, *Grundrechte und gesetzgeberische Spielräume*, Baden – Baden 2003.

3. Afonso Da Silva, Virgilio, Comparing the Incommensurable: Constitutional Principles, Balancing and Rational Decision, *Oxford Journal of Legal Studies* 31 (2011).

4. Alchourrón, Carlos E., Gärdenfors, Peter and Makinson, David, On the Logic of Theory Change: Partial Meet Contraction and Revision Functions, *Journal of Symbolic Logic* 50 (1985).

5. Alchourrón, Carlos E., und Bulygin, Eugenio, Expressive Konzeption der Normen, in: *Argentinische Rechtstheorie und Rechtsphilosophie heute*, hrsg. v. Eugenio Bulygin und Ernesto Garzón Valdés, Berlin 1987.

6. Alchourrón, Carlos E., und Bulygin, Eugenio, and Martino, An-

---

* 排序说明：①外文文献均依照作者姓氏字母顺序排列，同一作者之不同著述依照"专著在前论文在后"及年代顺序排列；②中文文献分为译著与译文、专著与论文的序列，依照作者姓氏字母顺序排列，同一作者之不同著述依照"专著在前论文在后"及年代顺序排列；③译著与译文依照作者国籍（美、德、奥、瑞士、日）顺序排列；④合著依照第一作者之姓氏顺序排列。

tonio M. , Logic without Truth, *Ratio Juris* 3 (1990).

7. Alchourrón, Carlos E. , und Bulygin, Eugenio, Conflicts of Norms and the Revision of Normative Systems, *Law and Philosophy* 10 (1991).

8. Alchourrón, Carlos E. , und Bulygin, Eugenio, Philosophical Foundations of Deontic Logic and the Logic of Defeasible Conditionals, in: J. – J. Ch. Meyer and R. J. Wieringa (eds.), *Deontic Logic in Computer Science: Normative System Specification*, Cicheter 1993.

9. Alchourrón, Carlos E. , und Bulygin, Eugenio, Detachment and Defeasibility in Deontic Logic, *Studia Logica* 57 (1996).

10. Aleinikoff, Alexander, Constitutional Law in the Age of Balancing, *Yale Law Journal* 96 (1987).

11. Alexy, Robert, *Theorie der Grundrechte*, Frankfurt a. M. 1986 (1994, 3. Aufl. , 1996).

12. Alexy, Robert, *Theorie der juristischen Argumentation*, 2. Aufl. , Fankfurt a. M. 1991.

13. Alexy, Robert, *Begriff und Geltung des Rechts*, München 1992.

14. Alexy, Robert, *A Theory of Constitutional Rights*, trans. by J. Rivers, Oxford 2002.

15. Alexy, Robert, *The Argument from Injustice*, Bonnie Litschewski Paulson and Stanley L. Paulson trans. , Oxford 2002.

16. Alexy, Robert, Die logische Analyse juristischer Entscheidungen, in: ders. *Recht, Vernunft, Diskurs*, Frankfurt a. M. 1995.

17. Alexy, Robert, Zum Begriff des Rechtsprinzips, in: ders. , *Recht, Vernunft, Diskurs*, Frankfurt a. M. 1995.

18. Alexy, Robert, Rechtssystem und praktische Vernunft, in: ders. , *Recht, Vernunft, Diskurs*, Frankfurt am Main 1995.

19. Alexy, Robert, Grundgesetz und Diskurstheorie, in: Winfried Brugger (Hrsg.), *Legitimation des Grundgesetzes aus Sicht von Rechtsphilosophie und Gesellschaftstheorie*, Baden – Baden 1996.

20. Alexy, Robert, and Ralf Dreier, Precedent in the Federal Republic of Germany, in: Neil MacCormick and Robert Summers (eds.), *Interpreting Precedents. A Comparative Study*, Aldershot u. a. 1997.

21. Alexy, Robert, The Special Case Thesis, *Ratio Juris* 12 (1999).

22. Alexy, Robert, On the Structure of Legal Principles, *Ratio Juris* 13 (2000).

23. Alexy, Robert, Die Abwägung in der Rechtsanwendung, *Jahresbericht des Institutes für Rechtswissenschaften and der Meiji Gakuin Universität* 17 (2001).

24. Alexy, Robert, Verfassungsrecht und einfaches Recht – Verfassungsgerichtsbarkeit und Fachgerichtsbarkeit, *VVDStRL* 61 (2002).

25. Alexy, Robert, Postscript, in his *A Theory of Constitutional Rights*, Julian Rivers trans. , Oxford 2002.

26. Alexy, Robert, On Balancing and Subsumption: A Structural Comparison, *Ratio Juris* 4 (2003).

27. Alexy, Robert, Die Gewichtsformel, in: Joachim Jickli, Peter Kreutz, Dieter Reuter (Hrsg.), *Gedächtnisschrift für Jürgen Sonnenschein*, Berlin 2003.

28. Alexy, Robert, Arthur Kaufmanns Theorie der Rechtsgewinnung, in: Ulfrid Neumann, Winfried Hassemer, Ulrich Schroth (Hrsg.), *Verantwortetes Recht* (ARSP – Beiheft 100), Stuttgart 2005.

29. Alexy, Robert, Balancing, constitutional review and representation, *International Journal of Constitution* 3 (2005).

30. Alexy, Robert, Alf Ross' Begriff der Kompetenz, in: Hans Hattenhauer, Rudolf Meyer – Pritzel, Werner Schubert (Hrsg.), *Gedächtnisschrift für Jörn Eckert*, Baden – Baden 2008.

31. Alexy, Robert, Zur Struktur der Grundrechte auf Schutz, in: Jan – Reinard Sieckmann (Hrsg.), *Die Prinzipien Theorie der Grundrechte. Studien zur Grundrechtstheorie Robert Alexys*, Baden – Baden 2008.

32. Alexy, Robert, Ideales Sollen, in: Laura Clérico und Jan - Reinard Sieckmann (Hrsg.), *Grundrechte, Prinzipien und Argumantation*, Baden - Baden 2009.

33. Alexy, Robert, Die Konstruktion der Grundrechte, in: Laura Clérico und Jan - Reinard Sieckmann (Hrsg.), *Grundrechte, Prinzipien und Argumentation*, Nomos 2009.

34. Alexy, Robert, The Reasonableness in Law, in: Giogio Bongiovanni, Giovanni Sartor and Vhira Valentini (eds.), *The Reasonableness and law*, Dordrecht 2009.

35. Alexy, Robert, Two or Three?, in: Martin Borowski (ed.), *On the Nature of Legal Principles*, Stuttgart 2010.

36. Sinnott Amstrong, Walter, *Moral Dilemmas*, Oxford/ New York 1988.

37. Sinnott Amstrong, Walter, Die Doppelnatur des Rechts, *Der Staat* 50 (2011).

38. Sinnott Amstrong, Walter, Comments and Response, in: Matthias Klatt (ed.), *Institutionalized Reason. The Jurisprudence of Robert Alexy*, Oxford 2012.

39. Sinnott Amstrong, Walter, Formal Principles: Some Replies to critics, *International Journal of Constitution* 12 (2014).

40. Allen, T. R. S. , Constitutional Rights and the Rule of Law, in: Matthias Klatt (ed.), *Institutionalized Reason. The Jurisprudence of Robert Alexy*, Oxford 2012.

41. Anscombe, G. E. M. , *Intention*, Oxford 1957.

42. Amado, Juan A. Carcía, Abwägung versus normative Auslegung? Kritik der Anwendung des Verhältnismäßigkeitsprinzips als Mittel juristischeer Methodik, *Rechtshtheorie* 40 (2009).

43. Åqvist, Lennart, Deontic Logic Based on a Logic of " Better ", *Acta Philosophica Fennica* 16 (1963).

44. Atienza, Manuel, and Manero, Juan Rutz, *A Theory of Legal Sen-*

tences, Dortrecht 1998.

45. Atienza, Manuel, and Manero, Juan Rutz, über Prinzipien und Regeln, in: Werner Krawitz/ Georg Henrik von Wright (Hg.), *Öffentliche oder private Moral? Festschrift für Ernesto Garzón Valdés*, Berlin 1992.

46. Atienza, Manuel, and Manero, Juan Rutz, Permission, Principles and Rights. A Paper on Statements Expressing Constitutional Liberties, *Ratio Juris* 9 (1996).

47. Austin, John, *The Province of Jurisprudence Determined*, Wilfrid E. Rumble ed. , Cambridge [u. a.] 1995.

48. ávila, Humberto Bergmann, *Theorie der Rechtsprinzipien*, Berlin 2005.

49. Bäcker, Carsten, Der Sylogismus als Grundstruktur des juristischen Begründens?, *Rechtstheorie* 40 (2009).

50. Bäcker, Carsten, Rules, Principles and Defeasibility, *ARSP* 119 (2010).

51. Badenhop, Johannes, *Normtheoretische Grundlagen der Europäischen Menschenrechtskonvention*, Baden – Baden 2010.

52. Beatty, David, *The Ultimate Rule of Law*, Oxford 2004.

53. Berkemann, Jan, Zum Problem der Widerspruchsfreiheit in der deontischen Logik, in: Hans Lenk (Hrsg.), *Normenlogik*, Pullach 1974.

54. Böckenförde, Ernst, Grundrechte als Grundsatznormen. Zur gegenwärtigen Lage der Grundrechtsdogmatik, in: ders. , Böckenförde, *Staat*, *Verfassung*, *Demokratie*, Frankfurt am Main 1991.

55. Böckenförde, Ernst, Wie werden in Deutschland die Grundrechte im Verfassungsrecht interpretiert?, *EuGRZ* (2004).

56. Borowski, Martin, *Glaubens – und Gewissensfreiheit des Grundgesetzes*, Tübingen 2006.

57. Borowski, Martin, *Grundrechte als Prinzipien*, 2. Aufl. , Baden –

Baden 2007.

58. Borowski, Martin, Abwehrechte als grundrechliche Prinzipien, in: Jan – Reinard Sieckmann (Hrsg.), *Die Prinzipientheorie der Grundrechte*, Baden – Baden 2007.

59. Borowski, Martin, The Structure of Formal Principles – Robert Alexy's "Law of Combination", *ARSP* Beiheft 119 (2010).

60. Borowski, Martin, Discourse, Principles, and the Problem of Law and Morality: Robert Alexy's Three Main Works, *Jurisprudence* 2 (2011).

61. Borowski, Martin, On Apples and Oranges. Comment on Niels Petersen, *German Law Journal* 14 (2013).

62. Borowski, Martin, Formelle Prinzipien und Gewichtsformel, in: Matthias Klatt (Hrsg.), *Prinzipientheorie und Theorie der Abwägung*, tübingen 2013.

63. Borchardt, Edward, The semantics of imperatives, *Logique et analyse* 22 (1979).

64. Brandom, Robert, *Articulating Reasons*, Cambridge Mass. and London 2000.

65. Bulygin, Eugenio und Alchourrón, Carlos E., Unverständigkeit, Widersprüchlichkeit und Unbestimmtheit der Normenordnungen, in: Amedeo G. Conte, Risto Hilpinen, G. H. von Wright (Hrsg.), *Deontische Logik und Semantik*, Wiesbaden 1977.

66. Bulygin, Eugenio und Alchourrón, Carlos E., What Can One Expect from Logic in the Law? (Not Everything, but More than Something: A Reply to Susan Haack), *Ratio Juris* 21 (2008).

67. Bung, Jochen, *Subsumtion und Interpretation*, Baden – Baden 2004.

68. Chassagnard – Pinet, Sandrine, Conflict of Norms and Conflict of Values in Law, in: Matthias Armgardt, Patrice Canivez and Sandrine Chassagnard – Pinet (eds.), *Past and Present Interactions in Legal Reasoning and Logic*, Dordrecht [u. a.] 2015.

69. Christie, Grorge C. , The model of principles, *Duke Law Journal* 1968.

70. Clarke, D. S. Jr. , Mood constancy in mind inferences, *Analysis* 30 (1970).

71. Cocchiarella, Nino B. and Freund, Max, *Modal logic: An Introduction to Its Syntax and Semantics*, Oxford 2008.

72. Coyle, Sean, The Meaning of the Logical Constants in Deontic Logic, *Ratio Juris* 12 (1999).

73. Coyle, Sean, The Possibility of Deontic Logic, *Ratio Juris* 15 (2002).

74. Dan – Cohen, Meir, Decision Rules and Conduct Rules: On Acoustic Separation in Criminal Law, *Harvard Law Review* 97 (1984).

75. Dreier, Ralf, und Paulson, Stanley L. , Einführung in die Rechtsphilosophie Radbruchs, in: Gustav Radbruch, *Rechtsphilosophie* (*Studienausgabe*), 2. Aufl. , Heidelberg 2003.

76. Dubislav, Walter, Zur Unbegründbarkeit der Forderungssätze, *Theoria* 3 (1937).

77. Dworkin, Ronald, *Taking Rights Seriously*, Cambridge Mass. 1978.

78. Dworkin, Ronald, The Model of Rules, *University of Chicago Law Review* 35 (1967).

79. Engisch, Karl, *Logische Studien zur Gesetzesanwendung*, 2. Aufl. , Heidelberg 1960 (3. Aufl. , 1963).

80. Engisch, Karl, *Einführung in das juristischen Denken*, 10. Aufl. , Stuttgart 2005.

81. Englis, Karl, Die Norm ist kein Urteil, *ARSP* 50 (1964).

82. Esser, Josef, *Grundsatz und Norm in der richterlichen Fortbildung des Privatrechts*, 3. Aufl. , Tübingen 1974.

83. Esser, Josef, *Wege der Rechtsgewinnung: Ausgewälte Aufsätze*, Peter Häbler und Hans G. Leser (Hrsg.), Tübingen 1990.

84. Fikentscher, Wolfgang, *Methode des Rechts in vergleichender Darstel-*

lung, Band. 4, Tübingen 1977.

85. Frege, Gottlob, Funktion und Begriff, in: ders. , *Funktion, Begriff, Bedeutung*, Göttingen 2007.

86. Garson, James W. , *Model Logic for Philosophers*, Cambridge 2006.

87. Gast, Wolfgang, *Juristische Rhetorik*, 4. Aufl. , Heidelberg 2006.

88. Golding, Martin P. , Discovery and justification in science and law, in: Aleksander Peczenik et al eds. , *Theory of legal science*, Dordrecht 1984.

89. Gröschner, Rolf, *Dialogik und Jurisprudenz: Die Philosophie des Dialogs als Philosophie der Rechtspraxis*, Tübingen 1982.

90. Gröschner, Rolf, *Subsumtion – Technik oder Theorie?*, Baden – Baden 2014.

91. Gusy, Christoph, Richterrecht und Grundgesetz, *DÖV* 1992.

92. Haack, Susan, On Logic in the Law: "Something, but not All", *Ratio Juris* 20 (2007).

93. Harbemas, Jürgen, Faktizität und Geltung, Frankfurt am Main 1994.

94. Hain, Karl E. , *Die Grundsätze des Grundgesetzes*, Baden – Baden 1999.

95. Hansson, Bengt, An Analysis of Some Deontic Logics, in: R. Hilpinen (ed.), *Deontic Logic: Introductory and Systematic Readings*, Dordrecht 1981.

96. Hare, R. M. , *Freedom and Reason*, Oxford 1972.

97. Hare, R. M. , *The Language of Morals*, 2nd ed. , New York 1991.

98. Hart, H. L. A. , The Concept of Law, Oxford: Clarendon Press 1961.

99. Hart, H. L. A. , Kelsen's Doctrine of the Unity of Law, in: Howard Evans Kiefer and Milton Karl Munitz (eds.), *Ethics and Social Justice*, Albany 1968.

100. Hart, H. L. A. , The Ascription of Responsibility and Rights, in:

A. Flew (ed.), *Essays on Logic and Language*, Oxford 1951.

101. Hartney, Michael, Introduction: The Final Form of The Pure Theory of Law, in: Hans Kelsen, *General Theory of Norms*, trans. by Michael Hartney, Oxford 1991.

102. Heidemann, Carsten, *Die Norm als Tatsache*: zur Normentheorie Hans Kelsens, Baden – Baden 1997.

103. Heller, Theodor, *Logik und Axiologie der analogen Rechtsanwendung*, Berlin 1961.

104. Herberger, Maximiliam und Simon, Dieter, *Wissenschaftstheorie für Juristen*, Frankfurt a. M. 1980.

105. Hill, Hamner, A Functional Taxonomy of Normative Conflict, *Law and Philosophy* 6 (1987).

106. Hilpinen, R., Normative Conflicts and Legal Reasoning, in: Eugenio Bulygin, Jean Louis Gardies and Ikka Niniluoto (eds.), *Man, Law, and Modern Forms of Life*, Dordrecht [u. a.] 1985.

107. Hintikka, Jakko, Some Main Problems of Deontic Logic, in: R. Hilpinen (ed.), *Deontic Logic*: *Introductory and Systematic Readings*, Dordrecht 1981.

108. Hofstadter and McKinsey, On the Logic of Imperatives, *Philosophy of Science* 6 (1939).

109. Holländer, Pavel, *Rechtsnorm*, *Logik und Wahrheitswerte*, Baden – Baden 1993.

110. Holländer, Pavel, Das Jörgensensche Dilemma, die Unterscheidung zwischen Gut und Böse bzw. die Suche nach dem Inhalt einer Deontische Idealen Welt, *Rechtstheorie* 43 (2012).

111. Holmes, Oliver Wendell, The Common Law (1881), Reprinted in *The Collected Works of Justice Holmes*: *Complete Public Writings and Selected Judicial Opinions of Oliver Wendell Holmes*, ed. by S. M. Novick, Chicago 1995.

112. Holmes, Oliver Wendell, Book Notice of William Anson, Princi-

ples of the English Law of Contracts, and Christopher Columbus Langdell, Selection of Cases on the Law of Contracts, 2nd ed. , A-merican Law Review 14 (1880).

113. Holocher, Justyna, Kontext der Erfindung und Kontext der Begründung in der Wissenschafts und Rechtsphilosophie, *ARSP* 96 (2010).

114. Hughes, Graham, Rules, Policy and Decision Making, *The Yale Law Journal* 77 (1968).

115. Hume, David, *A Treatise of Human Nature*, ed. by L. A. Selby – Bigge, Oxford 1888.

116. Hüpers, Bernd, Logik im Recht: über die versteckte Bedeutung der Deduktion für die Rechtsfindung, *ARSP* 101 (2015).

117. Hurley, Susan L. , *natural reasons*, New York ﹝u. a. ﹞ 1989.

118. Husserl, Edmund, *Logical Investigations*, trans. by J. N. Findlay, London and New York 1970.

119. Hwang, Shu – Perng, Vom Wesen der richterlichen Rechtsan-wendung. Eine überlegung zur Freirechtsbewegung, *Rechtstheorie* 37 (2006).

120. Jakab, András, Prinzipien, *Rechtstheorie* 37 (2006).

121. Jansen, Nils, *Die Struktur der Gerechtigkeit*, Baden – Baden 1998.

122. Jansen, Nils, Die Abwägung von Grundrechten, *Der Staat* 36 (1997).

123. Jestaedt, Matthias, Die Abwägungslehre – ihre Stärken und ihre Schwächen, in: Otto Depenheuer (Hrsg.), *Staat im Wort. Fest-schrift für Josef Isensee*, Heidelberg 2007.

124. Jörgensen, Jörgen, Imperatives and Logic, *Erkenntnis* 7 (1937/1938).

125. Kalinowski, Georges, über die Bedeutung der Deontik für Ethik und Rechtsphilosophie, in: Amadeo Conte, Risto Hilpinen und G. H. von Wright (Hrsg.), *Deontische Logik und Semantik*, Wies-

baden 1977.

126. Kelley, Patrick, Holmes, Langdell and Formalism, *Ratio Juris* 15 (2002).

127. Kelsen, Hans, *Reine Rechtslehre*, 1. Aufl., Leipzig/Wien 1934 (Nachdruck: Aalen 1994).

128. Kelsen, Hans, *Reine Rechtslehre*, 2. Aufl., Leipzig/Wien 1960.

129. Kelsen, Hans, *Allgemeine Theorie der Normen*, hrsg. v. Kurt Ringhofer und Robert Walter, Wien 1979.

130. Kelsen, Hans, und Klug, Ulrich, *Rechtsnormen und logische Analyse: Ein Briefwechsel 1959 bis 1965*, Wien 1981.

131. Kelsen, Hans, *Reine Rechtslehre* (Studienausgabe der 1. Aufl.), Hg. von. Mathias Jestaedt, Tübingen 2008.

132. Kelsen, Hans, Eine "Realistische" und die Reine Rechtslehre, *Österreiche Zeitschrift für öffentliches Recht* 10 (1959).

133. Kelsen, Hans, Die Grundlage des Naturrechts, *Österreiche Zeitschrift für öffentliches Recht* 13 (1963).

134. Kelsen, Hans, Recht und Logik, in: Hans Klecatsky, René Marcić und Herbert Schambeck (Hrsg.), *Die Wiener Rechtstheoretische Schule*, Wien [u. a.] 1968.

135. Kelsen, Hans, Zum Begriff der Norm, in: Hans Klecatsky, René Marcić und Herbert Schambeck (Hrsg.), *Die Wiener Rechtstheoretische Schule*, Wien [u. a.] 1968.

136. Kelsen, Hans, Derogation, in: Hans Klecatsky, René Marcić und Herbert Schambeck (Hrsg.), *Die Wiener Rechtstheoretische Schule*, Bd. II, Wien [u. a.] 1968.

137. Kelsen, Hans, Geltung und Wirksamkeit des Rechts, in his *Geltung und Wirksamkeit des Rechts: Veröffentlichung aus dem Nachlass*, hg. v. Robert Walte, Wien 2003.

138. Klatt, Matthias, und Schmidt, Johannes, *Spielräume im öffentlichen Recht*, Tübingen 2010.

139. Klatt, Matthias, Abwägung unter Unsicherheit, in: Matthias Klatt (Hrsg.), *Prinzipientheorie und Theorie der Abwägung*, Tübingen 2013.

140. Klug, Ulrich, *Juristische Logik*, 4. Aufl., Berlin und Heidelberg 1982.

141. Koch, Hans – Joachiam, (Hrsg.), *Seminar: Die juristische Methode im Staatsrecht*, Frankfurt am Main 1977.

142. Koch, Hans – Joachiam, (Hrsg.), und Rüßmann, Helmut, *Juristische Begründungslehre*, München 1982.

143. Koch, Hans – Joachiam, (Hrsg.), *Unbestimmte Begriffe und Ermessensermächtigung im Verwaltungsrecht*, Frankfurt a. M. 1979.

144. Koch, Hans – Joachiam, (Hrsg.), über juristisch – dogmatisches Argumentierens im Staatsrecht, in: ders. (Hrsg.), *Seminar: Die juristische Methode im Staatsrecht*, Frankfurt a. M. 1977.

145. Koch, Hans – Joachiam, (Hrsg.), Das Frankfurt Projekt zur juristischen Argumentation: Zur Rehabilitation deduktiven Begründens juristischer Entscheidungen, in: Winfried Hassemer, Arthur Kaufmann und Ulfrid Neumann (Hrsg.), *Argumentation und Recht* (*ARSP Beiheft 14*), Wiesbaden 1980.

146. Koch, Hans – Joachiam, (Hrsg.), Deduktive Entscheidungsbegründung, in: Robert Alexy, Hans – Joachim Koch, Lothar Kuhlen und Helmut Rüßmann (Hrsg.), *Elemente einer juristischen Begründungslehre*, Baden – Baden 2004.

147. Korkunov, H. M., *General Theory of Law*, 2th ed., trans. by W. G. Hastings, New York 1922.

148. Kotsoglou, Kyriakos N., Subsumtionsautomat 2. 0: über die (Un –) Möglichkeit einer Algorithmisierung der Rechtserzeugung, *Juristenzeitung* 9 (2014).

149. Krawietz, Werner, Juristische Argumentation und Argumentationstheorien auf dem Prüfstand, in: Werner Krawietz und Robert Alexy

(*Hrsg.*), *Metatheorie juristischer Argumentartion*, Berlin 1983.

150. Kripke, Saul A., Semantical Consideration on Modal Logics, in: L. Linsky (ed.), *Reference and Modality*, Oxford 1971.

151. Kutschra, Franz von, *Einführung in die Logik der Normen, Werte und Entscheidungen*, Freiburg und München 1973.

152. Langdell, Christopher C., *A Selection of Cases on the Law of Contracts, with a Summary of the Topics Covered by the Cases*, Boston 1871.

153. Langdell, Christopher C., Harvard Celebration Speech, *Law Quarterly Review* 3 (1887).

154. Larenz, Karl, *Methodenlehre der Rechtswissenschaft*, 4. Aufl., Berlin 1979.

155. Lege, Joachim, *Pragmatismus und Jurisprudenz*, Tübingen 1999.

156. Leisner, Walter, *Der Abwägungsstaat*, Berlin 1997.

157. Leisner, Walter, Abwägung überall – Gefahr für den Rechtsstaat, *Neue Juristische Wochenschrift* 10 (1997).

158. MacCormick, Neil, *Rhetoric and the Rule of Law*, Oxford 2005.

159. Marcus, Ruth Bacron, Moral Dilemmas and Consistency, in: Christopher Gowans (ed.), *Moral Dilemmas*, New York/Oxford 1987.

160. Maris, Cees W., Miking the Meter: On Alanoly, Universalizability and World Views, in: *Legal Konwledge and Analogy*, ed. by Patrick Nerhot, Dordrecht 1991.

161. Marmor, Andrei, *Interpretation and Legal Theory*, 2th. ed., Oxford & Oregon 2005.

162. Merkl, Adolf, *Die Lehre von der Rechtskraft*, Leipzig/ Wien 1923.

163. Michelon, Caludo, The Justification of Authority and the Insulation of Formal Reasons, *ARSP* 88 (2002).

164. Möller, Kai, Proportionality: challenging the critics, in: *Beiträge zur Tagung: Proportionality and Post – national Constitutionalism*,

RECON, Antwerpen 2011.

165. Moreso, José Juan, Alexy und Arithmetik der Abwägung, *ARSP* 98 (2012).

166. Moreso, José Juan, Ways of Solving Conflicts of Constitutional Rights: Proportionalism and Specificationism, *Ratio Juris* 25 (2012).

167. Muñiz, Joaquîn R. – Toubes, Legal Principles and Legal Theory, *Ratio Juris* 10 (1997).

168. Navarro, Pablo E. and Rodríguez, Jorge L., *Deontic Logic and Legal Systems*, New York 2014.

169. Neumann, Ulfrid, *Juristische Argumentationslehre*, Darmstadt 1986.

170. Neumann, Ulfrid, Subsumtion als regelorientierte Fallentscheidung, in: Gottfried Gabriel und Rolf Gröschner, *Subsumtion: Schlüsselbegriff der Juristischen Methodenlehre*, Tübingen 2012.

171. Ogorek, Regina, *Richterkönig oder Subsumtionsautomat? Zur Justiztheorie des 19. Jahrhunderts*, Frankfurt a. M. 1986.

172. Opałek, Kazimierz, and Wolenski, Jan, Is, Ought, and Logic, *ARSP* 73 (1987).

173. Opałek, Kazimierz, and Wolenski, Jan, and Wolenski, Jezy, On Weak and Strong Permissions, *Rechtstheorie* 4 (1973).

174. Opałek, Kazimierz, and Wolenski, Jan, Der Dualismus der Auffassung der Norm in der Rechtswissenschaft, *Rechtstheorie* 20 (1989).

175. Ossenbühl, Fritz, Abwägung im Verfassungsrecht, *DVBL* 1995.

176. Paulson, Stanley, Zum Problem der Normenkonflikte, *ARSP* 66 (1980).

177. Peczenik, Alexander, *On Law and Reason*, Dordrecht [u. a.] 1989.

178. Peczenik, Alexander, Principles of Law, *Rechtstheorie* 2 (1971).

179. Peczenik, Alexander, Legal Rules and Moral Principles, *Rechtheorie* 11 (1991).

180. Peczenik, Alexander, Legal Principles According to Manuel Atienza and Juan Rutz Manero, in: Aulis Aarnio (Hrsg.), *Interests, Morality and the Law*, Tampere 1996.

181. Penski, Ulrich, RechtsGrundsätze und Rechtsregeln, *Juristische Zietung* 1989.

182. Petersen, Niels, How to Compare the Length of Lines to the Weight of Stones. Balancing and Resolution of Value Conflicts in Constitutional Law, *German Law Journal* 14 (2013).

183. Perry, Stephen, Second - order Reasons, Uncertainty and Legal Theory, *Southern California Law Review* 62 (1989).

184. Poscher, Ralf, Einsichten, Irrtümer und Selbstmissverständnis der Prinzipientheorie, in: Jan - Reinard Sieckmann (Hg.), *Die Prinzipientheorie der Grundrechte. Studien zur Grundrechtstheorie Robert Alexys*, Baden - Baden 2007.

185. Pulido, Carlos Bernal, The Rationality of Balancing, *ARSP* 92 (1996).

186. Quispe, Jorge A. Portocarrero, *Der autoritative Charakter der Grundrechts Abwägung*, Baden - Baden 2014.

187. Raabe, Marius, *Grundrechte und Erkenntnis*, Baden - Baden 1998.

188. Raab, Oliver, Wacker, Richard, Oberle, Daniel, Baumann, Christian und Funk, Christian, *Recht ex machina: Formalisierung des Rechts im Internet der Dienste*, Berlin u. Heidelberg 2012.

189. Radbruch, Gustav, Gesezliches Unrecht und übergesetzliches Rechtt (1946), in: ders. , *Gesamtausgabe*, Bd. 3, hrsg. v. Arthur Kaufmann, Heidelberg 1990.

190. Ratschow, Erckart, *Rechtswissenschaft und Formale Logik*, Baden - Baden 1998.

191. Rawls, John, *Political Liberalism*, New York 1993.

192. Rawls, John, *Lectures on the History of Moral Philosophy*, Cambridge Mass. 2000.

193. Raz, Joseph, *The Morality of Freedom*, Oxford 1988.

194. Raz, Joseph, *Practical Reason and Norms*, Oxford 1975 (3. rd ed. , 1999).

195. Raz, Joseph, *The Concept of a Legal System*, 2nd ed. , Oxford 1980.

196. Raz, Joseph, Legal Principles and The Limits of Law, *Yale Law Journal* 81 (1972).

197. Reichenbach, Hans, *Experience and Prediction*, Chicago 1938.

198. Rödig, Jürgen, *Theorie der gerichtlichen Erkenntnisverfahrens*, Berlin u. a. 1973.

199. Rödig, Jürgen, Kritik des normlogischen Schließens, *Theory and Decision* 2 (1971).

200. Rödig, Jürgen, Logik und Rechtswissenschaft, in: Dieter Grimm (Hrsg.), *Rechtswissenschaft und Nachbarwissenschaften*, Band 2, München 1976.

201. Rödig, Jürgen, über die Notwendigkeit einer besonderen Logik der Normen, in ders, *Schriften zur juristischen Logik*, Berlin u. a. 1980.

202. Röhl, Klaus F. und Röhl, Hans Christian, *Allgemeine Rechtslehre: Ein Lehrbuch*, 3. Aufl. , Köln 2008.

203. Ross, Alf, *Directives and Norms*, London 1968.

204. Ross, Alf, Imperatives and Logic, *Theoria* 7 (1941).

205. Rüßmann, Helmut, Möglichkeit und Grenzen der Gesetzesbindung, in: Okko Behrends, Malte Dießelhorst und Ralf Dreier (Hrsg.), *Rechtsdogmatik und praktische Vernunft*, Göttingen 1990.

206. Rüther, Bernd und Fischer, Christian, *Rechtstheorie: Begriff, Geltung und Anwendung des Rechts*, 5. Aufl. , München 2010.

207. Sartor, Giovanni, Defeasibility in Legal Reasoning, *Rechtstheorie* 24 (1993).

208. Sartor, Giovanni, A Formal Model of Legal Argumentation, *Ratio Juris* 7 (1994).

209. Savigny, Erik von, Die Rolle der Dogmatik – wissenschaftstheoretisch gesehen, in: Ulfrid Neumann, Joachim Rahlf und Erik von Savigny, *Juristische Dogmatik und Wissenschaftstheorie*, München 1976.

210. Schapp, Jan, Der Fall in der juristischen Methodenlehre, in: Gottfried Gabriel und Rolf Gröschner, *Subsumtion: Schlüsselbegriff der Juristischen Methodenlehre*, Tübingen 2012.

211. Schauer, Frederick, *Thinking like a Lawyer*, Harvard 2009.

212. Schlink, Bernhard, *Abwägung im Verfassungsrecht*, Berlin 1976.

213. Schlink, Bernhard, Freiheit durch Eingriffsabwehr – Rekonstruktion der klassischen Grundrechtsfunktion, *Europäische Grundrechte – Zeitschrift* 1984.

214. Schlink, Bernhard, Der Grundsatz der Verhältnismäßigkeit, in: Peter Badura und Horst Dreier (Hrsg.), *Festschrift 50 Jahre Bundesverfassungsgericht*, Bd. 2, Tübingen 2001.

215. Schreiber, Rupert, *Logik des Rechts*, Berlin [u. a.] 1962.

216. Sieckmann, Jan. – Reinard, *Regelmodelle und Prinzipienmodelle des Rechtssystems*, Baden – Baden 1990.

217. Sieckmann, Jan. – Reinard, *Recht als normatives Systems*, Baden – Baden 2009.

218. Sieckmann, Jan. – Reinard, Das System richterlicher Bindungen an Kontrollkompetenzen, in: Rudolf Mellinghoff und Hans – Heinrich Trute (Hrsg.), *Die Leistungsfähigkeit des Rechts*, Heidelberg 1988.

219. Sieckmann, Jan. – Reinard, Legal System and Practical Reason. On the Structure of a Normative Theory of Law, *Ratio Juris* 5 (1992).

220. Sieckmann, Jan. – Reinard, Semantischer Normbegriff und Normbegründung, *ARSP* 80 (1994).

221. Sieckmann, Jan. – Reinard, Logische Eigenschaft von Prinzipien, *Rechtstheorie* 25 (1994).

222. Sieckmann, Jan. – Reinard, Zur Abwägungsfähigkeit von Prinzipien, in: Hans. – Joachim Koch und Ulfrid Neumann (Hrsg.), *Praktsiche Vernunft unf Rechtsanwendung* (ARSP Beiheft 53), Stuttgart 1994.

223. Sieckmann, Jan. – Reinard, Zur Analyse von Normkonflikten und Norm Abwägung, in: G. Meggle (Hrsg.), *Analymen* 2 *Vol. III*, Berlin/ New York 1997.

224. Sieckmann, Jan. – Reinard, Begriff und Struktur von Regeln, Prinzipien und Elemente im Recht, in: B. Schicher, P. Koller und B. – C. Funk (Hrsg.), *Regeln, Prinzipien und Elemente im System des Rechts*, Wien 2000.

225. Sieckmann, Jan. – Reinard, Principles as Normative Arguments, in: Ch. Dahlmann and Werner Krawietz (eds.), *Values, Rights and Duties in Legal and Philosophical Discourse* (Rechtstheorie Beiheft 21), Berlin 2005.

226. Sieckmann, Jan. – Reinard, Probleme der Prinipientheorie der Grundrechte, in: Laura Clérico und Jan – Reinard Sieckmann (Hrsg), *Grundrechte, Prinzipien und Argumentation*, Baden – Baden 2009.

227. Sosa, E., The Logic of Imperatives, *Theoria* (1966).

228. Soetmann, Arend, *Logic in Law*, Dordrecht [u. a.] 1989.

229. Spaak, Torben, Norms that Confer Competence, *Ratio Juris* 16 (2003).

230. Stelzer, Manfred, *Das Wesensgehaltsargument und Grundsatz der Verhältnismäßigkeit*, Wien 1991.

231. Stewart, Iain, Facing Walter's Dilemma, *Ratio Juris* 10 (1997).

232. Strömberg, Tore, Norms of Competence in Scandinavian Jurisprudence, *Scandinavian Studies of Law* 28 (1984).

233. Tammelo, Ilmar, *Outlines of modern legal logic*, Wiesbaden 1969.

234. Tammelo, Ilmar, Law, Logic and Human Communication, *ARSP* 50 (1964).

235. Tarski, Alfred, Der Wahrheitsbegriff in den formalisierten Sprachen, *Studia Philosophica* 1 (1936).

236. Urbina, Francisco, Incommensurability and Balancing, *Oxford Journal of Legal Studies* 35 (2015).

237. Vogel, Joachim, *Juristische Methodik*, Berlin 1998.

238. Volpe, Giorgo, A Minimalist Solution to Jøgensen's Dilemma, *Ratio Juris* 12 (1999).

239. Volpe, Giorgo, Minimalism and Normative Reasoning: A Reply to Sean Coyle, *Ratio Juris* 15 (2002).

240. Walter, Robert, Der letzte Stand von Kelsens Normentheorie. Einige überlegungen zu Kelsens "Allgemeine Theorie der Normen", in: Werner Krawitz, Kazimierz Opałek, Alexander Peczenik, Alfred Schramm (Hrsg.), *Argumentation und Hermeneutik in der Jurisprudenz (Rechstheorie, Beiheft 1)*, Berlin 1979.

241. Walter, Robert, Jörgensen's Dilemma and How to Face It, *Ratio Juris* 9 (1996).

242. Walter, Robert, A Response to Stewart, *Ratio Juris* 10 (1997).

243. Walter, Robert, Some Thoughts on Peczenik's Replies to "Jörgensen's Dilemma and How to Face It", *Ratio Juris* 10 (1997).

244. Wang, Peng – Hsiang, *Defeasibility in der juristischen Begründung*, Baden – Baden 2004.

245. Wang, Peng – Hsiang, Principles as Ideal Ought. Semantic Considerations on The Logical Structure of Principles, *ARSP – Beiheft* 124, Franz Steiner Verlag 2010.

246. Webber, Grégoire C. N. , *The Negotiable Constitution. On the Limitations of Rights*, Cambridge 2009.

247. Weinberger, Christiane und Weinberger, Ota, *Logik, Semantik,*

Hermeneutik, München 1979.

248. Weinberger, Ota, *Normentheorie als Grundlage der Jurisprudenz und Ethik: Eine Auseinandersetzung mit Hans Kelsens Theorie der Normen*, Berlin 1981.

249. Weinberger, Ota, *Rechtslogik*, 2. Aufl. , Berlin 1989.

250. Weinberger, Ota, *Moral und Vernunft*, Wien [u. a.] 1992.

251. Weinberger, Ota, Über die Negation von Sollsätzen, *Theoria* 23 (1957).

252. Weinberger, Ota, Bemerkungen zur J. Rödig's „Kritik des normlogischen Schließens", *Theory and Decision* 3 (1973).

253. Weinberger, Ota, Der Erlaubnisbegriff und der Aufbau der Normenlogik, *Logique et Analyse* 61 – 62 (1973).

254. Weinberger, Ota, Intersubjective Kommunikation, Normenlogik und Normendynamik, *Rechtstheorie* 8 (1977).

255. Weinberger, Ota, Normenlogik und logische Bereiche, in: Amedeo G. Conte, Risto Hilpinen, G. H. von Wright (Hrsg.), *Deontische Logik und Semantik*, Wiesbaden 1977.

256. Weinberger, Ota, Die Normenlogische Basis der Rechtsdynamik, in: U. Klug, Th. Ramm, F. Rittner, B. Schmiedel (Hrsg.), *Gesetzgebungstheorie, juristische Logik, Zivil – und Prozeßlogik – Gedächtnisschrift für Jürgen Rödig*, Berlin [u. a.] 1978.

257. Weinberger, Ota, "Is" and "Ought" Reconsidered, *ARSP* 70 (1984).

258. Weinberger, Ota, Der normenlogischer Skeptizismus, *Rechtstheorie* 17 (1986).

259. Weinberger, Ota, Logic and The Pure Theory of Law, in: *Essays on Kelsen*, ed. by Richard Tur and William Twining, Oxford 1986.

260. Weinberger, Ota, The Logic of Norms Founded on Descriptive Language, *Ratio Juris* 4 (1991).

261. Weinberger, Ota, Against the Ontologization of Logic, *Ratio Juris*

12 (1999).

262. Wiederin, Eward, Was ist und Welche Konsequenzen hat Ein Normenkonflikt?, *Rechtstheorie* 21 (1990).

263. Wiburg, Walter, *Entwicklung eines beweglichen Systems im Bürgerlichen Recht*, Graz 1951.

264. Wright, G. H. Von, *Norm and Action. A Logical Inquiry*, London 1963.

265. Wright, G. H. Von, *Practical Reason*, Oxford 1983.

266. Wright, G. H. Von, Is and Ought, in: Eugen Bulygin, Jean – Louis Gardies and I. Niiniluoto (eds.), *Man, Law and Modern Forms of Life*, Dordrecht 1985 (another version in: Stanley L. Paulson and B. Litschewski Paulson (eds.), *Normativity and Norms. Critical Perspectives on Kelsenian Themes*, Oxford 1998).

267. Wright, G. H. Von, Is There a Logic of Norms?, *Ratio Juris* 4 (1991).

268. Wróblewski, Jerzy, *The Judicial Application of Law*, ed. and transl. by Zenon Bánkowski/ Neil MacCormick, Dordrecht 1992.

269. Wróblewski, Jerzy, The Problem of the Meaning of the Legal Norm, *Österreichische Zeitschrift für öffentliches Recht* 45 (1964).

270. Wróblewski, Jerzy, Legal Decision and its Justification, in: H. Hubien (Hrsg.), *Le Raisonnement Juridique, Akten des Weltkongress für Rechts – und Sozialphilosophie*, Brüssel 1971.

271. Wróblewski, Jerzy, Legal Syllogism and Rationality of Judicial Decision, *Rechtstheorie* 5 (1974).

272. Wróblewski, Jerzy, Verification and Justification in Legal Science, *Rechtstheorie, Beiheft* 1 (1979).

273. Wróblewski, Jerzy, Legal Reasoning in Legal Interpretation, in his, *Meaning and Truth in Judicial Decision*, 2th. ed., Helsinki 1983.

274. Wróblewski, Jerzy, Principles, Values, and Rules in Legal Deci-

sion – Making and the Dimensions of Legal Rationality, *Ratio Juris* 3（1990）.

275. Ziembiński, Zygmunt, *Practical Logic*, Dordrecht［u. a.］1976.

276. Zippelius, Reinhold, *Juristische Methodenlehre*, 9. Aufl., München 2005.

277. Zoglauer, Thomas, *Normenkonflikt*：*Zur Logik und Rationalität ethischen Argumentierens*, Stuttgart – Bad Cannstatt 1998.

二、中文文献

（一）译著与译文

1. ［美］欧文·柯匹、卡尔·科恩：《逻辑学导论》（第 11 版），张建军、潘天群等译，中国人民大学出版社 2007 年版。

2. ［美］罗纳德·德沃金：《认真对待权利》，信春鹰、吴玉章译，中国大百科全书出版社 1998 年。

3. ［德］罗伯特·阿列克西：《法概念与法效力》，王鹏翔译，五南图书出版股份有限公司 2013 年版。

4. ［德］罗伯特·阿列克西："法律判决的逻辑分析"，载氏著：《法　理性　商谈》，朱光、雷磊译，中国法制出版社 2011 年版。

5. ［德］罗伯特·阿列克西："法律解释"，载于氏著：《法　理性　商谈》，朱光、雷磊译，中国法制出版社 2011 年版。

6. ［德］罗伯特·阿列克西："商谈理论问题"，载氏著：《法　理性　商谈》，朱光、雷磊译，中国法制出版社 2011 年版。

7. ［德］罗伯特·阿列克西："法律原则的结构"，载氏著：《法：作为理性的制度化》，雷磊编译，中国法制出版社 2012 年版。

8. ［德］罗伯特·阿列克西："为拉德布鲁赫公式辩护"，林海译，载雷磊编：《拉德布鲁赫公式》，中国政法大学出版社 2015 年版。

9. ［德］卡尔·恩吉施：《法律思维导论》，郑永流译，法律出版社 2004 年版。

10. ［德］赫尔曼·康特洛维茨：《为法学而奋斗　法的定义》，雷磊译，中国法制出版社 2011 年版。

11. ［德］阿图尔·考夫曼、乌尔弗里德·哈斯默尔主编：《当代法哲学和法律理论导论》，郑永流译，法律出版社 2002 年版。

12. ［德］亚图（阿图尔）·考夫曼：《法律哲学》，刘幸义等译，法律出版社 2004 年版。

13. ［德］亚图（阿图尔）·考夫曼：《法律获取的程序——一种理性分析》，雷磊译，中国政法大学出版社 2015 年版。

14. ［德］卡尔·拉伦茨：《法学方法论》，陈爱娥译，商务印书馆 2003 年版。

15. ［德］魏德士：《法理学》，丁小春、吴越译，法律出版社 2005 年版。

16. ［奥］汉斯·凯尔森："因果、报应与归属"，载氏著：《纯粹法理论》，张书友译，中国法制出版社 2008 年版。

17. ［奥］伊尔玛·塔麦洛：《现代逻辑在法律中的应用》，李振江、张传新、柴盼盼译，中国法制出版社 2012 年版。

18. ［瑞士］皮亚杰：《结构主义》，倪连生、王琳译，商务印书馆 1984 年版。

19. ［日］高桥则夫："刑法中的行为规范和制裁规范"，载氏著：《规范论和刑法解释论》，戴波、李世阳译，中国人民大学出版社 2011 年版。

（二）专著与论文

1. 陈景辉：《实践理由与法律推理》，北京大学出版社 2012 年版。

2. 陈景辉："合规范性：规范基础上的合法性观念"，载《政法论坛》2006 年第 2 期。

3. 陈锐："规范逻辑是否可能——对凯尔森纯粹法哲学基础的反思"，载《法制与社会发展》2014 年第 2 期。

4. 陈显武："法律推理与逻辑程式化"，载《政大法学评论》第 56 期（1996 年）。

5. 陈显武："论条件式规范之逻辑特性"，载《台大法学论丛》第 33 卷（2004 年）。

6. 陈信勇："法律规范的结构分析"，载《杭州大学学报》1993 年第 1 期。

7. 黄茂荣：《法学方法与现代民法》（第 5 版），法律出版社 2007 年版。

8. 江必新："传统法律规范理论刍议"，载《法学研究》1986 年第 3 期。

9. 焦宝乾："法的发现与证立"，载《法学研究》2005 年第 5 期。

10. 雷磊：《类比法律论证——以德国学说为出发点》，中国政法大学出版社 2011 年版。

11. 雷磊："法律规范冲突的含义、类型与思考方式"，载陈金钊、谢晖主编：《法律方法》（第 7 卷），山东人民出版社 2008 年版。

12. 雷磊："法律推理基本形式的结构分析"，载《法学研究》2009 年第 4 期。

13. 雷磊："逻辑推断抑或意志行为？——对凯尔森晚期规范理论中一个命题的批判"，载《政大法学评论》第 130 期（2012 年 12 月）。

14. 雷磊："法律原则如何适用？"，载舒国滢主编：《法学方法论论丛》（第 1 卷），中国法制出版社 2012 年版。

15. 雷磊："形式原则与规则的推定排他性"，载氏著：《规范理论与法律论证》，中国政法大学出版社 2012 年版。

16. 雷磊："适于法治的法律体系模式"，载《法学研究》2015 年第 5 期。

17. 李龙主编：《法理学》，武汉大学出版社 1996 年版。

18. 李永根："论法律规范的结构——从规范论的视角分析"，载《厦门理工学院学报》2009 年第 2 期。

19. 刘杨："法律规范的逻辑结构新论"，载《法制与社会发展》2007 年第 1 期。

20. 龙卫球：《民法总论》，中国法制出版社 2002 年版。

21. 马驰："分析法学传统中的法律效力概念——法律约束力抑或

法律资格?",载《法制与社会发展》2015 年第 5 期。

22. 庞凌:"论法律规范的结构",载《法学》1992 年第 10 期。

23. 沈宗灵:《法理学研究》,上海人民出版社 1990 年版。

24. 沈宗灵:《法理学》,北京大学出版社 1999 年版。

25. 舒国滢主编:《法理学导论》(第 2 版),北京大学出版社 2012 年版。

26. 舒国滢主编:《法理学》,中国人民大学出版社 2005 年版。

27. 舒国滢:"法律原则适用中的难题何在",载《苏州大学学报(哲学社会科学版)》2004 年第 6 期。

28. 孙国华主编:《法学基础理论》,中国人民大学出版社 1987 年版。

29. 孙国华主编:《法理学教程》,中国人民大学出版社 1994 年版。

30. 孙国华主编:《法理学》,法律出版社 1995 年版。

31. 孙国华、朱景文主编:《法理学》,中国人民大学出版社 1999 年版。

32. 王常龙:"法律规范结构探析",载《河北法学》1990 年第 4 期。

33. 王鹏翔:"目的性限缩之论证结构",载《月旦民商法杂志》第 4 期(2004 年)。

34. 王鹏翔:"论涵摄的逻辑结构——兼评 Larenz 的类型理论",载《成大法学》第 9 期(2005 年)。

35. 王鹏翔:"规则是法律推理的排它性理由吗?",载王鹏翔主编:《2008 法律思想与社会变迁》,"中央研究院"法律学研究所筹备处出版(2008)。

36. 王涌:"民法中权利设定的几个基本问题",载《金陵法律评论》2001 年春季号。

37. 王泽鉴:《法律思维与民法实例》,中国政法大学出版社 2001 年版。

38. 王子正:"关于法律规范的结构和分类",载《当代法学》1988 年第 3 期。

39. 魏宏："论法律规范的结构——从社会学的视角考察"，载《郑州大学学报（哲学社会科学版）》1996 年第 5 期。

40. 魏治勋："法律规范结构理论的批判与重构"，载《法律科学》2008 年第 5 期。

41. 颜厥安：《法与实践理性》，中国政法大学出版社 2003 年版。

42. 颜厥安："法、理性、论证——Robert Alexy 的法论证理论"，载《政大法学评论》总第 25 期（1995 年）。

43. 张恒山："试论法律规范的构成"，载《当代法学》1988 年第 3 期。

44. 张洪涛："法律规范逻辑结构的法社会学思考——以我国刑法和民法规范为主"，载《东南学术》2007 年第 1 期。

45. 张志铭："法律规范三论"，载《中国法学》1990 年第 6 期。

46. 张文显主编：《法的一般理论》，辽宁大学出版社 1988 年版。

47. 张文显：《法哲学范畴研究》，中国政法大学出版社 2001 年版。

48. 张文显："对法律规范的再认识"，载《吉林大学哲学社会科学学报》2003 年第 1 期。

49. 郑学玉："对法律规范结构的浅见"，载《安徽大学学报（哲学社会科学版）》1990 年第 3 期。

50. 朱继萍："法律规范的意义、结构及表达——一种实证的分析理论"，载《法律科学》2007 年第 4 期。

51. 周占生："关于法律规范结构——对一种传统陈述方式的检视"，载《浙江社会科学》2004 年第 3 期。

52. 周志荣："约根森难题与真值语义学"，载《湖南科技大学学报（社会科学版）》2013 年第 4 期。

53. 邹爱华："法律规范的逻辑结构新论"，载《湖北大学学报（哲学社会科学版）》2004 年第 6 期。

后　记

　　本书是我关于法律论证理论的第三部著作。它与《类比法律论证》（中国政法大学出版社 2011 年版）、《规范理论与法律论证》（中国政法大学出版社 2012 年版）一起，构成了我过去 12 年相关研究的总结，或者可以被视为一组小小的"三部曲"。从内容上看，它延续前两部书的基本思路和理论框架，但也有所推进。法律是一种规范，而法律论证是规范的适用与证立，因而规范理论构成了法律论证理论研究的起点。一直以来在法律论证理论的研究中，我所关注的主线就在于"法律规范如何以其特性影响着法律论证"。而在近年来的摸索过程中，我越来越清晰地意识到，这种影响的一个重要方面是"逻辑"。本书的主旨，就在于探究法律规范的逻辑结构与法律论证的模式或结构之间的关联。当然，这么做需要有一个根本性前提，那就是必须证明规范（法律规范）的确是逻辑所能规训的领域。如果无法证明这一点，那么根本就谈不上逻辑关联的问题。因此，本书的前两章和后六章构成了相对独立但又彼此关联的两个部分。

　　关于规范理论的基本想法在前两部著作中已经成型。毋庸讳言，它的基本框架来自于原则理论学派［基尔学派

（Kieler Schule）]。只是当时所借助的外文文献基本上截止到
2009 年年底我第一次访学归国之前。由于此后基尔学派的诸
位新生代学者内外交锋甚多，原则理论近年来在德国又有了
长足的新发展。此次在本书中顾及了一些的最新资料，也补
充上了先前所未关注到的部分其他材料。感谢马丁·博罗夫
斯基（Martin Bolowski）的教授的邀请，使得我能有机会在去
年于海德堡大学法学院度过一段美好的时光。不仅法学院丰
富的藏书给我提供了搜集资料的便利，而且让我能够远离浮
躁喧嚣，静心思考问题。当然，由于时间和精力所限，阅读
依然是不完整的。虽然由于种种原因不得不搁笔，但仍期待
未来能有进一步改进的空间。

　　问学的道路，永远是一段寂静的旅途。静坐书斋、返归
内心，在思想世界中披荆斩棘、负重前行，乃是为学者的常
态。如果没有一众"对话者"和"温存者"的存在，这段旅
途必将孤寂而清冷。首先应该向为后人提供丰富思想养料的
西方前辈学者表示敬意。在懵懵懂懂地鲁莽撞开学术之门时，
正是这些思想家的引领，才让我依稀地望见那金字塔顶的微
光。也正是与这些学者"无声的超时空对话"，促使我能够
在很多次几乎快要放弃时重新坚定信念。对于本书而言，影
响最大的无疑是汉斯·凯尔森（Hans Kelsen）与罗伯特·阿
列克西（Robert Alexy）。这两位分处 20 世纪前半叶和后半叶
的德语世界一流法学家促发了我无数的灵感，也给我带来了
足够多的困惑。记得当年在基尔大学法学院，阿列克西教授
曾充满深情地用这样一段话来结束他的法哲学课程："谢天谢
地，正因为有了你们（前辈学者），我们的思考才不至于从

空白开始；谢天谢地，也正因为有了你们，给我们留下了那么多仍未完成的工作！"现在，我同样想把这段话献给这两位学者以及其他无数的前辈学人。

其次应该向我的师长和同道们表示谢意。恩师舒国滢教授一直以"言未必传但身必然教"的方式沐浴着他的弟子。在早已功成名就之后，他依然坚守着书斋中的天地与心中的那片圣洁，笔耕不辍地演绎着纯粹学人的骄傲，矢志不移地开辟着通往法学本源的道路。其他的师长、同仁、同学和学友（恕不能在此一一列举）也或明或暗、或有意或无意地刺激着我的思考、鞭策着我的进步。尤其要感谢台湾"中央研究院"的王鹏翔副教授。作为阿列克西教授亲传的第一位中国博士，鹏翔老师论证问题的角度和方式一直是我学习的对象。在我的阅读视野里，是他对于法律原则的逻辑结构问题作出了迄今为止最为深入和精到的论述。在征得他的同意后，本书已将他的相关论文作为第五章直接纳入，在此能表达的仅有至诚谢意！

最后还应该向我的家人表达深深的歉意。尽管未必完全理解，但却放任和支持，是我的家人一直以来对待书生志业的态度。记得一位同事曾在他的博士学位论文后记里写道，"学者是一种自私到冷酷的职业"。多年来，当我安坐在书桌之前，沉溺于自己的世界中时，是双方的父母和妻子默默地在为这个家安顿俗务、遮风挡雨。要表达歉意的对象还有我的女儿吉尔。当她降临这个世界时，我正在写博士学位论文。如今她即将迈入小学校门，我依然在写作。作为一个不合格的父亲，缺少的不仅仅是和她一起共度的闲暇，或许也包括心灵上的交流。当然，女儿会在他父亲心目中占据越来越重要的地位，这本无需论证。而小生命伴随着学问生涯的逐渐成长，也让她的父亲慢慢认识到，除了穷理、问道与自省，温情、关怀与感动同样构成了一位学者一生中不可缺少的东西。

雷　磊

2016 年 8 月 1 日于西三旗寓所